수메르 문명과 히브리 신화

수메르 문명과 히브리 신화

신성결혼이 부활로 이어진 인류의 죽음에 관한 이야기

초판 1쇄 발행 2022년 7월 29일
초판 3쇄 발행 2023년 11월 10일

—

지은이 이원구
펴낸이 이방원

책임편집 정조연 **책임디자인** 손경화
마케팅 최성수·김 준 **경영지원** 이병은

—

펴낸곳 세창미디어

　　신고번호 제2013-000003호 　주소 03736 서울시 서대문구 경기대로 58 경기빌딩 602호

　　전화 723-8660 　팩스 720-4579 　이메일 edit@sechangpub.co.kr 　홈페이지 http://www.sechangpub.co.kr

　　블로그 blog.naver.com/scpc1992 　페이스북 fb.me/Sechangofficial 　인스타그램 @sechang_official

—

ISBN 978-89-5586-730-5 　03910

신성결혼이 부활로 이어진 인류의 죽음에 관한 이야기

수메르 문명과 히브리 신화

이원구 지음

세창미디어
MEDIA

황소나 말이나 사자가 신을 그림으로 그린다면,

자기들의 몇 가지 특징을 본떠서

황소는 황소처럼 그리고,

말은 말처럼 그리고,

사자는 사자처럼 그릴 것이다.

— 크세노파네스 —

크레이머 교수의 『역사는 수메르에서 시작되었다』를 읽은 지 벌써 20년이 되었다. 크레이머 교수는 인류의 정신문명이 수메르에서 시작된 39가지 사실들을 상세하게 설명하고 있었다. 충격적인 것은 세상의 창조, 에덴동산, 인간창조, 노아의 홍수, 신의 죽음과 부활 등 성경의 중심 내용이 수메르 신화의 모방 내지는 표절이라는 점이었다.

그때부터 나는 메소포타미아, 이집트, 히브리, 그리스 신화에 매달려 기독교의 핵심인 예수의 죽음과 부활의 역사가 까마득하게 오래되었다는 사실을 깨달았다. 예수보다 무려 2500년 전에 이집트의 이시스 여신은 동생 세트에게 살해당한 남편 오시리스 왕을 부활시켰던 것이다. 부활한 오시리스는 저승의 재판관이 되었고 이집트인은 미라를 만들기 시작했다. 사람이 죽으면 영혼이 동물의 몸속을 윤회하다가 3000년 뒤에 육체로 되돌아온다고 믿었기 때문이다. 그런데 놀랍게도 이집트보다 1000년 전에 부활을 생각한 사람들이 수메르인이었다. 더구나 수메르의 두무지 왕은 해마다 저승에서 부활하는 신이었다.

두무지 왕의 비밀을 풀기 위해 나는 오리엔트의 문명과 역사, 종교, 인류학 등의 서적을 탐독하면서 마침내 수메르의 신성결혼에서 그 답을 찾았다. 기원전 3000년경부터 수메르의 도시국가들은 신성결혼식에서 왕과 여사제가 성적으로 교합하여 사랑의 여신 인안나의 욕정을 충족시키고 두무지를 저승에서 부활시켰던 것이다. 인류학자들은 이 신성결혼이 왕권의 갱신인 동시에 자연의 소생을 바라면서 해마다 거행한 신년축제라고 보고 있다.

수메르의 신성결혼은 고대 바빌로니아, 아시리아, 칼데아 시대까지 3500여 년 동안 지속되었는데, 히브리의 여인들도 탐무즈, 즉 두무지 왕의 부활을 애타게 기다린 사실이 성경에 기록되어 있다. 하지만 진정한 메시아는 후대에 예수로 나타나게 된다. 따라서 예수의 죽음과 부활은 바로 신년축제에서 부활하는 수메르의 두무지 왕에서 비롯된 것이다. 말하자면 수메르인이 발견한 자연의 소생과 순환, 기독교인이 중시한 부활은 윤회처럼 죽음의 지적인 테크닉에 불과한 것이다.

그리스의 종교가 사라지고 신화만 전해지는 것처럼 수메르 종교의 본질과 기법은 후대의 종교에 흡수되고 변형되어 주로 신화에 그 흔적이 남아 있다. 필자는 신화만이 아니라 신화에 영향을 끼친 정치·경제·사회적인 배경도 함께 탐구하여 수메르인의 삶과 죽음의 테크닉을 조명하려고 노력하면서 후기 구석기 시대부터 인류를 사로잡은 죽음의식을 탐구하였다. 필자가 오리엔트 신화를 20여 년 동안 연구했지만 이 책은 전문적인 학술서적이라기보다 인류의 초기 문명사가 나타난 수메르 문명과 종교, 그리고 히브리 신화에 대한 대중적인 안내서라고 할 수 있다.

인류문명이 시작된 서남아시아는 유대교, 기독교, 이슬람교의 발상지이다. 지금도 기독교와 이슬람교가 충돌하고, 근본주의와 세속주의의 분쟁이 끊이지 않는다. 특히 유대교의 자식인 기독교, 그 자매인 이슬람교는 우상숭배를 명분 삼아 광적인 파괴와 살육을 일삼아 왔다. 지금도 성전(聖戰)에 참여하여 순교하면 천국에 간다는 광신적 태도는 유럽을 지배한 것은 기독교가 아니라 교회와 교회의 권력이었다고 비판한 인류학자의 지적을 상기시킨다. 집필과 출간에 도움을 주신 분들께 깊은 감사를 드리고, 이 부족한 책을 진실을 밝히다가 고초를 당한 이들에게 바친다.

2022년 7월

저자 이 원 구

1부

수수께끼의 종족
수메르

콜럼버스는 신대륙 사람들이 인간 같지 않다고 생각했다. 이스라엘의 실종된 10부족의 후예들이거나, 코끼리를 타고 온 몽골인이거나, 성 도마의 세례를 받았으나 타락해 버린 가톨릭교도거나, 동물이나 악마의 후예가 아닌지 의심하였다. 그러나 자기들보다 더욱 순수하고 행복한 생활을 보고 신과 도덕성, 법이 의문시되어 버렸다.

— 레비스트로스, 『슬픈 열대』

인류문명의 발상지 메소포타미아의 유적은 수천 년 동안 모래언덕 속에 감추어져 있었다. 성경에 아시리아, 바빌로니아, 이집트, 히브리의 쟁투와 참혹한 역사가 전설처럼 단편적으로 기록되어 있을 뿐이었다.

그런데 19세기 후반 트로이와 이집트에서 보물이 발견되자 고고학자들은 메소포타미아의 황폐한 모래언덕을 발굴하기 시작하였다. 허물어진 궁전과 거대한 신전 속에서 찬란한 유물과 함께 우주인처럼 괴이한 수메르인이 나타났다.

언어학자들이 쐐기문자를 해독하여 수메르 왕들의 족보가 사실로 밝혀지고 노아의 홍수가 수메르의 서사시를 표절한 것이 증명되었다. 유럽인은 자기들의 문명이 그리스가 아니라 수메르에서 시작된 것이 확인되자 심한 당혹감에 빠졌다.

1부의 전반부는 언어학자들이 점토판을 해석하고 고고학자들이 수메르의 정체를 추적하는 내용이다. 후반부는 역사학자들이 메소포타미아의 역사를 재구성하고 문헌학자들이 문명은 수메르에서 시작된 것을 밝히는 내용이다.

메소포타미아, 인류 문명의 발상지

유럽인은 고대 이집트와 메소포타미아 지역을 '오리엔트'라고 불렀다. 라틴어 오리엔스(oriens)에서 유래된 오리엔트(orient)는 '해 뜨는 동방'이란 뜻으로 사용되었다. 지중해에서 보면 동쪽에서 해가 떠오르고 문명의 빛이 유럽에 전해졌기 때문이다.

오리엔트는 오늘날 북쪽으로 터키의 아나톨리아에서 시작하여 동쪽의 이란, 페르시아만을 지나 남서쪽의 시리아, 팔레스타인, 이집트에 이르는 광대한 지역이다. 이곳은 유럽과 가까워서 '근동(近東, Near East)'으로 불렸지만 제2차 세계대전 이후에 '중동(中東, Middle East)'으로 바뀌었다.

오리엔트의 지형도 다양하다. 이집트의 나일강과 티그리스-유프라테스강 주변은 광활한 농경 지대이고, 시리아-팔레스타인 해변의 좁고 긴 해안평야는 주변의 높은 산맥으로 내륙과 차단되어 있다. 또한 시리아에서 아라비아반도 내륙의 사막과 스텝 지역에 들어선 촌락의 변두리에서는 유목민들이 양 떼를 이끌고 떠돌아다닌다.

아시리아학자 빈호프는 정치적으로 분열이 일어나기에 알맞은 이 지역의 자연환경이 문화발전에 두루 영향을 미쳤다고 보았다. 그래서 지역마다 독특한 문화가 전개된 오리엔트는 기원전 3000년 무렵에 역사시대가 시작되어 알렉산드로스가 페르시아를 멸망시켜 서방의 헬레니즘 문화가 점점 퍼지면서 그 운명이 끝난 것으로 보고 있다.[1]

강은 메소포타미아 문명의 젖줄

●

메소포타미아(Meso-potamia)는 '두 강 사이에 있는 땅'이란 뜻으로 고대 그리스인이 지금의 이라크 지역에 붙인 이름이다. 메소는 중간, 포타미아는 두 지역이라는 뜻이다. 말하자면 메소포타미아는 티그리스강과 유프라테스강이 흐르면서 만들어 낸 초승달 모양의 비옥한 땅인데, 북쪽의 아시리아, 구릉 지대의 아카드, 두 강의 남쪽 수메르를 통틀어 바빌로니아라고 불렀다. 지금은 대부분 이라크의 영토이다.

그리스의 역사가 헤로도토스는 '이집트는 나일강의 선물'이라고 했지만 메소포타미아 문명의 젖줄은 티그리스강과 유프라테스강이다.[2] 두 강은 아르메니아의 험준한 산에 쌓인 만년설이 녹으면서 그 흐름이 시작된다. 터키 동부의 반호 남쪽에서 흘러내리는 티그리스강은 5,000m가 넘는 아라라트산을 비롯한 고산준봉들을 동쪽에 두고 1,950㎞를 구불구불 흘러내려 간다. 거친 티그리스강에 비하여 굴곡은 더 심하지만 온화하게 흐르는 유프라테스강은 서쪽의 사막 지대를 비스듬히 가르면서 동남쪽으로 2,780㎞를 여행하여 페르시아만으로 흘러 들어간다.

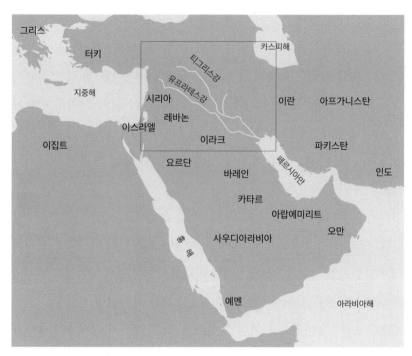

그리스
터키
지중해
카스피해
티그리스강
유프라테스강
시리아
이란
아프가니스탄
레바논
이스라엘
이집트
이라크
파키스탄
요르단
페르시아만
인도
바레인
카타르
아랍에미리트
오만
사우디아라비아
홍해
예멘
아라비아해

자료 1-1-1 오리엔트 지역도

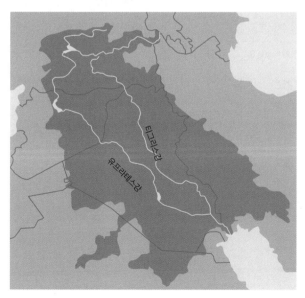

티그리스강
유프라테스강

자료 1-1-2
비옥한 초승달 지역

두 강은 흐르면서 그 사이에 광대한 평야를 만들어 초목과 동물, 사람 등 온갖 생명들의 터전을 마련해 주고 있다. 반면 유프라테스강 서쪽에는 황무지와 끝없는 사막이 계속되고, 서북 지방은 1,090m의 레바논산맥과 시리아사막으로 이어지며, 서남 지역에는 아라비아사막이 광활하게 펼쳐져 있다. 지금 두 강은 이라크의 수도 바그다드 부근을 흐르면서 약 30㎞ 거리로 접근한 후에 다시 멀어지면서 500㎞를 더 흘러 페르시아만으로 흘러 들어간다.

그러나 고대문명의 발생 시기에는 강의 흐름이 오늘날과는 상당히 달랐다. 구석기 시대에 페르시아만의 바닷물은 이라크의 바그다드 근처까지 이르렀지만 기원전 14000년 전쯤 만년설이 녹으면서 거대한 골짜기였던 페르시아만은 서서히 바닷물로 채워지다가 기원전 3000년경에는 현재보다 2m나 높아진 해안선이 고대도시 우르, 라가시 근처까지 올라왔다. 그 후 강물이 흙과 모래를 실어 날라 기원전 1500년경에는 페르시아만의 바닷물이 수메르의 고대도시 우르 동남쪽 약 60㎞까지 이르렀다.[3]

두 강은 북쪽 고원 지대를 흐를 때는 단단한 암반을 가로지르기 때문에 강바닥은 수천 년이 지나도 거의 변함이 없었다. 마리, 니네베, 님루드, 아수르 같은 고대도시의 흔적이 두 강 유역이나 근처에서 발견되는 것이다. 반면 남쪽에 거대한 충적평야를 만들어 낸 강은 여러 지류로 퍼져 나가면서 강바닥을 평야보다 높게 만들어 범람이 자주 일어났고 강의 물줄기는 점점 격하게 변했다. 그 결과 유프라테스강 유역에 있던 남부 도시들이 지금은 강과 전연 동떨어진 충적토 사막에서 폐허로 남게 되었다.[4]

이처럼 강물은 수천 년 전에 찬란한 문명을 가꾸어 놓은 뒤 삶을 마치고 떠나는 노인처럼 서서히 그 흐름을 바꿔 도시를 진흙 조각이 뒹구는 해골 같은 폐허로 바꾸어 놓기도 하였다. 얄궂게도 비옥한 지역이 황무지가 되기도 하지만 반대로 황무지가 옥토가 되는 경우도 있었다. 이처럼 아주 오랜 옛날 지질학적으로 활발한 변화를 겪던 시절부터 티그리스-유프라테스강은 끊임없이 모래와 흙을 실어 와 메소포타미아를 비옥한 초승달 모양으로 빚어 놓았던 것이다.

하지만 메소포타미아 문명의 젖줄인 티그리스-유프라테스강은 정기적으로 유익한 범람을 일으키는 이집트의 나일강과는 근본적으로 달라 홍수가 불규칙적으로 일어나 고대문명에 참혹한 재앙을 가져왔다. 특히 급격한 티그리스강의 범람이 중요한 원인이었다. 오늘날 바그다드와 페르시아만 사이의 토지는 나지막한 경사를 이루고 있어서 가장 높은 곳과 낮은 곳의 고도 차이는 겨우 10m에 불과한 것을 보면 그 포악한 홍수가 일으키는 피해의 정도를 짐작할 수 있다.

그러나 유프라테스강의 두 지류가 고대도시 시파르, 바빌론, 니푸르, 슈루파, 우루크, 라르사, 우르 주변을 흐르면서 3000여 년 동안 동쪽으로 겨우 25~80km를 이동할 정도로 거의 같은 길을 따라 흐른 것을 보면 메소포타미아 사람들이 끊임없이 제방공사와 관개수로를 건설하여 강물을 얼마나 잘 다스렸던지 경탄할 수밖에 없다. 물론 크게 보면 산맥과 평야, 골짜기의 모습은 분명히 구별되기 마련이지만 말이다.

겨울비가 내리면 씨를 뿌렸다

●

메소포타미아의 기후는 지중해 연안과는 사뭇 다르다. 기온이 아주 높고 건조하여 한여름 기온이 그늘에서도 섭씨 50℃까지 오르지만 강수량은 겨우 150~200㎜에 불과하다.

　여름의 기후는 혹독하지만 나머지 계절은 대체로 따뜻하고 온화하다. 3월의 하늘은 청명한 날이 많아서 지평선까지 햇빛이 빛나면 온갖 풀이 꽃을 피우고 새들이 지저귄다. 그러나 4월이 되면 들꽃은 서둘러 씨를 맺고 말라죽기 시작한다. 기온이 30℃까지 올라가고 모래바람이 잦아지기 때문이다. 19세기 중엽에 아시리아의 수도 니네베를 발굴한 영국의 고고학자 레이아드는 전갈과 파충류, 강물 위를 떠도는 각다귀와 흡혈 파리에게 시달리면서 한 해에 대여섯 번이나 불어닥쳐 사람이 눈을 뜰 수조차 없게 만드는 격렬한 모래폭풍을 경험하고 기록을 남기기도 하였다.

　모든 것을 태워 버리는 사막의 바람이 하늘을 검게 드리우며 사막 위를 휘몰아치더니 메뚜기 떼까지 보내오는 것이었다. 멀리 돌풍이 불어오는 게 보이면 님루드를 발굴하려고 땅을 파던 사람들은 혼비백산하여 숨을 곳을 찾았다. 인부들은 구덩이 속으로 떼 지어 몰려가 웅크리고 있기 일쑤였는데, 그때마다 모래바람에 눈이 멀고 질식 직전까지 이르곤 하였다.[5]

　이상하게 여름철인 6월부터 9월까지는 비가 오지 않는다. 이런 기후 속에서도 사람들은 땀을 흘리지 않는다. 그것은 건조한 공기가 증발하면서 대지와 사람들의 피부에서 열을 빼앗아 가기 때문이다.

　그러나 10월부터 기온이 내려가 11월에 접어들면 기온이 20℃ 정도로 수그러들면서 구름이 자주 끼고 비 뿌리는 날이 잦아진다. 겨울인 12월이 되면 겨울비가 내리는데, 기온은 12℃에서 영하 12℃로 오르내린다. 기묘하게도 메소포타미아는 겨울이 비가 내리는 우기인 것이다. 가끔 눈이 내리기도 하지만 다음 해 2월까지 거의 이틀에 한 번꼴로 폭우가 쏟아지는 이상야릇한 기후대이다. 중부와 남부는 아열대 건조 기후인 셈이다.[6] 겨울비가 내리면 이곳 사람들은 씨를 뿌려 다음 해 봄에 거둬들였다. 주로 밀과 보리를 수확하였다.

그래도 구석기 시대에 서남아시아의 기후와 동식물은 아프리카의 연장선으로 볼 수 있다. 심지어 수천 년 전까지만 해도 광활한 이 지역에 놀랍게도 타조, 치타, 사자, 영양과 같은 아프리카 동물이 살았던 것이다. 또 서남아시아의 기후와 지형은 일부 작은 변화를 제외하고는 9000년 동안 큰 변화 없이 유지되었다.[7]

이곳의 생명들은 티그리스-유프라테스강에 의지하여 삶을 꾸려 왔다. 사람들은 거대하고 조직적인 관개시설을 만들어 강물을 끌어다가 땅에 물을 대고, 쟁기를 발명하여 땅을 갈아 농사를 지었다. 쟁기는 무척 기름지면서 모래가 약간 섞인 땅을 갈아엎는데 아주 쓸모 있는 농기구였다. 곡식 생산량이 증가하자 늘어난 사람들이 차츰차츰 한 곳으로 모여들면서 도시가 생겨났고 전문 직업이 발생하게 되었다. 돌이 부족한 메소포타미아에서 사람들은 주로 진흙에 늪지대의 갈대를 섞어 햇볕에 말리거나 불에 구운 벽돌로 집을 짓고 성을 쌓았으며 거대한 신전과 드높은 지구라트까지 건설하였다. 또한 풍부한 석유로 등불을 켜서 밤을 밝히고, 역청을 발라 물에 젖지 않는 배를 타고 거친 바다로 나가 폭넓게 외국과 무역을 하였다.

인류 문명의 요람인 메소포타미아

●

메소포타미아의 중심지는 이집트처럼 외적의 침입을 막아 주는 사막이나 바다 같은 자연적인 방어벽이 없었다. 광대한 평원 지대인 이 지역은 여러 민족의 싸움터가 되어 삶이 한층 투쟁적이었으며, 문화도 호전적이고 어둡고 비관적이었다. 이집트인들이 영혼불멸을 믿고 내세를 준비하는 데 많은 힘을 기울인 반면 주로 현세적인 메소포타미아인은 사후 세계에 비교적 관심이 약했고, 신은 두려움의 대상이었다. 예술도 이집트보다 훨씬 격렬하고 비인격적이었다고 문명을 연구하는 학자들은 평가하고 있다.[8] 이런 자연환경 속에서 메소포타미아 사람들은 인류 문명의 발생지답게 찬란한 문명의 꽃을 피웠다. 특히 고대 바빌로니아로부터 가나안을 거쳐 이집트에 이르는 길은 아프리카와 터키, 그리고 지중해 연안의 유럽을 이어 주는 교통로였다. 시리아 북부에 있는 이 원형 교차로의 육지와 바다 두 길을 따라 밝은 빛이 퍼져 가고 생명의 물이 흘러갔다. 유럽인이 '빛은 동방에서 온다'라고 한 것처럼 인류 최초로 문명을 이룩한 수메르의 찬란한 문명은 지중해를 통해 고대 유럽에 퍼져 나갔던 것이다.

이처럼 메소포타미아는 인류 문명의 요람이었다. 독일의 고고학자 세람은 메소포타미아 문명을 대략 다음과 같이 평가하였다.

바로 이곳이 인류 문명의 요람이었던 것은 분명해 보인다. 여기에서 최초로 비문이 나왔고, 최초의 건축과 최초의 학문이 나왔다. 여기에서 수메르인과 그 계승자인 바빌로니아인, 아시리아인은 최초의 국가를 세웠고, 이집트인과 페르시아인은 그들을 침략했다. 이 땅에는 평화로웠던 시기가 거의 없었지만 평화와 선의의 종교가 탄생하였고, 아브라함이 여행했던 길이 여전히 평원을 가로질러 구불구불 이어져 있다. 무함마드의 가르침이 확립되고 전파된 곳도 바로 이곳이었다.[9]

물론 『아라비안나이트』의 배경도 이곳이었다. 그리스와 로마, 아랍이 이곳을 통치하였고 이 관문을 통해 동양과 서양의 모든 무역이 이루어진 메소포타미아는 오늘날까지도 격변을 치르는 곳이다. 바로 세계무역센터를 공격당한 미국이 이라크를 침공한 이후 분열과 내전이 벌어지고, 종교와 종파 간의 갈등이 지속되고, 최근에는 이슬람국가(IS)가 중동 지역에서 격렬한 파란을 일으켰다.

하지만 인간의 삶에서 필수적인 농업과 목축이 서남아시아, 특히 비옥한 초승달 지대에서 아주 일찍부터 시작되었다는 것은 매우 의미 있는 일이다. 그들은 야생의 식물을 밀과 보리로 개량했으며, 기름과 섬유질을 얻을 수 있는 아마를 본격적으로 재배하였다. 또한 개, 양, 염소, 소, 돼지를 가축으로 길들였다. 특히 맛좋은 과일나무를 아주 오래전부터 재배했다는 것은 참으로 뜻 깊은 일이다.

저명한 고고학자 차일드에 따르면, 이 지역에서 농민들이 정착한 첫 번째 요인은 먹을거리가 다종다양했기 때문이다. 보리와 밀 외에도 대추야자, 무화과나무, 올리브나무, 포도나무가 자생하고 있었다. 물론 처음엔 영양가가 많고 저장과 운반이 손쉬운 이 야생과일을 채집했을 테지만 과일나무는 결정적으로 인간을 정착생활로 이끌었을 것이다. 더구나 오랜 경험을 통해서 가지치기, 접붙이기, 인공수정 등의 기법을 터득하여 과일나무를 재배했던 것이다. 차일드는 이러한 과일나무는 한 번 열매를 맺게 되면 100년쯤은 열매를 딸 수 있으므로 영구적인 재산이 되었고 농장 주인을 그곳에 결박시켰다고 단정하였다. 더구나 과일나무는 보리밭이나 밀밭과는 비교가 되지 않을 만큼 수확이 풍부했다. 결국 정착생활은 흙벽돌로 주택을 개선할 수 있는 계기가 되었고 지구라트 같은 기념비적인 건축물의 건설이 가능해졌다. 그리고 문명의 꽃을 피우게 해 주었다.[10]

세계적인 수메르학자 크레이머가 밝힌 것처럼 메소포타미아를 개척한 수메르인은 인류 최초로 문명을 창시한 사람들이었다. 수메르인은 다른 문명보다 훨씬 일찍 문자를 만들어 법과 역사와 문학을 기록하였고, 정치적으로 상하 양원제도를 운영했다.[11] 특히 수메르 문명은 히브리의 종교, 예술, 법률 등에 큰 영향을 주었다. 무엇보다 히브리인이 수메르와 바빌로니아의 신화를 빌려『구약성경』「창세기」 1장~11장을 편찬했다는 것은 참으로 충격적인 일이다.

그런데 문명은 문자의 사용과 함께 수학, 천문학을 기초로 이루어진다는 점에 주목해야 한다. 언어학자 하르만은 우리가 생각하고 계획을 세울 때는 0과 1을 조합한 2진법의 컴퓨터가 아니라 전통적인 수를 세는 방법에 의지하고, 시간을 따질 때는 60진법을 사용한다고 보았다. 하르만은 60진법의 의미를 다음과 같이 지적했다.

수메르인은 60진법을 사용하였다. 수메르의 문화와 60진법은 엘람에 전해져 10진법이 고안되어 유럽에 적지 않은 영향을 끼쳤다. 그런데 이 독창적인 방법은 나중에 등장한 모든 고대의 숫자 체계보다 우월했다. 무엇보다 바빌로니아인은 '0'의 개념을 알고 있었다는 점이 놀랍다.[12]

생태학적 재앙이 문명을 몰락시키다

메소포타미아 지역에서는 수많은 민족이 흥망성쇠를 되풀이해 왔다. 역사학자 듀런트는 '메소포타미아의 초기 역사는 셈족과 셈족이 아닌 세력들 사이의 투쟁'이라고 하였다. 셈족이 북부에서 세력을 확장해 내려오는 것에 대항하여 셈족이 아닌 수메르가 독립을 지키려던 과정이라는 것이다. 그 투쟁의 소용돌이 속에서 다양한 민족들은 자기도 모르는 사이에, 아마도 뜻하지 않게 서로 협력해서 역사상 가장 창조적이고 독특한 문명을 만들어 낸 것이다.[13]

그러나 해가 지면 어둠이 다가오고 사람이 늙으면 땅에 묻히듯이, 찬란했던 여러 도시도 세월의 흐름을 타고 서서히 황폐하여 황야의 모래 속에 묻히고 말았다. 지금 가나안에서 페르시아만에 이르는 비옥한 초승달 모양의 메소포타미아 지역은 약간의 녹색 지대만 남아 있을 뿐이다. 미국 덴버대학의 환경사학자 휴즈는 메소포타미아 문명이 몰락하고 땅이 황폐한 원인이 기후의 변화와 전쟁의 파괴만은 아니고 생태학적인 재앙이라고 보았다. 삼림의 벌채, 강이 실어 왔던 비옥한 땅의 유실, 관개시설의 실패, 끝없는 강물의 범람, 땅에 절여진 소금기 등이 바로 범인이었다. 무엇보다 관개수로의 바닥에 쌓이는 진흙 더미가 배수를 방해하는 걸림돌이 되었던 것이다.[14]

인간과 자연의 부조화가 메소포타미아 문명의 몰락을 재촉했으니, 네트워크처럼 훌륭한 관개시설이 문명을 건설한 계기가 되었지만 역설적으로 문명을 멸망시키는 중요한 원인이었다. 바빌론 사람들은 거대한 지구라트 내부에 놀랄 만한 수로시설을 만들고 그 꼭대기의 불가사의한 인공정원까지 물을 끌어올려 온갖 식물을 길렀지만 메소포타미아 도시들은 2000년이 넘는 세월 동안 서서히 황폐한 흙더미로 변해 버렸다. 이처럼 사라진 수메르 문명의 비밀을 밝혀내는 과정을 다음 장에서 탐구해 보기로 한다.

1   K. Veenhof; Geschichte des Alten Orients bis zur Zeit Alexanders des Grossen(고대 오리엔트 역사 -알렉산더 대왕 시대까지), 한국문화사, 2015, 배희숙 옮김, 1~3쪽.

2   Herodotus; The Histories(역사) 상권, 범우사, 20001, 박광순 옮김, 159쪽.

3   G. Roux; La Me'sopotamie(메소포타미아의 역사) 1권, 한국문화사, 2013, 김유기 옮김, 5~6쪽.

4   루; 앞의 책 1권, 7~8쪽.

5   A. Brackman; The Luck of Nineveh(니네베 발굴기), 대원사, 1990, 안경숙 옮김, 192~193쪽.

6   정진국; 메소포타미아를 찾아서, 혜안, 1999, 19~21쪽.

7   R. Wenke; Pattern in Prehistory(선사문화의 패턴) 2권, 서경, 2004, 안승모 옮김, 89쪽.

8   E. Burns & R. Lerner & S. Meacham; Western Civilizations(서양문명의 역사) 1권, 소나무, 1999, 박상익 옮김, 53~54쪽.

9   C. Ceram; A Picture History of Archaeology(발굴하는 발굴의 역사), 차림, 1977, 김대웅 옮김, 189쪽.

10 G. Childe; Man Makes Himself(신석기혁명과 도시혁명), 주류성, 2013, 김성태, 이경미 옮김, 162~164쪽.

11 S. Kramer; History Begins at Sumer(역사는 수메르에서 시작되었다), 가람기획, 2000, 박성식 옮김, 59~60쪽.

12 H. Haarmann; Weltgeschichte der Zahlen(숫자의 문화사), 알마, 2013, 전대호 옮김, 197~199쪽, 117~139쪽.

13 W. Durant; The Story of Civilization(문명 이야기) 1-1권, 2012, 민음사, 왕수민·한상석 옮김, 242쪽.

14 D. Hughes; Ecology in Ancient Civilizations(고대 문명의 환경사), 사이언스북스, 1998, 표정훈 옮김, 60~61쪽.

수메르 문명의 비밀

예전에 역사학자들은 세계 문명의 발상지를 네 군데라고 하였다. 티그리스-유프라테스강 유역, 이집트의 나일강 삼각지, 파키스탄의 인더스강 계곡, 중국의 황허 유역이다. 그런데 영국의 역사학자 토인비는 세계의 21개 문명 중에서 6개만이 원시사회로부터 출발한 어버이 문명이라고 보았다. 바로 이집트, 수메르, 미노스, 중국, 마야, 안데스이다.[1] 이 중에서 미노스 문명은 크레타섬에서 이루어져 그리스에 영향을 준 문명이지만 좀 낯선 것은 마야, 안데스, 수메르 문명이다.

선사인류학자 페이건에 따르면, 1200년경 이루어진 중앙아메리카의 아즈텍 문명은 기원전 1500년경에 시작된 올멕 문명에 그 기원이 있다. 이곳에서 500년 뒤에 시작된 마야 문명은 복잡한 달력과 웅대한 건축, 신비로운 상형문자, 샤먼의 장려한 의식으로 대변되는 화려한 문명이었다. 그리고 안데스 문명은 기원전 3000년 전에 남아메리카 서쪽의 안데스산맥 해안에서 시작되었다. 400년 뒤에 카랄 왕국은 관개농업으로 구아바, 콩, 고추, 목화, 과일을 재배하고 멸치를 잡으면서 17개 지역을 다스렸다. 그 후 광대한 영토를 거느린 잉카 제국은 스페인에게 정복되기 직전에 인구가 600만 명이었는데, 마추픽추, 쿠스코 같은 장엄한 도시를 건설하였다.[2]

이 두 문명은 중국의 황허 문명보다 백년이나 앞선 시기에 성립되었다. 그 무렵 지구상에 존재하는 다른 도시국가는 수메르밖에 없었다. 그런데 놀랍게도 19세기 중엽까지 수메르 문명은 그 정체가 어둠 속에 잠겨 있었다.

인류문명은 수메르에서 시작되었다

●

문명이란 발생하면 절정에 이르렀다가 끝내 멸망하는 것이 운명이지만 19세기에 세계를 거의 지배하다시피 했던 유럽 문명의 기원도 그리스와 이집트가 아니라 수메르에 있었다니 참으로 뜻밖이다. 현대의 고고학자들은 서남아시아, 즉 중동 지역이 위대한 종교의 발상지이고 문자, 도시, 야금술, 기타 많은 문명의 특질들이 세계 최초로 등장했던 지역임을 밝혀낸 것이다.[3]

하지만 150여 년 전까지만 해도 찬란한 수메르 문명의 흔적이 모래 속에 잠자고 있었다. 역사에도 전혀 수메르란 말이 존재하지 않았다. 그것은 정복자들의 무자비한 파괴, 냉혹한 자연, 무심히 흐르는 세월, 그리고 인간의 무지와 무관심의 결과였다. 이처럼 수천 년 동안 거대한 모래언덕 속에서 잠자던 미라를 깨워 내듯 학자들이 메소포타미아 문명의 토대를 세운 수메르 문명을 밝혀낸 방법은 주로 네 가지였다.

첫째, 언어학자들이 엄청나게 발굴된 메소포타미아의 점토판을 해석하여 감춰져 있던 문명의 얼굴이 서서히 드러나기 시작했다. 둘째, 고고학자들이 수메르 고대도시의 유물과 지층을 조사하여 문명의 모습을 확인하게 되었다. 셋째, 역사학자들이 수메르 왕들의 족보인 왕명록(王名錄)을 발견하고 해독하면서 메소포타미아 고대역사의 발자취가 밝혀졌다. 넷째, 문학을 연구하는 학자들이 방대한 수메르 문학작품을 해독하여 수메르인의 생활과 사고방식, 감정까지도 이해하면서 수메르 문명의 정체를 밝히는 데 크게 이바지하였다.

이제 메소포타미아라는 신비로운 땅으로 여행하여 그 거대하고 찬란한 문명이 왜 지하에 묻혔는지, 그리고 어떤 과정을 거쳐 발굴되었으며, 현대 정신사에 무슨 영향을 끼쳤는지 그 윤곽을 더듬으면서 고고학적 상상의 날개를 펴 보기로 한다.

유럽 알파벳의 기원은 메소포타미아

•

메소포타미아는 예나 지금이나 유프라테스강과 티그리스강의 선물임에는 틀림없다. 이 지역은 높은 산이 없이 평탄한 지형이지만 군데군데 이상스러운 구릉이 수없이 솟아 있고, 이 구릉의 자락에서 알라신을 믿는 아랍인들이 쉬면서 낙타에게 풀을 먹이고 있었다. 근대화에 뒤처진 아랍인들은 조상 대대로 살아온 생활방식을 따라 살아가면서 그 언덕 속에 무엇이 있는지 전혀 모르고 있었다. 아니 무관심했다고 볼 수밖에 없었다. 수천 년 동안 바람에 묻혀 온 엄청난 모래가 거대한 성벽과 궁전,

지구라트와 주택 등 찬란했던 모든 것을 땅속에 묻어 버렸기 때문이다.

다만 『구약성경』의 전설만 암호처럼 알려져 있을 뿐이었다. 다른 신을 섬긴 니네베와 바빌론은 여호와 신의 저주를 받고 멸망하여 이 지상에서 자취를 감추었다고 말이다. 물론 오리엔트 지역에 관심을 기울인 인물이 있었다. 그리스의 역사가 헤로도토스가 기원전 5세기경 직접 답사하여 그리스 문명이 이집트와 메소포타미아에서 흘러들어 온 것을 기록했다. 그 뒤, 기원전 1세기경 시켈로스가 이집트를 방문하여 목격했거나 현지인에게 전해 들은 사실을 생생하게 기록했고, 기원전 30년경에는 그리스의 지리학자 스트라본이 로마의 식민지인 이집트 전역을 여행하면서 이집트의 동물숭배나 종교 등 체험담을 모은 『지리학』을 펴냈다. 특히 서기 1세기 그리스의 사제 플루타르코스가 이집트를 여행하고 오시리스와 이시스 숭배에 대하여 저술한 글은 종교적으로 귀중한 자료가 되고 있다. 그 후 2세기 초, 로마의 역사가 타키투스 덕분에 기원전 19년 로마 황제 게르마니쿠스의 이집트 방문, 조공국의 공물 목록, 신전에 바치는 제물, 제국의 모든 지방에서 기부한 밀과 물품들의 수량 등을 알 수 있다.[4]

하지만 그런 일들은 『구약성경』의 기록을 전설로 믿던 중세 기독교 문명의 기나긴 그늘에서 오랫동안 잊혀 있었다. 다만 스핑크스나 피라미드 같은 이집트 여행의 풍물기 정도만 조금씩 유럽에 알려지고 있었을 뿐, 그 자료들도 내용이 아주 빈약했다. 그러다가 1799년 나폴레옹의 이집트 원정 때 로제타돌(Rosetta stone)이 발견되어 획기적인 변화가 일어났다. 원정대의 학자들은 로제타돌에 새겨진 글자가 세 종류의 문자, 즉 이집트의 상형문자, 아랍어의 흘림체, 그리스 문자로 기록된 것을 확인하고 로제타돌이 기원전 196년 무렵 알렉산드로스의 장군이었던 프톨레마이오스 황제가 내린 칙령의 사본임을 밝혀냈다.

이처럼 세 종류로 기록된 이집트 문자의 비밀을 본격적으로 밝혀낸 학자는 샹폴리옹이었다. 당시 이집트의 상형문자는 한 글자마다 다른 뜻을 가진 완전한 표의문자라고 알려져 있었다. 그러나 샹폴리옹은 1822년 아부심벨 신전의 탁본을 연구하여 그렇지 않다는 것을 깨달았다. 샹폴리옹은 이집트 곳곳을 여행하여 이집트 문자가 표의문자이면서 표음문자라는 것을 깨닫고 이집트 상형문자를 해독하는 방법을 알아냈다. 바야흐로 150여 년 동안 멈춰 있던 이집트 고대 문서 연구의 길이 뚫리게 된 것이었다. 하지만 애석하게도 그가 죽은 뒤 1845년에 책이 출간되었다.[5]

그 뒤에 여러 학자들이 연구한 결과 이집트 문명이 그리스보다 2000년이나 앞선 것을 깨닫고 유럽인들은 몹시 당황했다. 또한 언어학자들은 로제타돌에 그리스어와 이집트의 상형문자 외에 다른 문자가 기록된 것을 이상히 여겼다. 더구나 그리스 초기 문명인 크레타섬의 미케네 문자, 영어와 라틴어의 조상인 그리스의 문자가 메소포타미아에 기원이 있는 것을 발견하고 아연실색했다. 그렇다면 그 고대문명의 정체는 무엇이란 말인가?

물론 유럽인들은 기원전 331년 알렉산드로스가 페르시아를 정복한 사실을 알고 있었다. 그리고 『구약성경』에 페르시아가 멸망시킨 바빌로니아와 아시리아에 대한 단편적인 기록이 남아 있어서 메소포타미아에 고대문명이 존재하였음을 어렴풋이 알고 있었다. 그런데 17세기에 캠퍼가 고대 페르시아의 수도였던 페르세폴리스를 방문하여 페르시아 왕들의 인장에 새겨진 쐐기 모양의 기호가 인도-유럽어가 아닌 것 같다는 문제를 제기했다. 그 후, 언어학자들은 그 기호가 고대 메소포타미아의 문자임을 깨닫게 되었다.[6] 흥분한 고고학자들은 본격적인 발굴을 시도하고 언어학자들은 고고학자들이 메소포타미아에서 찾아낸 유물에서 쏟아져 나온 수수께끼 같은 쐐기문자를 열정적으로 연구하기 시작했다.

페르세폴리스 비석의 쐐기문자

●

기괴한 설형문자(楔形文字), 즉 쐐기문자의 본격적인 연구는 19세기 후반에야 이루어졌다. 그 출발의 첫발을 내디딘 사람은 1770년경 덴마크의 여행가 니부어였다. 그는 지금 이란의 페르세폴리스와 그 주변의 문자판을 수집하여 복사판을 출판했던 것이다. 그중 가장 뛰어난 문자판은 고대 페르시아 아케메네스 왕조의 수도였던 페르세폴리스 근교의 거대한 바위벽을 뚫고 만든 웅장한 무덤의 입구에 있는 비문이었다.[7]

이 비문에는 세 종류의 문자가 새겨져 있었다. 첫째 칸은 40종의 기호, 둘째 칸은 100여 종의 기호, 셋째 칸은 500여 종의 기호로 되어 있었다. 하지만 동일한 기호, 즉 쐐기문자를 사용하여 같은 내용을 기록했다. 따라서 두 종류는 방언과 마찬가지였다. 그래서 니부어는 먼저 첫째 칸의 문자에서 42개의 문자를 뽑아서 글자의 생김새에 따라 분류하여 목록을 만들고 책으로 출판했다.[8] 이 니부어의 자료를 이용하여 평생 연구에 몸을 바친 학자들이 나오게 되었는데, 그 첫 번째 학자가 그로테펜트였다.

독일 괴팅겐 시립학교의 라틴어 교사였던 그로테펜트가 1802년 「페르세폴리스의 설형문자 해석에 대하여」라는 연구결과를 괴팅겐의 왕립 과학협회에 제출하면서 비로소 그 비밀스러운 실마리가 풀리기 시작했다. 그로테펜트는 먼저 그 암호 같은 「페르세폴리스 비문」의 고유명사에 주의하면서 페르시아 후기 사산 왕조 시대의 아케메네스 왕들의 이름을 해독해 냈다. 이어서 그는 유럽인들에게 이미 잘 알려진 키루스, 다리우스,

크세르크세스 등 왕들의 이름 사이에 쓰인 '왕', '아들' 같은 단어의 뜻을 읽거나 짐작하여 비문 전체의 내용을 추측할 수 있었다. 그리고 세 문자를 비교하여 가장 짧은 기호군(記號群)을 뽑아내고 연구해서 몇 개 기호의 소릿값도 알아냈다. 특히 어미의 모습이 변화되어 나타나는 사실도 밝혀냈는데, 이 점은 라틴어와 비슷한 현상이었다. 그러나 독일의 왕립협회는 이 천재의 발견에 대해 냉담했다. 그로테펜트는 1953년 사망할 때까지 50년 동안이나 자기의 가설을 끝없이 주장하였을 뿐, 더 이상 미로의 문을 열지는 못했다.[9] 물론 메소포타미아 발굴의 역사적인 해석을 가능하게 한 인물은 당연히 그로테펜트였다.

롤린슨, 다리우스 황제의 비문을 해독하다

●

그 뒤 반세기 동안 프로테스탄트 군인 롤린슨, 아일랜드의 사제 힌크스, 수학자 탤벗, 유대인 교수 오페르트 등 여러 학자들이 협력하면서 악착스럽게 연구에 매달린 결과 네 학자의 쐐기문자 해독문이 거의 동일하였다.[10] 그런데 그 문자가 기대했던 알파벳 체계가 아니라 일종의 단순화된 음절 체계라는 것이 밝혀졌다. 즉 그 문자는 고대 페르시아의 종교였던 조로아스터의 경전인 『아베스타(Avesta)』에 기록된 고대 페르시아어에 가까웠던 것이었다.[11]

여러 학자 중에서 가장 풍성한 성과를 거둔 인물은 롤린슨이었다. 영국의 육군 소령 롤린슨은 페르시아의 국방성에 근무하면서 새로 발견된 베히스툰 부근의 암벽을 직접 답사하고 그 비문을 연구했다. 그런데 1835년 이란의 하마단 남서쪽 100㎞ 떨어진 베히스툰 암벽에서 새로운

자료 1-2 베히스툰 암벽에 새겨진 다리우스 1세의 비문과 포로들(기원전 522년~기원전 486년경)

문자판들이 발견되었는데, 이곳의 세 비문은 400행이 넘는 분량이었다.

지금부터 무려 2500여 년 전에 페르시아의 다리우스 황제는 골짜기에서 50m나 되는 절벽에 도드라진 조각상과 함께 자기의 신분과 업적, 그리고 승리를 예찬하는 글을 각각 400행이 넘게 세 종류의 언어로 새겨 놓았던 것이다. 지금은 다음과 같이 그 뜻이 분명하지만 그 당시엔 수수께끼 같은 언어였다.

왕 다리우스는 이르노니, / 너희는 어느 날엔가 / 비문을 보게 될 것이다. / 이는 내가 명하여 절벽에 새기게 한 것이다. / 여기에 만들어 세운 인물들을 보거든 / 지우거나 훼손치 말지어다. / 자손만대에 이르기까지 명심하여 / 길이 보존할지어다.

1835년부터 롤린슨은 활차를 이용하여 바위산의 위험한 절벽에 매달려 이 비문 전체를 복사하고 해석하여 1846년에 완전한 번역본과 함께 「페르시아의 설형문자 개론」을 학계에 제출했다. 드디어 2500년 전에 사라져서 완벽하게 베일에 가려졌던 고대 **페르시아어**가 그 정체를 드러낸 것이다.[12] 롤린슨은 다른 학자들의 업적은 전혀 알지 못했지만 그로테펜트와 비슷한 방법으로 페르시아 왕 세 사람의 이름을 해독해 냈다.

제2의 언어 엘람어

●

다리우스 황제의 비문에서 고대 페르시아어의 비밀을 풀어낸 학자들은 함께 새겨 놓은 제2의 문자를 연구하기 시작했다. 음절문자이면서 고대 페르시아어보다 더 많은 상형문자를 가진 이 언어는 고대 페르시아어와는 전혀 다른 음절 체계를 가진 문자였다. 즉, 한 기호는 주로 한 음절의 소리로 읽혔지만, 기호들이 소리를 넘어서 한 사물이나 사실을 직접 가리키기도 하였다. 이를테면, 안(an)으로 읽히는 기호는 '신(dingir, 神)'이라는 뜻을 가리키기도 했고, 민(min)으로 읽히는 기호는 '여성', 쿠르(kur)로 읽히는 기호는 '산'을 가리키는 등 특정한 뜻을 가리키는 단어가 많이 사용되었다.

학자들은 이 알쏭달쏭한 언어를 이란 남서쪽에서 오랫동안 살면서 풍요를 누렸던 엘람 왕국의 이름을 따서 **엘람어**라고 불렀다.[13] 엘람어는 지금은 쓰이지 않으나 예전에 메소포타미아 평야에서 이란고원에 이르는 지역에 걸쳐 널리 사용된 사실이 나중에 밝혀졌다.

제3의 언어 아시리아어

●

이제부터는 엘람어와 함께 제3의 언어의 정체를 밝혀야만 했다. 그런데 그 언어는 메소포타미아의 성벽과 점토판, 벽돌과 조각 등에서 발견된 언어와 동일했다. 『구약성경』에 기록된 바로 그 페르시아의 키루스왕이 기원전 538년에 정복했던 신바빌로니아, 즉 칼데아의 장엄한 문명의 흔적이었던 것이다. 학자들은 제1언어인 페르시아어와 제2언어인 엘람어의 비슷한 점을 찾았는데, 미지의 이 언어도 음절문자이면서 상형적인 요소를 지니고 있었다.

특히 제3의 문자는 상형의 기호가 너무 많았지만 그래도 중국의 한자보다는 적었다. 또 언어학자들은 남자, 여자, 물, 산, 새, 물고기 등을 지시하는 기호 몇 가지를 알아내게 되었다. 그런데 한 기호가 문맥에 따라 여러 뜻을 가질 수 있는 까다롭고 복잡한 이 언어는 히브리어, 아르메니아어, 아랍어 등의 셈어와 비슷하였으므로 **아시리아어**라고 불렀다. 『구약성경』에 아시리아라는 이름이 등장하기 때문이었다. 학자들은 북쪽의 아시리아어와 함께 남쪽엔 바빌로니아어가 사용되었고, 새로 발견한 언어는 셈족의 방언인 **아카드어**임을 깨달았다. 아시리아어는 아카드어의 방언으로서 아시리아에서 실제 사용된 언어는 아람어였다.

언어학자들은 1850년 이후에 메소포타미아에서 발견된 문서를 종합하고, 니네베 남쪽 100㎞ 떨어진 고대도시 아슈르에서 아시리아의 왕 티글라트-펠레세르의 809행의 비문을 해독해 냈다. 마침내 언어학자들은 아시리아어 비밀의 전모를 완전히 읽고 해독할 수 있음을 세상으로부터 인정받게 되었다. 다시 말하면 1857년 롤린슨, 오페르트 등이 런던에서 『아시리아 왕 티글라트-필레세르의 비문』을 발행하고, 10년 후에는 『아시리아 문법 입문서』를 출판했을 뿐만 아니라, 학자들이 아시리아 구어(口語)의 비밀도 파헤칠 단계에 이르렀다. 또한 엘람어와 고대 페르시아어는 아시리아어에서 이어져 왔다는 사실도 알게 되었다. 언어학자들의 이러한 힘겨운 노력에 힘입어 20년 전부터 쏟아져 나온 유물을 깊고 집중적으로 탐색할 수 있게 되었다.[14]

아시리아어는 어디서 비롯된 것일까

●

그런데 또 다른 의문점이 고개를 불쑥 내밀었다. 아시리아어는 어디서 비롯된 것일까? 아시리아인은 셈족일까, 아니라면 다른 민족일까? 그런 논쟁을 거듭하다가 메소포타미아의 땅속에서 출토된 유물을 조사하고 종합한 결과, 아주 먼 옛날에 아시리아인과 함께 다른 민족이 살고 있었다는 놀라운 사실을 깨닫게 되었다. 1905년 아시리아학자 프랑수아 튀로 당쟁은 『수메르와 아카드의 기록들』이라는 저서를 내놓으면서 셈족 이전에 어떤 다른 민족이 이 언어를 사용했다는 사실을 증명했던 것이다.[15] 드디어 마지막 수수께끼가 풀렸다. 완전히 잊혀졌던 고대언어가 갑자기 나타나 베일을 벗은 신부처럼 햇빛에 그 자태를 드러냈던 것이다. 두 민족은 바로 **아카드**와 **수메르**였다. 다음 장에서는 유적의 발굴을 통해서 아시리아와 바빌로니아, 아카드와 수메르의 문명이 밝혀지는 과정을 밝혀 보기로 한다.

1   A. Toynbee; A Study of History(역사의 연구), 동서문화사, 2015, 홍사중 옮김, 73쪽.

2   B. Fagan; World Prehistory: A Brief Introduction(세계 선사 문화의 이해), 사회평론, 2013, 이희준 옮김, 480쪽, 467~472쪽.

3   웬키; 앞의 책 2권, 85쪽.

4   J. Vercoutter; A la recherche de l'Egypte oubliée(잊혀진 이집트를 찾아서), 시공사, 2009, 송숙자 옮김, 20~28쪽.

5   M. Verner; Die Pyramiden(피라미드); 심산문화, 2004, 김희상 옮김, 28쪽, 88~95쪽.

6   Z. Sitchin; The 12th Planet(수메르, 혹은 신들의 고향), 이른아침, 이근영 옮김, 2004, 35쪽. 필자는 외계문명의 지구이식론을 제외한 수메르학자 시친의 연구를 인용했다.

7   J. Botteroll & M. Steve; Il était une Fois la mésopotamie(메소포타미아 -사장된 설형문자의 비밀), 시공사, 2001, 최경란 옮김, 16~17쪽.

8   보테로, 스테브; 앞의 책, 18~19쪽.

9   보테로, 스테브; 앞의 책, 24~25쪽.

10   브랙만; 앞의 책, 357~358쪽.

11   보테로, 스테브; 앞의 책, 25~32쪽.

12   C. Ceram; Götter, Gräber und Gelehrte(낭만적인 고고학 산책), 고려서적, 1994, 안경숙, 254~256쪽.

13   보테로, 스테브; 앞의 책, 32~35쪽.

14   세람; 앞의 책(낭만적인 고고학 산책), 256~260쪽. 보테로, 스테브; 앞의 책, 36~48쪽.

15   보테로, 스테브; 앞의 책, 56~57쪽.

유적의 발굴과정

언어학자들의 노력에 발맞추어 유적지의 발굴이 착착 진행되었다. 그 신호탄은 19세기 중엽 독일의 마이스너 교수가 간행한 『바빌로니아와 아시리아의 제왕』이라는 책이었다. 비록 메소포타미아의 이름난 왕들의 이야기가 기록된 통속적인 책이었지만, 마이스너는 왕들의 이름과 통치 연대를 알려 주고 있었다. 그래서 모험적인 유럽인들은 잊힌 문명에 대한 호기심과 성경의 역사적 사실을 증명하려고, 그리고 슐리만의 트로이 발굴처럼 엄청난 보물에 대한 꿈을 안고 본격적인 유적의 발굴에 뛰어들게 되었다.[1] 메소포타미아 유적 발굴의 대표적인 인물은 프랑스의 보타, 영국의 레이아드, 영국의 스미스, 그리고 프랑스의 사르제크였다. 이 고고학자들은 특히 종교적으로 경이로운 유물들을 발견했다.

보타, 아시리아의 수도 니네베의 별궁을 발굴하다

●

메소포타미아 지역에서 유적을 발굴한 첫 인물은 의사이며 외교관이었던 프랑스의 보타였다. 그는 현재 이라크의 모술 근처 코르사바드 언덕을 주목하고 발굴을 시작하였다. 그리고 그곳이 아시리아의 수도였던 니네베의 별궁임을 확인하여 인류 최초의 문명이 이집트라고 믿고 있던 당시 유럽 사람들을 말할 수 없이 흥분시켰다.

보타는 1843년부터 3년 동안 당시 터키 사령관의 방해를 무릅쓰고 장대한 궁전의 유적을 세상에 펼쳐 보였다. 그 지역의 이름은 두르샤르루킨, 즉 '정의로운 왕의 성곽 도시'였는데, 바로 아시리아의 왕 사르곤 2세가 바빌론을 정복한 뒤 기원전 709년에 건설한 니네베 성이었다.

발굴 결과, 사르곤 2세가 통치하던 아시리아의 수도에는 거대한 왕궁이 자리 잡고 있었고 사원에는 장엄한 지구라트가 서 있었다. 도시를 둘러싼 성벽은 도드라진 부조로 장식되었는데, 그 길이가 무려 1.6㎞에 이르렀다. 이 호화로운 궁정은 왕이 여름을 나던 별궁의 일부였다.[2] 고고학자들이 놀란 것은 단 5년 만에 이 성을 완성한 아시리아 제국의 무서운 힘이었다.[3]

레이아드, 성경에 나오는 님루드를 발굴하다

●

영국의 고고학자 레이아드도 『구약성경』에 나오는 여러 도시의 이름을 참고하여 발굴을 서둘렀다. 소년 시절에 『아라비안나이트』를 읽고 꿈을 키운 레이아드는 1849년 코르사바드에서 티그리스강을 따라 16㎞ 하류 지역이며 보타가 잠시 손을 댄 쿠윤지크를 발굴했다. 알고 보니 바로 아시리아의 수도인 니네베의 가장 장대한 궁전이었다. 원래 니네베는 아시리아 제국의 마지막 세 왕인 센나케리브, 에사르하돈, 아슈르바니팔이 다스리던 유서 깊은 도시였는데, 레이아드는 센나케리브가 살던 궁전에서 9개의 방을 발견한 것이었다.[4] 『구약성경』에는 그 당시 형편이 다음과 같이 기록되어 있다.

> 히스기아 왕 14년에 아시리아의 산헤립(센나케리브, 기원전 704년~기원전 681년) 왕이 유다를 침략하여 요새화된 모든 성들을 점령하였다. 그러자 히스기야는 라기스에 있는 아시리아 왕에게 이런 전갈을 보냈다. "내가 잘못 했습니다. 제발 군대를 철수하여 돌아만 가 주신다면 당신이 요구하는 대로 내가 조공을 바치겠습니다."[5]

또 다른 기록 「왕들의 통치」 하 19장 35~36절에는 다음과 같이 기록되어 있다.

> 여호와의 천사가 아시리아의 군영으로 가서 185,000명을 쳐 죽였다. 사람들이 아침에 일어나 보니 모두 시체만 즐비하게 널려 있지 않겠는가! 그러자 아시리아의 산헤립 왕은 철수하고 니느웨(니네베)로 돌아갔다.

물론 이 신화적이고 과장된 기록은 사실이 아니다. 중요한 것은 성경에 기록된 여러 인물과 도시가 발굴을 통해 사실로 증명되었다는 점이다. 바로 예루살렘 포위에 관한 사실은 센나케리브의 궁전의 기둥에 다음과 같이 새겨져 있다.

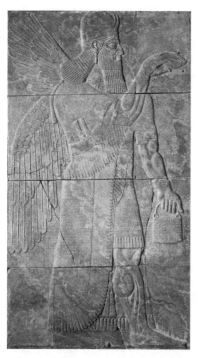

자료 1-3-1 님루드에서 발굴된 기둥에 새겨진 인물[기원전 883년~기원전 859년경, 미국 월터스미술관(Walters Art Museum) 소장]

자료 1-3-2 님루드에서 날개달린 황소를 옮기는 장면[1849년, 오스틴 헨리 레이아드(Austen Henry Layard), 영국]

유다 사람 히스기야는 내 멍에를 매려 하지 않았다. 나는 그의 도시 46개, 즉 성벽이 있는 도시를 포위했고 그 주위에 셀 수 없이 작은 마을들을 점령했는데… (중략) 포로 200,150명… (중략) 내가 그를 죄수로 선포하고 새장에

갇힌 새처럼 그의 수도 예루살렘에 가두었다.[6]

어쨌거나 레이아드는 1845년부터 10년 동안 님루드 구릉의 발굴 작업에 몰두했다. 님루드는 이집트의 피라미드에 해당되는 높고도 넓은 언덕이었다. 특히 님루드는 아시리아의 왕 샬마네사르 2세가 자기의 군사적 정복을 기록한 오벨리스크를 세운 역사적인 곳인데, 이스라엘의 왕 예후를 포함하여 조공을 바친 왕들의 명단이 새겨져 있다. 무엇보다 우리의 시선을 끄는 것은 『구약성경』 창세기 10장에 기록된 것처럼 인류의 발상지와 관련 있는 곳이 바로 님루드(님로드)라는 점이다.[7] 다시 말하면 메소포타미아의 초기 도시들, 즉 시날(수메르)의 바벨(바빌론), 에렉(우루크), 악갓(아카드), 갈레(니므롯) 같은 이름이 기록되어 있는 것이다.

노아의 아들인 셈과 함과 야벳의 자손들은 이렇다. 이들은 홍수 후에 여러 아들을 낳았다… (중략) 함의 아들은 구스, 미스라임, 붓, 가나안이며… (중략) 구스는 또 **니므롯**이라는 아들을 낳았는데 그는 세상에서 최초의 정복자였다. 그는 야훼를 무시하는 힘센 사냥꾼이었으므로 '니므롯처럼 야훼를 무시하는 힘 센 사냥꾼'이라는 유행어까지 생기게 되었다. '**처음에 그의 나라는 시날**(Shinar) **땅의 바벨, 에렉, 악갓, 갈레에서 시작되었다.**' 거기서 그는 아시리아로 가서 니느웨, 르호봇 일, 갈라, 그리고 니느웨와 갈라 사이에 큰 성(城) 레센을 건설하였다.

레이아드는 『구약성경』의 그 니므롯이 바로 님루드라고 판단하고 발굴한 결과 예상대로 니므롯은 아시리아의 아슈르나시르팔 2세(기원전 884년~기원전 859년)의 궁전이었다. 그는 아슈르에서 『구약성경』의 갈라, 곧 니므

롯으로 옮겼던 것이다.

그때까지 사막의 폐허 속에 버려진 불가사의한 유적지의 궁전에서 전
투에 관한 거대한 석판과 이상야릇하고 거대한 조각품들이 나타났다. 그
리고 13쌍의 날개 달린 사자와 괴이한 황소도 모습을 드러냈다. 이 궁전
에는 샬마네세르 3세(기원전 858년~기원전 824년)가 그의 군사적인 정벌과
조공을 바친 왕들의 명단을 기록한 '모놀리스' 기념비석이 세워져 있었
다. 영국인들이 25,000여 점의 유물과 함께 이 기념비석을 영국에 가져
가 박물관에 전시했다.[8]

그런데 이 유물은 온 유럽을 흥분시켰고, 과거 세계에 대한 호기심을
불러일으켰다. 레이아드는 아시리아와 『구약성경』의 역사적 사실에 대
한 뚜렷한 증거를 제시한 것이다. 하지만 그는 쐐기문자 점토판이나 기
념비 위에 새겨진 비문을 해독할 수가 없었고, 아시리아의 신상의 상징
성이나 전투 장면, 궁전의 이름과 왕들의 이름도 알아내지 못하였다.[9]

레이아드, 니네베 최대의 궁전을 발굴하다

●

1849년 레이아드가 티그리스강 강변의 쿠윤지크 구릉에서 발견한 니네베 최대의 궁전은 바로 아시리아의 센나케리브 3세(기원전 704년~기원전 681년)의 궁전이었다. 원래 니네베는 달의 신 '난나(Nanna)'의 이름을 본뜬 고대 도시였다.

궁전을 발굴해 보니 성벽은 40개씩의 벽돌을 9.6m의 넓이로 100층을 쌓아 올렸으며, 그 성벽의 높이는 무려 23m였다. 1,500개의 망루가 있는 성벽 위엔 전차 세 대가 나란히 달릴 수 있는 규모를 지닌 웅장한 요새였다. 또한 성벽에는 15개의 성문이 나 있고, 성벽 둘레에는 방어용 인공호수인 폭 24m의 해자가 성을 둘러싸고 있었으며, 정원의 문 위에는 당시 건축 기술로는 경이적인 돌다리가 아치형으로 걸쳐 있었다. 놀랍게도 니네베의 변두리에는 30개도 넘는 신전이 빛나고 있었다.[10]

자료 1-3-4 당시 화가가 상상한 아시리아의 궁전[1853년, 오스틴 헨리 레이아드(Austen Henry Layard), 영국]

아슈르바니팔의 도서관과 길가메시 서사시

무엇보다 레이아드의 가장 큰 공로는 센나케리브 왕의 방에서 두 개의 도서관을 발견한 점이었다. 경이롭게도 그곳에는 3만 권의 점토판 서적들이 감추어져 있었다. 가히 '점토판의 도서관'이라고 부를 만하였다. 폭군 센나케리브의 뒤를 이어 왕이 된 아슈르바니팔은 독서를 좋아한 사람으로 왕궁에 도서관을 창건하여 후세에 그의 명성이 빛나게 되었다. 아슈르바니팔은 고대문명의 계승자임을 과시하여 왕권을

자료 1-3-5 아슈르바니팔[ⓒCarole Raddato, 기원전 645년~기원전 635년경, 영국 대영박물관(The British Museum) 소장]

강화하려고 국가 전역에 흩어져 있던 점토판에서 복사본을 떠서 그의 도서관에 체계적으로 분류하여 보관했던 것이다.

이 도서관의 점토판은 대부분 점술과 종교의식에 사용되는 자료였지만 철학, 천문학, 수학, 문헌학 등의 책도 포함되어 있었다. 또한 왕들의 계보, 역사기록, 정치에 관한 궁정문서, 서사시, 신화, 찬미가 등도 끼어있었다. 아슈르바니팔이 점토판을 수집하라고 신하에게 보낸 편지가 남아 있어서 그의 독서에 대한 욕구를 짐작할 수 있다.[11] 물론 이는 나중에 쐐기문자의 비밀이 밝혀진 뒤에 판명된 것이지만 당시 고고학자 롤린슨은 "아시리아 학문의 완전무결한 백과사전이 나왔다."라고 예측했다고 한다.[12]

무엇보다 아슈르바니팔의 도서관에서 발굴된 세계 최초의 서사시『길가메시 사사시』는 당시 유럽인들에게 크나큰 충격을 주었다. 이 작품은 그리스의『일리아드·오디세이아』보다 무려 1000년 전에 만들어진 서사시였다. 결국 아슈르바니팔 왕의 도서관이 아시리아와 바빌로니아 전체 문화를 이해하는 열쇠를 제공하게 되었는데, 이는 박수갈채를 받을 만한 아슈르바니팔 왕의 선견지명 때문이었다.

하지만 메소포타미아 문명의 가장 중요한 작품이면서 방대한 이 점토판들을 발견한 사람은 레이아드가 아니라 그의 조수였던 외교관 라쌈이었다. 대영박물관은 라쌈에게 아슈르바니팔과 센나케리브의 도서관에서 가능한 많은 점토판 조각들을 주워 모으라고 요청했다. 그는 바빌로니아 왕들의 이름이 적힌「나보니두스의 실린더」, 네부카드네자르의 궁전 등을 발견했다. 특히 그가 발견한 10만 장의 점토판에는 놀랍게도 천지창조와 대홍수에 대한 것도 포함되어 있었다.[13] 기독교 명문가 출신인 라쌈은 이라크 최초의 고고학자로 여겨지는데, 뒤에 런던의 성서고고학회 회원이 되었다.

스미스, 노아의 홍수의 원형을 발견하다

●

레이아드보다 더 유럽을 경악시킨 유물을 발견한 인물이 혜성처럼 나타났다. 바로 영국의 고고학자 조지 스미스였다. 그는 원래 지폐 조판공이었지만 20대의 젊은 나이에 쐐기문자를 연구하다가 대영박물관에서 메소포타미아의 점토판을 해석하려고 애쓰고 있었다. 그런데 그는 레이아드와 라쌈이 수집한 점토판에서『구약성경』에서 '노아의 홍수'에 해당되는 인물인 우트나피쉬팀이 '홍수를 피하여 살아난 부분'에 공백이 나 있음을 발견했다. 다시 말하면, 결론 부분이 깡그리 빠져 있었던 것이다. 당시 성경에 충실하던 빅토리아 왕조의 영국에서 그런 이야기가 충격을 줄 것을 깨달은 런던의 데일리 텔레그래프 신문은 1,000기니의 현상금 을 걸고 『길가메시 사사시』 나머지 부분을 찾아오라는 대대적인 광고를 냈다.

1873년 스미스는 이 일에 뛰어들어 마침내 384개의 글자가 탈락되어 사라졌던 점토판을 찾아냈다. 훗날 『구약성경』 창세기에 기록된 노아 의 홍수 부분과 거의 같았다. 정확하게 말하면 조지 스미스는 '노아의 홍 수 이야기'의 원형을 발견한 것이었다. 런던에 돌아온 그는 『칼데아판 창 세기』라는 책을 출판하여 크게 성공했다. 그 뒤에 스미스는 바빌로니아 의 천지창조 이야기, 곧 「에누마 엘리시」의 일부분도 발견했지만 불행하 게도 전염병에 걸려 36살에 사망하고 말았다.[14] 나중에 온전한 점토판이 발견되었는데, 이 「에누마 엘리시」는 바로 『구약성경』의 천지창조신화 에 큰 영향을 끼친 바빌로니아의 창조서사시였다.

이 발굴의 결과 그 시대 사람들에게 『구약성경』은 이미 가장 오래된 역사적 원전(原典)이 아니라는 의문이 제기되었다. 직설적으로 말하면 유 대인이 노아의 홍수를 다른 서적에서 베낀 사실을 알게 된 것이다. 하지 만 심각한 고민은 다른 곳에 있었다. 바로 여호와 신이 천지를 창조한 시 기에 대한 문제였다. 1650년에 간행된 아일랜드의 어셔 대주교 「연대기」 에 의하면, 천지창조는 기원전 4004년에 이루어졌고, 아시리아 제국은 대홍수로부터 114년째인 기원전 1770년에 세워졌다는 주장이 19세기 초 까지 유럽인들에게 받아들여지고 있었다.[15]

그런데 창조의 시기보다 더 큰 문제는 여호와 신이 천지와 인간을 창조했다고 기록된 성경에 대한 불신감이었다. 다시 말하면 신의 계시를 받아 적은 것으로 알려진 『구약성경』에 대한 신뢰감이 흔들렸던 것이다. 미국 워싱턴대학교 선사고고학 교수 웬키의 설명에 따르면, 19세기까지 대부분의 서구인들은 세계의 나이가 6000년 정도라고 믿고 있었는데, 그것은 성경의 암시를 받았기 때문이다. 다시 말하면 17세기 아일랜드의 제임스 어서 대주교는 『구약성경』에 등장하는 인물과 자손의 나이를 계산하여 대홍수는 기원전 2349년에 일어났고, 세계는 정확히 기원전 4004년에 창조되었다고 선언했다. 그 후 19세기 후반기에 영국 케임브리지대학교 부총장이었던 존 라이트푸트 박사는 『구약성경』을 엄밀히 분석하여 우주는 기원전 3928년 9월 12일 아침 9시에 창조되었고 신은 다음 날 휴식했다고 결론지었다.[16]

그런데 아시리아의 도서관에서 노아의 홍수나 천지창조 등을 기록한 점토판이 발견되자 당시 유럽인은 엄청난 당혹감과 낭패감의 소용돌이 속에 허우적거렸던 것이다.

사르제크, 수메르의 왕 구데아 인물상을 발견하다

●

그렇다면 메소포타미아의 역사는 어디까지 올라갈 것인지, 유럽인들은 도무지 알 수가 없었다. 그런데 1880년경 프랑스의 외교관 사르제크가 현재 텔로라는 도시의 구릉에서 수많은 유물과 점토판, 인물상들을 발굴했는데, 지금까지 메소포타미아의 것과는 전혀 다른 스타일이었다. 특히 인물 조각상은 소위 도시국가 라가시의 왕 '구데아의 인물상'이었다. 그리고 돌조각 몇 개는 기원전 4000년~기원전 3000년 전의 작품이었

는데, 이집트의 예술보다 훨씬 오래된 것으로 인류의 까마득한 유년기의 예술품이라고 후대에 밝혀졌다. 사르제크의 우연한 발굴은 수메르 문명이 최초의 문명임을 암시했던 것이다.[17]

자료 1-3-6 라가시의 구데아 왕[기원전 2120년경, 프랑스 루브르박물관(Louvre Museum) 소장]

콜데바이, 바빌론을 발굴하다

한편 건축학과 미술사를 전공한 독일의 고고학자 콜데바이는 세계적으로 유명한 유적지인 바빌론을 발굴했다. 1898년에 바빌론의 요새인 카스르 구릉을 파헤쳤던 것이다. 그는 보타, 레이아드와는 달리 메소포타미아의 역사에 대해 그 윤곽을 알고 있었다.

이 발굴로 콜데바이는 기원전 500년 전에 그리스의 역사가 헤로도토스가 『역사』에서 바빌론을 묘사한 것이 결코 과장이 아니라는 것을 증명했다. 바로 신바빌로니아의 네부카드네자르, 즉 느부갓네살 왕이 건설한 지구상에서 가장 거대한 바빌론 성을 세상에 적나라하게 드러내 보인 것이다. 콜데바이는 바빌론의 궁전, 정원, 도로, 성경에 묘사된 바벨탑, 불가사의한 공중정원까지도 찾아냈다. 특히 신전으로 가는 길에 앉아 있는

무려 20마리의 거대한 사자상, 신
전 앞의 12m 높이나 되는 웅장한
이슈타르의 문, 또 575마리의 괴
상한 동물상도 발굴했다. 콜데바
이는 8년 동안 250명의 일꾼을 동
원하여 바빌론을 발굴하고 복구
했다. 한 해 동안 무려 80만 명이
동원된 셈이다.[18]

1927년 콜데바이는 유물이 담
긴 상자 536개를 독일로 가져가
바빌론 성문의 하나인 이슈타르

자료 1-3-7 1930년 바빌론의 이슈타르의 문

문을 복원하여 중동 전시관에 전
시했다.[19] 그 후, 이라크의 대통령이었던 후세인은 1960년대에 바빌론과
이슈타르의 문을 절반 크기로 새롭게 건설하여 찬란한 고대문명을 복원
했지만 2003년 미국 대통령 부시의 이라크 침공 이후에 체포되어 사형당
한 것은 잘 알려져 있다. 그러나 박물관이 훼손되고 15,000여 점의 귀중
한 유물이 도난당한 사실은 그리 널리 알려져 있지 않은 것 같다.

북쪽은 아시리아, 남쪽은 바빌로니아

●

발굴이 성과를 거두자 메소포타미아 북쪽에서 할거하던 강력한 군국
주의 국가 아시리아와 남쪽에서 세력을 떨치던 바빌로니아의 역사가 소
나기가 온 뒤 나타난 무지개처럼 선명하게 드러나게 되었다. 두 제국은

기원전 1900년경부터 서로 다투면서 살아오다가 기원전 614년부터 2년 동안 신바빌로니아, 즉 칼데아가 아시리아의 도시 아슈르와 니네베를 파괴하고, 그 뒤 기원전 539년에는 페르시아의 키루스 왕이 마침내 도시 바빌론을 파멸시켰던 것이다.

아시리아와 바빌로니아는 적대관계였지만 문화적으로는 비슷했다. 특히 유적지의 도서관에서 발견된 헤아릴 수 없이 많은 점토판은 모두 아카드어로 기록되었는데, 학자들은 셈족의 언어와 비슷하지만 더 앞선 이 언어의 발명자가 누구인지 몹시 궁금했다. 아시리아와 바빌로니아 점토판에는 그들보다 앞서 존재한 서적과 기록을 복사했다는 주석이 붙어 있었기 때문이었다.

사르곤의 아카드 왕국

아카드어의 발명자는 바로 『구약성경』 창세기 10장 8~10절에 기록된 '시날 땅에 있는 바빌론, 에렉, 아캇, 갈레'의 **아캇**, 즉 아카드였다. 학자들은 아카드 왕국이 아시리아보다 무려 2000년 전에 정의로운 지배자 샤루킨, 즉 사르곤이 세운 나라라는 사실을 알게 되었다. 이 연구는 「아카드의 왕 샤루킨의 연대기」와 그의 업적을 다

자료 1-3-8 아카드를 건국한 사르곤 1세의 청동두상[ⓒHans Ollermann, 기원전 2300년경, 이라크 박물관(The Iraq Museum) 소장]

룬 기록이 발견되면서 본격화되었다. 그러나 한 가지 의문점이 생겨났다. 즉, 샤루킨의 완전한 명칭인 '아카드의 왕이며 키시의 왕'이라고 한 기록 때문이었다.[20]

학자들은 '샤루킨(성경의 니므롯)이 키시의 왕에게 자문을 해 주었다'라는 설명을 근거로 아카드보다 앞선 키시 왕국의 존재를 인정할 수밖에 없었다. 또「창세기」10장의 '니므롯의 아버지가 구스'라는 기록이 의문점을 해결해 주었다. 그런데 뜻밖에 고고학자들이 키시, 곧 구스를 찾아내고 발굴했던 것이다.「아카드의 왕 샤루킨 연대기」에는 다음과 같이 우루크, 우르, 라가시 같은 이름이 기록되어 있었다.

그는 우루크를 패망시켰으며 / 그 성벽을 무너뜨렸다. / 또 우르의 주민들과의 싸움에서도 이겼으며 / 라가시에서 시작해 바다에 이르는 / 모든 적들을 물리쳤다.

『구약성경』에 기록된 에렉은 우루크이다. 이는 우루크의 현재 이름인 와라크의 유적지가 발굴되면서 사실로 드러났다. 마찬가지로 소위 '아브라함의 고향이라는 우르'도 확인되었다. 결국 기원전 3000년 전에 메소포타미아에는 괴이한 유령처럼 왕국과 도시가 있었다는 증거였다.[21]

'그렇다면 그 왕국의 정체는 무엇인가?'

그 수수께끼 같은 정체를 밝히는 일은 이제 고고학자들만의 문제가 아니라 언어학자들의 임무가 되어 버렸다. 다음 장에서는 수메르의 문자가 만들어지는 과정, 언어와 문명의 창조성을 살펴보기로 한다.

1 세람; 앞의 책(낭만적인 고고학 산책), 232~233쪽.

2 보테로, 스테브; 앞의 책, 65~66쪽.

3 시친; 앞의 책, 36쪽.

4 시친; 앞의 책, 36~37쪽.

5 생명의 말씀사 편집부; 현대인의 성경, 왕들의 통치 하, 18장 13절~14절, 생명의 말씀사, 1990.

6 J. Pritchard; The Ancient Near East An Anthology Of Texts & Pictures(고대 근동 문학 선집, 1975), 기독교문서선교회, 2016, 강승일, 김구원, 김성천, 김재환, 윤성덕, 주원준 옮김, 533~534쪽.

7 시친; 앞의 책, 37~38쪽.

8 H. McCall; Mesopotamian Myths(메소포타미아 신화), 범우사, 1998, 임웅 옮김, 19~20쪽.

9 브랙만; 앞의 책, 218쪽.

10 세람; 앞의 책(낭만적인 고고학산책), 285~287쪽.

11 세람; 앞의 책(낭만적인 고고학 산책), 291~292쪽.

12 브랙만; 앞의 책, 305쪽.

13 브랙만; 앞의 책, 379~384쪽.

14 맥컬; 앞의 책, 24~27쪽. 세람; 앞의 책(낭만적인 고고학 산책), 293~298쪽. 브랙만; 앞의 책, 371~374쪽.

15 온라인브리태니커; 어셔 주교. 우주의 창조가 기원전 4004년에 이루어졌다고 추정한 어셔 주교의 연대기적 연구가 실려 있는 성경을 오늘날에도 읽을 수 있다.

16 웬키; 앞의 책 1권, 30쪽.

17 세람; 앞의 책(낭만적인 고고학 산책), 321~322쪽.

18 세람; 앞의 책(낭만적인 고고학 산책), 299~316쪽.

19 콜데바이의 발굴과 후대의 이야기는 K. Radner의 A Short History of Babylon(바빌론의 역사), 더숲, 2020, 서경의 옮김, 58~71쪽에 자세히 나타나 있다.

20 시친; 앞의 책, 40~41쪽.

21 시친; 앞의 책, 40~42쪽.

쐐기문자의 의혹

　유럽인은 19세기 중엽까지 자기들의 문자가 페니키아로부터 유래되었다고 믿었다. 서기 2세기 초 로마의 역사가 타키투스의 『연대기』에 따르면, 맨 처음 동물의 모양을 이용해서 인간의 사상을 표현한 것은 이집트인이었다. 이집트인은, '문자도 우리가 처음으로 생각해 냈는데, 당시 바다를 제패하고 있던 페니키아의 카드모스가 이 문자를 우리 땅에서 미개한 그리스로 가져갔다.'라고 주장하고 있다. 물론 이탈리아는 그리스인에게 문자를 배웠기 때문에 현재의 라틴어 자모는 그리스의 가장 오래된 자모와 비슷한 것이다.[1] 이로 보면 2세기 초 로마인은 물론 19세기 중엽까지 유럽인은 수메르의 정체는 물론 수메르의 언어를 전혀 모르고 있었음이 분명하다.

수메르인의 정체가 점차 드러나다

●

수메르의 정체를 밝히는 일이 언어학자들의 임무가 되어 버린 이유는 기본적으로 음절문자(音節文字), 즉 한 글자가 하나의 음절(소리)을 나타내는 아카드어에 '신, 도시, 국가' 등 상형적인 요소가 들어 있기 때문이었다. 또 고대 메소포타미아의 지명이나 인명은 분명한 의미를 가지고 있었는데, 키시의 왕 '우르자바바', 우르크의 왕 '루갈자게시'는 알쏭달쏭하여 학자들은 도무지 짐작조차 할 수 없었다. 분명 아카드인이 고대에 이집트와 비슷한 어떤 상형문자를 다른 종족에게서 빌린 것임에 틀림없었다. 더구나 아슈르바니팔 왕이 '니네베 도서관의 복잡한 수메르 점토판을 읽을 수 있다'라고 주장한 기록도 발견되었다.

나는 글의 비밀을 전수받았다. 나는 복잡한 수메르 시대의 점토판을 읽을 수 있다. 또한 대홍수 이전 시대의 비석에 새겨진 수수께끼 같은 글도 해독할 수 있다.[2]

그래서 1869년 독일인 오페르트가 그 수수께끼 같은 종족의 이름을 '수메르(Sumer)'라고 학회에 제안하여 결정되었다.[3] 그런데 학자들을 아주 더 흥분시키는 일이 터졌다. 바로 아시리아와 바빌로니아가 만든 『아카드·수메르어 사전』이 발견된 것이다. 비록 세로로 길게 적힌 명판들이지만 이 사전을 통해서 불가사의한 고대 수메르 문명의 정체가 서서히 드러나게 되었다. 즉, 수메르 문자가 해독되면서 수메르 문명이 아카드, 바빌로니아, 아시리아 문명의 근원이며, 인류 문명의 가장 빠른 출발점이었다는 사실이 증명된 것이다.[4]

추측건대, 수메르인은 메소포타미아의 중심 종족인 셈족이 아니라 동쪽의 자그로스산맥으로부터 이동한 다른 종족으로 보였다. 하지만 그러한 증거의 단서는 단 한 점도 발견되지 않았다. 그런데 앞에서 언급했듯이 프랑스의 고고학자 사르제크가 1880년경 이라크의 남부 도시 텔로의 구릉에서 구데아 왕의 조각상과 함께 문자판을 발견했던 것이다. 나중에 그 조각상이 기원전 3000년대 말 그 지역의 군주라는 사실이 확인되었다.[5]

흥분한 언어학자들은 본격적으로 수메르어의 연구에 몰두하게 되었다. 드디어 1905년 아시리아학자 튀로 당쟁이 『수메르와 아카드의 기록들』이란 저서를 내놓았는데, 이로써 다리우스 황제의 비문에 기록된 페르세폴리스 제3언어의 마지막 수수께끼가 풀리게 되었다. 그로테펜트의 해독작업이 시작된 지 무려 102년이 흐른 뒤였다. 결국 셈족 이전의 '어떤 민족'이 이 언어를 사용했다는 것이 증명된 것이다. 그 민족은 바로 수메르인이었다. 또한 '수메르어'라는 이름도 튀로 당쟁의 저서에서 따온 것이다.[6]

수메르어의 출발은 점토항아리에서

●

수메르인은 어떻게 문자를 창안했을까? 고고학자들은 팔레스타인, 터키의 아나톨리아, 이라크, 이란까지 걸쳐 있는 넓은 지역에서 출토된 유물 속에 조그만 점토덩이가 대량으로 섞여 있는 것을 발견했다. 처음에는 그 하찮은 진흙덩이를 내버렸다. 하지만 그 가치를 느끼고 연대측정을 한 결과 기원전 8000년에서 기원전 1500년 무렵에 만들어진 것으로 확인되었다.

그런데 공깃돌이나 조약돌만
한 이 점토덩이는 초기엔 장식
이 없는 공이나 원반, 원뿔 등 기
하학적인 모양이었지만 후기에
는 점토 표면에 직선, 빗금, 십자
등 다소 복잡한 홈이 파여져 있
었다. 고고학자들은 이 점토덩이
가 상거래를 할 때 사용한 물표라
는 것을 깨닫게 되었다. 물표는

자료 1-4-1 상거래에 사용된 물표[프랑스 루
브르박물관(Louvre Museum) 소장]

화폐 대신 사용하던 일종의 '토큰(token)'이었다. 그런데 그 토큰의 모양이
각각 다른 것은 상거래를 할 때 양이나 염소, 밀이나 보리처럼 그 품목이
달랐기 때문이다. 흥미로운 것은 이 토큰을 보관하는 점토로 만든 보통
이 같은 보관함이 80여 개 발견되었다는 점이다.[7]

고고학자들은 복잡한 기호가 표시된 이 점토함이 나타나면서 토큰의
숫자가 줄어든 사실에 주의하여, 그 당시 발전하고 분화했던 수메르의
경제활동을 추측할 수 있었다. 그리고 그 점토함 표면에 고유한 무늬를
새기고 음각한 인장을 찍어 봉한 것은 거래의 투명성 때문이었다는 것을
알게 되었다. 마치 현대에 부동산 계약을 할 때 도장을 찍어 각각 보관하
는 것과 비슷하다. 특히 원통형의 돌이나 금속에 무늬를 새긴 뒤에 진흙
에 굴려서 찍는 인장이 페르시아의 스탬프형 인장이 나올 때까지 3000년
동안 사용되었는데, 재료는 청금석이 인기가 높았다.[8]

인류 최초의 문자는 우루크의 점토판에 있다

●

이 점토함에서 문자가 싹텄다고 여기는 언어학자도 있지만, 인류 최초의 문자라고 할 수 있는 것이 새겨진 점토판은 수메르의 도시 우루크에서 출토되었다. 바로 기원전 3300년 무렵 수메르인이 계산을 할 때 사용한 일종의 원시적인 회계판인 그림 문자판이었다. 선사고고학자 웬키는 이러한 원시적 그림문자가 점토판과 함께 인장에서도 발견되었는데, 현재까지 1,500개 정도 된다고 밝혔다.[9]

고고학자 차일드에 따르면, 그러한 회계 내용이 기록된 점토판이 우루크 후기와 그다음 시대였던 기원전 3200년~기원전 2900년경 유적지에서 발견되었다.[10] 즉, 필경사들은 갈대펜을 사용하여 점토로 빚은 문자판에 물품의 모양을 그려 넣고 그 옆에 숫자로 표시했던 것이다. 수메르인은 일종의 회계장부를 만들어 당시 중요한 식량인 밀의 용도나 맥주의 재료였던 보리의 상품 거래내역 등을 기록했는데, 이로부터 사물을 간단하게 그림으로 표현하는 상형문자(象形文字)가 등장하게 되었다. 다음 자료가 수메르 초기의 점토판을 모사한 것이다.

필자가 모사한 점토판은 보리와 관련된 기록이다. 왼쪽 하단에 사람의 머리에 그릇이 붙은 것은 먹다, 털 달린 이삭의 모양은 보리, 상단의 검고 큰 원과 반원은 보리의 수량이다. 그리고 상단은 칸마다 소나 양 등 가축에게 먹인 보리의 용도나 거래량을 나타낸 것 같다. 이처럼 수메르인은 갈대펜으로 중국

자료 1-4-2
우루크 초기에 보리와 관련된 점토판 모사

의 한자처럼 사물을 간단한 그림으로 표현했던 것이다. 크레이머 교수는 기원전 3000년대 수메르의 중요한 상형문자 18개를 제시했는데, 그중 일부를 소개하면 다음과 같다.[11]

자료 1-4-3 기원전 3000년경 수메르의 상형문자. 상단 왼쪽부터 하늘, 물, 물고기, 새, 황소, 보리, 걷다, 그릇, 여성, 머리, 먹다, 마시다

새로운 단어의 창안과 의미의 확대

그런데, 수메르인은 이미 만들어진 상형문자를 결합하여 새로운 단어를 만드는 창의성을 발휘했다. 이를테면, 〈자료 1-4-3〉에서 보듯 사람의 얼굴 앞에 그릇을 붙여서 '먹다'라는 말로 사용하고, '물'을 붙여서 '마시다'라는 말로 사용했던 것이다. 더 나아가 수메르인은 사물의 특징을 포착하여 그 사물의 일부분으로써 전체를 나타내는 표의문자(表意文字)로 발전시켰다. 이를테면, 역삼각형(▽) 안에 세로로 작은 선을 그어서 여성을 가리켰다.

그러나 본격적으로 뜻을 나타내는 표의문자의 특색이 잘 드러난 것은 수메르인이 단어의 의미를 확장시켜 더 많은 뜻을 포함시킨 경우였다. 이를테면, '발'이라는 상형문자는 '걷다', '서다' 등의 뜻을 나타내게 되었고, '들다', '뛰다'로까지 그 의미가 넓어졌다. 마치 한자에서 '입 구(口)' 자는 사람의 입을 본뜬 상형문자지만, '관문'이나 '구멍', '식구', '말하다'라는 뜻으로 그 의미가 확장된 것과 비슷하다.

중요한 점은 이러한 의미의 확대가 동시에 그만큼 많은 음절까지 낳게 했다는 사실이다. 이를테면, '발'은 '서다', '걷다', '들다' 등 가까운 모든 행위를 포함하면서 하나의 기호가 여러 음가(音價)를 지니게 되었다. 그리하여 서다는 'gub'로 발음되고, 걷다는 'gin'으로 발음되고, 들다는 'tum'으로 발음되면서 많은 음절이 만들어지게 되었던 것이다. 이는 상형문자가 음절문자로 발전하게 된 계기가 되었지만, 그만큼 많은 문자를 만들어야만 했고 아주 복잡하고 괴이한 어법이 생겨나게 되었다.[12]

이러한 초보적인 상형문자가 기원전 3200년에서 기원전 3100년 사이에 급격하게 출현하여 1,000여 개에 이르렀다. 그러나 수메르인은 중국인처럼 엄청난 상형문자를 만들지는 않았다. 청나라의 『강희자전』에는 42,174자의 한자가 수록되었는데, 다른 체의 글자 등을 더하면 약 70,000자에 이른다.[13] 기원전 3세기경 중국의 진시황은 50,000자를 넘어선 한자를 축소하는 언어정책을 폈지만, 수메르에서는 기원전 2600년경 오히려 글자의 수가 줄어들어 700개 정도로 고정되었다. 그 이유는 앞에서 설명한 바와 같이 원래 만들어진 글자를 조직적으로 결합하여 새로운 뜻을 나타내는 창의적인 방식을 채택했기 때문이다.[14]

상형문자가 쐐기문자로 바뀌다

●

기원전 3100년경 수메르어에는 획기적인 변화가 일어났다. 상형문자가 점토판에 갈대펜으로 새기기 쉽도록 쐐기문자, 곧 설형문자(楔形文字)로 변했던 것이다. 쐐기란 돌을 깨거나 나무를 쪼갤 때 그 틈에 끼어서 사용하던 도구로서 라틴어 'cuneus'에서 나온 말이다. 쐐기문자는 바로 못처럼 생긴 𒐏 𒐑 같은 문자였다. 재미있는 것은 1700년경 옥스퍼드대학교의 히브리어와 아랍어교수였던 하이드가 '피라미드 모양 또는 쐐기 모양의 문자'라는 말을 처음 사용하면서 쐐기문자는 문자가 아니라고 한 점이다. 당시 유럽인들은 쐐기문자를 새의 발자국이나 건축학적인 기호라고 생각했다.[15]

어쨌거나 이때부터 수메르인들은 점토판의 위치를 왼쪽으로 90°를 돌리고 갈대로 만든 끝이 뾰족한 펜으로 찍어 눌러서 직선과 비스듬한 선 모양의 쐐기문자를 쓰기 시작했다. 결과적으로 수메르의 그림을 본뜬 상형문자는 추상화되고, 양식화되었다. 다시 말하면 사물을 있는 그대로 그리지 않고 사물의 성질이나 관련성 따위를 뽑아서 일정한 모양이나 형식이 갖추어지면서 자연스럽게 문자가 단순화되었다.

차일드의 설명에 따르면, 황소를 부호로 만들 때 특정한 방법을 사회

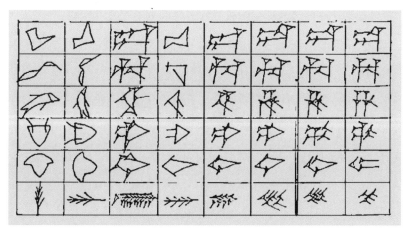

자료 1-4-4 상형문자가 쐐기문자로 변하는 과정

적으로 선택하고 서로 인정하여 양식화되었던 것이다. 또 부호로 만든 기호들 몇 개는 단순한 그림 이상의 의미를 가져서, 물병은 물을 담을 수 있는 그릇만이 아니라 측정의 단위, 즉 도량형의 기호이기도 했다. 이처럼 개념을 상징화한 기호를 표의문자(表意文字)라고 하는데, 수학기호인 + - × ÷ 등이 대표적인 표의문자이다. 아울러 사물과 숫자만이 아니라 그림으로 표시하기 힘든 개념, 즉 말하기, 울기, 낱말 등과 같이 행위도 문자에 도입되었으며, 단어의 종류를 알려 주는 한정사도 사용되어 진정한 서술적인 글쓰기를 할 수 있는 단계로 나아가게 되었다.[16]

특히 수메르인은 외국인의 이름을 기록할 때 뜻과는 상관없이 소리 나는 대로 음절로 표기했다. 우리나라 개화기 때 France를 실제 나는 소리와 비슷하게 '佛蘭西', England를 '英吉利'라고 표기한 것과 비슷하다. 그리고 수메르인은 내용은 기본적인 표의문자로 기록하고 문법적인 부분은 음절로 표현했다. 이를테면 타동사의 주격조사는 e라고 읽는데, 수로(水路)를 뜻하는 문자 e를 음절로 사용하여 주어에 붙여 표현했다. 이는 수메르인이 일부 표의문자를 그 뜻과 관계없는 음절문자로 사용했기 때문이다. 이로부터 수메르인의 언어의식에 커다란 전환이 일어났다.[17]

그 후, 표의문자와 음절문자가 혼합된 수메르의 쐐기문자는 논란의 여지가 있지만 200년 뒤에 이집트의 상형문자에 영향을 주었다고 추정할 수 있다. 즉, 이집트인은 수메르처럼 표의문자와 음절문자를 함께 사용했던 것이다.[18] 특히 이집트의 상형문자가 기원전 3000년경에 거의 완성된 모습으로 나타난 것은 수메르 문자의 아이디어가 확산되었을 가능성이 높다. 다시 말하면, 이집트는 문서의 보존에 유리한 건조한 환경인데도 문자의 발달과정의 증거가 전혀 안 보이는 것이다.[19]

어쨌거나 기원전 3000년 전후가 되면 수메르에서 문자의 사용범위도

회계장부, 계약서, 기호목록 등을 비롯하여 조약, 예식, 역사적 텍스트, 주문, 법 조항 등으로 널리 확대된다. 이처럼 발전한 수메르의 쐐기문자는 고대 메소포타미아 전 지역에서 기원 전후까지 3000년 동안 사용되었다. 수메르의 실용적인 문자 체계를 히타이트, 우라르투, 엘람, 페르시아, 바빌로니아, 아시리아, 미탄니, 시리아, 히브리 등이 채택하여 자기 민족의 언어에 적용했는데, 그 대표적인 언어가 아카드어였다.[20]

주목할 것은 사르곤 왕이 건설한 아카드 제국의 언어인 아카드어가 고대 세계의 국제어가 되어 널리 쓰였지만, 수메르어는 중세 유럽의 라틴어처럼 종교와 문화 등 고전적인 언어로 사용되었다는 점이다. 그리고 뜻으로도 사용하고 음절로도 사용하는 이들 표의문자는 페니키아인에게 전파되었고, 이를 그리스인이 자음과 모음을 갖춘 완전한 알파벳 문자로 발전시켜 영어, 프랑스어, 라틴어 등 유럽 알파벳의 모태가 되었다.[21]

특히 언어학자 조르주 장에 따르면, 수메르의 쐐기문자를 채택한 민족들은 자기들의 언어가 인도-유럽어족에 속하고 고유한 그림문자를 가지고 있었지만 수메르의 쐐기문자를 사용하는 데 아무 문제가 없었다. 만일 수메르의 문자를 도입하지 않았더라면 후세의 역사가들이 그 시대의 역사적 비밀을 파헤치지 못했을 것이라고 수메르 쐐기문자의 중요성을 역설하였다.[22]

수메르어의 정체가 밝혀지다

●

흥미로운 것은 수메르인이 60진법을 사용하여 시간과 각도를 측정하고 점토판에 기록했다는 점이다. 1분을 60초, 1시간을 60분, 원을 360°로

정한 수메르인은 이 계산법으로 토지를 측량하고, 가축의 머릿수를 계산하고, 보리의 수확량을 예측했다. 특히 어떤 점토판에는 도시국가 라가시에 있는 신전의 공동체에서 18명의 빵 굽는 사람, 31명의 술 빚는 사람, 7명의 노예, 그리고 1명의 대장장이가 있었다는 사실이 기록되어 있다. 이로부터 라가시의 사회구조를 추측할 수 있는 것이다.[23] 또 수메르인이 보리 맥주 8종, 조생종밀 맥주 8종, 혼합곡식 맥주 3종을 제조했던 점토판을 통해서 그들의 경제활동과 문화의 정도를 짐작할 수 있다.[24] 물론 수메르인은 맥아와 발효의 이용법도 이미 알고 있었다.

이처럼 쐐기문자로 왕궁과 관청의 서기는 세금의 수납을 정리하고, 사원의 서기는 사원에 딸린 농장의 관리와 공물의 기증을 기록하였다. 또 선박과 토기, 직물과 농기구를 만드는 공장의 서기는 물품 제작의 과정과 보관, 거래내역을 꼼꼼하게 기록했다. 하지만 대부분의 서기들은 필경기술을 배워 농업과 관계있는 일, 즉 관개수로의 유지, 노동력, 추수한 곡식의 수량, 그리고 농기구의 공급과 분배 등을 관리하였다.[25]

그런데 그처럼 복잡한 셈을 수메르인은 어떤 수학적인 방식으로 계산했을까? 언어학자 하르만에 따르면, 수메르의 초기 물표에 수량을 나타내던 검은 동그라미나 크고 작은 타원형의 그림문자는 쐐기문자 시대 이후엔 사라졌지만 과거의 숫자 체계는 줄곧 사용되었다. 수메르의 60진법은 상당히 복잡한 여러 연합 체계였는데, 각각의 체계는 서로 다른 사물들을 계산하는 데 사용되어 점토판에 ＼ ►◇처럼 수를 나타내는 쐐기문자로 기록되었다.[26]

쐐기문자를 다양하게 활용한 수메르인은 진흙으로 점토판을 만들고 말리거나 구워서 오래 보관하려고 노력했다. 불로 구운 점토판은 토기처럼 단단해져 축축한 퇴적층에서도 수천 년 동안 썩지 않고 보존되었지만 파피루스에 비하면 부서지는 것이 문제였다. 점토판은 오늘날의 신문처럼 단으로 나뉘어 큰 것이 사방 30㎝ 정도였고, 필기구는 주로 갈대를 다양한 모양으로 다듬어 펜을 만들었고, 서기는 왼쪽부터 글씨를 쓰고 뒷면까지 이용했다.[27]

오랫동안 언어학자들의 끈질긴 노력으로 마침내 쐐기문자의 비밀이 밝혀졌다. 1923년 아시리아학자 아르노 포게벨이 『수메르어 문법의 기초』라는 저서에서 수메르어의 언어학적 복잡성을 완전히 설명하여 메소포타미아의 모든 쐐기문자를 이해하고 활용할 수 있게 되었다. 오늘날 수메르어는 역사상 가장 오래되고 독립적으로 고안된 문자라는 사실이 밝혀졌다. 그리고 수메르어는 어근에 접사가 첨가되는 점에서 인도-유럽어가 아니라 교착어, 즉 터키, 퉁구스, 몽골, 한국, 일본 등 알타이어에 속하는 것으로 알려졌다. 이를테면, 수메르어는 한국어에서 먹(어근)- 다(접미사), 맏(접두사)- 아들(어근) 같은 특성을 가지고 있는 것이다. 그러나 세부적인 점에서 차이점이 많아 단정하기는 어렵다고 여겨진다.

중요한 사실은 수메르인이 인류 역사상 순전히 자기들만의 능력, 즉 독창적으로 기원전 3000년 전에 문자를 만들어 낸 점이다. 물론 비슷한 시기의 이집트의 문자나 기원전 1300년 전의 중국의 문자도 독립적으로 만들어졌을 가능성이 있지만 그 이후에 문자를 만든 민족들은 기존의 문자 체계를 빌리거나 고쳐 쓴 것이다.[28]

쐐기문자와 수메르 문명

●

그렇다면 쐐기문자와 수메르의 문명은 어떤 관련성이 있는 것일까?

세계적인 신화학자 캠벨은, "고도의 문명이란 문자가 있고, 수학이 발달하고, 별자리의 행성의 주기에 특별한 주의를 기울인 문명을 말한다."라고 단정했다.[29]

이는 수메르 문명에서 잘 들어맞는다. 수메르에서 초기 문자는 주로 신분의 증명이나 재산의 표시, 실용적인 물품의 기록, 상거래 등을 위해 세속적으로 사용되었다. 그러나 수메르 사회가 발전하면서 많은 변화가 나타났다. 남은 생산물의 보관과 분배, 농사에 필요한 물의 적절한 분배, 그리고 종교의식, 기도문 등은 그림문자나 일상회화만으로는 제대로 처리할 수 없었다. 또 정교한 수학과 복잡한 천문학에서도 더욱 발전된 문자가 필요했다.

당시 수메르 문명의 발전 정도는 수학과 천문학에서 확인할 수 있다. 수메르에서 고도의 계산법이 사용된 모습은 수를 기록한 기수법(記數法)에서 분명히 드러난다. 놀랍게도 수메르인은 제곱근의 값을 정확히 계산하고, 피타고라스보다 1200년 전에 직각삼각형의 두 변의 길이를 측정하여 빗변의 길이를 계산했으며, 세제곱근의 값 등을 계산할 수 있었다.[30]

로넌의 『세계과학문명사』에 따르면, 천문학 분야에서도 수메르인은 해시계와 물시계를 사용하여 주로 지구라트 꼭대기에서 일식과 월식, 유성과 혜성을 관찰하고 기록했다. 또 별자리들을 묶고 계절에 따라 나누었으며, 60진법에 따라 한 해를 360일로 잡고 하루를 12단계로 나누면서 8년마다 윤달을 두었다. 과학사가들은 과학적 천문학이 신바빌로니아에서 태어났다고 보지만 근원은 수메르에 있었다. 수메르의 아미사두카(기원전 1921년~기원전 1901년) 왕 시대에 이미 금성이 저녁 무렵과 이른 새벽에 나타나고 목성보다 밝게 빛난다는 사실이 점토판에 기록되어 있다.[31]

쐐기문자의 두 얼굴

수메르 문자는 실용적인 점을 뛰어넘어 지적인 발달을 도우면서 지식의 저장고가 되었고, 역사를 기록하는 수단이 되어 문명발달의 추진력으로 작용했다. 반면에 문자는 정치가와 사제들의 선전수단으로 이용되기도 했다. 로빈슨은 언어의 양면성을 날카롭게 지적했다.

"문자는 진실은 물론 거짓을 말하는 데도 이용되었고, 교육뿐만 아니라 사기와 착취, 정신을 드높이고 게으르게 만드는 데에도 이용되었다."[32]

그렇다면 수메르에서 문자가 발생한 보다 근본적인 이유는 무엇일까? 차일드는 신석기 시대의 도시혁명으로 부가 축적되어 신전에 보관된 엄청난 재산을 관리하려는 목적에서 문자가 발생했다고 보았다. 그리고 사제들은 신을 이용하여 왕권을 보장해 주면서 자기들의 권익을 확보했다는 것이다.[33]

물론 프랑스의 인류학자 레비스트로스는 이집트나 중국에서도 통치자들이 인간을 쉽게 예속시켜 영속적으로 지배하는 도구로 문자를 철저하게 이용했는데, 현대에도 파키스탄의 치타공 문맹자 부락에서 문자를 아는 단 한명의 서기가 군림하면서 고리대금업으로 주민들을 착취한다는 사실을 아주 상징적이고 흥미롭게 보고하였다.[34] 특히 유럽이 식민지 쟁탈전을 벌이면서 제국을 건설하던 근대에도 문자는 총, 균, 쇠와 함께 식민지의 정복과 제국 통치를 돕는 힘이 되었다.[35] 다음 장에서는 수메르의 쐐기문자보다 더 괴이한 수메르 왕들의 족보의 정체를 탐색해 보기로 한다.

1 C. Tacitus; Annales(타키투스의 연대기), 범우, 2005, 박광순 옮김, 433~434쪽.

2 시친; 앞의 책, 43쪽.

3 세람; 앞의 책(낭만적인 고고학 산책), 321쪽.

4 시친; 앞의 책, 43~44쪽.

5 보테로, 스티브; 앞의 책, 83쪽.

6 보테로, 스티브; 앞의 책, 56~57쪽.

7 A. Robinson; The Story of Writing −Alphabets, Hieroglyphs & Pictogram(문자 이야기 −상형문자, 설형문자, 선상문자, 알파벳, 한자 등 고대부터 현대까지 명멸했던 문자들의 수수께끼), 사계절, 2003, 박재욱 옮김, 58~63쪽.

8 주동주; 수메르 문명과 역사, 범우, 2021, 74쪽.

9 웬키; 앞의 책 2권, 122~123쪽.

10 차일드; 앞의 책, 256쪽.

11 크레이머; 앞의 책, 15쪽. 조철수; 수메르 신화, 서해문집, 2003, 30쪽.

12 보테로, 스테브; 앞의 책, 50쪽.

13 시라카와 시즈카; 漢子(한자 −기원과 그 배경), 에이케이커뮤니케이션즈, 2017, 심경호 옮김, 35쪽.

14 조철수; 앞의 책(수메르 신화), 29~31쪽.

15 로빈슨; 앞의 책, 72~73쪽.

16 차일드; 앞의 책, 256~259쪽. 한정사는 영어의 관사, 지시나 수량형용사 같은 것이다.

17 조철수; 앞의 책(수메르 신화), 31~32쪽.

18 로빈슨; 앞의 책, 34~35쪽.

19   J. Diamond; Guns, Germs, And Steel(총, 균, 쇠), 문학사상사, 2018, 김진준 옮김, 337쪽.

20   차일드; 앞의 책, 259쪽.

21   조철수; 앞의 책(수메르 신화), 32~35쪽.

22   G. Jean; L'e'criture Me'moire des Hommes(문자의 역사), 시공사, 2002, 이종인 옮김, 21~23쪽.

23   장; 앞의 책 상권, 13쪽.

24   R. Tannahill; Food in History(음식의 역사), 우물이있는집, 2006, 손경희 옮김, 94쪽.

25   로빈슨; 앞의 책, 82~83쪽.

26   하르만; 앞의 책, 124~132쪽. 'S 체계'는 6과 10을 교대로 하는 60진법인데, 동물과 노예, 도구, 우유제품의 측정에 사용되고, 'B 체계'는 2를 곱하는 이중 60진법인데, 곡식의 양을 측정할 때 사용되었다. 또 'SE 체계'는 곡식을 담는 그릇의 크기, 'G 체계'는 밭의 면적, 'E 체계'는 무게를 나타낼 때 사용되었다.

27   로빈슨; 앞의 책, 82~83쪽.

28   다이아몬드; 앞의 책, 318~319쪽.

29   J. Campbel; Myth Through Time(신화의 세계), 까치글방, 1998, 과학세대 옮김, 122쪽.

30   웬키; 앞의 책 2권, 125~126쪽.

31   C. Ronan; Science: Its History and Development Among the World's Cultures(세계과학문명사) 1권, 한길사, 1999, 김동광, 권복규 옮김, 83~89쪽.

32   로빈슨, 앞의 책, 8쪽.

33   차일드; 앞의 책, 254~274쪽.

34   Lévi-Strauss; Tristes Tropiques(슬픈 열대), 한길사, 2013, 박옥줄 옮김, 537~549쪽.

35   다이아몬드; 앞의 책, 314~315쪽.

괴이한 수메르의 왕들의 족보

수메르 쐐기문자의 비밀이 밝혀지자 마침내 황량한 메소포타미아 지역에서 수메르 유적지에 대한 발굴이 본격적으로 이루어졌다. 그 첫 지역은 **라가시**였다. 앞에서 프랑스의 영사 대리 사르제크는 지금 이라크 남부 도시 텔로의 구릉에서 라가시를 발견했는데, 라가시는 아카드 제국의 샤루킨 왕이 정복한 도읍지였으며, 기원전 2900년~기원전 2350년경까지 43명의 왕들의 이름과 통치기간, 그 계보도까지 전해지고 있다.[1]

무엇보다 사르제크는 라가시의 지도자 중에서 가장 유명한 사제왕 구데아(기원전 2141년~기원전 2122년 재위)가 신에게 기도하는 석상을 발견한 인물이다. 섬록암으로 제작된 구데아상은 햇빛에 드러난 수메르인의 첫 얼굴이었다. 이 구데아 왕의 원통형 비문에는 닌기르수 신전의 건설 과정이 기록되어 있는데, 메소포타미아 문학의 극치를 보여 준다.[2] 특히 1877년부터 50여 년 동안 프랑스의 고고학자들이 라가시에서 5만여 개의 점토판과 최고신 엔릴 등 여러 신전을 발굴하여 기원전 3000년경의 수메르어와 수메르 종교 연구에 많은 도움을 주었다.[3]

종교도시 니푸르, 최초의 도시 에리두의 발견

●

고고학자들은 종교의 중심지로 유명한 **니푸르**를 발굴했다. 이어서 슈루팍, 우르, 에쉬눈나, 움마, 키시, 우루크를 발굴했으며, 1919년까지 우바이드 마을에서 수메르 문명의 첫 단계에 해당하는 수많은 고대 유적지를 찾아냈다. 또 북부 메소포타미아로부터 남부의 자그로스산맥 사이에서 초기 유물과 함께 엄청난 규모의 신전을 발견하였고, 남쪽 지역에서는 수메르 최초의 도시 **에리두**까지 발굴하였다.[4]

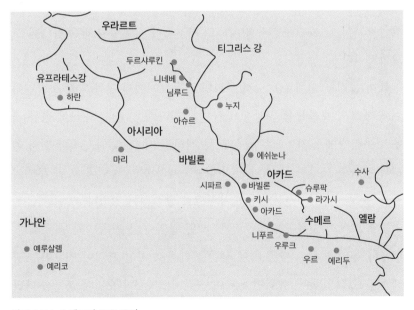

자료 1-5-1 수메르의 주요 도시

그런데 신전이 있는 곳에서는 예외 없이 지구라트와 여러 비석이 서 있었다. 고고학자 세람은 이 비석에 쓰인 글들은 메소포타미아의 역사가 『구약성경』의 창세기 시대까지 거슬러 올라가야 된다는 깨달음을 주었다고 지적하였다.[5]

고고학자 울리, 우르를 발굴하다

●

수메르 문명에 대한 구체적이면서 결정적인 증거는 울리가 발견했다. 1927년부터 2년 동안 영국의 고고학자 울리는 『구약성경』에 나오는 칼데아의 **우르**, 소위 아브라함의 고향에서 발굴을 시작하여 왕릉을 비롯한 수메르의 풍부한 유물을 찾아냈다. 그리고 『구약성경』에 나오는 '노아의 홍수'가 역사적인 사실이었음을 증명했다. 울리는 1927년부터 『우르의 발굴보고서』를 출판하면서 영국으로부터 기사 작위까지 받은 유명한 고고학자이다.[6]

특히 울리는 수메르의 도시 우르의 공동묘지에서 왕들의 묘를 발견하여 수메르의 보물들을 지상에서 찬연히 빛나게 하였다. 주목할 만한 것은 나무판자에 모자이크로 장식된 두 개의 군기(軍旗)였다. 3단에 걸쳐 전쟁과 평화를 묘사한 두 개의 군기에는 축제와 함께 군인과 포로, 무기와 갑옷, 투구, 심지어 전차까지 모자이크로 장식되어 있었다. 놀랍게도 울리는 우르에서 인류 역사상 가장 오래된 왕의 존재를 증명해 낸 것이다. 더구나 울리는 우르 왕릉 속에 사람을 제물로 바친 흔적이 엿보이는 장례 관습도 확인했다. 유럽인들은 이 순장제도에서 혐오감과 분노를 나타냈지만, 저명한 인류학자 프레이저가 그의 방대한 저서 『황금의 가지』에

자료 1-5-2 우르의 지구라트와 신전의 건물터(©M. Lubinski)

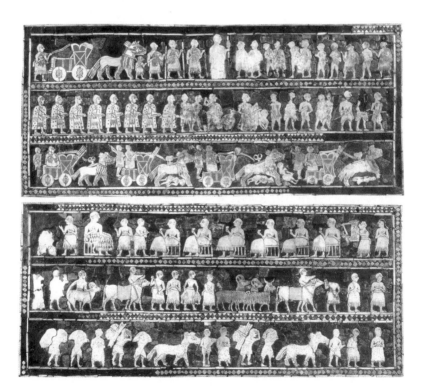

자료 1-5-3 우르의 군기 전쟁 장면(위) 및 평화 장면(아래)[기원전 2600년경, 영국 대영박물관(The British Museum) 소장]

서 밝힌 것처럼 순장은 고대에 세계적 현상이었다.[7]

울리, 수메르 왕명록의 정체성을 밝히다

●

우르의 왕릉을 발굴한 울리는 이어서 기적 같은 유물을 발견했다. 그
것은 수메르 역대 왕의 이름을 기록한 왕명록(王命錄)과 관련 있는 것이었
다. 그때까지 학자들은 「수메르의 왕명록」 기록을 신뢰하지 못하고 있었
다. 수메르 왕들의 통치기간과 그들의 수명이 『구약성경』 창세기의 인물
들처럼 엄청났기 때문이었다.

그런데 뜻밖에도 울리가 우르의 신전에서 「수메르의 왕명록」에 기록
된 왕의 이름을 확인하게 되면서 수메르 역사를 재구성할 수 있는 근거
를 제공해 주었다. 다시 말하면, 수메르 역대 왕의 족보를 기록한 이 왕
명록으로부터 초기 메소포타미아 역사의 흥망성쇠와 함께 종교상으로
아주 중요한 문제의 실마리를 해결해 준 것이었다. 그것은 히브리인들이
기록한 『구약성경』 창세기가 그들 민족만의 신화가 아니라 메소포타미
아 지역의 역사적 사실이었다는 것을 증명한 점이다. 그 대표적인 것이
노아의 홍수 이야기이다.

그렇다면 「수메르의 왕명록」의 진정한 정체는 무엇인가?

울리는 인류의 가장 오래된 문화가 하나하나 온 세상에 밝혀지자 새로
운 호기심에 불이 붙어 조심스럽게 유물을 조사했다. 그러던 중에 우르
근처의 우바이드 구릉에서 수메르의 어머니 신 닌후르상의 신전을 발견
했다. 그런데 커다란 신전에서 발굴한 유물 중에 금으로 만든 구슬이 하
나 보였다는데, '아(A)-안니(anni)-파다(Padda)'라는 신전을 세운 사람의 이름

이 새겨져 있었다. 또 울리는 석회암의 돌판도 발견했다. 거기에는 쐐기문자로 다음과 같이 쓰어 있었다.

우주의 왕 메스-안니-파다의 아들, 우주의 왕 아-안니-파다가 이 건물을 봉헌하였다.

그 순간 「수메르의 왕명록」의 역사적인 가치가 현실로 나타났다. 「수메르의 왕명록」에 '메스-안니-파다'는 바로 대홍수 이후 세 번째 왕가, 즉 제1왕조의 창건자로 기록된 사람이기 때문이었다.[8] 마침내 울리는 환호했다. 지금까지 역사상 의심쩍었던 인물이 실제 인물로 드러났던 것이다. 따라서 수만 년간 통치했다는 수메르 왕들의 존재에 반신반의했던 고고학자들은 「수메르의 왕명록」을 믿을 수밖에 없었다. 뒤에 밝혀진 것이지만 수메르는 10진법이 아니라 60진법을 사용했고, 통치기간인 36000년 같은 거대한 숫자는 단지 '많다'는 뜻을 그렇게 표현했던 것이다. 다시 말하면, 놀랄 만큼 장수한 수메르 왕들이 다스린 기간을 세대가 아닌 왕조로 보면 충분히 납득이 가능한 것이다. 단적으로 엔메르카르, 루갈반다, 두무지, 길가메시 같은 영웅들은 그들의 이름을 딴 왕조의 창시자였고, 다른 왕들의 이름이 왕명록에 보이지 않는 것은 별다른 공헌을 하지 않았기 때문일 것이다.[9]

어쨌거나 울리는 수메르 문명이 인류 문명의 첫 씨앗이고, 뿌리이며, 원동력이었다는 사실을 밝혀내게 되었다. 그리스 문명이 히타이트, 페니키아, 크레타, 이집트 등의 문화를 바탕으로 발전했던 것처럼 유럽 모든 민족의 배후에는 수메르인이 존재했는데 울리는 이를 구체적으로 증명해 낸 것이었다.

수메르 왕명록의 가치

●

「수메르의 왕명록」은 구체적으로 어떤 정체성을 가지고 있어서 수메르의 역사를 실제로 증명했다고 하는 것일까?

역사학자들은 고대 메소포타미아의 가장 중요한 역사 자료가 「수메르의 왕명록」이라고 믿고 있다. 그런데 고대사를 연구하는 학자들이 가장 의지하는 자료는 이집트의 사제 마네토의 「이집티아카(Aegyptiaca)」와 바빌로니아의 사제 베로수스의 「바빌로니아카(Babyoniaka)」이다. 이 두 왕조 실록은 모두 기원전 3세기에 그리스어로 기록되었다. 특히 중요한 것은 베로수스가 바빌론의 신전에 보관된 고문서를 주로 이용했다는 점이다. 지금까지 전하는 것은 아쉽게도 요세푸스와 에우세비우스의 저서의 인용뿐이다. 하지만 베로수스가 다음과 같이 대홍수의 이야기를 짧게 언급하고, 대홍수 이전의 통치자 10명의 명단을 제시해 놓은 것을 확인할 수 있다.[10]

자료 1-5-4 수메르의 왕명록

엔키 신이 꿈에 나타나, 4월부터 5월의 15일에 인류가 홍수로 멸망할 것이라고 계시하였다.

단적으로 「수메르의 왕명록(The Sumerian King List)」은 역대 수메르 왕조와 왕의 이름을 기록한 왕들의 족보이다. 원래 1900년대 초 미국의 힐프레히트가 니푸르에서 첫 번째 토판을 발견한 이후 지금까지 18개의 「수메르의 왕명록」 점토판이 발견되었다. 발견된 점토판의 내용이 똑같지는 않지만 동일한 하나의 기록을 원전으로 한 것이다.[11] 그 후, 1939년에 시카고대학의 고고학자 야콥센이 그때까지 전해 오는 약 15점의 왕명록 사본을 연구하여 수메르 왕들의 족보를 정확하게 해독하여 정리했다. 영국의 옥스퍼드 애슈몰린 박물관에 소장되어 있는 이 「수메르의 왕명록」은 기원전 2100년경 메소포타미아 남부의 도시국가 이신의 제1왕조 마지막 왕인 다미킬리슈(기원전 1816년~기원전 1794년 재위)가 다스리던 시대에 최종적으로 만들어진 것이다.[12]

「수메르의 왕명록」은 다음과 같이 수메르의 고대 도시국가 에리두 왕조부터 시작하고 있다.

왕권(王權)이 하늘에서 내려왔을 때 왕권은 **에리두**에 있었다. 에리두에서 알룰림이 왕이 되어 28800년 동안 다스렸다. 알알가르가 왕이 되어 36000년 동안 다스렸다. 두 왕은 합쳐서 64800년 동안 다스렸다. 에리두가 여기서 끝난다. 그 왕권은 **바드티비라**로 옮겨졌다.[13]

에리두에서 신전이 발굴되다

●

불가사의한 에리두는 어떤 도시였을까? 영국과 이라크의 합동발굴단이 1946년부터 3년 동안 도시 에리두를 발굴한 결과, 이라크 남부 지방은 기원전 5000년부터 사람이 거주했으며 이곳에서 우바이드 문화가 시작되었음을 알게 되었다.[14] 그러니까 메소포타미아 역사에서 우바이드 초기인 기원전 5000년경 에리두, 키시, 우루크, 우르에 최초의 마을이 생겨나기 시작한 것이다. 그런데 놀랍게도 고고학자들은 에리두에서 후세에 만들어진 지구라트 밑에 묻혀 있는 신전을 발견했다. 이 신전이 수메르에 세워진 최초의 신전인데, 더구나 신전은 한 개가 아니었다.

선사고고학자인 페이건 교수에 따르면, 오늘날에는 에리두 주변이 사막이지만 원래는 비옥한 강변에 자리 잡고 있었다. 1948년 이라크 고고학자 시파르와 영국의 로이드는 구릉 모서리에 버려진 신전을 발굴하면서 벽돌로 지은 지구라트의 꼭대기를 발견했다. 이 부분을 계속 파고 들어가자 신전은 최소한 다섯 개가 수직으로 겹쳐 있었고, 더 흥미로운 것은 그 아래에도 10개 이상의 신전들이 시대별로 건축되어 있었다. 수메르인은 흙벽돌로 지은 신전이 세월이 흐르면서 허물어지자 그 신전 위에 다시 새로운 신전들을 연속적으로 건설했던 것이었다. 방사성탄소연대 측정 결과 신전은 기원전 4500년 전에 세워졌고 500년 뒤에 다시 세워진 신전, 즉 지구라트의 영역은 무려 사방 180m의 넓이로 확장되었다. 그리고 신전의 봉헌대엔 지하수의 신 엔키에게 바친 바다농어와 수백 마리의 물고기 뼈가 놓여 있었다.[15]

이와 같은 발굴을 통해 메소포타미아의 서사시에서 나타난 신전이나 지구라트, 그리고 『구약성경』에 기록한 홍수가 실제 사실이었음을 고고학자들과 문헌학자들이 밝혀내게 되었다. 즉, 「수메르의 왕명록」에는 에리두 왕조에 이어 고대 바빌로니아의 이신-라르사 시대까지 그 도시의 왕들의 이름과 통치한 햇수, 그리고 대홍수 이야기가 기록되어 있는 것이다.[16] 그런데 10명의 왕이 대홍수 이전의 24000년이 넘는 기간 동안에 네 도시를 통치했다는 그 어마어마한 연대가 당연히 문제가 되었다.

「수메르의 왕명록」과 『구약성경』의 족보

「수메르의 왕명록」은 다음과 같이 계속된다.

왕권은 **바드티비라**로 옮겨졌다. 바드티비라에서는 엔멘루안나가 43200년 동안 다스렸다. 엔멘갈안나는 28800년 동안 다스렸다. 양치기인 거룩한 두무지는 36000년 동안 다스렸다. 세 왕은 합쳐서 108000년 동안 다스렸다.

바드티비라가 무너지자 왕권은 **라라크**로 옮겨 갔다. 라라크에서는 엔시파지안나가 28800년 동안 다스렸다. 한 왕이 28800년 동안 다스렸다. **라라크**가 무너지자 왕권은 **시파르**로 옮겨 갔다. 시파르에서는 엔멘두르안나가 왕이었고 21000년 동안 다스렸다. 한 왕이 21000년 동안 다스렸다. **시파르**가 무너지자 왕권은 **슈루팍**으로 옮겨갔다. 슈루팍에서는 우부르투투가 왕이었고 18600년 동안 다스렸다. 슈루팍의 아들 지우수드라가 36000년 동안 다스렸다. 두 왕이 54600년 다스렸다.

다섯 도시는 여덟 왕이 합쳐서 241200년 동안 다스렸다. 홍수가 휩쓸어 간 후 홍수가 휩쓸어 간 다음에 왕권이 하늘에서 내려온 후에 왕권은 **키시**에 있었다. … (이하 생략)[17]

그런데 「수메르의 왕명록」에는 홍수가 그친 뒤에 키시 제1왕조의 왕의 이름과 그 통치기간이 기록되어 있는데, 키시 왕조는 23명의 왕이 24510년 동안 다스리다가 멸망한 도시국가였다. 미국 휘튼대학의 구약학교수 월튼은 「수메르의 왕명록」에 따라 **키시** 왕조 이후에 무려 130명이 넘는 왕들의 이름이 이신-라르사 시대까지 다스렸다고 밝혔다.[18] 그리고 왕권이 **우루크**의 신전인 에안나로 옮겨졌다. 주목할 것은 유명한 도시국가였던 우루크 제1왕조는 『구약성경』의 창세기 속의 인물들처럼 엄청난 통치기간이 다음 기록처럼 후대로 갈수록 줄어드는 점이다.

우투의 왕 메스키아그카셰르가 제사장 겸 왕이 되어 324년간 통치하였다. 메스키아그카셰르의 아들, 우루크의 왕, 우루크의 건설자 **엔메르카르**가 420년간 통치하였다. 양치기 **루갈반다**가 1200년간 통치하였다. 쿠아(라)의 왕 **두무지**가 100년간 통치하였다. 쿨라브의 제사장 릴루의 아들 **길가메시**가 126년간 통치하였다. 거룩한 길가메시의 아들 우르눙갈이 30년 동안 통치하였다. 우르눙갈의 아들 우툴갈암마가 15년 동안 통치하였다. 라바 (…)가 9년 동안 통치하였다. 엔눈다르안나가 8년 동안 통치하였다. 대장장이 메셰가 36년간 통치하였다. 멜람안나가 6년간 통치하였다. 루갈키툰이 36년간 통치하였다.

열두 왕이 합쳐서 2310년 동안 다스렸다. **우루크**는 무기로 얻어맞았고, 그 왕권은 **우르**로 옮겨졌다.[19]

그렇다면 무엇 때문에 이신-라르사 왕조가 「수메르의 왕명록」을 편찬했을까? 그 이유는 이신-라르사 왕들이 왕권은 최초에 하늘에서 에리두에 내려왔지만 이를 계승한 자기들의 왕위가 정통성이 있다고 주장한 것이다.[20] 그런데 수메르 왕들의 통치기간이 차츰차츰 줄어드는 것처럼 놀랍게도 『구약성경』「창세기」 5~25장도 아담에서 멀어질수록 점점 통치기간이 줄어든다.

이것은 아담 자손들의 족보이다. 야훼가 사람을 창조할 때에 자기 모습을 닮은 남자와 여자를 창조하여 그들을 축복하고 그들의 이름을 사람이라 불렀다. **아담**은 130살에 자기를 닮은 아들을 낳아 그 이름을 셋이라고 지었다. 그 후에도 그는 800년을 더 살며 자녀를 낳고 지내다가 930살에 죽었다. **셋**은 105살에 에노스를 낳았고 그 후에도 807년을 더 살며 자녀를 낳고 지내다가 912살에 죽었다. (중략) 그리고 **노아**는 500살이 지난 후에 셈과 함과 야벳을 낳았다. 홍수 후에도 노아는 350년을 더 살다가 950살에 죽었다. (중략)

이것은 셈의 후손들에 대한 이야기이다. 셈은 홍수 2년 후인 100살에 아르박삿을 낳았고 그 후에도 500년을 더 살며 자녀를 낳았다. (중략) **나홀**은 29살에 데라를 낳았고 그 후에도 119년을 더 살며 자녀를 낳았다. 그리고 **데라**는 70살이 지난 후에 아브라함과 나홀과 하란을 낳았다. (중략) **아브라함**이 늙고 나이 많아 175살에 숨을 거두자… (중략) **이스마엘**은 137살에 죽었으며… (이하 생략)

수메르의 역사가 확인되다

●

히브리대학에서 메소포타미아 문헌을 가르친 조철수 교수에 따르면,

「수메르의 왕명록」은 수메르에 도시가 처음 생긴 기원전 3300년경부터 고대 바빌로니아의 이신-라르사 시대인 기원전 2000년~기원전 1800년까지 도시의 이름과 왕들의 이름, 그리고 왕들의 통치연대가 기록되어 있다. 그런데 왕들의 엄청난 통치기간이 홍수 이후엔 보다 사실적으로 나타나는데, 『구약성경』도 비슷하다. 히브리어의 십진법에서 가장 큰 숫자는 엘레프(1000=100×10)지만 족장들이 산 햇수를 60진법으로 엄청나게 표현한 것은 고대 메소포타미아의 전통을 지키려고 하였기 때문인 것 같다. 결국 히브리의 족보는 메소포타미아라는 전통에서 만들어진 것이라고 볼 수 있다.[21] 직설적으로 말하면, 히브리인은 「수메르의 왕명록」을 모방하여 자기 민족의 족보를 편찬한 것이다.

주목할 것은 「수메르의 왕명록」에 '슈루팍 왕 때 대홍수가 일어났으며 슈루팍 왕의 아들 지우수드라가 그 대홍수에서 살아남아 영생을 누렸다'라고 기록된 점이다. 이 지우수드라는 바로 「길가메시 서사시」에서 우루크의 왕이며 실존인물인 길가메시가 만난 인물이었는데, 다음 장에서는 대단히 흥미로운 이 대홍수 이야기를 탐구해 보기로 한다.

1   사친; 앞의 책, 46쪽.

2   조철수; 앞의 책(수메르 신화), 450~451쪽. 구데아는 '부름 받은 자'라는 뜻인데, 그의
    섬록암 석상은 23개가 있다.

3   보테로, 스티브; 앞의 책, 84쪽.

4   보테로, 스테브; 앞의 책, 82~91쪽.

5   세람; 앞의 책(낭만적인 고고학 산책), 321~323쪽.

6   세람; 앞의 책(낭만적인 고고학 산책), 328~340쪽.

7   J. Frazer; The Golden Bough(황금의 가지) 상권, 을유문화사, 2001, 김상일 옮김,
    340~373쪽. 프레이저; 앞의 책 하권, 250~261쪽.

8   세람; 앞의 책(낭만적인 고고학 산책), 336쪽.

9   D. Rohl; Legend: The Genesis of Civilisation(문명의 창세기), 해냄출판사, 2001, 김석희
    옮김, 277쪽.

10 롤; 앞의 책, 287~289쪽.

11 주동주; 앞의 책, 76~77쪽.

12 롤; 앞의 책, 247~248쪽.

13 롤; 앞의 책, 256~259쪽. 조철수; 앞의 책(수메르 신화), 523~524쪽.

14 루; 앞의 책 1권, 76쪽.

15 페이건; 앞의 책(세계 선사 문화의 이해), 320~ 321쪽.

16 조철수; 앞의 책(수메르 신화), 522쪽.

17 조철수; 앞의 책(수메르 신화), 523~524쪽.

18 J. Walton; Ancient Near Eastern Thought and the Old Testament(고대 근동 사상과 구약
    성경), 기독교문서선교회, 2017, 신득일 · 김백석 옮김, 98쪽.

19 롤; 앞의 책, 258~259쪽. 주동주; 앞의 책, 274~281쪽. 위키피디아; 수메르 왕 (Sumerian King List).

20 월튼; 앞의 책, 98쪽.

21 조철수; 앞의 책(수메르 신화), 522~529쪽. 주동주; 앞의 책, 77쪽. 수메르에서 큰 숫자인 사르(Sars)는 3,600, 네르(Ners)는 600, 소스(Sosses)는 60을 가리켰다.

히브리의 노아와 대홍수의 흔적

티그리스-유프라테스강 사이의 평원에는 수많은 언덕이 솟아 있다. 주변보다 20여 m 높은 이 텔(Tell) 속에는 폐가나 사원, 궁전의 잔해가 퇴적되어 있다. 이라크에서 흙벽돌로 지은 집이 백 년을 견디지 못하고 허물어지면 주민들은 60여 ㎝ 높게 새 집을 지었는데, 이 과정이 수백 년간 지속되어 드높은 언덕이 만들어졌다. 더구나 9000여 년 동안 같은 장소에서 마을이나 도시가 발전되어 수만 개 이상의 텔이 이루어진 것이다.[1]

고고학자들이 텔을 수직으로 파고 들어가니 이상하게 꼭대기는 신전의 마루 부분이고, 맨 아래층의 주거지는 페르시아만에서 생긴 습지의 흙이었다. 이 사실은 남부 메소포타미아가 인류의 역사가 시작된 곳임을 보여 준다.[2] 그 대표적 도시가 바로 에리두와 우루크이다. 그리고 노아의 홍수와 관련된 지층이 발견된 우르이다.

모래 속에 묻힌 우루크를 발굴하다

•

메소포타미아의 유물 중에서 가장 중요한 것은 우루크에서 출토되었다. 인류 최초의 문자가 발견된 우루크는 길가메시나 엔메르카르처럼 역사적 문학적으로 중요한 영웅들이 통치한 고대 수메르의 중심도시였다.

고고학자 콜데바이와 요르단은 바그다드와 바스라 사이의 사막 한복판에 모래로 뒤덮인 폐허더미를 주목하고 있었다. 오늘날은 와르카, 예전에는 우루크라고 불리던 곳이었다. 2세기까지 유프라테스강은 우루크를 가로질러 흘러서 사람들이 살고 있었다. 그러나 강물이 20여 ㎞ 떨어진 지역으로 방향을 바꾸자 도시는 황폐해지면서 파르티아인들이 자기들의 신전과 궁전, 무덤을 채워 나갔다. 특히 우루크의 중심부에는 진흙을 말린 벽돌로 쌓은 30m의 지구라트가 서 있었는데, 이곳이 바로 유명한 에안나, 즉 수메르의 인안나 여신의 신전이었다.

1929년 고고학자 요르단은 우루크의 처녀지인 지하까지 깊이 탐색해 들어갔다. 그리고 우루크에서 처음 살았던 사람들의 자취부터 4000년 후에 도시가 버려지던 시대까지 우루크의 모든 지층을 일목요연하게 복원했다. 그 후 고고학자들은 우루크에서 엄청난 유물과 문헌을 발굴했다. 특히 1929년 우루크의 신전에서 인류 역사상 가장 오래된 점토판을 발견하여 쐐기문자가 기원전 3200년경에 이미 사용되었고, 그 문자가 우루크에서 창시된 것임을 증명했다.

가장 큰 성과는 메소포타미아의 완전한 지층자료를 얻었다는 점이다. 지층(地層)이란 물과 바람이 오랜 세월 동안 돌과 흙, 모래를 운반하여 이룩된 퇴적층이다. 다시 말하면, 최초로 우루크에 사람들이 정착한 기원전 5000년대의 처녀지부터 원시부족, 도시의 건설까지 모든 지층의 복잡한 구조를 알게 된 것이다.³ 그런데 신석기 시대 농경민의 마을로 시작된 우루크의 신전은 파손되어 최소한 네 차례 재건축되면서 더욱 장엄해졌다. 특히 세 번째 건축물은 수입품인 납과 은, 청금석으로 장식된 신전이었다. 말하자면 세월이 흐를수록 신전은 재산이 축적되어 건물이 점점 더 화려하게 장식되고 기교도 세련되어 갔던 것이다.⁴

웅장한 우루크 성

●

초기 왕조 시대에 우루크는 어떤 모습이었을까? 우루크 후기인 아남왕 시대의 비석에는 길가메시가 우루크에 거대한 성벽을 쌓았다고 기록되어 있는데, 「길가메시 서사시」의 서문에 다음과 같이 길가메시와 그 당시 우루크 성이 묘사되어 있다.

길가메시는 우루크에 담과 거대한 성벽을 쌓았노라. / 그리고 하늘의 신 아누와 사랑의 여신 이슈타르를 위해 / 아름다운 에안나 신전을 세웠노라. / 지금도 볼 수 있으니 / 바깥벽은 구리의 광채를 띠면서 번쩍이고 / 안벽도 마찬가지니라. (이하 생략)⁵

성벽은 1평방 마일의 도시와 / 1평방 마일의 야자나무숲, 벽돌을 깐 1평방 마일의 광장, / 이슈타르 신전을 에워싸고 있노라. / 성벽은 3평방 마일의 넓이와 우루크의 성벽을 둘러싸고 있노라.⁶

이 서사시의 표현처럼 고고학자들이 발굴한 우루크는 대단히 웅장했

자료 1-6-1 기원전 3500년~기원전 4000년경 우루크의 지구라트 꼭대기에 건설된 아누 신전
(ⓒtobeytravels)

자료 1-6-2 기원전 15세기경 인안나 신전에 설치된 인안나 여신의 부조상[ⓒMarcus Cyron, 독일 페르가몬 박물관(Pergamon Museum) 소장]

다. 성벽의 둘레는 약 10㎞, 내부 넓이는 4,000㎢나 될 정도로 「길가메시 서사시」에 묘사한 것과 아주 흡사했다.[7]

그런데 메소포타미아 신전 중 가장 장엄한 곳이 우루크의 4기 지층에 있었다. 이 시기에 수메르인은 물레로 토기를 만들고, 문자를 발명하고, 최고신 안의 신전과 사랑의 여신 인안나 신전을 찬란하게 건축했다. 무엇보다 이 지층의 신전에서 수메르 문자가 새겨진 최초의 점토판이 발견되었다.[8] 기원전 3600년부터 600년 동안 메소포타미아에서 고대문명의 꽃이 피었는데, 그 중심에 바로 도시국가 우루크가 있었다.[9]

우르의 지층에 나타난 대홍수의 흔적

●

유서 깊은 우루크에서 고고학자들이 발견한 메소포타미아의 지층자료는 레너드 울리가 우르에서 다시 확인했다. 우르는 『구약성경』 「창세기」 11장에 아브라함이 길을 떠난 출발지라고 기록된 곳이다. 현재 우르는 우루크 동남쪽 60㎞ 부근에 있는 텔엘무콰이야르이다. 「수메르의 왕명록」에 따르면, 우르는 우루크에 이어 수메르의 중심도시였다.

이 우르에서 학자들은 여러 시대의 역사를 담은 수천 개의 문서와 문자판을 발견하여 기원전 3000년대에 시작하여 칼데아의 네부카드네자르 2세와 마지막 왕인 나보니도스 왕까지의 역사를 재구성할 수 있었다. 특히 우르의 지층 속에는 노아의 홍수를 역사적으로 증명할 수 있는 비밀이 고스란히 담겨 있었다.

고고학자 울리가 발견하여 '울리의 홍수 구덩이'라고 불리는 우르의 지층, 곧 우르의 땅속은 네 개의 층으로 구성되어 있었다. 첫째, 땅의 표면과 가장 가까운 곳에는 초기 왕조 시대의 벽돌건물이 있었다. 둘째, 바로 아래 우루크 시기의 지층에는 무덤, 수많은 토기 가마와 조각이 널려 있었다. 셋째, 홍수의 층에는 후세에 만들어진 무덤과 깨끗한 충적토가 있었다. 넷째, 마지막 깊은 땅속엔 우바이드 1·2기의 토기 조각과 함께 심하게 불에 탄 건물이 섞여 있었다. 말하자면 지하의 층마다 서로 다른 역사 유물이 얼굴색이나 언어가 다른 이방인처럼 고스란히 묻혀 있었던 것이다.

울리의 지층조사는 사람들이 구석기 시대부터 우르에 오랫동안 살아온 사실을 명쾌하게 증명해 주었다. 그러나 사람들의 관심을 크게 끈 것은 세 번째 충적층에서 발견된 홍수에 실려 온 흙과 모래였다. 현미경 조사 결과, 그 흙과 모래는 천천히 흐르는 강물의 흐름으로 쌓였는데 유프라테스강 중류에서 실려 온 것이었다. 또한 대홍수 이전에 번영하던 도시가 끔찍한 화재와 뒤따른 홍수로 하루아침에 파괴된 것을 추측할 수 있었다. 한마디로 『구약성경』의 노아의 홍수가 수메르의 홍수 설화와 딱 들어맞았다. 정말 충격적인 일이었다.

그런데 울리가 발견한 진흙층은 표면에서 1.2m 깊이에 있었는데, 토기 조각이나 다른 유물이 전혀 없는 2.5m나 되는 순수한 진흙뿐이었다. 만약 그런 정도의 두꺼운 진흙이 쌓이려면 메소포타미아 남부가 오랫동안 엄청난 홍수가 휩쓸고 지나가야 가능했다. 바로 이 충적층이 노아의 홍수와 관계가 있었다. 물론 울리는 노아의 홍수가 노아의 가족만을 살리고 전 인류를 멸망시킨 것은 아니라고 생각했다. 하지만 우르의 홍수는 티그리스-유프라테스 삼각지를 주기적으로 침수시켰던 전형적인 대범람 중에 유난히 심했던 홍수의 하나였음에 틀림없었다. 그러나 이 홍수 설화는 수정되었다. 왜냐하면 이라크 남부의 도시 슈루팍과 키시에서도 기원전 2750년경에 일어났던 홍수의 지층이 발견되었기 때문이다. 특히「수메르의 왕명록」에 기록된 슈루팍 왕은 홍수 직전에 도시국가 슈루팍의 왕이었던 우바르투투의 아들이었는데, 구약의 노아처럼 메소포타미아의 홍수에서 살아남은 수메르의 전설적인 영웅이었다.[10]

아시리아학자 조르주 루에 따르면, 고고학자들은 울리가 우르에서 발견한 홍수의 지층은 슈루팍이 키시에 비하여 시대적으로 훨씬 앞서 있다는 사실을 확인한 것이다. 그 시점은 최고 기원전 4000년에서 최저 기원전 3000년까지로 추정할 수 있고, 이집트 역사로 보면 고왕국 시대라고 여겨지고 있다. 단적으로 우르, 키시, 슈루팍의 퇴적층은 지역적인 대홍수를 증언하고 있는데, 우르에서 12㎞밖에 떨어지지 않은 에리두의 지층에서는 대홍수의 흔적이 발견되지 않은 것이다. 따라서 성경에 기록된 것처럼 메소포타미아 전체를 뒤덮은 홍수의 흔적은 없다는 뜻이다.[11]

홍수 신화는 무엇을 암시하는가

●

그렇다면 홍수 이야기의 중요성은 무엇일까? 영국의 고고학자 레이아드가 아슈르바니팔 왕의 도서관에서「길가메시 서사시」를 발견하고, 조시 스미스가 분실된 홍수 이야기의 점토판을 밝혀낸 뒤에 고고학자들은 히타이트 판본, 후리어 판본, 바빌로니아 판본 등 여러 홍수 이야기들을 찾아냈다.[12]

이러한 홍수 이야기 중에서 기원전 2700년경 수메르 시대에 기록된「지우수드라의 홍수 이야기」는 인류 역사상 문자로 전해지는 가장 빠른 창세신화이다. 이 작품은 바빌로니아 시대에 니푸르와 우르의 학교 터에서 발견되었다. 아주 간략하게 세상과 인간의 창조, 도시의 건설을 설명한 이 작품의 후반부에서 엔릴 신은 홍수를 일으켜 인간을 절멸시키기로 결정한다. 하지만 홍수의 원인은 점토판이 훼손되어서 알 수 없다.[13]

자료 1-6-3 니네베에서 발견된 기원전 650년경 길가메시 서사시 중에서 노아의 홍수 점토판[영국 대영박물관(The British Museum) 소장]

반면, 기원전 1700년경 바빌로니아 시대에 아카드어로 기록된 「아트라하시스의 태초 이야기」에서는 홍수의 원인이 다음과 같이 나타나 있다.

600년, 6000년이 채 지나가지 않았다. / 사는 땅은 넓어지고 사람도 많아졌다. / 땅은 황소처럼 울어댔다. / 신은 울부짖는 소리로 불안했다.

그래서 신들은 역병과 가뭄을 보냈지만 자기 아들을 잡아먹을 만큼 굶주렸는데도 사람들은 끊임없이 늘어나 마침내 신들은 대홍수를 일으켰던 것이다. 단적으로 홍수의 원인은 인구 증가 때문이었다.[14] 그런데 고대 바빌로니아 판본 「길가메시 서사시」에는 홍수의 원인이 아주 독특하게 제시되어 있다.

슈루팍, 그대가 아는 도시 / 유프라테스 강둑에 위치한 그 도시 / 그 안에 살고 있는 신처럼 그 도시는 오래되었소. / 신들이 홍수를 일으키기로 결정한… (이하 생략)[15]

즉, 도시가 너무 오래되어 인구가 팽창하고 기근이 발생해서 신들이 홍수를 일으켰다고 암시된 것이다. 이는 기후변화와 관련이 있다. 기원전 5500년~기원전 3500년 사이에 습윤했던 메소포타미아 지역은 기원전 3500년 이후 서늘하고 건조한 기후로 바뀌었다.[16] 날씨가 건조해지자 가뭄이 들고 강물이 방향을 바꾸어 버리자 화전민이나 강의 상류에서 농사를 짓던 농민, 목초를 찾아 이동하는 유목민들이 도시에 모여들면서 인구가 엄청나게 불어났던 것이다.[17]

그런데 아시리아학자 조르주 루는 「수메르의 왕명록」에 언급된 대홍수의 정치적 중요성에 주목한다. 즉, 도시국가 파라에서 발견된 점토판에 의하면, 기원전 3000년대에 도시국가 슈루팍은 수메르의 문화적 중심지였다. 그런데 대홍수가 발생할 당시 인구 과잉과 기근이 있었다면 수메르 도시국가 전체에 대한 슈루팍의 우선권이 끝나는 시기로서 전투에서 패배한 시점이라는 것이다. 중요한 점은 「수메르의 왕명록」에 따르면, 대홍수 이후에 '왕권이 슈루팍에서 키시에 내려왔다.'라는 기록이다. 키시는 티그리스-유프라테스강이 아주 가까이 접근하는 중심부에 있었다. 이 키시에서 고대의 바빌론, 현대의 바그다드 같은 이라크의 중요한 수도가 차례로 건설되었고 수메르 문명이 강을 따라 북쪽의 시리아까지 거슬러 올라갔던 것이다.

주목할 것은 12명의 셈족 군주의 이름이 「수메르의 왕명록」에 기록되어 있는 점이다. 이는 300년 뒤에 아카드 제국이 세워질 정도로 셈족이 수메르인과 섞여 살았다는 뜻이다. 이로 볼 때 조르주 루는 시리아와 요르단 남부에 거주하던 셈족인 히브리의 「창세기」 편집자들은 당연히 메소포타미아의 홍수 이야기를 알고 있었다고 추정할 수 있다고 보았다.[18]

그래서 크레이머 교수는 성경에 기록된 노아의 원형이 수메르의 지우수드라라고 점잖게 표현했다.[19] 직설적으로 말하면, 히브리인들은 「길가메시 서사시」나 「아트라하시스의 태초 이야기」 서사시를 표절하여 '노아의 홍수'를 만든 것이다. 그것도 부분이 아니라 전체적으로 모방했다. 다만, 차이점은 인구 과잉과 기근 대신 히브리인은 인간의 죄를 홍수의 원인으로 보고 자기들의 목적에 맞게 메소포타미아의 홍수 이야기를 개작한 것이었다.

다음 2부에서는 아프리카에서 시작된 인류가 서남아시아에 도착하여 신석기 시대를 거치고 도시국가를 건설하게 만든 문명의 원동력을 탐구해 보기로 한다.

1   웬키; 앞의 책 2권, 89~91쪽.

2   차일드; 앞의 책, 68~70쪽.

3   보테로, 스테브; 앞의 책, 104~108쪽.

4   차일드; 앞의 책, 208~211쪽.

5   N. Sandars; The Epic of Gilgamesh(길가메시 서사시), 범우사, 1999, 이현주 옮김, 12쪽. 에안나는 '인안나의 집'이라는 뜻이다. é는 크다, 인안나가 줄어 안나가 되었다.

6   서사시 후반부(둘째 연)는 1992년 J. Postgat의 번역을 인용한 데이비드 롤의 『문명의 창세기』 268쪽에서 재인용하였다.

7   롤; 앞의 책(문명의 창세기), 268쪽.

8   롤; 앞의 책(문명의 창세기), 173쪽.

9   웬키; 앞의 책 2권, 109~110쪽.

10 롤; 앞의 책(문명의 창세기), 262~266쪽.

11 루; 앞의 책 1권, 141~142쪽.

12 길가메시 서사시(프리처드; 앞의 책, 스파이저 옮김, 108~109쪽).

13 조철수; 앞의 책(수메르 신화), 61~64쪽.

14 조철수; 앞의 책(수메르 신화), 94~118쪽.

15 프리처드; 앞의 책, 스파이저 옮김, 148쪽.

16 웬키; 앞의 책 2권, 102쪽.

17 루; 앞의 책 1권, 86~87쪽.

18 루; 앞의 책 1권, 141~147쪽.

19 크레이머; 앞의 책, 218쪽.

2부

수메르 문명의
원동력

신석기 시대처럼 지식의 진보가 빠르고 넓게 이룩한 시기는 역사상 갈릴레이의 시대 전까지는 없었다. 신석기 혁명은 인간이 과학적으로 생각한 결과였다.

— 고든 차일드, 『신석기 혁명과 도시 혁명』

150만 년 전 아프리카를 떠난 인류는 50만 년이 지나면 서남아시아에 도착한다. 주로 동굴에서 구석기 시대를 보낸 서남아시아인들은 1만 년 전 빙하가 물러가자 수렵채집보다 농사를 지으면서 마을을 만들고 가축을 기른다.

식량을 조절하여 인구가 폭발한 신석기 시대는 인류 최초의 혁명기였다. 사유재산과 계급이 생긴 메소포타미아에서 도시가 만들어지면서 목초지와 관개수로의 분쟁을 조정하는 뛰어난 지도자가 나타나고 마침내 국가가 탄생하게 된다.

인류 최초로 문자를 창안한 수메르 문명의 원동력은 쟁기, 바퀴, 베틀, 토기, 발효 기술 등이었다. 교역을 통해 부족한 물품을 수입한 수메르인은 쟁기나 낫 같은 기구로 농사를 지어 잘 조리된 음식을 먹으며 대체로 풍족하게 살았다. 그러나 수메르 사회는 계급이 분화되어 있었다.

2부의 전반부는 아프리카에서 출발한 인류가 농경과 목축을 하며 마을을 만드는 신석기 시대 이야기이다. 후반부는 메소포타미아 문명을 창조한 수메르인의 교역, 기술의 창안, 음식문화의 독창성 등 수메르 문명의 원동력에 대한 이야기이다.

아프리카, 인류의 고향

북아메리카 그랜드캐니언(Grand Canyon)은 콜로라도강이 90km를 흐르면서 만들어 낸 기나긴 협곡이다. 강 위에 솟은 절벽에는 무려 40억 년 전부터 6500만 년 전까지 지구의 역사가 나타나 있다. 맨 꼭대기 암석층에는 2억 년 전에 살았던 도마뱀 같은 파충류, 고사리, 곤충의 흔적이 화석으로 남아 있다. 계곡 중간의 석회암에는 4억 년 전 어류의 조상인 갑주어의 뼈가 남아 있고, 더 밑에는 5억 년 전 갯벌에 살던 조개와 벌레의 자취가 남아 있다. 이곳부터 강물 부근까지 사이에는 생명의 흔적이 없다.[1]

지금도 그랜드캐니언 주변에는 다람쥐, 여우, 사슴, 토끼가 살고 버드나무와 미루나무가 자라며 건조한 곳에는 유카, 용설란, 선인장이 살고 있다.

'단세포가 어떻게 인간으로 진화할 수 있어요?'

지금도 신의 창조론을 믿으면서 이런 질문을 던지는 사람들은 그랜드 캐니언에서 나귀를 타고 내려가면서 화석들을 보면 다소 의문이 풀릴 것이다. 그래도 '어떻게 수억 년 전의 일을 알 수가 있어요?'라고 묻는다면 고고학의 연대측정법에 무지하다는 것을 고백하는 셈이다.

고고학의 연대측정법

●

연대측정법은 크게 네 가지가 있다. 먼저 수메르에서 문자가 발명된 기원전 3000년부터 현재까지는 역사기록으로 연대를 알 수 있다. 둘째 기원전 8000년 전까지는 장수하는 나무, 이를테면 세코이아, 꺼끄러기소나무, 유럽오크나무의 나이테를 측정하면 된다. 셋째 방사성탄소연대측정법이다. 방사성탄소 C_{14}의 반감기는 5730±40년이므로 5730년 전에 죽은 생물체는 살아 있는 생물체에 비해 방사성탄소의 양이 반밖에 되지 않는다. 그래서 숯이나 조가비, 나무, 터럭 등의 유기체를 이용하여 서기 1500년부터 4만 년 전까지의 연대를 측정할 수 있다. 넷째 25만 년 전부터 생명의 탄생 전까지는 화산암 속의 칼륨40(K40)의 붕괴율을 측정하는 포타슘아르곤연대측정법을 이용하면 연대를 알 수 있다.[2]

그런데 그랜드캐니언에서 선사 시대부터 살던 푸에블로 인디언은 바위에 수많은 자취를 남겼다. 그들의 조상은 누구이며 언제부터 그곳에 살기 시작했을까? 우리는 아시아에 살던 사람들이 베링해협을 건너 아메리카에 들어갔다는 것을 어렴풋이 알고 있다. 그렇다면 아시아인의 고향은 어디일까?

단일지역 진화설과 다지역 진화설

●

런던대학교의 아프리카사학과 올리버 교수는 인류의 발생지를 다음과 같이 아프리카로 보았다.

우리 모두는 아프리카로부터 왔을 것이다. 우리 선조들이 우리와 가장 가까운 동물로부터 떨어져 나온 에덴동산은 바로 동아프리카의 내륙 고원이었음이 분명하다. (중략) 그 고원 지대엔 곡식이 자라고 항상 나무에 열매가 열려 아프리카 동물의 가장 좋은 보금자리가 되었다.[3]

인류학자들이 밝힌 최초의 영장류는 바로 아프리카의 중동부 에티오피아에서 400만 년 전~150만 년 전까지 살았던 오스트랄로피테쿠스인데, 라틴어로 '남쪽의 원숭이'라는 뜻이다. 그런데 1998년 남아프리카의 요하네스버그 근방에서 약 350만 년 전 인류의 화석이 발견되었다. 더 흥미로운 것은 인류의 발자국까지 발견된 사실이다. 중동부 아프리카 탄자니아의 올두바이 협곡에서 유명한 인류학자 루이스 리키와 그의 부인 메리 리키가 발견한 세 줄로 난 이 발자국은 377만 년~359만 년 전 사이에 만들어진 바위로부터 약 80m까지 줄곧 이어져 있었다.

이처럼 인류의 기원은 아프리카이지만, 올리버는 인류가 구대륙 여러 지역에서 동시다발적으로 진화된 것이 아니라 아프리카 지역에서 진화가 이루어진 뒤에 각 지역에 이전부터 살던 여러 인류와 별다른 유전적 교류 없이 전 세계로 퍼져 나가 기존 인류를 대체해 나갔다고 주장했다.[4]

이러한 아프리카 기원설 대신 다지역 진화설은 현생 인류의 기원이 아프리카로 거슬러 올라갈 수 있지만 현생 인류는 아프리카에서만 발생했다는 것을 부정한다. 다시 말하면, 200만 년~100만 년 전 사이에 우리 선조가 아프리카에서 서남아시아, 유럽 남부, 아시아로 퍼져 나갔다는 것이다. 그리고 3만 년 전에 호모 사피엔스 사피엔스, 즉 '지혜로운 인간'이라는 하나의 종으로 진화되고 약간의 체질적 차이로 현대의 유럽인, 아프리카인, 아시아인으로 나뉘게 되었다는 것이다.[5]

어쨌거나 인류학자 올리버는 약 150만 년 전에 아프리카 동부와 남부의 고원 지대에서 새로운 고인류가 탄생하여 열대와 아프리카 전체로 확산되었는데 이들이 바로 호모 에렉투스, 즉 '곧게 선 인간'이라고 추정했다. 이들은 두개골이 현대 인류의 2/3 정도로 컸으며 몸의 상체를 꼿꼿이 세워 장거리 보행을 하면서 언어를 사용하는 등 본격적인 사냥꾼으로 진화했다.[6]

인류가 아프리카를 떠나다

●

중요한 것은 인류가 아프리카를 떠났다는 사실이다. 지금부터 복잡한 문제들을 단순화하여 미국의 인류학자 웬키의 설명을 따라가 보기로 한다. 150만 년 전 아프리카를 떠난 인류는 50만 년이 지나면 북유럽과 아시아에 살게 되는데, 이들이 바로 호모 에렉투스이다. 그 증거는 케냐의 북부 투르카나 호수 서안에서 발견된 160만 년 전에 죽은 열한 살 소년의 두개골이다. 또한 동부 아프리카에서 온대인 남쪽 아프리카로 인류가 이동한 증거는 남아프리카 스와르트크란스에서 사용된 160만 년~100만 년 전의 불의 흔적이다.[7]

인류가 아프리카를 벗어나 서남아시아와 유럽에 퍼졌다는 더욱 분명한 증거는 이스라엘 갈릴리 호수의 남쪽 우바이디야에서 발견된 많은 유물이다. 그 시기는 100만 년~64만 년 전이다. 그 후 인류는 50만 년 동안 스페인, 이탈리아, 프랑스, 영국, 헝가리 등 북유럽까지 진출하여 유골을 남겨 놓았다. 물론 동아시아에서도 인류의 유골이 발견되었다. 태국의 반메타 유적의 석기가 바로 70만 년 전 인류의 흔적이다. 하지만 가장 유명한 유적지는 중국 저우커우뎬이다. 북경 근교의 주구점(周口店, 용골의 언덕)으로 알려진 이곳 50m 퇴적층에서 70만 년~23만 년 전 인골, 수많은 석기, 동물 뼈, 화덕자리와 재가 출토되었다.[8]

이처럼 아프리카를 떠난 인류는 다양한 환경에서 사는 동안 일부 공통점과 함께 서로 다른 점도 지니게 되었다. 다시 말하면, 인류의 신체적 차이는 지리적 거리와 자연환경에 대한 적응 때문에 생긴 것이며 이로부터 문화적인 차이가 두드러지게 나타나게 되었다. 이를테면, 피부색은 환경에 대한 적응으로 생겼는데, 피부 아래에 있는 멜라닌 색소의 밀도가 인종적 특징을 이루게 되었다. 흑인은 햇빛으로부터 피부를 보호하기 위하여 검은 피부가 되었고, 햇빛이 약한 북유럽 사람들의 피부는 유난히 하얗게 된 것이다.[9]

결국 200만 년 전부터 100만 년 전 사이에 영장류가 된 인류는 겨우 수십만 년 전에야 호모 사피엔스, 즉 '생각하는 인간'으로 불리게 되었고, 15만 년 이후에는 우리와 닮은 인간이 되었으며, 인간성을 갖춘 것은 겨우 3만 년 전에 불과하다.[10]

네안데르탈인과 크로마뇽인

●

그 후 130000년 전에서 35000여 년 전까지 네안데르탈인이 지구 곳곳

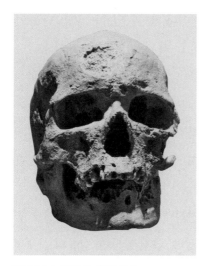

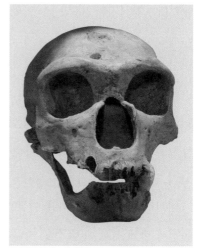

자료 2-1-1 크로마뇽인(ⓒ120)   자료 2-1-2 네안데르탈인(ⓒLuna04)

에 살았다. 네안데르탈인은 대부분 유럽과 서아시아에서 살았으며 일부
는 아시아 중부까지 진출했다. 네안데르탈인의 첫 화석은 1856년 독일
남동부 뒤셀도르프 근처의 네안더(Neander) 골짜기에서 발견되었다. 흥
미로운 것은 프랑스 도르도뉴강 부근의 한 동굴에서 인류가 85000년~
45000년 전까지 무려 4만 년 동안 살았던 유물이 발견된 사실이다. 64개
의 거주 층마다 독특한 생활모습을 보이는 동굴에서 채집된 2만 점에 가
까운 뗀석기는 네안데르탈인이 숙련된 석기 제작자였음을 보여 준다.[11]

　　네안데르탈인은 시신을 매장하는 점에서 인간적이었다. 프랑스의 라
샤펠오생, 이탈리아의 몬테 치르체오에서 그러한 흔적이 발견되었다. 특
히, 이라크의 샤니다르 동굴에서 네안데르탈인의 유골의 머리 부분에 꽃
이 놓였다는 사실은 그들의 날카로운 자의식과 영혼에 대한 관심을 보여
주는 증거이다.[12]

　　그 후 3만 년 경, 후기 구석기 시대부터 크로마뇽인이 2만 년 동안 지

구를 지배했다는 것은 잘 알려져 있다. 1868년 남부 프랑스 레제지 마을 근처에서 철도를 넓히다가 크로마뇽이라고 불리던 바위 그늘에서 다섯 구의 인골이 발견되었다. 이 인골은 체질적으로 현대 유럽인과 매우 유사하다고 증명되었으며, 두개골은 1,500cc로 네안데르탈인이나 현대인보다 크다.[13]

미국 산타바바라대학교의 인류학교수 페이건에 따르면, 크로마뇽인은 분명히 44000년 전에 유럽에서 네안데르탈인과 이웃하며 살았다. 그러나 30000년 전에 네안데르탈인이 사라지고 유럽에 들어간 크로마뇽인은 혹독한 신생대 4기의 빙하기를 견디다가 기후가 온화해진 빙하기 말기에 중서부 유럽이 너른 평원과 숲으로 바뀌자 정교하고 세련된 수렵문화를 발전시켰다.

크로마뇽인은 빙하기 말기에 세련된 석기, 활과 화살, 낚시를 개발하여 잡은 동물과 물고기를 화덕에서 구워 먹으면서 복잡하고 다양한 예술을 만들어 낸 것으로 유명하다. 바로 유라시아 대륙에서 폭넓게 발견된 비너스상, 그리고 프랑스의 라스코 동굴과 트루아 프레르 동굴, 스페인의 알타미라 동굴 벽화가 대표적인 작품들이다. 크로마뇽인은 샤먼이 신과 조상 사이를 드나드는 특별한 능력이 있다고 믿었는데, 동굴의 벽화는 샤먼의 주술적인 의례를 암시한다.[14]

주목할 것은 구석기 시대에 동굴이나 미궁이 다른 세계로 통하는 관문, 특히 지하세계로 하강하는 관문의 상징이었다는 점이다. 이 동굴에서 샤먼은 육체를 해체하여 내장이나 뼈를 꺼내고 새것으로 바꾸는 죽음과 부활의 치료의식을 치른 것으로 알려졌다. 특히 시베리아, 중앙아시아, 남북아메리카에서 샤먼이 신을 만나는 등의 신비의식이 근세기까지 동굴에서 이루어진 것은 그 기원이 구석기 시대였다는 점에서 대단히 주목할 만하다. 물론 이 죽음과 재생은 상징적 의례를 통해 이루어졌다.[15] 이 부활의식은 이집트, 피타고라스학파, 그리고 기독교 초기의 영지주의 자들에게 계승되었다고 추정된다.

원시 시대에 샤먼은 주술사, 치료사, 영매자로 널리 알려져 있었다. 지금도 원시림으로 뒤덮인 퉁구스 서쪽 지방에는 샤머니즘이 강하게 남아 있다. 그런데 이 시베리아에서 아시아 종족은 언제, 그리고 어떻게 베링 해협을 건너 북아메리카로 건너간 것일까? 걸어서 건너갔다고 하지만 이는 빙하기를 이해해야만 그 비밀이 풀린다.

기후 변화가 지구를 바꾸다

●

오늘날 베링해협의 평균 깊이는 30m~50m이고 폭은 좁은 곳이 85km 정도이다. 미국과 러시아의 국경을 이루는 베링해협은 마지막 빙하기의 따뜻한 시기에 지금처럼 좁은 바다의 목이었다. 하지만 빙하의 극성기에 는 넓은 평원으로 변해서 마지막 빙하기인 지난 10만 년 내내 인류는 카누 없이도 베링해협을 걸어서 건너갈 수 있었다.[16]

이처럼 베링해협이 육지가 되면 1,600km에 달하는 광활한 툰드라로 뒤 덮이지만 추위에 적응한 사람이라면 쉽게 걸어서 건널 수 있었다. 그런 흔적이 알래스카에 남아 있다. 북아메리카의 최북단 알래스카에서 사람 이 살기 시작한 가장 오래된 확실한 유적이 기원전 12000년경으로 밝혀 진 것이다.[17] 사우스다코타대학 인류학교수 짐머맨에 따르면, 최근에 북 아메리카에서 기원전 15000년 유적이 발견되었다. 브라질에서도 3만 년 전 유적이 발견되었는데, 카누를 타고 해안을 따라 이동했을 것으로 추

정된다.[18]

어쨌거나 바다가 초원으로 바뀐 까닭은 빙하 때문이었다. 인류는 6500만 년 전 신생대 후반기에 자그마한 포유류 동물로 지구상에 출현했다. 이 시기에 지구는 대체로 따뜻했지만, 3500만 년 전부터 남극에서 혹한의 조짐이 나타나고 1400만 년 전 북쪽에 빙하가 만들어졌다. 눈이 쌓여 오랜 기간에 걸쳐 만들어진 빙하는 지금도 지구 육지의 1할을 덮고 있지만 강력한 빙하기에는 육지의 상당한 부분에 빙하가 덮쳤다.

지구에는 적어도 아홉 차례의 빙하기가 있었다. 약 9만 년마다 더위와 추위가 반복되지만 그 중간마다 오늘날처럼 따뜻한 간빙기가 찾아왔다. 그런데 지구의 자장이 250만 년 전부터 역전되어 78만 년 전에 갑자기 정상으로 바뀌면서 지구의 온난화가 시작되었다. 이와 함께 해수면이 크게 상승하여 낮은 해안 지역은 바닷물에 잠기고, 빙하 극성기에는 무려 지구의 1/3을 빙하가 덮쳐 해수면이 수백 m나 내려갔다. 그 후 날씨가 따뜻해져서 인류는 아프리카를 떠나 10만 년~15000년 전 사이 마지막 빙하기에 구대륙과 아메리카에까지 퍼지게 된 것이다.[19]

중요한 것은 빙하기 말기인 지난 45000년 전에 지구의 육지는 오늘날과 무척 달랐다는 사실이다. 18000년 전 마지막 절정기에 거대한 빙하가 알프스를 덮치자 영국은 유럽 대륙에 연결되었고, 중부 유럽에서 시베리아까지 광대한 초원이 펼쳐졌다. 또 해수면이 내려가면서 동남아시아의 수많은 섬들이 대륙 본토의 일부가 되었고 뉴기니와 오스트레일리아가 하나로 연결되었다.[20]

물론 빙하가 만들어지고 광범위한 지역으로 퍼지는 데는 엄청난 시간이 걸렸음이 분명하다. 이를테면, 스코틀랜드의 수도인 에딘버러시를 둘러싼 얼음의 두께는 무려 300m 이상이었다. 얼음의 강이라고 불리는 빙하는 1년 동안 500m 정도 이동하지만 초기 인류는 빙하의 이동과 녹는 과정을 거의 알 수 없었을 것이다. 오늘날 아주 서서히 침식되는 해안선의 변화를 알아차리지 못하는 것과 비슷하다.[21]

이런 과정을 거쳐 베링해협이 초원이 되자 시베리아에 살던 아시아인이 북아메리카로 걸어서 건너가던 때 수심이 20~80m에 불과한 한국 서해의 대부분은 육지가 되었다. 이 곳을 걸어서 대륙에 살던 아시아인들이 한반도에 들어왔을 것이다. 더욱이 해수면이 150m 정도 낮아지자 모든 섬이 연결되면서 일본 북쪽 홋카이도는 러시아를 이어 주는 다리가 되었고, 남쪽의 규슈는 대한해협의 섬들을 이어 주는 다리가 되었다. 이 다리를 건너 매머드나 곰, 원숭이와 함께 고대 일본인의 조상이 걸어서 일본으로 들어갔고 아이누족도 러시아에서 홋카이도로 들어갔을 것이다.[22]

빙하가 물러가고 신석기 시대가 시작되다

●

기나긴 후기 구석기 시대는 기원전 1만 년 무렵에 끝났다. 그것은 15000년 전부터 급속하게 북쪽으로 물러간 빙하 때문이었다. 바야흐로 현세인 충적세가 시작되면서 세계의 해수면이 90m가량 급상승하여 거대한 지리적 변화가 일어났다. 베링해협에 다시 바닷물이 출렁거리면서 시베리아와 알래스카가 나누어지고, 영국은 섬이 되었고, 동남아시아는 거대한 다도해로 변했으며, 뉴기니와 오스트레일리아는 바다를 사이에 두고 분리되었다.

물론 기후 변화와 함께 생태계에도 큰 변화가 일어났다. 빙하가 후퇴를 시작한 지 9000년 만에 유럽이 숲으로 뒤덮였던 것이다. 이 빙하기가 끝나자 강수량이 바뀌어 심지어 사하라 사막에 얕은 호수들과 풀밭이 대규모로 생겨났고, 기원전 6000년경에는 사막 곳곳에 수렵과 채집을 하는 인구가 증가했다.[23] 그런데 1만 년 전에 마지막 빙하가 물러가자 인류는 커다란 문제에 직면했다. 빙하기 때에 기온은 현재보다 10℃ 정도 낮았지만 빙하의 자락에 풀이 자라고 있어서 매머드 같은 거대한 초식동물들이 충분히 풀을 뜯어 먹을 수 있었다. 하지만 기후가 온화해지고 초원지대가 거대한 숲으로 바뀌면서 동물들이 풀을 찾아 북쪽으로 이동하자 동물을 쫓아다니던 사냥꾼들의 삶에 크나큰 변화가 생겨나게 되었던 것이다.

독일 라이프니츠대학교 식물생태학교수 퀴스터는 숲의 발생이 구석기 시대의 사냥꾼에게 생존이 걸린 문제라고 보았다. 왜냐하면 예전에 사냥하기에 충분했던 동물을 숲속에서는 더 이상 잡을 수 없었기 때문이다. 그렇다면 동물들은 왜 숲을 떠났을까? 그것은 울창한 숲속에는 풀이 잘 자라지 않았기 때문이다. 반면에 동물을 따라가지 않은 인류는 내륙에서 물가에 사는 새, 물고기, 조개를 먹었을 것이다. 후기 구석기의 석기 대신 작은 부싯돌이나 칼날 같은 석기가 거주지에서 발견되는 것이 그 증거이다.[24] 흥미로운 사실은 기원전 11000년경이면 북아메리카에서 빙하기의 대형 사냥동물들이 절멸했다는 점이다. 그 이유를 일부 학자들은 수렵 때문이라고 생각한다.[25] 결국 수렵 대신 도토리나 명아주 같은 식용식물의 채집이나 가벼운 농경을 시작할 수밖에 없었을 것이다.

어쨌거나 빙하기 말기의 기후변화에 따라 서남아시아, 즉 지중해의 동해안, 터키의 아나톨리아 지역도 여러 종류의 풀이 번성하고 키 작은 관목과 떡갈나무가 우거졌다. 이러한 환경 변화로 사냥이 어려워지자 사람들도 위험하지 않은 초식동물인 양, 염소, 송아지를 기르기 시작했다. 그리고 비가 자주 내려 풀이 무성해지면서 전분을 지닌 식물을 재배하여 식량문제를 해결하면서 바야흐로 신석기 시대가 열리게 되었다. 이는 신석기 시대 인류의 주거 층에서 발견된 탄화된 곡식의 낱알, 수많은 식물의 씨앗, 열매들이 증명한다.[26]

　지금까지 아프리카에서 탄생한 인류가 세계로 퍼져 나가고 빙하기의 기후변화를 거치면서 환경에 적응한 과정을 살펴보았다. 주목할 것은 구석기 시대는 180만여 년간 지속되었지만 신석기 시대는 넉넉잡아 20만 년에 불과했다는 사실이다. 하지만 신석기 시대는 물질적인 진보와 함께 정신적인 진화도 함께 이루어진 시기로서 인류 역사에서 가장 주요한 시기였다. 다음 장에서는 서남아시아에서 인류가 곡식을 가꾸고 가축을 기르면서 시간의 여유가 생기자 문명을 창조하고 신을 섬긴 모습을 살펴보기로 한다.

1 D. Attenboraug; Life on Earth(생명의 신비), 학원사, 1985, 김훈수 감수, 18~19쪽.

2 페이건; 앞의 책(세계 선사 문화의 이해), 50쪽.

3 R. Oliver; The African Experience(아프리카), 여강출판사, 2001, 배기동·유종현 옮김, 15쪽.

4 올리버; 앞의 책, 15~28쪽, 53쪽.

5 웬키; 앞의 책 1권, 195~196쪽.

6 올리버; 앞의 책, 32~33쪽.

7 웬키; 앞의 책 1권, 200~209쪽.

8 웬키; 앞의 책 1권, 210~218쪽. 100만 년~170만 년 전으로 보기도 한다.

9 R. Leakey, R. Lewin; Origin(오리진); 학원사, 1985, 김광억 옮김, 166쪽.

10 웬키; 앞의 책 1권, 217~218쪽.

11 웬키; 앞의 책 1권, 234~239쪽.

12 리키, 레윈; 앞의 책, 159~160쪽.

13 웬키; 앞의 책 1권, 248~249쪽.

14 페이건; 앞의 책(세계 선사 문화의 이해), 161~172쪽.

15 M. Eliade; Le Chamanisme Et Les Techniques Archaïques De L'extase(샤마니즘), 까치, 2001, 이윤기 옮김, 66~73쪽.

16 페이건; 앞의 책(세계 선사 문화의 이해), 178~179쪽.

17 다이아몬드; 앞의 책, 61쪽.

18 Zimmerman; Native North America(북아메리카 원주민), 창해, 2001, 김동주 옮김, 14~17쪽.

19 페이건; 앞의 책(세계 선사 문화의 이해), 113~115쪽.

20   페이건; 앞의 책(세계 선사 문화의 이해), 155~157쪽.

21   차일드; 앞의 책, 70~73쪽.

22   다이아몬드; 앞의 책, 633~636쪽.

23   페이건; 앞의 책(세계 선사 문화의 이해), 191쪽.

24   H. Küster; Am Anfang war das Kom(곡물의 역사), 서해문집, 2016, 송소민 옮김, 44~46쪽.

25   짐머맨; 앞의 책, 14~17쪽.

26   퀴스터; 앞의 책, 40~56쪽.

신석기 혁명:
농경을 시작하다

　'신석기 시대는 혁명이다.' 이 말을 처음 사용한 인물은 영국 에딘버러 대학교 선사고고학교수 고든 차일드였다. 차일드는 신석기 혁명은 자연을 통제하거나 상호작용을 통해 자연을 조절하기 시작했다는 사실에 의미가 있다고 보았다. 말하자면, 수렵과 채집에 의존하던 인류가 농작물을 가꾸고 가축을 기르면서 스스로 식량을 조절할 수 있는 길을 열었다. 그 결과, 시간적 여유를 가지게 된 인류는 과학적인 발명만이 아니라 종교적 흔적까지 남겼다. 특히, 조상의 영혼을 토지로 여기고 조상의 혼이 곡식의 싹을 돋게 한다고 생각하여 곡식의 상징인 왕을 숭배하고 때로 살해했다는 것이다.[1]

농경과 목축으로 인구가 증가하다

●

신석기 혁명은 기후와 밀접한 관련이 있었다. 빙하가 사라지고 날씨가 따뜻해지면서 인류는 점차 한곳에 정착하여 농경을 시작하고 가축을 기르며 문명의 터를 닦았기 때문이다. 물론 인구도 급증했다. 간단한 소지품을 지니고 유랑생활을 하는 수렵채집인에게 걷지 못하는 아이는 귀찮을 뿐이었다. 그래서 여자들이 젖 주는 시기의 무월경, 금욕, 유아 살해, 낙태 등을 통해 4년 정도의 터울로 아이를 낳았다. 반면에 한곳에 머무르는 농경사회에서는 제대로 먹일 수만 있다면 2년 정도로 아이를 출산할 수 있었다. 이도 인구 급증의 중요한 원인이 되었다.[2]

인류학자 올리버는 표준 인구의 추정이나 오늘날 수렵과 채집생활을 하는 원시부족의 인구밀도를 계산하여 호모 에렉투스가 나타나기 전까지 동부 아프리카의 전체 인류는 수만 명 정도에 지나지 않을 것이라고 추측하였다.[3] 더 놀라운 추정은 생물학자 아텐보로의 『생명의 신비』에 나타나 있다.

"1만 년 전 지구상에 약 1천만 명의 인류가 살았는데, 약 8천 년 전에 그 수가 급격히 증가하였고, 2천 년 전에는 3억 명으로 불어났으며, 1천 년 전에는 이 땅에 널리 퍼져 살게 되었다."[4]

이는 유럽에서 출토된 신석기 시대 인골이 구석기 시대에 비해 몇 배나 많은 사실로 확인된다. 더 나아가 미국의 문화인류학자 해리스는 기원전 7000년에서 기원전 2000년 사이에 서남아시아, 즉 중동의 인구가 무려 거의 60배로 증가했다고 지적하였다.[5]

이처럼 신석기 시대 인구의 급증은 바로 농경과 목축으로 식생활이 향상되었고 인류의 신체가 건강해졌기 때문이다. 특히 보리와 밀, 쌀 같은 곡식은 영양분이 높고 저장이 쉬우며 수확량이 많을 뿐만 아니라 극심한 노동력이 들지 않는 장점이 있었다. 그리고 가축은 인류에게 고기와 젖, 비료인 분뇨를 주고, 쟁기를 끌어 농사를 돕고, 귀중한 단백질까지 제공하는 아주 유익한 동물이었다.

문제는 동물의 가축화보다 훨씬 복잡한 식물의 작물화를 검토하는 일이다. 세계의 대형 야생포유류는 148종에 불과하지만 야생의 종자식물은 20만 종이나 되기 때문이다. 더구나 중요한 가축은 개, 소, 염소, 양, 돼지, 닭, 말 등에 불과하지만 식용식물은 수천 종이고 현재까지 다소나마 작물화한 것은 수백 종이다. 그중 중요한 농작물의 80%는 밀, 옥수수, 벼, 보리, 수수, 메주콩, 감자, 마니오크, 고구마, 사탕수수, 사탕무, 바나나의 12종인데, 곡식은 인류가 소비하는 열량의 절반을 넘는다. 이로 보면, 인류는 오랫동안 야생식물을 빠짐없이 살펴보고 쓸모 있는 것들을 모조리 농작물로 만들었다는 것을 짐작할 수 있다.[6]

이러한 생존을 위한 인류의 노력은 현대에도 수렵채집생활을 하는 필리핀의 하누노족에서 찾아볼 수 있다. 하누노족의 모든 일과는 그 지역의 식물에 대해서 통달하고 정확하게 분류하는 일이다. 신기하게도 하누노족은 그 지역 식물의 93%를 알고 있다.[7] 말하자면 인류는 이동하는 동물도 중시했지만 한곳에 정착하는 식물에 더욱 관심을 쏟았던 셈이다. 인류는 구석기 시대부터 식량채집의 명수였다. 물론 생존하기 위해서였다. 특히 식물에서 마취 환각제를 발견한 것은 종교적으로 대단히 중요한 사건이었다. 인류는 특별한 술과 마취 환각식물을 통해서 신과 교류했던 것이다.

구석기 시대의 흔적, 이라크의 샤니다르 동굴

●

구석기 시대 농경과 가축의 사육을 이해하는 데 중요한 단서를 제공하는 곳은 이라크의 샤니다르 동굴과 세상에서 가장 오래된 마을로 알려진 자르모이다.[8]

샤니다르 동굴은 이라크의 쿠르디스탄 지역의 대자브강이 흐르는 골짜기 위쪽에 있다. '쿠르드족의 옛 땅'이란 뜻인 쿠르디스탄은 현재 1500만여 명에 달하는 쿠르드족이 선사 시대부터 대대로 유목생활을 하던 곳이다. 현재 터키 동부, 이라크 북부, 이란 북서부, 시리아 북부, 그리고 아르메니아의 일부를 포함하는 산악 지역이다.

미국의 고고학자 솔렉키는 1951년부터 샤니다르 동굴에서 네 개의 문화층을 발견하여 한 동굴에서 수만 년 동안이나 살아온 인류의 발자취를 밝혀냈다. 축구장 넓이인 샤니다르 동굴의 입구에서 14m 정도 되는 곳에 놀랍게도 시기별로 네 개 문화층의 유물이 차례차례 묻혀 있었다.

가장 깊은 곳엔 9구의 인골, 부싯돌과 구석기, 그리고 야생소, 염소, 멧돼지, 곰, 사슴, 여우, 쥐 같은 설치류의 뼈가 발견되었다. 연대측정 결과 인골은 5만~6만 년 전의 네안데르탈인으로 확인되었다. 지하 3층에서는 34000년~26500년 전 호모 사피엔스가 불을 피우면서 발달된 도구로 포유류를 잡아먹은 흔적이 남아 있었다. 그 이후 샤니다르 동굴은 만 년 넘게 버려졌는데, 원인은 한랭해진 기후 때문일 것이다. 날씨가 따뜻해진 12000년 전 무렵에 지하 2층에서 후기 구석기 인류가 낚시, 송곳, 칼, 투창 등 잘 손질된 도구를 사용하여 물고기와 동물을 사냥한 흔적을 남겼다.[9]

이 문화가 쿠르디스탄의 다른 유적지에서 발견되는 것으로 보아 수렵

자료 2-2-1 샤니다르 동굴(ⒸOsama Shukir Muhammed Amin FRCP)

자료 2-2-2
샤니다르 동굴의 네안데
르탈인[ⒸOsama Shukir
Muhammed Amin FRCP,
기원전 60000년~기원전
45000년경, 이라크 박물
관(The Iraq Museum) 소장]

채집인들은 생활반경을 넓혀 가면서 시리아, 팔레스타인 지방의 인류와
접촉한 것으로 추측된다. 또한 오늘날과 비슷했던 당시 기후로 볼 때 인
구 증가를 짐작할 수 있는데, 이는 신석기 시대의 혁명을 예고하는 징조
로 볼 수 있다.

신석기 시대의 마을 자르모

쿠르디스탄 지역에서 발견된 자르모는 수메르 문명을 이룩한 이라크의 가장 중요한 신석기 시대 유적지이다. 1948년부터 시카고대학교 브레이드우드 연구팀은 쿠르디스탄 지방에서 10여 개 유적지를 발굴하면서 그 당시 세상에서 가장 오래된 마을로 여겨진 자르모를 찾아냄으로써 학계의 비상한 관심을 불러일으켰다.

자르모인의 생활모습은 깊이 7m에 파묻힌 거주층에서 드러났다. 그들은 방이 여러 개 딸린 집에서 150여 명이 함께 살면서 진흙 물레를 돌려 아마와 양털실을 잣고, 뼈바늘을 사용하여 옷을 만들어 입었다. 농사 흔적은 밀과 보리의 탄화된 이삭과 낱알, 그리고 부싯돌, 맷돌, 분쇄기, 절구 등에 분명히 나타나 있다. 자르모인은 렌즈콩, 완두콩, 잠두콩, 또는 도토리를 국으로 끓이거나 굴뚝이 딸린 진흙 화덕에 익혀서 뼈로 만든 숟가락으로 먹었다. 가축은 염소만 길렀고 양은 사육단계로 가는 중이었다. 특히, 프랑스의 아시리아학자 조르주 루는 몸에 붉은색 황토칠을 하고 목걸이와 귀걸이를 단 자르모인은 주로 풍만한 여성의 나체상을

자료 2-2-3
자르모의 장식품[미국 시카고대학교 동양연구소박물관(The Oriental Institute Museum at the University of Chicago) 소장]

자료 2-2-4 기원전 7100년~기원전 5800년경 자르모의 그릇[ⓒOsama Shukir Muhammed Amin FRCP, 이라크 술라이마니야 박물관(Sulaymaniyah Museum) 소장]

자료 2-2-5 예리코에서 출토된 석고 인물상(ⓒDan Palraz)

숭배했다고 밝혔다. 무려 5천 점의 동물상과 앉아 있는 풍만한 여인상이 발견되었는데, 연대측정 결과 기원전 6750년 무렵이었다.

이 자르모와 비슷한 시기에 이라크 지역의 신석기 시대 유적지는 알리 코시이다. 이곳의 주민들은 말린 흙벽돌로 집을 짓고 양과 염소를 사육하였다. 그 밖에 신석기 시대 유적지는 쿠르디스탄 지역의 심샤라 텔, 이라크 북부의 마그잘리예, 이란의 테페 구란, 터키의 하칠라르, 팔레스타인의 예리코 등을 꼽을 수 있다.[10] 특히 요르단의 아인 가잘은 700여 명의 주민이 진흙벽돌 건물에서 살았던 마을인데, 1982년 수많은 인물상과 동물상이 발견되었고 집의 바닥에서 대형 석고 인물상도 발견되었다.[11]

야생식물을 농작물로 개량하다

자모르 사람들은 농경을 어떻게 터득한 것일까? 예전엔 농경이 메소포타미아 충적지, 즉 강물이 운반한 모래나 흙이 쌓여서 이루어진 곳에서 시작되었다고 알려져 있었다. 지금은 사뭇 다르다. 신석기 혁명을 일으킨 농업이 메소포타미아의 비옥한 초승달을 둘러싸고 있는 원호 모양의 산악 지대에서 일어났다는 것이다. 왜냐하면 세계에서 유일하게 전분밀, 참밀, 보리가 자연 상태에서 돋아나는 지역이기 때문이다.

1966년 식물학자 할란과 조하라는 터키의 아나톨리아 지역에 머물면서 이들 야생식물이 지금도 수천 ha(1ha는 1만 ㎡)의 땅을 뒤덮고 있는 사실을 확인하였다. 두 식물학자는 신석기 시대 사람들처럼 조잡한 돌낫으로 한 가족이 3주 동안 적당히 일하면 일 년 동안 먹을 수 있을 만큼 곡식을 수확할 수 있었다. 그런데 야생곡식은 재배한 밀보다 오히려 단백질이 두 배나 풍부하였다. 그 후 기후변화와 인구의 증가 등으로 아나톨리아에서 곡식의 종자가 다른 곳으로 퍼져 나갔을 것으로 추정된다.[12]

특히, 아시아와 유럽이 만나는 터키의 아나톨리아는 예로부터 수많은 유목부족이 떠돌고 정복민족이 지나는 교차로였다. 중앙아시아의 연장선에 있는 아나톨리아의 중부 고원 지대는 단조롭고 기후가 혹독하지만 서부 해안 지대는 유럽처럼 골짜기가 기름지고 기후가 아주 좋은 편이다. 그래서 기원전 17세기에는 히타이트가 아나톨리아를 지배하고 강력한 제국을 세워 이집트, 아시리아와 다투었던 곳이다.

이처럼 사람들의 이주와 전쟁으로 인구 이동이 잦은 아나톨리아에서 야생식물의 종자는 사람이나 동물을 따라 흩어지기 마련이었다. 이는 자식들이 늘어나고 성장하면 혼인시켜 분가를 하는 것과 비슷하다. 역사학자 루이스 빈포드는 인구 변화가 생기면 다른 곳을 침범하거나 분가가 이루어져 농업이 발생하였다고 주장하면서 이를 '문화적 혁신'이라고 보았다. 그 후, 대부분의 학자들이 농업의 발생 원인을 인구 증가에서 찾게

되었다.[13]

특히 메소포타미아의 비옥한 초승달을 둘러싼 산악 지대의 야생식물들이 장점이 많은 조상식물에서 생겨난 것은 아주 흥미롭다. 이를테면, 밀과 보리는 수확량이 풍부하고 재배하기도 쉽고 성장속도가 빠르다. 또한 저장하기에 편리하고 대부분 스스로 가루받이하는 자화수분 식물이라는 장점을 지니고 있다. 그런데 밀과 보리는 탄수화물이 많고 생산량이 엄청나지만 단백질이 부족한 약점이 있다. 메소포타미아 사람들은 부족한 단백질은 콩, 즉 완두콩과 렌즈콩으로 보충하는 지혜를 발휘했다.[14] 이처럼 비옥한 초승달 지역에서 야생 밀과 보리가 자생한 것은 인류 역사에서 큰 행운으로 보인다.

동시다발적으로 시작된 농경

●

더욱 흥미로운 사실은 농경이 세계 여러 지역에서 동시다발적으로 시작되었다는 점이다. 미국 미시간대학 인류학교수 웬키는 인류의 엔진이 보리, 밀, 조, 벼, 옥수수, 감자의 여섯 식물이라고 보았다. 그런데 농경이 빠르게 전파되었지만 1만 년 전부터 3500년 전 사이에 세계 곳곳에서 거의 동시에 독립적으로 발생했다는 것이다. 즉 서남아시아의 밀, 중국의 벼, 안데스의 감자, 멕시코의 옥수수, 그리고 여러 지역에서 다른 작물에 의지하는 농업경제가 세워졌다.[15]

그런데 메소포타미아는 비옥한 초승달의 산악 지대에서 농경이 시작되었지만 인류문명이 발생한 강의 유역이나 바닷가에서 시작되었다고 주장하는 학자들도 있다. 칼 사우어는 농경이 동남아시아의 어민 사이에서 맨 처음 발생하였다고 주장했다. 왜냐하면 어민은 근처에 의지할 수 있는 식물이 있었고 따라서 한곳에 머무르는 정착성을 가지고 있어서 시간과 안정성을 주었기 때문이다. 반면에 앤더슨은 인류가 주거지 옆에 만든 쓰레기더미 속에서 저절로 씨앗이 싹 트는 것을 보고 농사를 짓기 시작했다고 주장했다. 하지만 이라크에서 연구한 러시아의 식량학자 브레이드우드는 식물이나 동물에 대한 친숙함과 함께 농업이 자연스럽게 등장했다고 가정하였다.[16] 이는 구석기 시대부터 인류가 생존을 위해 다른 초식동물들처럼 식물을 수없이 관찰하고 먹어 보는 실험을 지속했기 때문에 가능한 일이었을 것이다.

어쨌거나 농경의 발생에 결정적 영향을 준 것은 기후 변화와 함께 달라진 자연환경 때문이었다. 서남아시아에서도 11000년 전 무렵에 풀이 무성한 스텝 지대가 오크나무와 피스타치오나무가 번성한 숲으로 바뀌었다. 이는 시원한 기후가 습윤한 기후로 바뀌면서 농사에 좋은 환경이 되었다는 것을 뜻한다. 더구나 서남아시아의 구릉이나 산악 지대에는 다양한 동식물이 자랐고, 씨앗이 여무는 시기에 비가 적게 내려 농사짓기에 아주 적절한 환경이었다. 따라서 인류가 정착하기에 적절했을 것이다. 그렇게 한곳에 머물게 되면서 가축을 기르고 인구가 증가하는 등 농경을 촉진하여 여러 요인이 상호작용하면서 신석기 혁명이 가속화되었다고 볼 수 있다.[17]

발효음료인 술을 신에게 바치다

●

손수 기른 곡식을 먹으면서 시간적 여유를 누린 신석기 시대 사람들이 발효음료인 술을 종교적인 목적에 이용한 사실은 곡식에서 생명의 재생을 자각한 점과 함께 인류의 종교사에서 대단히 중요한 일이다.

서남아시아에서 신석기 시대의 대표적인 술은 포도주와 맥주였다. 펜실베이니아대학 생체분자학교수 맥거번에 따르면, 포도주 문화는 기원전 7000년경에 출현했는데, 현재 터키의 아나톨리아 중남부 차탈 회익 등 신석기 시대 유적지 거의 전 지역에서 포도씨가 발견된다. 그런데 수메르의 우루크 등 도시국가들에게 포도주를 공급한 곳은 자그로스산맥을 관통하는 무역로인 고딘테페였다. 지금도 고딘테페는 울창한 포도덩굴이 뒤덮고 있는 것이 그 증거이다.[18]

포도주와 함께 맥주도 신석기 시대의 산물이다. 이집트는 기원전 3500년경에 맥주를 만들었고 500년 뒤에는 왕실에서 양조업을 시작했다. 맥주는 대중의 일상음료였고, 질병의 치료제로 사용되었다.[19] 밀, 보리, 사탕수수 덕분에 일찍부터 맥주를 만들었던 것이다. 메소포타미아에서 맥주를 만드는 방법은 기원전 1800년경 수메르의 맥주의 여신 닌카시에게 바치는 찬가에 묘사되어 있다.

파도가 출렁거리며 물결이 일어나고 다시 가라앉는다…
밀려오는 티그리스 유프라테스 강의 물결처럼.

이 시는 보리의 낱알에 물을 혼합하여 맥아를 만드는 묘사지만 곡식이 술로 변하는 신비한 현상이 암시되어 있다. 여자가 아이를 생산하듯이 전통적으로 술은 여자들이 만들었기 때문이다. 어쨌거나 다량으로 마신 포도주와 맥주는 강력한 향정신적 효과, 즉 마취 환각 효과를 발휘했으므로 신석기 시대에 각종 제의나, 통과의례를 담당한 샤먼이나 대중들이

신과 만나는 촉매가 되었다.[20]

후대에 포도주와 맥주는 수메르
의 인안나 여신과 두무지의 신성
한 결혼식에서 상징성을 갖추게 되
면서 봄철의 보리를 뜻하는 두무
지 왕, 그의 누이동생이며 잎이 무
성한 포도나무를 뜻하는 게슈티난
나 여신이 교대로 저승에 반 년씩
살게 된다는 신화로 발전했다.[21] 이
두무지 왕의 귀환은 뒤에 예수의
부활 사상으로 이어진 점에서 대단
히 중요하다. 다음 장에서는 신석
기 시대의 사람들이 야생 동물을
어떻게 길들였는지 살펴보기로 한다.

자료 2-2-6 술과 관련된 수메르의 명판
(ⓒZunkir, 기원전 2600년~기원전 2500년경)

1 차일드; 앞의 책, 104~154쪽.

2 다이아몬드; 앞의 책, 122~123쪽.

3 올리버; 앞의 책, 37쪽.

4 아텐보로; 앞의 책, 315쪽.

5 M. Harris; Cows, Pigs, Wars, And Witches(문화의 수수께끼), 한길사, 2006, 박종렬 옮김, 51쪽.

6 다이아몬드; 앞의 책, 198~199쪽.

7 C. Lévi-strauss; La Pensee Sauvage(야생의 사고), 한길사, 2011, 안정남 옮김, 53쪽.

8 루; 앞의 책 1권, 44~45쪽.

9 루; 앞의 책 1권, 48~51쪽.

10 루; 앞의 책 1권, 60쪽.

11 웬키; 앞의 책 1권, 356~357쪽.

12 루; 앞의 책 1권, 58~62쪽.

13 웬키; 앞의 책 1권, 327~330쪽.

14 다이아몬드; 앞의 책, 187~189쪽.

15 웬키; 앞의 책 1권, 315~316쪽.

16 C. Heiser, Jr; Seed To Civilization: The Story of Food(문명의 씨앗, 음식의 역사), 가람기획, 2000, 장동현 옮김, 31~32쪽.

17 헤이저; 앞의 책, 32~33쪽.

18 P. Mcgovern; Uncorking The Past(술의 세계사), 글항아리, 2018, 김형근 옮김, 155~168쪽, 129쪽.

19 G. Hart; Egyptian Myth(이집트 신화), 범우사, 2000, 이응균·천경호 옮김, 92~95쪽.

20 맥거번; 앞의 책, 419~421쪽, 134~146쪽.

21 맥거번; 앞의 책, 182~ 183쪽.

신석기 혁명:
동물을 길들이다

인류가 두 발로 걷게 되면서 눈이 보다 먼 곳을 보게 되고 손이 한결 자유롭게 되었다. 점차 발달된 인류의 손은 도구 제작이나 채집과 사냥을 손쉽게 해결하는 데 큰 도움이 되었다. 특히 불을 발견한 인류는 추위와 맹수로부터 자신을 지키고 음식도 익혀 먹게 되었다. 불은 동물성 단백질을 바로 섭취하게 해 주었고 곡식의 낱알을 부드럽게 만들고 독성까지 제거해 주었다. 이처럼 익혀 먹는 기술을 배운 인류의 식생활은 폭이 넓어지고 음식물도 다양하게 발전되었다.

그런데 인류의 잡식성은 생존 능력을 강화시켰고 초식동물을 가축으로 만드는 데 아주 유리했다. 왜냐하면 양, 염소, 소처럼 풀을 먹는 초식동물과 인간은 먹이의 직접 경쟁상대가 아니었기 때문이다. 그런 초식동물들이 서남아시아 지방에 넉넉하게 살고 있었던 것도 가축을 길들이는 데 큰 도움이 되었다.

가축의 순화는 환경과 밀접한 관련성이 있었다. 기원전 13000년~기원전 8000년 전 사이에 빙하가 물러가면서 대부분의 서남아시아 지역은 따뜻한 기후로 바뀌었다. 그 결과 기원전 1만 년 전 갱신세(신생대 4기의 첫 시기)가 끝날 무렵 비옥한 초승달 지역의 산악 지대에는 야생의 염소, 양, 소, 돼지가 떼 지어 다녔고, 넓은 지역에 야생의 밀과 보리가 빽빽하게 자라고 있었고, 저지대와 습지, 강과 호수에는 물새와 물고기가 풍성하게 살고 있었다.[1]

늑대가 개로 바뀌다

●

미국 인디애나대학교 식물학교수 헤이저에 따르면, 가장 오래된 개의 유골은 12000년~14000년 전 이라크에서 발견되었다. 구대륙에서 가축화된 개의 조상은 늑대였다. 식량과 모피, 사냥, 썰매로 이용된 개는 음식물 찌꺼기를 처리해 주는 청소부였고, 가축을 통제하는 동반자였고, 다른 동물을 가축으로 만드는 조력자였다.[2]

북아메리카 서부에는 8400년 전에 살았던 개의 뼈들이 발견되었다. 북아메리카 오대양 주변에서 개부족이라고 불렀던 체로키족에는 혼란에 맞서 질서와 조화를 지키는 신성한 개가 있었다. 이 개는 저승길로 가는 인간을 인도했다고 전한다.[3] 신석기 시대에 개는 미국에서 뉴멕시코의 목장을 무대로 한 시튼의 『동물기』의 주인공 늑대왕 로보처럼 인류와 더욱 가까웠을 것이다.

양을 신에게 바치다

●

개 다음으로 가축화된 동물은 소과의 양, 염소, 소였다. 이 되새김동물들 중에서 양이 가장 먼저 기원전 9000년 전에 가축화되었는데 대부분의 뼈가 서남아시아에서 출토되었다. 양은 열악한 환경에서 잘 적응하는 동물이다. 양의 폐가 사막의 열기를 식히는 냉각장치의 역할을 하기 때문이다. 하지만 양이 풀을 모조리 뜯어먹는 습성은 초원을 망쳐 버렸다.[4] 훨씬 후대에 모직물의 재료로 사용된 양털은 중요한 무역상품이 되었다.

히브리인은 인간의 죄를 대신하여 희생양을 신에게 제물로 바쳤다. 구약 「왕들의 통치 1」 8장 62~63절에 솔로몬 왕은 화목제(和睦祭)로 소 22,000마리, 양 12,000마리를 바쳤다. 하지만 이러한 대속제도는 히브리인의 독창적인 생각은 아니다. 세계 곳곳에서 신에게 양을 제물로 바쳤는데, 기원전 2100년경 수메르의 「우르-남무 법전」에 돈으로 대신 속죄하는 법조항도 있었다.

사람이 사람을 죽였을 경우에는 그 사람을 죽일 것이다(1조). 사람이 살인 강도를 했을 경우에 그를 죽일 것이다(2조). 그러나 실수로 사람을 상해했을 경우에는 그는 감옥살이를 할 것이며, 은 15세겔을 지불할 것이다(3조).

수메르의 대속제도는 고대 바빌로니아의 「함무라비 법전」에 계승되었다.[5] 예수가 인류의 죄를 대속하려고 십자가에 못 박혔다는 기독교의 교리도 메소포타미아의 오랜 전통에서 나온 것으로 추정된다.

염소는 수메르의 엔키 신이다

●

염소는 발굴된 뼈로 볼 때 양보다 1500년 늦게 서남아시아, 즉 고대 이란이나 이라크에서 최초로 가축화된 것으로 보인다. 염소의 털은 양보다 못하고, 고기도 그리 맛이 없고, 젖은 소보다 뒤지지만, 인간의 젖과 가까운 염소의 젖은 소화시키기에 좋은 편이다.[6] 그러나 뿌리 가까이 풀을 뜯는 염소의 습성은 초원을 망쳤고, 야트막한 관목까지 뜯어먹어 지중해 연안의 생태계를 황폐하게 만들었다.[7]

수메르에서 엔키 신의 상징은 물고기 꼬리가 달린 염소이다.[8] 기원전 2500년경 수메르 우르에서 발견된 화려한 '숫염소와 꽃나무' 조각상에 그런 특징이 보인다. 염소가 남성의 강력한 성욕을 나타내고 전통적으로 다산을 상징하는 동물이었기 때문이다.[9] 이는 험준한 산악 지대에 살면서 암컷을 여럿 거느리는 염소의 강인성에서 비롯되었을 것이다.

황소는 왕권의 상징이다

●

몸집이 우람하고 사납고 군집적인 소는 양, 염소보다 훨씬 나중에 가축화되었다. 기원전 6400년 전 터키에서 발견된 소뼈가 고고학적으로 가장 빠르다.

자료 2-3-1 우르의 푸아비 왕비의 능에서 출토된 순금 황소 머리의 악기 리라[©Osama Shukir Muhammed Amin FRCP, 영국 대영박물관(The British Museum) 소장]

유럽, 아시아, 북아메리카에 널리 분포된 들소는 알타미라 동굴벽화에서 보듯 사냥과 숭배의 대상이었다. 인류는 소금을 이용하여 송아지를 유혹하고 가축으로 만들어 식량, 운송, 농사에 이용하였다.[10]

메소포타미아에서 수염 달린 황소는 왕권의 상징이었다.[11] 「길가메시 서사시」에서 최고신 아누는 이슈타르 여신의 요청으로 '하늘의 황소'를 보내 길가메시를 처치하려고 했다.

황소가 한 번 콧김을 내뿜자 백 명의 청년들이 죽어 넘어졌다. … 길가메시는 황소의 뒤로 돌아가 그의 꼬리를 잡고 목덜미와 뿔 사이를 칼로 찌르고 목을 베었다.[12]

말은 전사와 함께 묻혔다

말의 원산지는 원래 아메리카였다. 말은 초원으로 바뀐 베링해협을 건너 유럽으로, 유럽에서 아프리카로 퍼졌다. 하지만 말은 아메리카에서 멸종되었다가 300년 전 스페인 정복자들이 들여왔다.[13] 구석기 시대에 말은 좋은 사냥감이었다. 지금도 말고기를 먹는 중앙아시아에서 가축화가 시작되었다고 추정된다. 남부 우크라이나는 기원전 3500년경, 중국은 기원전 2000년경에 몽골의 말이 가축화되었다. 훈족, 아랍인, 칭기즈칸 등이 말을 타고 제국을 건설한 것은 잘 알려져 있다.[14]

유목민의 전사가 죽으면 말도 함께 묻혔다. 신라시대 천마총의 날개 달린 말처럼 사자가 저승길에 동행하려는 의도였을 것이다. 수메르에서 '우르의 군기'에 전차를 끄는 당나귀가 보이는데, 수메르인은 당나귀 수

컷과 암말을 교배시켜 노새를 만들어 농사와 운송에 이용하는 창의성을 발휘했다.

인간과 먹이를 경쟁한 돼지

●

야생돼지의 원산지는 유럽, 북아프리카, 아시아이다. 터키에서 기원전 7000년 전의 유물이 발견되었다. 인류학자 해리스는 주로 곡식을 먹는 돼지는 인간과 경쟁상대라 가장 늦게 가축이 되었다고 보았다.[15] 더구나 마을이 발달하기 전에는 양이나 염소처럼 군집성 동물이 아닌 돼지를 가축화할 수 없었다. 하지만 선사고고학자 페이건은 『위대한 공존』에서 양과 염소, 돼지는 서남아시아에서 기원전 8000년경 기르기 시작했지만 돼지가 가장 먼저 가축화되었다고 보았다.[16] 그만큼 이른 시기부터 돼지가 중요한 가축이었다는 뜻이다.

물론 척박한 곳에서 살던 히브리인이나 사막의 이슬람 유목민은 돼지고기를 금기로 정했다. 그러나 로마와 아시아, 태평양 지역에서 돼지는 소중한 제물로 사용되었다.[17] 메소포타미아의 텔 아스마(기원전 2800년~기원전 2700년)에서 발굴된 동물뼈의 30%가 돼지 뼈였고, 초기 수메르 왕조

자료 2-3-2 기원전 3000년경 수메르의 목축업. 좌측에 낙농제품의 제작, 중앙에 신성한 문기둥, 우측에 젖 짜는 모습

시대에도 전문적인 도살업자가 있었다는 기록으로 보면 돼지는 당시 중요한 가축이었다.[18]

인류가 가축을 길들인 지혜

●

인류는 조류도 가축으로 길들였다. 중국은 닭, 유라시아는 오리와 거위, 중앙아메리카는 칠면조, 아프리카는 뿔닭, 남아메리카는 사향물오리를 가축으로 길들였다. 하지만 인류는 육식동물인 사자, 얼룩말과 코끼리, 곰 등을 가축으로 길들이지는 못했다. 왜냐하면, 가축이 되려면 동물의 성격, 성장속도, 짝짓기 습성, 겁먹는 버릇, 사회조직의 특성이 바람직해야 하기 때문이다. 이를테면, 회색곰은 난폭하고, 사슴이나 영양은 겁이 많고, 치타는 인간처럼 은밀한 곳에서 교미하기 때문에 가축이 되기 힘들었다.[19]

다이아몬드의 지적처럼 인류가 동물의 특성을 파악하여 가축으로 길들인 방식은 대단히 흥미롭다. 지금도 몽골 유목민은 가축을 습격하는 늑대의 굴에서 새끼를 데려와 개로 길들이거나 매를 생포하여 사냥에 이용하고, 중국의 광시좡족은 가마우지를 물고기 사냥에 이용한다. 또 폭설이 내리면 인가로 내려오는 노루, 농작물의 그루터기나 곡식 부스러기를 먹는 고라니, 음식쓰레기를 뒤지는 고양이, 그리고 어미를 잃거나 낙오된 짐승을 보살피는 인간의 모습은 동물을 길들이던 신석기 시대를 연상시킨다.

특히 시베리아에서 염분 대신 사람의 오줌을 미끼로 순록이 인간과 서로 의존하는 관계는 야생동물이 가축이 된 과정을 추측해 볼 수 있다. 환경사학자 휴즈에 따르면, 순록은 상당히 오랜 세월에 걸쳐 서서히 길들여진 동물이다. 이동하는 순록 떼를 따라다니던 무렵부터 인류는 순록의 움직임을 통제하고 보호하는 일에 점차 숙달되었는데, 빙하가 녹기 시작하자 순록 떼와 인간은 서로 의지하면서 보다 추운 북쪽으로 이동했다. 지금도 시베리아와 핀란드에서 유목민들이 순록과 함께 살고 있는 모습을 볼 수 있다.[20]

페이건은 야생동물의 가축화는 '가뭄, 동물과의 친화력, 기회를 놓치지 않는 인간의 영민함'이 어우러진 결과였다고 보았다. 인류는 비교적 유순한 동물의 유전자 통제를 하면서 동물이 생리학적 변화를 가져와 가축이 되었다는 것이다.[21] 그러나 동물의 순화가 어떻게 시작되었는지는 아무도 모른다면서 페이건은 동물의 사육에 결정적인 요소를 세 가지 꼽았다.

"먼저 순화하려는 동물의 이동을 억제하고, 다음에 그들의 교배를 규제하며, 마지막으로 마음먹은 대로 다음 세대의 모습을 갖추도록 먹이를 관리하는 일이다."

페이건은 서남아시아인들은 빙하 시대가 끝날 즈음에 가젤, 영양과 기타 스텝 동물을 집중적으로 관리하면서 염소와 양처럼 군집성과 사회성이 아주 좋은 동물은 가장 쉽게 길들여졌다고 추정했다. 왜냐하면 이들은 우두머리를 따르거나 함께 움직이고 제한된 환경에서 먹이고 교배시켜도 잘 참기 때문이다.[22]

1　웬키; 앞의 책 1권, 338~341쪽.

2　헤이저; 앞의 책, 63~66쪽.

3　B. Fagan; The Intimate Bond(위대한 공존), 반니, 2016, 김정은 옮김, 74쪽.

4　헤이저; 앞의 책, 66~69쪽.

5　함무라비 법전(프리처드; 앞의 책, 미크 옮김, 364~366쪽).

6　헤이저; 앞의 책, 69~72쪽.

7　휴즈; 앞의 책, 29쪽.

8　G. Luquet; Mytholpgie Préhistorique[오리엔트 원시신화(세계의 신화 3, 대종출판사, 1977, 방곤 옮김, 104~105쪽)].

9　R. Ramm; The Humanities In Western Culture(그림과 함께 읽는 서양 문화의 역사) 1권, 사군자, 2000, 이희재 옮김, 25~26쪽.

10　헤이저; 앞의 책, 72~80쪽.

11　램; 앞의 책, 25쪽.

12　샌다즈; 앞의 책, 53~54쪽.

13　아텐보로; 앞의 책, 285~286쪽.

14　헤이저; 앞의 책, 83~86쪽.

15　M. Harris; The Sacred Cow And The Abominable Pig: Riddles of Food and Culture(음식문화의 수수께끼), 한길사, 2009, 서진영 옮김, 82~87쪽.

16　페이건; 앞의 책(위대한 공존), 27쪽.

17　헤이저; 앞의 책, 86~88쪽.

18　해리스; 앞의 책(문화의 수수께끼), 97쪽.

19　다이아몬드; 앞의 책, 251~258쪽.

20 휴즈; 앞의 책, 41쪽.

21 B. Fagan; Snapshots of the Past(페이건 교수가 스케치한 고고학 풍경 29가지), 도서출판 일빛, 1997, 남경태 옮김, 79~84쪽.

22 페이건; 앞의 책(세계 선사 문화의 이해), 221쪽.

신석기 혁명:
마을을 만들다

고고학자들은 기원전 12500년~기원전 10200년경 사이에 농사에 사용된 끼움돌낫, 갈돌, 갈판, 돌확, 공이돌, 그리고 고기잡이 도구인 낚싯바늘과 그물추를 인공적인 텔과 마을에서 대량으로 발견했다. 또한 고고학자들은 이라크의 샤니다르, 요르단 계곡, 서부 이란의 간지 다래 등 서남아시아 전역에서 농사보다 조금 늦게 시작되어 가축이 된 양, 염소, 소, 돼지의 뼈를 상당히 발견했다.[1]

농업이나 가축의 사육과 함께 당시 사회의 변화를 잘 보여 주는 것은 마을과 가옥이다. 기원전 9000년부터 2000년 동안 서남아시아 사람들은 진흙벽돌로 네모반듯하고 빽빽하게 연결된 집을 짓고 공공건물을 세웠다. 100년이 못 되어 흙벽돌집이 허물어지면 같은 장소에 조금 더 높게 재건축하여 적과 맹수 그리고 홍수로부터 자기들을 지켰다.

이는 사회구조의 근본적인 변화를 암시한다. 왜냐하면 이런 가옥은 식량을 공유하면서 여러 가족이 함께 사는 아프리카식의 둥근 오두막보다 방어에 유리하고 각 가족이 남은 농산물을 따로 보관할 수 있었기 때문이다. 말하자면 사유재산의 첫걸음이 시작된 것이다.[2] 차탈 회익과 예리코에서 그런 특색이 보인다.

교역을 통제한 차탈 회익

●

기원전 8000년~기원전 6750년에 터키의 아나톨리아 중남부에 자리 잡은 차탈 회익은 다른 마을보다 규모가 몇 배나 큰 마을이다. 이곳에서 158기의 집터가 발굴되었다.

이곳 사람들은 진흙벽돌로 집을 짓고 네모진 방의 바닥과 벽은 회반죽으로 처리했다. 광장으로 분리된 경우를 제외하고 대부분 단층집들은 연립주택처럼 서로 이어져 있고, 건물 내부는 이층으로 침대와 함께 간혹

자료 2-4-1 차탈 회익의 가옥구조(ⓒOmar hftun, 기원전 7500년~기원전 5700년경)

자료 2-4-2 흑요석으로 만든 도구들
[ⓒKafkasmurat, 기원전 5세기, 터키 아나톨리안 문명박물관(Museum of Anatolian Civilization) 소장]

의자를 갖춘 집도 있었다. 특이한 것은 다른 거주지와 달리 차탈 회익의 가옥은 벽에 문이 없이 사다리를 타고 지붕으로 출입하도록 되어 있다는 점이다. 이 방식은 성벽이 없던 시절에 적이나 맹수를 방어하는 데 유리했을 것이다.

차탈 회익은 전성기인 기원전 6250년~기원전 5499년까지 13만 ㎡의 지역에서 4,000~6,000명이 함께 살면서 밀과 보리, 완두콩 등 다양한 작물을 재배하고 소를 사육했다. 소는 쟁기를 끄는 데 사용되어 농작물 수확을 높였을 것이다. 특히 차탈 회익은 3,253m의 하산 다그(Hasan Dag) 화산에서 나온 흑요석을 통제하고 교역을 주도한 마을이었다. 단단하고 매혹적이고 다채로운 흑요석은 화살촉 같은 무기나 도구, 장신구, 혹은 거울로 사용된 가장 소중한 교역품목이었다. 기원전 7000년 이후 흑요석은 차탈 회익에서 가나안과 시리아, 요르단, 레바논, 지중해의 키프로스까지 교류되었다.[3] 이처럼 농경과 가축 사육, 건축 기술의 변화, 그리고 폭넓은 교역은 차탈 회익의 사회적·경제적 변화를 잘 보여 준다. 하지만 가족 공동체로 이루어진 차탈 회익은 도시로 성장하지는 못했는데, 이는 교역과 생산을 독점한 강력한 지도자가 없었기 때문이다.[4]

성벽마을 예리코

●

팔레스타인 요르단 서쪽의 예리코는 곡식을 가장 빨리 재배한 마을이다. 토양이 비옥하고 샘물이 풍부하였으며 기후가 온화한 예리코는 기원전 8350년~기원전 7350년에 주민 2천여 명이 보리와 밀을 대량으로 재배하였다. 아마 요르단의 고지대에서 곡식의 낱알을 가져와 야생종으로 길렀을 것이다. 하지만 예리코는 가축은 기르지 않았고 주로 야생가젤, 야생염소, 들소를 사냥하였다.[5]

예리코는 기원전 7350년경 마을 둘레에 높이 4m, 둘레 700m나 되는

사진 2-4-3 예리코의 돌망루(기원전 7000년경)

돌벽을 쌓은 성벽마을로 유명하다. 특히 공동 식량 저장소였던 돌망루는 예리코가 다른 지역보다 한층 발달된 마을임을 분명하게 보여 준다. 그런데 예리코는 마을 둘레에 암반을 파고 깊이 2.7m, 너비 3m의 도랑을 두르고 망루를 갖춘 튼튼한 석벽을 세웠는데, 방어벽 안에는 벌집 같은 오두막들이 뭉쳐 있었다. 대규모 인력이 동원된 이 석벽의 용도는 미스터리지만 홍수 방지용 장벽이거나 방어시설이었을 가능성이 있다.[6]

역사적으로 예리코는 여호수아가 이끄는 히브리인들이 요르단강을 건넌 뒤에 맨 처음 공격하여 사람들과 가축까지 다 죽인 곳이라고『구약성경』「가나안 정복사」 6장 20~21절에 다음과 같이 기록된 마을이다.

성벽이 와르르 무너지자 백성들은 일제히 성으로 진격하여 그 성을 점령하고, 남자 여자 어른 아이 가리지 않고 성안에 있는 사람들을 칼로 쳐 죽이고, 또 소나 양이나 나귀와 같은 가축도 모조리 죽여 버렸다.

예리코는 히브리인이 가나안에 정착하기 위한 전초기지였을 것이다. 하지만 '성채를 일곱 번 돌고 제사장들이 나팔을 불 때 백성들이 여호와의 영광을 외치니 성벽이 와르르 무너져 내렸다.'라는 기록은 신화적 성격이 강한 표현이다.

농경과 종교의식의 변화

●

터키 중남부의 차탈 회익, 터키 남동부의 괴베클리 테페, 요르단강 서쪽의 예리코, 요르단의 수도인 암만 근처의 아인 가잘은 두개골을 숭배한 기이한 마을로서 서남아시아인의 종교의식을 보여 주는 매우 중요한 유적지이다.

차탈 회익에서는 158기의 집터와 함께 무려 40여 채의 신전이 발견되었다. 아래층에 있는 신전의 회칠한 벽에는 그림, 부조, 조각들이 풍부하게 장식되어 있는데, 대머리수리가 목이 없는 시체를 쪼아 먹는 모습, 여인이 황소를 출산하거나 표범 위에 앉아 있는 것도 있다. 또 다산을 상징하는 유방, 황소, 염소도 발굴되었고, 어떤 방에는 소의 두개골과 뿔이 가지런히 배치되어 있었다. 영국 셰필드대학교 선사고고학자 피어슨은 이 숨 막힐 듯한 표현이 죽음을 강조하거나 환기시키는 상징물이라고 보았다.[7] 이로 볼 때 농경과 수렵채집이 결합된 신석기 시대 후기의 족장사회는 이미 죽음과 관련된 어떤 특수한 의식을 중요시했음을 알 수 있다.

이런 종교의식은 기원전 9600년경 터키 남동부의 괴베클리 테페에서도 발견된다. 이곳은 묘지처럼 보이는 반지하의 둥근 건축물의 중앙에 여러 개의 거대한 선돌이 세워진 모습이 대단히 경이롭다.[8] 1994년부터 조사된 이 유적은 높이 15m, 너비 300m의 인공 언덕에 무려 200개의 돌기둥과 돌담을 세운 원형 제단이다. 높이는 2m가 넘고 무게가 무려 10~50톤인 돌기둥에는 황소, 여우, 새, 돼지, 가젤, 영양 등 동물이 새겨져 있다. 그런데 인간의 두개골이 발견된 것으로 볼 때, 이 건축물은 수렵채집인들이 조상을 기념하고 장례를 지내려고 정기적으로 모인 제사의 장소나 신전으로 추정된다.[9]

차탈 회익의 죽음에 대한 상징적 표현이나 괴베클리 테페의 사람의 머리뼈는 구석기 시대부터 이어져 온 두개골의 숭배와 관련성이 있다. 이는 에리코에서도 나타난다. 에리코에서 지름 9m, 높이 8.2m나 되는 돌로 쌓은 거대한 원형 돌망루의 계단에서 12명의 인골이 발견되었는데,

자료 2-4-4 터키 아나톨리아의 괴베클리 테페
(© Teomancimit, 기원전 10000년~기원전 9000년경)

이 인골도 특별한 매장의식의 흔적으로
보인다.[10]

자료 2-4-5
괴베클리 테페의 돌기둥에 새겨
진 동물들(© Teomancimit)

더구나 예리코의 건물 바닥에는 40구의
목이 없는 어른 시신들이 한 방 아래에 묻
혀 있었다. 또 눈구멍에 바다 조가비로 만
든 인공의 눈을 석회로 붙인 채색된 두개
골을 숨겨 놓은 곳도 발견되었다. 이는 뼈
만 남은 조상의 두개골만 특별한 장소에
모셨거나, 적의 두개골을 잘라 와 보관했
거나, 아니면 죽음과 관련된 어떤 특별한
의례를 치렀다는 뜻이다. 결국 두개골 숭배는 주술적인 종교행위로 볼
수 있다. 왜냐하면 구석기 시대부터 인류는 영혼이 두개골, 즉 머릿속에
머무른다고 생각했기 때문이다.[11]

이 매장의식에는 보다 특별한 종교적 의미가 숨겨져 있는 것을 알 수 있다. 피어슨에 따르면, 이 독특한 매장의식은 사람들을 땅에 묶어 주는 역할을 했다. 다시 말하면, 농사를 지으면서 씨앗의 재생을 관찰한 인류는 죽음을 삶과 대립하는 것이 아니라 존재의 연속되는 단계로 여겼던 것이다.[12] 말하자면 사라진 달이 사흘 뒤에 초승달로 되살아나고 곡식에서 새싹이 돋아나듯이 인간도 죽은 뒤에 다시 살아난다는 경이로운 생각을 하게 된 것이다.

그런데 인간만이 아니라 동물도 재생한다는 사고방식이 수렵시대에 존재했다는 사실은 아주 흥미롭다. 신화학자에 캠벨에 따르면, 수렵인은 희생된 동물을 소생시키는 제사를 지냈다는 것이다.[13] 이러한 제사는 차탈 회익, 괴베클리 테페에서 발견된 여러 짐승들, 특히 황소 같은 동물의 두개골과 뼈가 숭배된 이유를 설명해 준다. 마찬가지로 아인 가잘 마을의 가옥의 지하에서 발견된 수많은 동물상과 인물상의 의미도 분명해진다. 특히 아인 가잘에서 머리와 목, 가슴에 돌날이 박힌 소 모양의 점토상과 함께 석고로 빚은 커다란 인물상도 발굴되었는데,[14] 이도 죽음이나 재생과 관련된 것으로 볼 수 있다.

그 이유는 나중에 황소가 서남아시아에서 왕이나 신의 상징으로 숭배되었고, 석고 인물상은 유라시아에서 비너스 입상으로 한층 더 구체화되어 여신으로 숭배되었기 때문이다. 특히 생명을 주는 여성의 상징인 비너스 입상은 후대에 수메르의 도시국가에서 인안나 여신으로 변신하여 사랑과 풍요를 가져오는 신으로 숭배의 대상이 되는 것이다.

이와 관련지어 엘리아데는 신석기 시대의 농경을 종교사적으로 혁명이라고 보았다. 곡식은 죽음과 부활의 신화적 드라마와 연결되어 있기 때문이다. 나중에 쟁기가 발명되자 농경이 성행위와 동일시되어 왕과 여사제가 신성한 성행위를 하여 신들을 달래면서 지상의 풍요를 기원했다.

나의 음부를 쟁기질하시오, 내 가슴 속의 남자여…
두무지 왕이 당신을 위해 그것을 쟁기질할 것이오.[15]

따라서 엘리아데는 서남아시아의 수많은 종교는 바로 신석기 시대의 농경에 뿌리를 두고 있으며, 후대에 오리엔트와 지중해 세계를 2000년 동안 지배하게 될 우주론, 종말론, 메시아사상이 바로 신석기 시대의 농경에서 비롯되었다고 단정했다.[16]

물질의 풍요로움은 생각할 여유를 주었다
●

기원전 6000년경이 되면 농사를 짓는 촌락이 서남아시아 전역에 확산되었다. 농업과 가축화는 전파가 아주 빨랐는데, 이를 바탕으로 기원전 6000년부터 이들 촌락은 도시와 제국으로 변해 가고 있었다. 식물유전학자 휴즈에 따르면, 이러한 초기마을은 지중해의 북동 연안에서 마케도니아, 동쪽 아시아 지역까지 퍼져 있었다. 하지만 중심지는 메소포타미아 평원의 북쪽 끝에 펼쳐진 낮은 구릉 지역이다. 이곳은 초원 지대와 참나무, 옻나무 숲이 번갈아 나타나는 곳으로 강이 흐르는 계곡 근처의 습윤한 지역 바로 위쪽에 있다. 기원전 8000년경부터 2000년 동안 자연환경을 통제하고 변화시키는 인간의 능력이 농업혁명과 함께 비약적으로 증대되었던 것이다.[17]

신석기 시대는 물질적 혁명기였지만 정신적인 면에서도 뚜렷하게 발전한 시기였다. 프랑스의 저명한 인류학자 레비스트로스는 질병을 제외하고 인간의 안전에 필수적인 대부분의 발명품들을 만들어 낸 시기가 바로 신석기 시대라고 보았다. 활, 그물, 낚시, 쟁기, 절구, 물레, 작은 배, 수레, 그리고 제련기술이 그런 발명품이다.[18] 그러나 진보와 함께 문명의 질병인 이빨의 마모와 관절염이 나타나게 되었다. 즉, 신석기 시대 인류의 유골에서 발견된 이빨의 마모는 곡식을 먹던 농경의 분명한 증거이다.[19] 그리고 시리아의 아부 후레이라 마을에서 발굴된 여자들의 팔목과 허리뼈, 특히 무릎 관절의 손상은 쭈그리고 앉아 농사일을 하였던 흔적이다.[20]

그래도 레비스트로스는 향상된 도구를 사용하여 추위와 배고픔에서 벗어났기 때문에 인간들은 생각할 여유가 생겼다고 보았다. 특히 레비스트로스는 불평등기원론과 사회계약론을 주장한 루소가 신석기 시대를 사회의 이상적인 모델로 제시했다면서, 가장 행복한 시대는 원초적인 신석기 시대와 인위적인 문명 시대의 중간의 모습이라는 점을 강조한 점은 주목할 필요가 있다.[21] 이는 진보와 함께 약탈과 착취로 얼룩진 인류의 역사에서 대단히 흥미로운 관점이다. 다음 장에서는 비옥한 초승달 지대에서 농경마을이 도시국가로 발전하는 모습을 살펴보기로 한다.

1 웬키; 앞의 책 1권, 348~351쪽.

2 웬키; 앞의 책 1권, 354~355쪽.

3 웬키; 앞의 책 2권, 92~96쪽.

4 페이건; 앞의 책(세계 선사 문화의 이해), 235~236쪽.

5 웬키; 앞의 책 1권, 351~352쪽.

6 페이건; 앞의 책(세계 선사 문화의 이해), 228~229쪽.

7 M. Pearson; The Archaeology of Death and Burial(죽음의 고고학), 사회평론, 2010, 이희준 옮김, 299~300쪽.

8 페이건; 앞의 책(세계 선사 문화의 이해), 230~231쪽.

9 강인욱; 한겨레신문, 2018. 12. 14.

10 피어슨; 앞의 책, 286~293쪽.

11 M. Eliade; Histoire des Croyances et des Idées Religieuses(세계종교사상사) 1권, 이학사, 2010, 이용주 옮김, 65쪽.

12 피어슨; 앞의 책, 294쪽.

13 캠벨; 앞의 책(신화의 세계), 14~18쪽.

14 웬키; 앞의 책 1권, 356~357쪽.

15 크레이머; 앞의 책, 374~376쪽.

16 엘리아데; 앞의 책(세계종교사상사) 1권, 70~77쪽.

17 휴즈; 앞의 책, 44~45쪽.

18 레비스트로스; 앞의 책(슬픈 열대), 700~703쪽.

19 웬키; 앞의 책 1권, 346~347쪽.

20 페이건; 앞의 책, 228~229쪽.

21 레비스트로스; 앞의 책(슬픈 열대), 700~703쪽.

인도까지 교역한
수메르의 도시들

서남아시아인들은 일찍부터 농사를 짓고 가축을 기르며 곡식의 품종을 개량하고 관개시설을 발전시켰다. 그런데 농경과 함께 이루어진 가축 사육이 인간사회를 완전히 뒤바꿔 놓았다. 가축을 관리하려면 한곳에 영구적으로 정착할 수밖에 없었기 때문이다. 이에 따라, 가축에 대한 소유권과 상속 문제가 발생하였고 목초지의 통제가 필요하여 역사의 방향이 바뀌게 되었다. 사유재산 제도가 생기면서 재산과 능력에 따라 지배계급이 만들어지고 목초지나 관개수로의 분쟁을 조정하는 지도자가 나타난 것이다. 그 결과 신석기 시대의 정착생활은 인구를 증가시켜 촌락은 도시국가로 성장하고 인도의 펀자브 같은 아주 먼 지역까지 교역하게 되었다.

관개시설을 따라 마을이 만들어지다

●

길이 약 965km, 폭 400km에 불과한 메소포타미아 평원은 여름이 아주 뜨겁고 겨울은 몹시 추운 지역이다. 만일 티그리스-유프라테스강이 흐르지 않았다면 아마 사막이 되었을 것이다. 더구나 강수량도 부족하여 두 강의 지류를 벗어나면 물이 귀하여 농사를 지을 수 없었다. 기원전 6000년경 메소포타미아 사람들은 관개시설을 개발하여 수확이 좋은 토지를 마련했으며 3000년이 지나면서 수메르 문명이 탄생하기에 이른다.

메소포타미아 상류 지역의 굴곡진 평원에는 작은 마을들이 수백 개 흩어져 있었다. 이 마을들은 터키에서 멀리 남부 이라크까지 수백 km까지 물길을 따라 흑요석, 화려한 토기 등이 교류되고 있었다.[1] 이를테면, 기원전 7000년 이후 터키 남부의 마을 차탈 회익의 흑요석은 지중해의 패각, 시리아의 석기와 교환되었고, 1000년 뒤 농경이 건조한 지역까지 퍼졌을 때 물레를 돌려 만든 장식토기가 거의 1,000km 밖까지 전파되었던 것이다.[2]

그런데 기후가 건조해지자 초기 농민들은 자원이 풍부한 강가나 농사를 짓는 데 필요한 물이 넉넉한 곳으로 모여들었다. 또 숲과 초원에 살던 수렵채집인들이 강의 유역으로 이동하면서 토착민들과 융화하거나 더러는 정복전쟁을 치렀다. 이런 과정을 겪으면서 인구가 점점 늘어나 가장 큰 마을은 약 11.3ha(11.3만 m²)에서 2,500명~4,000명이 거주하는 자그마한 읍이 되었다. 이 중심지에서 관개수로가 대략 5km까지 흐르는 곳까지 작은 마을들이 딸려 있었다. 진흙으로 벽돌집을 지은 자그마한 마을은 촌장의 지휘에 따라 집을 짓는 데 필요한 모래나 진흙, 갈대를 옮기거나 관개수로에 쌓인 진흙을 함께 제거하였다.

하지만 해마다 강이나 운하의 흙을 파내는 대규모 공사가 이루어지고 수확량이 늘어나면서 인구가 급증하고 정치·사회적인 변화가 일어나 결국 지배층이 생겨나게 되었다. 그 후 몇백 년 세월이 흐르면서 메소포타미아 지방에서 종교 중심지가 성장하고 신을 이용하여 다른 도시들을 정치적으로 통제했는데, 대표적인 도시가 바로 수메르의 에리두였다. 기원전 4500년에 에리두의 인구는 5,000명 정도로 추정된다. 그리고 수메르에서 세계 최초의 도시 우루크가 성장했다.[3] 당시 중요한 도시는 주로 메소포타미아 남부 지역에 있었다. 에리두, 우루크, 우르, 수사, 라가시, 기르수, 움마, 슈루팍, 이신, 니푸르, 키시, 바빌론, 시파르, 아카드 등이 그러한 도시였다.

그렇다면 왜 메소포타미아 남부 지방에서 도시국가가 발전한 것일까? 그것은 지형적 조건과 강물 때문이었다. 원래 메소포타미아의 지형은 258만 년 전부터 시작된 조산운동으로 타우루스산맥과 자그로스산맥, 그리고 페르시아만이 만들어졌다. 그 후 메소포타미아 지역은 화산의 폭발과 빙하의 이동, 비바람의 침식작용 등으로 지금과 같은 모습이 이루어진 것이다.[4] 현재 메소포타미아는 10m의 고도편차를 보이는 독특한 지역이다. 또한 메소포타미아는 티그리스강과 유프라테스강이 흐르고 있다. 두 강 사이는 30km가 채 못 되지만 토양은 매우 비옥했다. 비는 적게 내리지만 세차게 흐르는 티그리스강은 자주 범람하여 홍수를 일으켰고, 최남부는 갈대가 우거진 늪과 연못으로 뒤덮여 있었다. 수메르인은 강 가까운 곳에 터를 잡아 도시를 건설하고, 제방을 쌓아 배수로를 넓혀 농경지와 주거지를 확보해 나갔다. 반면에 북부 지방은 땅이 무르지 않아 일 년 중 75% 이상은 곡식을 재배하기 힘든 곳이었다.[5]

상업과 교역의 네트워크

메소포타미아 지역은 이집트처럼 농사짓기가 쉬운 지역은 아니었지만 대체로 원료는 풍부했다. 수메르인은 일찍부터 갈대와 진흙을 이용하여 집을 지었고, 갈대 섬유와 아마로 직물을 생산하여 옷을 만들어 입었다. 또한 메소포타미아 서쪽으로 석회암 지대가 이루어져 있었고, 역청이 솟는 샘까지 있었다.[6] 수메르인은 저절로 나오는 역청, 아스팔트, 석유, 가스를 연료와 방부제, 물감, 접촉제 등으로 사용했다.

큰 이익을 안겨 주는 역청과 아스팔트가 거대한 배를 만들 때 접촉제와 방수제로 사용된 기록이 남아 있다. 바로 엔키 신에게 홍수의 비밀을 들은 슈루파 왕이 등장하는 「길가메시 서사시」이다.

가마에 3 × 3,600의 아스팔트를 넣었다. / 3 × 3,600의 콜타르를 그 안에 넣었다. / 일꾼들이 3,600의 기름을 머리에 이고 가져왔다.[7]

또 후대에 바빌론 성을 건설할 때 역청이 사용된 기록이 헤로도토스의 『역사』에 전하고 있다.

그들은 해자를 팔 때 나온 흙으로 벽돌을 만들었다. 벽돌이 충분한 숫자가 되면 그것을 가마에 넣고 구웠다. 다음에 모르타르 대신 끓인 아스팔트를 사용하고, 벽돌 30개째마다 골풀을 짜서 넣어 먼저 해자의 벽을 쌓고 계속해서 성벽도 같은 방법으로 축성했다.[8]

이처럼 특수한 원료는 풍부했지만 메소포타미아는 대추나무를 제외하고는 질 좋은 목재와 단단한 돌, 금속이 부족하여 외부와 교역이 필요하였으므로 남부 지역은 거대한 시장이 되었다. 그 결과, 강가에 자리 잡고 문명을 일군 수메르 도시들은 강을 따라 왕래하다가 바다로까지 교역의 범위를 넓혔다. 티그리스-유프라테스강은 페르시아만으로 흘러들었기 때문에 수메르인은 갈대배를 타고 동쪽으로 인도까지 진출했다. 또 바레인섬을 빠져나와 아라비아해를 나서면 홍해와 동아프리카이다. 그래서 수메르인은 이집트와 에티오피아, 그 밖에 동북쪽의 넓은 지역과 폭넓게 교역을 할 수 있었다.

이런 교역은 메소포타미아의 비옥한 충적평원에서 엄청난 외국산 수입품이 출토된 사실이 증명한다. 고고학자 차일드는 이미 이 지역에 폭넓은 상업적 네트워크가 확장된 것을 뜻한다면서 다음과 같은 증거를 제시했다.

구리는 페르시아만의 남쪽 오만에서 수입하고, 은과 납은 소아시아의 타우루스산에서, 대형조개는 페르시아만과 아라비아해에서 수입하였다. 또 목재는 이란 남서부의 산맥이나 레바논에서 들여오고, 보석인 청금석, 즉 라피스 라줄리는 아프가니스탄에서 가져왔을 것이다.

차일드는 이러한 교역의 흔적들이 선사 시대의 정착마을과 공동묘지에서 발견되는 수입품의 점진적인 증가라고 보았다. 특히 수메르의 여러 도시에서 같은 시대에 인도의 신드와 펀자브 지역에서 만들어진 인장, 구슬, 항아리가 발견되는데, 이는 장거리를 오가는 대상이나 바다를 누비는 선단의 정기적인 무역을 통해 시장에서 거래된 품목들이다.

이로 볼 때 수메르의 초기마을에서 발굴된 흑요석과 목걸이용 천하석 구슬은 인도나 아르메니아에서 수입되었을 것이다. 더 나아가 수메르의 북부 시리아와 아시리아에서도 일찍부터 흑요석이 수입되었고 터키석도 도입되었다. 더 이른 시기에 외국산 물품은 중앙아시아의 투르키스탄의 아나우, 이란 지역인 엘람의 수사에서도 발견되고 있다.[9]

수메르의 화려한 사치품은 특히 사랑의 여신 인안나의 치장과 장신구에서 엿볼 수 있는데, 당시 청록색 라피스 라줄리는 수메르에서 가장 아름다운 보석이었다. 물론 이런 보석들은 중국인들이 옥을 중시한 것처럼 주술적인 특성을 지니고 있었다.

> 광야의 왕관 머릿수건을 머리에 둘렀고 / 가발을 그녀의 이마에 놓았다. / 작은 라피스 라줄리 목걸이를 목에 걸었고 / 한 쌍의 달걀 모양의 돌을 가슴에 채웠다. / 여왕권의 여왕 제위복을 몸에 둘렀다. / 남자 여기로 오시오, 화장 먹을 눈에 발랐고 / 남자 오시오, 남자 오시오, 가슴 가리개를 가슴에 달았다. / 금반지를 손가락에 끼었고 / 라피스 라줄리 잣대와 측량줄을 손에 쥐었다.[10]

이처럼 오리엔트 지역에서 광범위하게 외국 물품이 이동한 것은 정착 농민과 수렵채집집단, 혹은 유목부족이 서로 접촉하고 교환하면서 서로 의존하는 관계에서 비롯되었을 것이다. 오늘날도 아프리카의 수렵부족인 피그미족이 사냥감을 농사를 짓는 흑인의 곡식과 교환하는 것을 보면 이를 잘 알 수 있다.[11]

그 당시 인도와 이집트는 신석기 도시혁명이 완성되고 있던 때라 이미 교역이 광범위하게 이루어지고 있었다. 차일드에 따르면, 이는 이집트의 신석기 시대 마을에서 홍해와 지중해의 조개가 발견되고, 이집트 무덤의

자료 2-5-1 인안나 여신의 테라코타[기원전 19세기~기원전 18세기, 이라크 남부 출토, 영국 대영박물관(The British Museum) 소장]

부장품에서 외국산 품목이 점차 늘어나는 사실로 증명된다.

이집트는 공작석을 누비아 동부 사막이나 시나이반도에서 수입하였고, 흑요석은 에게해의 멜로스, 혹은 아라비아, 아르메니아 등지에서 수입했을 것이다. 또한 수지는 시리아나 아라비아 남부의 수목 지대에서 수입했음이 분명하다. 한편 청금석은 이란 평원에서 가져왔을 것으로 추측되며, 조금 후대에는 자수정과 터키석까지 발견되었다.[12]

이로 보면 신석기 시대에 이집트는 남쪽의 누비아, 북쪽의 지중해 연안, 동쪽의 홍해를 건너 아라비아반도, 멀리 이란까지 교역했음을 알 수 있다. 물론 선진문명으로 추정되는 수메르의 도시들과도 교류했을 것이다.

체코 카렐대학교의 이집트학자 베르너는 이집트 제벨 엘아라크에서 출토된 칼의 손잡이 장식에 새겨진 그림은 초기 왕조인 신석기 시대 말기, 즉 기원전 4000년대 중반에 수메르나 엘람의 영향을 받은 증거라고 보았다. 특히, 영웅이 두 마리의 사자를 상대하는 그림은 바로 길가메시를 묘사한 것으로 보이는데, 결국 메소포타미아 문명권의 왕족의 후예들이 선사 시대 말기에 한때나마 이집트를 다스리면서 이 지역을 문명화시켰음이 틀림없다고 추정하였다. 그렇지 않고는 역사 시대 초기에 이집트 문명이 급속히 발전한 것을 과학적으로 설명할 도리가 없다는 것이다.[13]

특히 서남아시아에서 시작된 농작물과 가축이 기원전 7000년~기원전 6000년경에 이란을 거쳐 인도의 인더스강 유역에 전파되었는데, 밀과 보리가 대표적이다.[14] 이는 수메르의 여러 도시가 나일강과 인더스강에 있던 외국의 도시들과 일찍부터 상업적인 관계망으로 서로 연결되었다는 것을 증명한다.

당나귀는 고대의 트럭이었다

●

그렇다면 어떻게 지구상에서 가장 건조한 이란고원과 거친 아라비아반도를 통과해서 교역을 할 수 있었을까? 그 해결사는 바로 당나귀였다. 국제무역을 탄생시킨 당나귀는 수메르 도시에서 생산된 직물을 실어 날랐고, 우즈베키스탄의 주석, 터키의 납을 실어 왔던 것이다. 북아프리카에서 길들여진 당나귀는 기원전 5000년 이후 아프리카 사하라사막에서 널리 이용되었고, 기원전 2500년이 되면 이집트의 부유층은 무려 1,000마리 이상의 당나귀를 소유하기도 하였다. 또한 시리아의 고대도시인 마리의 문서보관소에는 '어떤 상인단체가 300여 마리의 당나귀를 소유하고 있었다.'라는 문서가 발견되었다. 이처럼 당나귀를 이용한 것은 당나귀가 소보다 걸음이 빨랐고 체온이 일정치 않아 탈수를 잘 견디기 때문에 2~3일에 한 번만 물을 먹도록 훈련시키면 험준한 산악 지대에서 아주 훌륭한 짐꾼이 되었기 때문이다.[15]

이 당나귀를 광범위하게 활용한 사람들은 바로 기원전 2500년 전의 수메르인이었다. 우르의 군기에도 나타나 있지만 수메르의 점토판 격언집에는 '당나귀는 빨리 달리지는 못하면서 시끄럽게 소리만 지른다.'라고 당나귀가 굼뜨고 고집 센 동물임을 표현하였다.[16] 특히 수메르인은 암컷 말과 수컷 당나귀를 교배시켜 노새를 만들어 낸 창의성을 발휘하기도 하였다. 후대에 군국주의 국가였던 아시리아는 험준한 국가를 정복할 때 군수물자와 전리품을 실어 나르는 데 당나귀를 아주 유용하게 이용하였다.[17]

구데아 신전의 풍성한 수입품

●

수메르가 교역을 활발하게 추진했다는 증거는 기원전 2600년경 도시국가 라가시의 왕 구데아가 남긴 기록에 명확하게 나타나 있다. 그 당시 구데아 왕은 에딘누 신전을 지으려고 현재 터키의 아나톨리아에서 금과 타우루스산맥에서 은을 수입했다. 또 레바논에서 삼나무, 이란의 자그로스산맥에서 구리, 이집트에서 섬록암, 에티오피아에서 홍옥수까지 수입하였다. 그리고 에블라는 나중에 시리아의 무역도시로 밝혀졌지만 지금껏 밝혀지지 않은 여러 지역에서 수많은 건축 재료를 수입했다는 기록이 다음과 같이 나타나 있다.

도시 우르스와 에블라산맥에서 / 노간주나무, 매우 큰 전나무, 산 나무인 플라타너스를 / 뗏목으로 엮어 보내 에딘누에 들보를 놓았다. / 메누아산맥 우마눔에서, 마르두산맥 바살라에서 큰 돌을 보내왔다. ⋯ / 메루하 지방에서 흑단을 보내 신전을 지었다. ⋯ / 루루다강과 마아드가산맥에서 역청을 많이 보내 / 에딘누의 버팀벽에 사용했다.[18]

흙벽돌 건물의 운명은 가혹했다

●

외국제 사치품으로 흥청거렸던 수메르의 3000년간 지속된 문명은 왜 이집트의 피라미드나 신전처럼 견고하게 버티지 못하고 모래 속에 묻힌 것일까? 그것은 남부 메소포타미아 지역에 단단한 돌이 부족했기 때문이다. 고고학자들이 발굴한 유적을 보면, 메소포타미아 초기 도시는 대체로 성벽으로 둘러싸여 있었지만 성벽은 돌이 아니라 거의 흙벽돌로 건축되어 있었다.

하지만 이 지역에서 흙벽돌은 대단히 중요한 자원이었다. 메소포타미아인들은 진흙을 빚어 말린 점토판에 문자를 기록하여 구웠고 각종 생활용품을 만들고 토기를 제조했다. 또한 진흙에 갈대나 짚을 섞어 강한 벽돌을 만들거나 진흙벽돌을 불에 구워 바빌론처럼 도로에 깔고, 배수로를 만들고, 민가와 궁전, 거대한 신전을 건설했다.

무엇보다 가마의 발명은 자연스럽게 야금술을 발전시켜 금속 시대를 열게 됨으로써 청동기는 물론 최초의 화폐인 '세겔(Sheqel)'이라는 은화가 메소포타미아에서 통용되는 계기를 만들었다.[19] 하지만 과학사가 로넌에 따르면, 수메르에서 공식적인 통화는 없었고 대신 값비싼 사금 같은 금속조각들이 교역에 사용되었는데, 세겔은 마나(Manā)와 함께 기원전 2500년경부터 사용된 무게 단위였다.[20]

특히 우르-남무 왕은 도량형기를 표준화하여 문란한 상거래를 바로잡아 메소포타미아에서 오랫동안 전설적인 인물로 남게 되었다.

구리 '바리가'라는 도량형기를 만들어 60실라로 규정했다. / 구리 '바안'이라는 도량형기를 만들어 10실라로 규정했다. / 왕궁의 표준 구리 '바안'을 만들어 5실라로 규정했다. / 은 1세겔의 돌(저울추)을 60분의 1마나로 규정했다.[21]

그런데 우르 3왕조가 쇠락하던 기원전 2000년경에 편찬된 「에쉬난나 법전」에 '은 1세겔은 고급기름 3카, 참기름 1수투 2카, 돼지기름 1수투 5카, 강기름(역청) 4수투, 양털 6마나, 소금 2쿠르, 구리 3마나, 정제된 구리 2마나'의 가치라고 기록되어 있다. 그리고 일꾼의 한 달 임금이 은 1세겔, 그의 식량이 보리 1판이다.'라고 아카드어로 상세하게 기록되어 있다.[22] 이들을 비교하면 당시 거래된 물품의 가치나 노동의 대가를 파악할 수 있다는 점에서 대단히 귀중한 자료이다.

어쨌거나 메소포타미아 사람들은 놀랄 만한 문명을 이루어 냈지만 수천 년 동안 끊임없이 불어온 모래바람은 흙벽돌로 건설된 멸망된 도시와 폐허가 된 성을 서서히 땅속에 묻었으며 나중에는 이곳이 거대한 언덕으로 변하게 되었다. 그리고 세월이 흐르면서 사람들의 기억에서 멀어져 갔다. 이렇게 역사에서 사라졌다가 다시 세상에 얼굴을 드러낸 고대 메소포타미아의 도시국가는 어떤 구조였을까?

자료 2-5-2 지구라트 건설 모습이 그려진 우르-남무 석비의 부조[미국 펜실베이니아대학교 인류고고학박물관(University of Pennsylvania Museum of Archaeology and Anthropology) 소장]

도시는 전염병을 발생시켰다

고고학자들이 땅속에 묻힌 도시를 발굴한 결과 도시의 모습은 어마어마할 정도로 웅장했다. 앞에서 도시의 발굴과정을 살펴보았고 수메르의 도시 '니푸르의 지도'에 나타나 있듯이 당시 도시는 진흙벽돌 성벽으로 외부와 차단되어 있었다.[23] 도시의 안쪽엔 왕궁과 신전, 관료와 일반 백성들의 집이 자리를 잡았고, 도시의 교외엔 작은 마을들, 농장, 과수원, 대추야자 숲, 그리고 상업 지역인 항구가 자리 잡고 있었다.

자료 2-5-3 적의 병사가 말발굽 아래에서 밟히는 장면을 표현한 우르의 군기

　유능한 상인들은 주로 티그리스-유프라테스강을 통해 외국과 무역하여 부족한 나무와 돌, 보석과 금속 등을 수입하고 대신 농작물과 생선, 대추야자 같은 물품을 수출했다. 대표적인 수입품이 보석과 파란색 안료로 쓰이는 청금석, 청동기 제작에 필요한 주석이었다. 그러나 우르, 라르사, 아슈르, 바빌론에서 보듯 전쟁에서 패하면 약탈과 파괴로 폐허가 되고 수많은 사람들이 무참하게 학살당하고 노예로 끌려갔다. 반면 승리한 경우에는 사람들이 화려한 옷을 입고 향수를 뿌렸고 온갖 향신료, 맥주와 포도주 등 사치품으로 흥청거렸던 것을 추측할 수 있다.

　그렇다면 메소포타미아인들은 왜 일찍부터 도시생활을 시작했을까? 중요한 이유는 전쟁과 물 때문이었다. 전쟁이 벌어지면 재산을 송두리째 빼앗기고, 겨우 목숨을 건진다 해도 노예로 끌려가거나 가축처럼 팔리는 참혹한 운명의 소용돌이에 빠질 수밖에 없었던 시대에 성곽도시는 참으로 안전했다. 또한 사람들은 도시에서 건조한 기후에서 필수적인 물을 얻을 수 있었다. 그래서 도시의 통치자들이 개발한 관개시설은 사람들에게 식수를 공급했고, 농토를 매우 기름지게 하여 농민들은 한 해 동안 여러 번 수확할 수 있었다.

그러나 농경과 목축, 그리고 도시화는 인구를 증가시켰지만 전염병도 발생시켰다. 특히 근대사에서 인류의 주요 사망원인이었던 천연두, 인플루엔자, 결핵, 말라리아, 페스트, 홍역, 콜레라 같은 질병은 동물의 질병에서 진화된 전염병이다.[24] 물론 이 질병은 주로 가축이 원인이었다. 재미있는 것은 지금도 흔한 성병인 임질이 기원전 2100년경 수메르의 도시국가 라가시의 왕 「구데아의 석상」에 기록되어 있는 점이다.

남을 두렵게 하는 불안한 사람들, 임질로 전염된 사람들, / 월경 기간에 있는 사람들을 도시에서 쫓아냈다.

이 기록은 도시에 화류계 여성이 존재했다는 뜻이다. 그런 여인은 「인안나와 두무지의 아가」에서 '나는 길거리에서 서성거리는 여자가 아닙니다.'라고 암시되어 있다. 훨씬 더 명확한 창녀라는 표현은 「아카드의 저주」에 나타나는데, '네 창녀가 포주의 집 문에서 스스로 목을 매달 것이다.'라고 기록되어 있다.[25]

말하자면 수메르의 도시는 인구의 집중으로 몸살을 앓았는데, 현대도시처럼 분뇨, 시체, 성욕, 그리고 전염병이 큰 문제가 되었을 것이다. 다음 장에서는 수메르인이 창조성을 발휘한 과정을 살펴보기로 한다.

1 페이건; 앞의 책(세계 선사 문화의 이해), 318~319쪽.

2 웬키; 앞의 책 2권, 96~101쪽.

3 페이건; 앞의 책(세계 선사 문화의 이해), 320~323쪽.

4 루; 앞의 책 1권, 46쪽.

5 로넌; 앞의 책 1권, 60쪽.

6 로넌; 앞의 책 1권, 60쪽.

7 조철수; 앞의 책(수메르 신화), 126쪽.

8 헤로도토스; 앞의 책 1권, 133쪽. 해자(垓字)는 적을 막으려고 성의 둘레에 판 연못이다.

9 차일드; 앞의 책, 213~214쪽, 166쪽.

10 조철수; 앞의 책(수메르 신화), 275쪽.

11 C. Tumbull; The Forest People(숲 사람들), 황소자리, 2011, 이상원 옮김, 31~32쪽.

12 차일드; 앞의 책, 166쪽.

13 베르너; 앞의 책, 40~41쪽.

14 다이아몬드; 앞의 책, 155쪽.

15 페이건; 앞의 책(위대한 공존), 193쪽, 162~166쪽.

16 크레이머; 앞의 책, 188쪽.

17 페이건; 앞의 책(위대한 공존), 179~189쪽.

18 구데아 원통형 비석[조철수; 앞의 책(수메르 신화), 456~458쪽].

19 시친; 앞의 책, 54쪽.

20 로넌; 앞의 책 1권, 78~80쪽. 1세겔은 8.36그램, 1마나는 520그램이다.

21 우르-남무 법전 133행~149행[조철수; 앞의 책(수메르 신화), 541쪽]. 1실라는 0.85리터

의 부피, 1구르는 300실라의 무게이다.

22 에쉬난나 법전(프리처드; 앞의 책, 괴체 옮김, 354쪽).

23 크레이머; 앞의 책, 454쪽.

24 다이아몬드; 앞의 책, 287쪽.

25 조철수; 앞의 책(수메르 신화), 455쪽, 242쪽, 445쪽.

위대한 기술의 창안

신석기 시대는 지식의 진보가 빠르고 넓게 이루어진 시기였다. 기원전 5000년부터 인간은 쟁기, 범선, 수레를 발명하면서 금속의 성질을 알게 되었고, 토기를 만들면서 진흙이 단단해지고 색깔이 변하는 힘을 알게 되었고, 베틀을 발명하여 그 구조의 복잡성을 이해하게 되었다. 이는 인간이 과학적으로 생각한 결과였다.[1]

기원전 3000년 전부터 수메르인은 문자를 만들어 지식을 표현하는 도구로 사용하면서 문명의 길을 열어 나갔다. 그 출발은 기원전 4000년 전 무렵에 시작된 관개시설이었다. 수리시설을 이용하여 농사를 지은 수메르인은 식량이 넉넉하고 안전이 보장된 도시에서 베로 짠 옷을 입고 조리된 음식을 먹으면서 대체로 풍족하게 살았다.

수메르 문화의 수준은 발달된 음식에 잘 나타나 있다. 복잡한 과정을 거쳐야 뛰어난 음식이 만들어지기 때문이다. 쟁기나 낫 같은 농사도구,

다양한 음식재료, 도기 같은 조리기구, 그리고 소금이나 기름, 향신료가 제대로 갖춰져야 고급스런 맛이 나는 것이다.

수메르의 중요한 농작물

●

독일 라이프니츠대학교 식물생태학교수 퀴스터에 따르면, 수메르에서 중요한 재배식물은 밀, 보리, 완두, 편두, 그리고 아마였다. 밀은 전분과 단백질을 지니고 있고, 단백질 속에 끈적거리는 글루텐이 포함되어 있어서 가루로 만들어 빵을 굽기에 좋았다. 초기에 재배된 밀은 에머밀과 듀럼밀인데, 농부들은 에머밀로 빵을 만들고, 듀럼밀로 국수를 만들어 먹었다.

보리는 까다롭지 않고 염분이 섞인 땅에서도 잘 자라지만 단백질과 글루텐 성분이 밀보다 적은 편이다. 그래서 보리는 주로 과자와 죽, 맥주를 만들거나 혹은 가축의 사료로 사용했다. 농부들은 낱알을 분리하기 좋은 쌀보리로 음식을 만들고, 껍질이 잘 벗겨지지 않아서 저장하기 좋은 겉보리는 사료로 쓰다가 나중에 맥주를 만들었다.

퀴스터 교수는 곡식을 재배하면서 수메르인은 놀랍게도 깍지 있는 콩과식물을 발견했다고 지적하였다. 땅을 기름지게 하는 콩과 함께 곡식을 기르면 거름을 주지 않아도 잘 자라기 때문에 놀랍게도 곡식과 콩을 번갈아 재배했던 것이다. 대신 콩은 미리 떨어지지 않고 수확한 뒤에도 씨앗이 껍질 속에 오래 들어 있는 콩이 선택되었다. 편두와 완두가 가장 빠르며 점차 병아리콩, 잠두 등도 재배했다. 특히 1만 년 전에 서남아시아인들이 재배한 아마는 씨로 기름을 짜고, 줄기로 섬유를 뽑아 옷을 만든

소중한 작물이었다.[2]

수메르인의 음식
●

그리스의 시인 헤시오도스의 『일과 날』보다 무려 1000년 빠른 기원전 1700년경에 수메르인은 「농사 지침서」를 만들었다. 니푸르에서 발견된 이 지침서는 쟁기질과 파종, 추수에 대한 일상적인 농사일을 가르치는 점토판이다. 주술과 농사기술이 혼합된 일절을 소개하면, 다음과 같다.

씨가 뚫고 나오는 날 곡물에 해를 끼치지 않도록 들쥐와 해충의 여신 닌길림에게 기도를 올려야 한다. 새를 쫓아야 한다. 보리가 밭고랑의 좁은 바닥을 채우도록 충분히 자라면 물을 주어야 한다.[3]

발달된 농사기술을 이용하여 수메르인은 보리, 밀, 수수, 이집트콩, 렌즈콩을 재배하여 빵과 죽을 만들어 먹었다. 농민들의 일상음식은 양파나 콩 한 줌, 그리고 맥주를 곁들이는 채식이 보통이었지만 과자도 즐겼다. 또 마늘, 부추, 겨자 등의 향신료로 음식에 맛을 내고, 소와 양의 젖으로 영양가 풍부하고 맛이 좋은 요구르트, 크림, 버터, 치즈를 만들었다. 더구나 수메르인은 보리로 맥주를 빚고, 포도주와 대추야자 술을 마시면서 호화롭게 삶의 풍요를 누렸다.[4]

물론 수메르에서 최고의 음식은 신에게 바치는 제물이다. 신에게 바치는 일상제물이 「구데아의 석판」에는 밀, 보리, 맥주라고 나와 있고, 「우르-남무 법전」에는 보리, 양, 버터라고 기록되어 있다. 하지만 왕과 여사제의 신성결혼에는 맥주와 함께 크림우유, 맥아유, 좋은 빵, 꿀치즈, 버터, 작은 콩을 바친 것으로 추정된다.[5] 또한 곡식의 여신이나 양의 여신에게도 특별한 제물을 바쳐 삶을 풍성하게 해 준 신들을 예찬하면서 풍년을 기원했다.

좋은 기름, 신들의 향료 / 섞은 기름, 짠 기름, 약초 기름 / 일상제물인 삼나무 기름은 내 것이다.[6]

주로 강가에 살던 수메르인은 물고기도 즐겨 먹었다. 수메르의 점토판에는 100여 종의 물고기가 나오며 그중 30여 종이 불확실하게나마 확인되었다. 기원전 1900년경 유프라테스강 강변 도시 라르사의 어시장에서 30여 종의 물고기가 팔린 것을 보면, 수메르인은 다양한 물고기를 잡았던 것을 짐작할 수 있다.[7]

특히 「물고기의 집(수족관)」이라는 시가 기록된 점토판에 16종의 물고기 이름이 나오는데, 학자들이 6종의 정체를 밝혀냈다. 작은 돌잉어, 잉어, 철갑상어, 메기, 뱀장어, 상어이다. 이 시에는 밤에 물고기를 잡는 어부가 물고기의 여신에게 기원하는 모습이 주문처럼 나타나 있다.

나의 물고기여, 낮이 지나갔다 나에게 오너라. / 낮이 지나갔다 나에게 오너라. / 어부의 여왕인 여신 난세가 너와 함께 기뻐할 것이다.[8]

수메르인은 물고기와 함께 가축의 고기로 단백질을 보충했다. 여유 있는 사람들은 소고기를 먹었지만 대중들은 주로 양고기를 먹었다. '매우 통통한 양, 산양, 꼬리가 통통한 양'처럼 양을 표현한 말이 무려 200여 가

지나 될 정도로 세분되어 있었다. 양과 함께 대량으로 기르던 돼지고기도 진미였다. 더운 지방에서 부패할 위험이 있던 돼지고기는 기원전 1800년까지 엄격하게 금기시되지는 않았다.[9] 초기 수메르 왕조 때는 출산력이 뛰어난 돼지를 전문적으로 다루는 도살업자까지 있을 정도였다.[10]

수메르인은 육식도 좋아했지만 테너힐에 따르면, 신석기 농업혁명으로 이미 인간의 역사는 육식에서 곡식 중심으로 전환되었고 이 변화의 파급 효과는 매우 컸다.[11]

발효의 현상을 발견하다

●

주목할 것은 신석기 혁명 과정에서 음식문화가 무척 발전했다는 점이다. 직접적인 원인은 무엇보다 발효 현상의 발견이었다. 발효는 효모나 세균 같은 미생물이 유기물을 분해시키는 화학작용이다. 그런데 효소의 촉매작용으로 발효가 되면 음식물의 성분이 새로 합성되어 독특한 향과 맛이 나고 저장성이 좋아진다. 수메르인은 이 효모를 이용하여 빵과 술을 만들고, 생선이나 고기를 소금에 절이거나 삭히고, 또는 말리는 조리법을 개발했던 것이다.[12] 특히 발효는 음식과 음료, 즉 치즈와 두부, 맥주와 포도주에 영양과 맛, 향을 내는 데 크게 이바지했다.

술을 발효시키는 맥아, 즉 엿기름을 만드는 모습이 「엔키와 닌후르상」 시에 다음과 같이 나타나 있다.

돼지가 보리 먹는 것을 알지 못했다. / 과부가 엿기름을 지붕에 널어놓았는데 / 새들이 위에서 이 엿기름을 먹지 않았으며…[13]

발효는 건조한 지역에서 해로운 질소원소 화합물인 알칼로이드를 제거하고 부패를 일으키는 미생물을 죽여 음식이 오래 보존되도록 도왔다. 또한 음식의 복잡한 성분을 분해하여 음식을 조리하는 시간을 단축시키고 연료의 소비까지 절약시켰다.[14] 특히 효모의 촉매작용으로 만들어진 술은 종교적으로 인간이 신과 접촉하는 데 아주 효과적이었다.

술이 일으키는 놀라운 효과

•

불에 구운 도기도 음식문화의 발전에 중요한 촉매가 되었다. 인류학자 맥거번은 기원전 6000년경 도기가 발명되면서 사람들은 음식과 음료, 특히 술을 특수한 그릇을 이용해 만들었고, 마개로 병의 입구를 막아 부패를 방지하였다고 밝혔다. 그 결과 신석기 시대는 요리라고 부르는 음식이 나타나 발효, 담그기, 가열하기, 양념하기 등 다양한 음식 가공법이 개발되었다.[15]

이런 요리는 수메르인의 지적인 호기심에서 촉발되었을 것이다. 고대 수메르 유적지에서 수백 종의 동물 이름과 250여 종의 식물 이름이 적힌 점토판이 발견된 것을 보면, 당시 수메르인의 자연에 대한 흥미와 농사기술에 대한 관심이 상당했음을 짐작할 수 있다.[16] 그런데 수메르인이 엄청나게 맥주를 마신 것이 무척 흥미롭다.

테너힐에 따르면, 수메르인은 수확한 곡식의 무려 40%를 맥주를 만드는 데 사용했다. 수메르에서 맥주는 닌카시 여신이 담당했는데, 보리로 만든 8종의 맥주, 조생종의 밀로 만든 8종의 맥주, 혼합곡식으로 만든 7종의 맥주가 있었다. 맥주는 보리의 맥아를 물에 불린 밀에 첨가하여 제조했을 것이다. 그런데 테너힐은 일꾼들은 하루에 10L의 맥주를 배급받는데, 신전의 고위급 사제들은 50L를 제공받았다고 추정했다.[17]

궁금한 것은 지나치게 마시면 환각상태에 빠지는 맥주를 사제들이 과연 일상음료로만 사용했을까 하는 점이다. 이미 구석기 시대 초기에 술과 종교, 음악과 춤, 섹스 사이에 강력한 결합이 존재했고, 모든 종교적 축제와 향연, 또는 통과의례, 특히 조상을 기리는 의식에서 인류는 술을 바치고 마셨기 때문이다. 지금도 성체용 포도주가 가톨릭 종교의식의 핵심인 것이 대표적인 흔적이다.[18]

이는 사제들이 백성들의 갈증을 풀어 주고 활력을 불어넣어 주는 맥주의 정치적 쓰임새를 잘 알고 있었다는 뜻이다. 물론 이집트도 마찬가지였는데, 흑맥주, 달콤한 맥주, 철맥주, 관장제 맥주, 잇몸치료용 샐러리맥주, 대추야자 맥주, 과일맥주, 영원한 맥주 등 그 종류도 다양했다.[19] 하지만 이집트인은 먼저 고통을 줄이고 감염을 막고 질병을 치료하는 약으로 맥주를 사용했다. 전갈과 뱀에 물렸을 때 맥주를 처방한 비법이 이시스 여신의 「독을 쫓기 위한 주문」에 전한다.

전갈의 독은 보리빵과 마늘, 소금으로 조제된 약으로 제거하고, 뱀의 독은 '전갈의 약초'와 맥주와 포도주를 섞은 것을 먹여 제거한다.[20]

그런데 「니푸르의 오래된 약방」이라는 수메르의 점토판에 따르면, 수메르인도 치료약과 함께 맥주를 복용했다. 치료약은 계피, 은매화, 아위, 백리향 같은 풀과 버드나무, 배나무, 전나무, 무화과나무, 대추야자 같은 나무로 만들었다.[21]

이런 약용식물 중에서 20m 이상 자라는 대추야자는 아열대 사막에서 영양분이 풍부하고 저장과 가공이 편리하여 생명의 나무로 불리면서 유목민의 주식이었고, 열대 지역에서는 벼과 다음으로 중요시되었다.[22] 수메르에서 기원전 5000년부터 재배한 대추야자는 곡식보다 값이 싸서 가난한 농민들의 주식이 되었다. 대추야자는 보통 관개수로의 둑에 심었는데, 한 그루당 무려 100파운드(45kg)의 열매를 수확할 수 있었다. 이 대추야자나무의 꼭대기에서 받은 수액으로 술을 빚거나 시럽까지 만들어 먹었다.[23]

수메르에서 대추야자는 인공관개로도 재배가 가능했고 소금기 있는 땅에서도 자랐다.[24] 나중에 땅이 황폐해지고 맥주를 만들던 보리의 재배가 힘들어지자 대추야자는 보리 대신 술의 원료가 되었다. 기원전 1000년대에는 보리맥주와 밀맥주보다 더 달콤한 대추야자 술이 수메르에서 더 각광을 받았다. 티그리스-유프라테스 계곡의 낮은 지역에서 풍부하게 자라는 대추야자는 포도보다 두 배나 높은 당분을 지니고 있었으므로 대추야자가 발효되어 술이 되면 15%의 알코올이 되었다.[25]

꺾꽂이와 접붙이기를 개발하다

수메르인의 큰 공로 중 하나는 과일나무의 개량이다. 퀴스터의 『곡물의 역사』에 따르면, 과일나무는 사람이 오래 정주하는 곳에서만 성장할 수 있다. 과일을 수확하려면 나무를 계속하여 돌보고 관리할 필요가 있기 때문이다. 그런데 인간은 곤충과 바람 대신 인공적인 무성생식으로 많은 열매를 맺게 하는 기술을 창안했다. 버드나무처럼 꺾꽂이를 하거나 감나무처럼 접붙이기를 하는 방법을 개발하여 서남아시아에서 일찍이 재배된 관목은 수많은 종류로 늘어났다. 특히 포도나무는 가지를 잘라 심는 꺾꽂이를 하면 뿌리가 잘 돋아나는 성질을 이용했을 것이다.

이미 기원전 2000년~기원전 1000년경 니푸르의 점토판에는 대추나무, 포도나무, 사과나무, 무화과나무가 기록되어 있는데,[26] 메소포타미아에서 중요한 과일나무는 포도나무, 올리브나무, 석류나무, 무화과나무였다. 모두 4000년 이전에 재배한 증거가 나왔다. 포도나무는 서남아시아와 요르단 계곡에서, 올리브는 지중해 동부인 서남아시아의 마을에서 가장 오래된 흔적이 발견되었고 그 후 메소포타미아와 이집트, 유럽까지 널리 퍼져 나갔다.[27]

하지만 미국 인류학자 맥거번은 터키 아나톨리아 지역에서 기원전 7000년경부터 포도주 문화가 이룩되었고, 기원전 3500년경이 되면 가자 지역, 요르단 계곡, 남부 동지중해 연안에서 포도나무를 재배한 것으로 추정했다. 예리코 등 고대 유적지에서 포도의 씨, 포도나무, 건포도가 발굴된 것이다.[28] 이처럼 장기간 보존할 수 있고 향취 있는 포도주는 아주 중요한 음료가 되었다.

이 포도나무와 석류나무가 수메르 신화 「엔키와 닌후루상」에 등장한다. 창조의 신 엔키가 웃투를 유혹하여 성적인 관계를 맺는 시에서 석류와 포도송이는 풍요나 다산의 상징으로 보인다.

잘 익은 큰 석류를 주고 있었다. / 포도를 송이채 주고 있었다. / 그는 큰 바 안 그릇에 맥주를 부었다 / 잘생긴 여자 웃투는 왼쪽으로 그에게 휘청거리고 손을 흔들어댔다 / 엔키 신은 웃투를 즐겁게 해 주었다.[29]

흥미로운 것은 아시리아의 아슈르나시르팔 2세(기원전 883년~기원전 859년)

의 궁전완공 기념식을 기록한 명문에 당시 메소포타미아의 온갖 초목과 과일나무, 동물과 가축, 음식물과 향신료 등의 목록이 나온다는 점이다. 이 명문에 기록된 중요한 과일나무는 석류, 자두, 배, 무화과, 포도, 사과 등이고 향신료는 마늘, 양파, 카수 등이다.[30]

특히 수메르 음식문화의 발전은 다양한 조리기구의 개발이 뒤따랐기 때문에 가능했다. 기원전 12500년~기원전 10200년경 서남아시아에서 발견된 갈돌, 갈판, 돌확, 공이돌, 나무자루의 끼움돌낫은 곡식을 음식으로 만들기 위한 초기의 조리도구였다.[31] 그 뒤에 인류가 토기를 발명하여 육류를 물과 함께 삶거나 구워서 음식을 다채롭게 만든 것은 식생활의 혁명이라고 할 수 있다.

다양한 향신료를 활용하다

●

조리기술과 함께 향신료는 수메르인의 음식을 더욱 풍요롭게 하였다. 과학사가 로넌에 따르면 「수메르와 아카드」라는 동식물 목록은 나무와 풀, 향신료, 약초, 과일나무로 분류되어 있다.[32] 이를 보면 수메르인은 정원에 나무와 꽃을 심고 텃밭에는 채소와 향신료를 길렀을 것이다.

향신료는 더운 날씨에 쉽게 상하는 고기와 우유, 유제품을 신선하게 만들고, 고약한 냄새를 가시게 하고, 맛을 지켜 주며, 소화까지 돕던 아주 귀중한 식물이었다. 그것은 향신료에 포함된 알칼로이드, 겨자기름, 휘발성 기름 때문이다. 프랑스 메스대학교 식물학교수 펠트에 따르면, 유럽에서 향신료는 밋밋한 완두와 잠두 같은 콩을 맛이 나게 해 주고 부패를 막아 주기 때문에 서민들이 열광했다. 주로 매큼하고 얼얼한 맛을

내는 생강, 육계나무 껍질, 샤프란, 정향이 사용되었다.[33]

재미있는 것은 「두무지의 꿈」이라는 시에 마늘과 부추를 먹지 않는 인물이 등장하는데, 불교의 승려처럼 자극성 있는 향신료를 피한 것을 볼 때 특별한 사제로 추정된다.

(왕을 위해 쫓아온 잡다한 사람들은) 쓴 마늘을 먹지 않는다. / 물고기를 먹지 않는 사람들이며 / 부추를 먹지 않는 사람들이다.[34]

당시 유프라테스강 유역은 향신료와 방향료를 보급해 주는 진원지였고, 페르시아만의 남쪽 아덴 항구에서 극동의 후추, 생강, 소두구, 정향, 육두구가 지중해 연안까지 들어갔다. 그리고 낙타를 탄 대상들은 인도의 인더스강, 아프가니스탄, 페르시아, 메소포타미아, 터키까지 향신료를 실어 날랐다. 물론 수메르인도 이 교역로를 이용했다. 그런데 이 향신료는 즐거움과 건강, 신성함을 위하여 음식이나 약품, 종교의식에 사용되었다.[35]

퀴스터 교수에 따르면, 기원전 3000년 전부터 수메르인이 매우 다양한 향신료 식물을 재배했다고 추정된다. 휘발성 기름을 지닌 아위, 딜, 회향, 고수, 커민, 큰다닥냉이, 검은 겨자, 갓이 재배되었다. 또 매운 맛을 내는 흰겨자, 쓴맛을 내는 블랙시드, 당백리향 같은 향신료가 이용되었다. 그 밖에도 신선한 쇠비름, 생강과 친척인 카르다몸, 양파, 샤프란, 잇꽃, 중국계피, 레몬도 향신료로 사용되었다.[36]

수메르인의 창의적인 기술

●

수메르인은 농사를 짓는 과정에서 자연스럽게 농기구를 개발했을 것이다. 기원전 2500년경 편찬된 『농부연감』에는 쟁기로 땅을 파면서 동시에 보리 씨앗이 골고루 파종되는 독특한 기술이 설명되어 있는데, 이는 수메르인의 창의성을 증명한다.

수메르인은 호미, 써레, 갈퀴, 나무망치로 농사일을 했지만 땅을 파는 쟁기와 곡식을 베는 낫을 발명하여 수확량을 높였다. 농민들은 쟁기로 땅을 갈아 보리와 밀, 수수와 콩 같은 곡식을 재배하고, 호미로는 오이, 배추, 순무, 양파, 상추, 양갓냉이 같은 채소를 가꾸었을 것이다.[37]

쟁기나 호미처럼 수메르인이 발명한 곡괭이는 관개수로나 도시개발에서 아주 중요한 연장이었다. 「곡괭이와 쟁기 사이의 논쟁」이라는 시를 보면, 곡괭이가 노동계급, 특히 건설노동자와, 뱃사람, 경작자를 대변하는 것을 알 수 있다.

나는 외양간을 확장하고, 양 우리를 넓히고 / 점토를 개고, 벽돌을 만들고 / 건물의 토대를 만들고 집을 짓고… 배를 건조하고… / 채소밭을 경작하고….[38]

청동기는 사회를 비약적으로 발전시켰다

●

불을 이용하여 구리와 주석을 합금해서 만든 청동기는 석기 시대에 비해 놀랄 정도로 농업 생산량을 늘렸고, 정복전쟁을 승리로 이끌었다. 그 결과 사회는 비약적으로 발전하여 직업이 분화되고 문화가 향상되었다.

농기구를 창안하고 다양하고 깊은 음식문화를 발전시킨 수메르인은 기원전 4000년경부터 청동기를 폭넓게 이용했다. 기원전 1200년경 아시리아가 철의 야금술을 활용할 때까지 청동기는 그릇과 장신구, 무기, 전차 등에 널리 사용되었다. 특히 청동은 구리와 아연의 합금인 황동에 비해 제작이 쉽고 단단해서 아주 인기 있는 교역물품이 되었다. 복잡한 기술이 필요한 청동 야금술의 첫 발생지는 구리와 주석이 풍부한 아르메니아, 코카서스, 이란고원의 산악 지대라고 인정되고 있다. 기원전 5000년~기원전 3500년경 이라크 북부와 수메르의 우루크에서도 청동의 야금술이 이루어졌다. 가장 오래된 청동그릇과 인장 등 다양한 유물이 발굴된 것이다.[39]

이로 볼 때, 메소포타미아인은 기원전 3000년 전에 이미 도기그릇을 사용하고, 납과 구리를 제련했으며, 기원전 2000년 후반기에 와서 금속으로 바퀴를 단 전차와 무기, 썰매와 쟁기 등을 만든 것을 알 수 있다. 그리고 기술자들은 상당히 전문적이어서 석공, 직물, 염색, 가죽, 가구, 금속, 보석 세공, 향수, 과자, 제빵 등 아주 다양한 직업이 있었다.

고대인은 유리를 보물로 여겼다

•

색깔이 아름답고 투명하고 빛나는 유리는 과학기술의 수준을 가늠하는 척도이다. 그것은 유리가 불과 모래의 조화로 태어나는 신비로운 과정을 거치기 때문이다. 기원전 2140년~기원전 2030년경 수메르의 에리두에서 우르 3왕조 때 만들어진 유리 막대기가 발견되었다. 그 후 기원전 18세기경 바빌로니아의 쿠르기샤르 왕 시대에 유리 원료의 배합법과 제조방법이 자세하게 기록된 놀라운 점토판이 발굴되었다. 그 후 200년이 지나면 코아법, 즉 일종의 틀을 이용하여 많은 유리그릇들을 만들기 시작하여 이집트와 로마의 알렉산드리아로 전해져 유명한 로만글라스가 탄생하게 되었다.[40]

운송의 혁명을 이룩한 바퀴

소가 끄는 썰매는 기원전 3000년경 수메르의 고대도시 우르에서 이미 왕의 시신을 무덤으로 옮기는 운반용 도구로 사용되었다. 이 썰매를 대신한 것이 바로 바퀴였다.

그런데 이 바퀴는 문명을 비약적으로 향상시켰다. 바퀴의 회전력은 도자기를 빚는 물레, 실을 잣는 물레, 곡식을 빻는 맷돌, 그리고 물건을 나르는 수레의 원동력이었다. 따라서 바퀴는 의식주 문제는 물론 동물이

자료 2-6-1 우르의 군기에 새겨진 전차의 바퀴

끄는 수레로 쟁기질을 하거나, 토목공사를 하다가 결국 전차를 만들어 전투에까지 동원되었다.

바퀴를 이용한 수레는 수메르 우르의 왕실묘지에서 발견된 군기와 악기의 버팀목에서 확인되었다. 하지만 북부 시리아에서는 그보다 전에 수레가 등장하였고, 엘람과 시리아 등에서 기원전 3000년경 이륜과 사륜, 그리고 1인승 이륜전차가 이미 일반적으로 사용되었다. 결과적으로 바퀴의 사용은 도공, 직조공, 대장장이 등 전문적 장인을 탄생시켰고 물품 운송 시간이 단축되어 교역이 증대하게 되었다.[41] 바퀴와 함께 당나귀, 말, 범선도 교역을 촉진시켰지만 바퀴가 달린 전차는 정복이나 침략전쟁에 악용되면서 수많은 사람의 목숨을 빼앗았다.

수메르에서 계급이 분화되다
●

우르의 왕실 공동묘지는 수메르의 직업이 아주 전문화되었음을 분명하게 보여 준다. 금세공 장인은 납땜질과 세선기법을 이용하여 가느다란 금실과 금알맹이 등 정교한 장식품을 만들고, 구리 장인은 밀랍으로 거푸집을 만들고 담금질을 하여 능숙하게 제품을 만든 것 같다. 또 보석 장인은 단단한 돌에 조각을 새겨 인장을 만들었고, 조각가는 석회암과 현무암으로 항아리와 작은 조상을 새겼으며, 목수는 배와 전차, 하프와 수금도 만들었던 것이다.[42] 그 대표적인 유물이 '푸아비 왕비의 머리장식', '황소 머리 리라', '숫염소와 꽃나무', '우르의 군기' 등이다. 재료는 나무와 역청, 금, 은, 라피스 라줄리 같은 보석이 사용되었다.[43]

고고학자 차일드는 수메르의 장인들이 다양한 공구를 만들었다는 사

자료 2-6-2 다산의 신에게 바쳐진 숫염
소와 꽃나무[영국 대영박물관(The British
Museum) 소장]

자료 2-6-3 푸아비 왕비의 머리장식과 목걸이

실을 아주 강조했다. 도끼, 자귀, 끌, 둥근끌, 송곳, 칼, 톱, 못 죄는 기구,
바늘 같은 것들이다. 결국 이런 기술은 유리, 구리, 청동, 철의 사용법에
대한 과학적인 지식이 동원된 결과라고 볼 수 있다. 그런데 기이하게도
이 전문적인 기술자들은 그들의 주인인 왕의 무덤 바로 곁에 실제로 문
혔다.[44] 당시 사회는 이미 계급이 분화되고 특권층이 형성되어 왕, 귀족,
신관, 군인, 장인, 상인, 농민 등으로 계급이 나뉘어 있었던 것이다.

신비한 연금술의 마력

●

우르의 왕릉에서 발굴된 화려한 유물은 왕의 엄청난 재력과 사제들의 강력한 영향력을 암시한다. 특히 아-바르-기 왕의 무덤에서 순장된 사람은 62명이고 슈브-아드 왕비의 무덤에 순장된 사람은 25명이었다.[45] 그런데 순장된 사람들이 마신 특별한 음료는 왕릉을 발굴한 울리도 지적했지만 고대의 샤먼이나 사제들이 비밀을 터득한 환각 마취제로 추정된다. 천국을 미끼로 자살을 유도한 이 환각 마취제는 대장장이가 마력적인 불을 다루는 기술을 연상시킨다.

수메르어에서 철을 나타내는 '안 바르(An Bar)'는 하늘이나 불을 나타내는 기호로 사용되었다. 당시 구리나 청동과 달리 철이 널리 이용된 것은 용광로와 야금술의 발전 때문이었다. 이런 기술을 지닌 대장장이는 샤먼이나 주술사, 점성가와 함께 고대사회에서 숭배의 대상이었다. 종교사학자 엘리아데는 광부가 광석을 채굴하기 전에 정결과 단식, 명상과 기도, 그리고 주술적인 의례를 치른다는 점에 주목하여 고대의 대장장이는 신성하고 악마적인 불을 지배하기 때문에 두려운 인물로 여겨졌다고 보았다. 이처럼 대장장이들의 놀라운 기술은 현대에 이르러 과학자들이 유기화합물의 합성을 성공하게 만든 원동력이 되었다.[46]

다음 3부에서는 수메르 도시국가들의 멸망과 부흥운동, 그리고 메소포타미아의 역사적 변동과 함께 수메르의 신화를 이용하여 히브리인이 자기들의 종교와 신화를 만든 과정을 살펴보기로 한다.

1 차일드; 앞의 책, 156~157쪽.

2 퀴스터; 앞의 책, 58~77쪽.

3 크레이머; 앞의 책, 103~106쪽.

4 테너힐; 앞의 책, 91~93쪽.

5 조철수; 앞의 책(수메르 신화), 453쪽, 539쪽, 246쪽.

6 암양의 여신과 곡식의 여신의 말다툼[조철수; 앞의 책(수메르 신화), 190쪽].

7 로넌; 앞의 책 1권, 75쪽.

8 크레이머; 앞의 책, 433~436쪽.

9 테너힐; 앞의 책, 92~96쪽.

10 해리스; 앞의 책(음식문화의 수수께끼), 97쪽.

11 테너힐; 앞의 책, 88쪽.

12 테너힐; 앞의 책, 99~101쪽.

13 조철수; 앞의 책(수메르 신화), 201쪽.

14 맥거번; 앞의 책, 453쪽.

15 맥거번; 앞의 책, 142쪽.

16 로넌; 앞의 책 1권, 75쪽.

17 테너힐; 앞의 책, 94~96쪽.

18 맥거번; 앞의 책, 454~456쪽.

19 맥거번; 앞의 책, 454~456쪽, 421~422쪽.

20 하트; 앞의 책, 92~95쪽. 기원전 1200년경 「파피루스 1993」에 전한다.

21 크레이머; 앞의 책, 99쪽.

22 헤이저; 앞의 책, 233~234쪽.

23 테너힐; 앞의 책, 96~97쪽.

24 퀴스터; 앞의 책, 120~129쪽.

25 맥거번; 앞의 책, 179쪽.

26 크레이머; 앞의 책, 421쪽.

27 퀴스터; 앞의 책, 122~129쪽.

28 맥거번; 앞의 책, 307쪽.

29 조철수; 앞의 책(수메르 신화), 209쪽.

30 프리처드; 앞의 책, 오펜하임 옮김, 505~511쪽.

31 웬키, 앞의 책 1권, 346~347쪽.

32 로넌; 앞의 책 1권, 75~76쪽.

33 J. M. Pelt; Les épice dans L' Histoire(향신료의 역사), 좋은책만들기, 2005, 김중현 옮김,
    21쪽.

34 조철수; 앞의 책(수메르 신화), 316쪽.

35 펠트; 앞의 책, 31~33쪽.

36 퀴스터; 앞의 책, 130~135쪽.

37 테너힐; 앞의 책, 90~91쪽.

38 크레이머; 앞의 책, 423~431쪽.

39 정수일; 고대문명교류사, 사계절, 2013, 123~131쪽.

40 정수일; 앞의 책(고대문명교류사), 182~187쪽.

41 차일드; 앞의 책, 180~183쪽.

42 차일드; 앞의 책, 211~212쪽.

43 램; 앞의 책, 26~31쪽.

44 차일드; 앞의 책, 211~212쪽.

45 J. Campbell; The Masks of God 1 -Primitive Mythology(신의 가면 1 -원시 신화), 까치,
    2006, 이진구 옮김, 461~462쪽.

46 엘리아데; 앞의 책(세계종교사상사) 1권, 90~94쪽.

3부

히브리의 신화와 수메르

1860년 독일 남부 졸른호펜의 채석장에서 시조새의 골격이 발견되었다. 이 시조새는 1억 5천만 년 전 중생대 쥐라기 후기에 공룡과 함께 살던 새들의 조상이다. 그로부터 3천만 년 뒤에 오늘날의 비둘기 같은 새들이 나타났는데, 당시 해거름새는 사람과 비슷한 크기였다. 그 새는 날기를 그만두었을 것이다.

— 아텐보로, 『생명의 신비』

수메르의 도시국가들은 서로 경쟁하다가 아카드에게 멸망당했다. 수메르의 부흥운동을 벌인 우르 3왕조가 바빌로니아에게 정복당한 뒤로 메소포타미아는 변화무쌍한 역사적 변동을 겪게 된다. 그런데 19세기에 수메르 문명의 발견은 기독교 세계에 파란을 일으켰다. 성경의 천지창조, 대홍수, 왕권, 메시아, 성모 등이 수메르에서 비롯되었기 때문이었다.

『구약성경』의 노아의 홍수는 히브리의 사제들이 수메르의 「지우수드라의 홍수 이야기」와 바빌로니아의 「길가메시 서사시」를 표절한 사실이 밝혀졌다. 또한 여호와 신의 천지창조는 바빌로니아의 창조서사시 「에누마 엘리시」를 모방했다는 사실도 밝혀졌다.

모세의 「십계명」은 히브리의 사제들이 아크나톤의 일신론과 아시리아의 충성맹세를 바탕으로 수메르의 「슈루팍의 가르침」을 편집한 사실도 드러났다. 그 밖에 히브리의 지혜서인 「잠언」, 「욥기」, 「전도서」도 수메르와 이집트의 영향을 받아 편찬된 것이다.

3부의 전반부는 수메르 도시국가들의 흥망사와 메소포타미아의 역사적인 변동, 그리고 인류의 정신문명이 수메르에서 시작되었다는 내용이다. 중반과 후반부는 히브리 성경의 신화와 율법, 문학작품이 수메르의 신화와 바빌로니아의 문학을 모방하거나 표절한 사실을 증명하는 내용이다.

수메르 도시국가들의 흥망사

— 메소포타미아의 역사적 변동 —

티그리스-유프라테스강 상류는 시냇물과 비에 의존하여 농사를 짓는 곳이었다. 농민들은 숲에 불을 지르는 화전농경을 했으며 지력이 떨어져 토지는 10년마다 휴경해야 했다. 화전농경은 이동과 침략을 되풀이하게 만든 중요한 원인이 되었다. 반면에 강의 하류는 황량한 늪과 우거진 갈대밭 사이로 강물이 구불구불 흐르는 진흙 지대였다. 강물이 만들어 낸 충적지를 개척한 이는 영웅으로 추앙받던 지도자였다.

강한 힘과 지혜를 지닌 지도자들은 문자를 발명하여 교류의 범위와 속도를 높이고 통제력을 강화하여 대다수 문맹자들로부터 지배력을 확고하게 만들었다. 지도자들은 강둑을 쌓고 운하를 건설하려고 강력한 통치체제를 수립하고 행정조직을 세웠는데, 그 과정에서 왕이 등장하여 신전을 건축하고 백성을 하나로 묶어서 지배했다. 계급사회에서 농민들은 도시인을 부양하게 되었다.[1]

수메르 도시국가의 형성

●

비옥한 초승달 지대 남부의 대표적 초기도시는 에리두, 우루크, 우르였다. 이들 도시에 인구가 집중되었는데, 그 이유는 달라진 기후가 결정적으로 작용하였다. 위에서 토인비는 유능한 지도자의 역할을 강조했지만 아시리아학자 조르주 루는 기후 변화를 중요시했다.

기원전 4000년대 말까지 비교적 비가 흡족하게 내렸던 서남아시아에 기후가 건조해지면서 강수량이 줄어들고 가뭄이 심각해지면서 유프라테스강의 물길은 점차 서쪽으로 이동했다. 이에 따라 강의 상류에서 농사를 짓던 농민들, 비에 의존하던 화전민, 싱싱한 목초를 찾아 떠돌던 유목민들이 강의 하류에 자리 잡은 도시로 모여들면서 인구가 폭발적으로 증가했다. 자연스럽게 크고 작은 마을들이 급속하게 도시로 성장하고 에리두, 우루크, 우르 같은 대도시는 작은 도시들과 수많은 촌락까지 거느리게 되었다. 이를테면, 우루크 주변의 마을은 한두 세기 만에 17곳에서 183곳으로 증가하고, 주민은 무려 열 배나 불어났던 것이다.

조르주 루는 우루크 시대 초기인 기원전 3750년경 이라크 남부에서 급격한 인구 증가와 함께 기술과 문화에서 엄청난 변화가 일어나 700여 년 뒤 수메르와 아카드 국가가 탄생했다고 보았다. 고대왕조가 시작되던 기원전 2900년경 우르는 어림잡아 50ha, 우루크는 400ha, 라가시는 500ha에서 1만여 명 내지 5만여 명이 살았다. 중요한 것은 인구가 급속하게 증가하면서 농업기술과 운동수단이 개선되고 대도시는 교역과 종교의 중심지가 되었다는 점이다. 그래서 쟁기와 짐수레, 도르래와 돛단배가 발명되고, 그릇을 만드는 물레와 구리를 이용한 합금술이 발전하여 공업 생산 시대가 열렸고, 상인과 수공업자, 자산관리 같은 전문가가 나타나게 되었다. 또한 생존을 위해 커다란 운하를 파면서 공정한 물의 분배를 맡은 사제의 권력이 커지게 되었다. 또한 빈부격차가 심화되고, 군사적 충돌이 일어나자 도시는 성벽으로 둘러싸였다. 점차 유능한 군사 지도자의 중요성이 커지면서 신의 대리인으로서 군주가 등장하고, 수메르와 아카드라는 국가가 탄생한 것으로 보인다.[2]

반면, 고고학자 차일드는 정복과 이주가 문화를 전파하고 융합시킨 계기가 되었고 변혁의 촉진제가 되었다고 보았다. 시리아, 이란, 메소포타미아의 집터 퇴적층에서 발굴된 도자기와 가옥, 예술과 매장의식 등의 급격한 변화가 그 증거라는 것이다. 물론 차일드도 도시국가가 생긴 직접적인 원인을 기후 변화로 보면서 다음과 같이 지적했다.

가뭄에 취약한 지역 주민들은 이스라엘 자손처럼 구걸하는 거지가 되거나 목숨을 담보로 일종의 노예가 되는 것을 감수했을 가능성이 있다. 아니면, 정복자가 되어 무력으로 그들의 안식처를 확보했으리라 추정된다.

이처럼 차일드는 기후 변화로 생긴 기아의 공포는 침입과 이주를 촉발하고 문화 충돌을 일으켜 사회의 보수성을 무너지게 하였다는 것이다.[3] 단적으로 조르주 루나 차일드는 엘리트, 즉 토인비가 주장한 지도자의 능력이나 이데올로기보다 마르크스처럼 주로 기후, 환경, 기술, 경제적 요소로 수메르 도시국가의 기원과 발전을 설명하였다.

사회의 위계질서가 세워지다

●

차일드의 주장처럼 변혁을 촉진시킨 정복자는 농작물과 공물을 착취
하고 노예의 숫자를 불려 점차 재산을 축적한 지주가 되었고, 그 우두머
리가 권력을 독점한 왕이 되었다. 물론 주술력이 있는 토착 원주민도 왕
이 되었겠지만 그에 못지않게 정복전쟁도 권력을 얻는 중요한 수단이었
다. 그런데 차일드는 전쟁은 일종의 산업일 수도 있으며 경제에 영향을
미쳤음이 분명하다는 파격적인 주장을 하였다. 대표적인 증거가 전쟁에
서 포로로 잡은 노예인데, 노예제도는 고대 산업의 기초였으며 자본 축
적을 위한 강력한 수단이었다. 이를테면, 메소포타미아의 그림문서, 특
히 인장에 묘사된 포박된 전쟁포로들이 그러했다.[4] 또한 포로를 학대하
는 모습은 발가벗기고 묶어서 끌고 가는 우르의 군기, 포로를 짓밟는 아
카드의 나람신 왕의 전승기념비, 포로의 목을 들고 개선하는 아시리아의
부조에도 나타나 있다.

자료 3-1-1 포로를 짓밟는 아카
드의 왕 나람신의 전승기념비[기
원전 2350년~기원전 2200년경, 수
사(Susa) 출토, 프랑스 루브르박물관
(Louvre Museum) 소장]

군대의 지휘자나 수메르를 개척한 영웅들이 차츰 지배계층이 된 점은 문명사학자 러너도 분명히 제시하고 있다. 즉, 수메르의 중요한 산업은 농업이지만 토지의 대부분은 지배자, 사제, 군의 장교들이 대영지의 형태로 소유하여 일반 농민들은 소작농 아니면 농노 신세였다. 따라서 농민들은 높은 토지의 사용료와 함께 국가의 공공사업에 강제로 동원되었다. 특히 사제들의 권한은 막강했는데, 그들은 사원에서 넓은 토지를 소유하고 기업까지 경영했다.[5]

수메르가 계층사회였던 것은 우르에서 발견된 왕실 무덤에서도 증명된다. 우르의 왕릉은 '사자(死者)의 궁전'이라고 불릴 정도였다.[6] 이 왕릉에 부장된 왕의 황금 투구와 황금 단도, 황금 술잔, 황금 황소 머리 리라, 왕비의 머리장식 같은 화려한 유물은 기원전 3000년경 해상무역을 통해 막대한 부를 누렸던 강력하고 번영된 도시국가 우르의 모습과 함께 지배층과 피지배층으로 나뉜 사회를 반영한다. 특히, 우르 왕실무덤에서 발견된 700여 기 이상의 무덤은 선사 시대의 무덤과 비교할 때 훨씬 방대하다. 더구나 극소수의 시민만이 매장되었고 매장의 기간이 300년에서 150여 년 정도였다는 점도 지배층이 확고하게 자리 잡고 있었다는 것을 증명한다.[7]

특히, 도시국가 우르에서 기원전 26세기에 건설된 달의 신 난나에게 바치는 성스러운 신전의 흔적과 함께 광명의 사원 에케슈누칼이 발굴되었다. 이 사원에서 사제들은 왕권을 보장해 주면서 막강한 권력을 누렸을 것이다. 말하자면 사제는 왕권과 밀접한 밀월관계를 맺었는데, 초기 국가에서 사람들이 신봉하는 신만큼 쓸모 있는 것은 없었기 때문이다. 그 점을 미국의 선사인류학자 웬키는 다음과 같이 예리하게 비판했다.

인간은 신의 명령에 따라 전쟁에서 희생을 참아 내고 피라미드 건설에 참여하거나 사회적 위계질서를 순순히 받아들인다. 국가에 어떠한 손해나 비용도 끼치지 않고 사후세계에서 축복을 받거나 삶의 조건이 향상될 것이라는 무조건적인 믿음 속에서 인간은 전쟁과 공공사업에 참여하여 비참한 노예의 삶을 받아들인다.[8]

물론 특권층인 사제들은 권력을 누리면서 국가의 지원금과 신도에게 받은 공물로 경제적으로 여유 있게 살았다. 인류학자 타일러에 따르면, 사제들은 공물 중에서 제일 좋은 부분을 취하거나 공물의 전부를 먹을 유일한 특권을 가졌다. 그것도 세계의 중요한 여러 종교 속에서 그런 관행이 이루어졌다.[9]

하지만 찬란한 문명을 창조한 수메르 도시국가들은 바빌로니아나 아시리아처럼 일찍 통일국가를 이루지 못했다. 그렇다면 그 이유는 무엇이고 수메르 도시국가들은 어떤 관계였을까?

수메르 도시국가들의 생존경쟁

●

고대왕조 시대에 남부 메소포타미아에는 50~500ha 지역에서 18개 이상의 도시들이 티그리스-유프라테스강의 두 물길을 따라 띄엄띄엄 이어져 있었다. 도시 밖에는 숲과 마을, 경작지, 가축이 자라는 초원, 물고기가 사는 늪, 그리고 불모지가 자리 잡고 있었다. 그중 12개의 도시국가에 군주가 있었는데, 가장 큰 도시국가 라가시는 아카드 시대에 8개의 중심도시와 17개의 소도시를 포함하고 있었다.

이 수메르의 도시국가들은 서로 느슨한 동맹체를 이루고 있다가 군사적으로 필요할 때 연합체를 이루었다. 각 도시국가의 군주는 '엔, 루갈, 파테시'라고도 했지만 주로 '엔시'라고 부르는 우두머리가 제사장과 군사령관 역할을 겸했다. 신의 뜻을 수행하는 엔시는 왕 또는 총독이라고 여겨지면서 점점 권력을 확대했고, 그중 강력한 도시가 다른 도시를 지배했다. 그들의 야망은 남북의 교역과 문화의 핵심도시 키시를 점령하거나 종교 중심

자료 3-1-2 기원전 2424년~기원전 2042년경 라가시의 엔시 에안나툼 [©Mary Harrsch, 영국 대영박물관(The British Museum) 소장]

지 니푸르의 군주로 인정받고, 페르시아만을 확보하여 무역을 독점하는 것이었다.[10]

그 결과 인류 최초의 문명을 창조한 수메르 도시국가들은 자기들끼리 정복과 지배를 되풀이한 뒤 마침내 아카드에게 정복당했다. 왜냐하면 수메르 도시국가들은 티그리스-유프라테스강의 강물에 생명을 의존했기 때문에 물과 토지를 둘러싼 분쟁이 벌어질 수밖에 없었다. 또한 같은 외국 수입품에 의존하는 사회여서 상업적으로 경쟁상대가 되지 않을 수 없었다.[11] 그래서 인종과 언어, 예술과 종교가 동일한 수메르의 도시국가들은 끊임없이 전쟁을 치르면서 결국 다른 도시국가를 다스리고 싶은 군주의 야심이 강력해져 주변 국가를 정복하고 지배하게 되었다. 결과적으로 수메르 도시국가들은 다른 언어집단이면서 인종도 다른 셈족인 아카드의 사르곤에게 정복당하고 말았다.

초기 수메르의 문명사

●

지금까지 쐐기문자의 연구, 고고학적인 발굴, 「수메르의 왕명록」의 해독, 지층에 대한 연구, 문학적 문헌의 해석 등을 통해 학자들이 150년여 년 동안 노력한 결과, 전체적으로 고대 메소포타미아 남부 지방에서 일어난 초기 수메르 문명의 발전된 모습이 밝혀졌다. 그 명칭은 주로 토기가 출토된 지방의 이름을 땄는데, 토기는 역사의 진행과정을 알려 주는 훌륭한 증거이기 때문이다. 선사고고학자 웬키는 이를 문명의 전개과정과 관련시켜 크게 다음 네 단계로 나누어 설명했다.

1. 신석기 시대: 기원전 7000년~기원전 6000년
2. 우바이드기: 기원전 6000년~기원전 3700년
3. 우루크기, 젬데트 나스르기: 기원전 3600년~기원전 3000년
4. 초기 왕조 시대: 기원전 3000년~기원전 2350년

신석기 시대 최초의 농민은 아프가니스탄에서 서부 터키, 이란의 수지애나 평야, 이라크의 중앙메소포타미아에 이르기까지 작지만 수많은 촌락을 만들었다. 대표적 마을이 요르단의 예리코, 터키의 차탈 회익, 팔레스타인의 자르모이다. 이들 지역은 농경, 수렵, 채집을 혼합한 전형적인 신석기 시대의 유적지이다.

우바이드기는 초기 농경사회이다. 우바이드라는 이름은 작은 공동체 마을에서 유래되었는데, 이 시기 사람들은 50명에서 수천 명이 사는 마을에서 소, 양, 염소의 사육, 곡식의 재배, 다양한 식물과 과일의 채집 등

의 혼합된 생활을 하였다. 또한 관개농업, 생산물 교환으로 생긴 잉여 생산물은 거대한 피라미드, 전쟁, 직업의 전문화를 촉진시켰다. 바로 수메르의 에리두가 기원전 4750년경 등장한 최초의 마을 중 하나였다.

우루크기는 최초로 국가가 등장한 시기인데, 젬데트 나스르는 우루크 근처의 유적 발굴지의 이름이다.[12] 이 시기는 문명의 요소인 도시, 전쟁, 문자, 사회적 계층, 고도의 예술 등이 나타나 고대문명의 찬란한 꽃을 피웠다. 중앙메소포타미아 충적평야의 우루크, 이란 남서부 수지애나 평야의 수사가 대표적인 도시이다.

초기 왕조 시기는 13개 정도의 도시국가로 이루어진 시대이다. 기원전 3000년경 도시국가들은 지구라트, 진흙벽돌, 제단, 물레, 축력, 항해용 작은 배, 문자 같은 문명의 핵심적인 요소들을 갖추었다.[13]

네덜란드 레이던대학의 아시리아학자 빈호프는 정치와 사회, 종교에서 중요한 발전이 이루어진 초기 왕조 시대를 다음과 같이 3기로 나누었다.

초기 왕조의 제1기는 신전과 함께 왕궁이 발전하고 인공관개로 농사를 지었으며 국제무역이 이루어졌다. 제2기는 우루크의 영웅 시대로서 엔메르카르, 루갈반다, 길가메시 같은 반신적인 제왕들의 설화적인 서사시가 만들어졌다. 제3기는 우르 제3왕조로 불리는 시기로서 견고한 성벽이 세워진 왕궁에 인구가 집중하여 중앙집권적 도시국가가 성립되었다. 이 시기에 치열하게 패권을 다투는 영웅 서사시가 나타난다.[14]

수메르의 멸망과 부흥운동

●

기원전 2300년경 셈족의 정복자 사르곤은 여러 도시국가를 정복하고 메소포타미아 대부분 지역을 통합하여 최초의 제국인 아카드 왕국을 건설하여 54년 동안 다스렸다.[15] 그 뒤 기원전 2230년경 중부 자그로스산맥에 살던 구티족이 아카드 왕국을 무너뜨렸다. 구티족은 약 100년 동안 다스렸지만 기원전 2150년경 우르-남무 왕과 그 후계자들이 수메르 부흥운동을 벌이고 우르 3왕조를 세워 한 세기 동안 번영했다. 특히 우르-남무의 아들이며 수메르 제국을 번창시킨 슐기는 아카드의 나람신 왕을 본떠 자기를 '네 지역의 왕'이라고 칭하고 신으로 섬기게 할 정도로 강력한 군주였다. 그는 100여 행에 이르는 시를 지어 스스로를 예찬했다.

나는 온 세계의 왕이다. / 나는 신뢰할 만하고 모든 땅들의 신이다. / 나는 닌순에게서 태어난 아들이다. / 나는 거룩한 (신) 안의 마음에서 지명되었다. (이하 생략)[16]

슐기의 아들 아마르-신도 스스로를 신이라고 칭했는데, 슐기와 아마르-신 때 우르 3왕조는 그 세력이 절정에 달했다. 특히, 수메르 제국은 도시국가들을 지방행정구역으로 편성시켜 중앙정부에서 관리하고, 거대한 생산시설을 세워 주민 대다수를 고용하고 먹여 살린 점이 과거에 비해 크게 달라진 점이었다.[17]

하지만 번창했던 우르 3왕조는 고대 바빌로니아에게 멸망당하고, 바빌로니아는 카시트에게, 카시트는 아시리아, 아시리아는 신바빌로니아인 칼데아, 칼데아는 페르시아에게 차례로 멸망당했다. 거기에다 이집트와 마케도니아가 이 비옥한 초승달 지역을 침략했으니 메소포타미아는 그야말로 변화무쌍한 지역이었다.

메소포타미아의 역사적 변동

●

복잡다단하지만 장엄하다고 표현되는 메소포타미아의 고대문명은 3000년간의 영광 뒤에 쇠퇴하여 완전히 사라졌다가 지난 한 세기 동안 서서히 발견되어 부활하였다. 역사학자들은 언어학자들의 연구와 고고학적인 발굴을 토대로 메소포타미아의 역사를 대체로 다음과 같이 재구성하고 있다.

고등문명의 출발점이 된 수메르

메소포타미아 문명을 개척한 것은 기원전 3500년경 티그리스-유프라테스강 하류에 정착했던 **수메르인**(Sumerian)이다. 그들은 중앙아시아 고원지대인 자그로스산맥 근처에서 흘러들어 온 비셈족 계통의 종족으로 여겨진다. 언어는 인도-유럽어가 아니고 교착어인 알타이어족이라고 추정된다.[18]

독일의 고고학자 세람에 따르면, 검은 머리 종족인 수메르인은 이전부터 살고 있던 야만적인 셈족을 압도하였다. 이 수메르인은 이란의 고원지대나 아시아의 산악 지대, 또는 더 먼 동북쪽에서 온 것으로 추정된다. 그럴 가능성은 그들이 지은 초기 건물이 삼림 지대의 고원 지대에서 발견되는 목조양식이기 때문이다. 수메르인이 인공적인 산 모양의 지구라트를 세운 것도 신이 산꼭대기에 살고 있다고 여긴 산악 민족이었기 때

자료 3-1-3 라가시의 구데아 왕[©Pymouss, 기원전 2130년경, 영국 대영박물관(The British Museum) 소장]

자료 3-1-4 구데아 왕의 두상 구조[© Fernando Velasco Mora, 스페인 마드리드 국립고고학박물관(Museo Arqueologico Nacional) 소장]

문이다.[19]

수메르인의 유골을 관찰해 보면 작은 키에 건장한 체구였다. 셈족과 달리 코는 높았고, 이마는 약간 들어가고 눈은 아래로 처져 있다. 대체로 턱수염을 길렀지만 수염을 깎은 이도 더러 있었고, 대부분 입술 위는 면도를 했다. 그 옷차림도 종류가 다양하고 화려했으며, 머리 모양과 장신구도 고급스러웠다.[20]

어쨌거나 수메르인은 신석기 문화를 훨씬 넘어선 원주민들과 서로 교류하다가 차츰 이들을 지배하면서 에리두, 니푸르, 우루크, 우르, 키시 등 수많은 도시국가를 건설했다. 갑작스러운 이 수메르 문명은 세계 모든 고등문명의 출발점이 되었고, 그 뒤의 문명보다 여러 면에서 발전적이고 포괄적이었다. 무엇보다 중요한 사실은 현재 우리들 문명이 수메르 문명에 기원을 두고 있다는 점이다.[21]

아카드제국과 수메르의 부흥운동

수메르는 북방에 살던 아카드의 침략으로 무너졌다. 셈족인 **아카드**(Akkad)의 사르곤 1세(기원전 2334년~기원전 2279년)는 오늘날 터키 남부에서 남쪽의 페르시아만과 그 너머 아라비아반도에 이르기까지 메소포타미아 지역에서 처음으로 광범위한 군사제국을 세웠다. 이 사르곤의 정복은 모든 동양적 제국주의의 모범이 되었다.[22]

그러나 사르곤이 세운 제국은 한 세기 정도만 영광을 누리다가 기원전 2200년경 사르곤 1세의 손자인 나람신 왕 때 쇠퇴했다. 그것은 40~50년 동안 메소포타미아를 짓밟은 미개한 산악 민족인 **구티**(Guti)와 도시국가 우르를 중심으로 일어난 수메르의 부흥운동 때문이었다. 「수메르의 왕명록」에는 구티족 19왕이 116년간 지배했다고 기록되어 있는데, 구티족은 기원전 2100년경 우루크의 우투헤갈이 이끄는 수메르 연합군에게 쫓겨났다.[23] 암흑기를 만든 구티족을 물리치고 **우르 3왕조**를 세운 우르-남무와 그 후계자인 구데아, 슐기, 아마르-신은 수메르와 아카드를 통치하면서 「우르-남무 법전」을 편찬하고 신전과 지구라트를 세우고 산업을 번창시키면서 화려한 문명의 꽃을 피웠다. 그러나 한 세기 뒤에 외세의 잦은 침입과 극심한 가뭄으로 경제적 파탄이 나서 나라는 분열되고 기원전 2004년 우르가 몰락하면서 수메르의 재건운동은 그다지 명이 길지 못하게 되었다.[24] 그것은 아모리족의 침입 때문이었다. 이는 메소포타미아 역사에 결정적인 전환점이 되었는데, 수메르 종족 대신 셈족이 역사의 전면에 떠오르게 되었던 것이다.[25]

고대 바빌로니아 제국

기원전 2000년경 셈족인 **아모리족**(Amorites)이 서쪽에서 침입하여 수메르의 우르 3왕조를 정복하고 새로운 제국을 건설했다. 바로 신전 중심의 정치를 폈던 수메르에 이어 메소포타미아 지역의 두 번째 문명인 **고대 바빌로니아**(Old-Babylonia)였다. 아모리 왕조의 6대 왕이던 유명한 함무라비 왕(기원전 1792년~기원전 1750년)은 최초로 메소포타미아 지역을 정복하여 통일했을 뿐만 아니라 「함무라비 법전」[26]을 편찬하여 메소포타미아 지역을 사회·문화적으로 하나로 묶고 통합했다. 특히, 함무라비 왕은 국가를 신전과 분리시켜 강력한 왕권을 수립하였다.[27] 수메르 문명을 이어받은 고대 바빌로니아는 메소포타미아 북쪽의 아시리아까지 지배했으나 점점 쇠약해져서 기원전 1550년경 **카시트**(Kassit)에게 멸망당했다.

군국주의 아시리아

산악 민족인 카시트에 이어 메소포타미아 문명의 세 번째 단계를 이룩

자료 3-1-5 함무라비 왕[©Marie-Lan Nguyen, 기원전 1792년~기원전 1750년경, 영국 대영박물관(The British Museum) 소장]

한 것은 **아시리아**(Assiria)였다. 티그리스강 상류에 살던 아시리아인은 기원전 1300년경부터 북부 계곡 전체를 장악하고, 기원전 10세기경부터 고대 바빌로니아 지역에서 주로 용병으로 생활하던 카시트 왕국을 무너뜨렸다. 아시리아는 기원전 7세기~기원전 8세기 무렵 사르곤 2세와 센나케리브 왕 때 전성기를 누려 티그리스강 강가에 거대한 도시 니네베를 건설하고, 시리아와 페니키아, 이스라엘, 이집트 등 서남아시아, 즉 중동 지역 거의 전체를 정복했다.[28]

신바빌로니아, 칼데아 왕국

군국주의 아시리아가 정복한 제국은 너무 광범위하여 관리하기가 힘겨웠다. 더구나 정복당한 나라들은 잔인한 군국주의 아시리아의 전제주의에 반발하여 저항했다. 티그리스-유프라테스강 남동쪽에 살던 셈족인 칼데아의 나보폴라사르 왕은 기원전 612년 아시리아의 수도인 니네베를 함락시켰다. 그의 아들 네부카드네자르(기원전 605년~기원전 562년) 왕은 가나안 지방의 예루살렘을 정복하고 바빌로니아의 수도 바빌론을 중동 지역의 대표적인 도시로 만들었다. 바로 칼데아 시대가 열린 것이다.[29]

메소포타미아 문명을 몰락시킨 페르시아

바빌로니아 문명을 부흥시키려고 이름을 **신바빌로니아**라고 지은 **칼데아**(Chaldea)는 수십 년 후인 기원전 539년 페르시아의 키루스 왕에게 허망하게 무너졌다. 키루스 왕은 페르시아군과 이란의 고원 지대에 살던 메디아의 군대와 연합하여 바빌론을 점령했던 것이다.[30]

흥미로운 것은 바빌론에 포로로 잡혀왔던 유대인과 마르두크 신을 섬기던 바빌론의 사제들이 그 도시를 페르시아에게 넘겨 주기 위하여 음모를 꾸몄던 일이다. 칼데아의 마지막 왕 나보니두스의 어머니는 달의 신을 섬겼고, 나보니두스는 10여 년간 정복사업에 나가서 주신 마르두크 축제를 소홀히 하게 되어 사제들의 반발을 샀다. 그리고 기원전 597년 만여 명의 유대인이 바빌론에 잡혀 갔는데, 기원전 588년 다시 반란을 일으키자 시드기야 왕과 하층민을 제외한 모든 유대인이 끌려가 기원전 538년까지 포로생활을 하다가 이들이 반란에 가담한 것이다.[31]

이로써 메소포타미아의 역사는 종말을 고하게 되었다. **페르시아**(Persia)는 메소포타미아 왕국들이 차지했던 영토를 통합하고 다른 지역을 정복하여 대제국을 건설했다. 특히, 페르시아는 서로 다른 문화를 이어 주는 다리 역할을 했다. 하지만 인안나 여신과 두무지 왕의 신성결혼이 수메르 시대부터 칼데아까지 3500년 동안 이어지고, 종교의식에서 수메르어가 사용된 것은 메소포타미아 문명의 바탕에 수메르의 정신적인 특성이 계승된 것으로 볼 수 있다. 다음 장에서는 인류의 정신문명이 수메르 문명에서 출발했다는 내용을 살펴보기로 한다.

1   A. Toynbee; Mankind and Mother Earth -A Narrative History of the World(세계사 -인류와 어머니되는 지구), 일념, 1991, 강기철 옮김, 68~73쪽.

2   루; 앞의 책 1권, 85~87쪽. 1ha는 1만㎡로 약 1정보이다.

3   차일드; 앞의 책, 186~187쪽.

4   차일드; 앞의 책, 190~196쪽.

5   번즈, 러너; 앞의 책 1권, 57~62쪽.

6   세람; 앞의 책(낭만적인 고고학 산책), 258~261쪽.

7   차일드; 앞의 책, 204쪽.

8   웬키; 앞의 책 2권, 77쪽.

9   E. Tylor; Primitive Culture: Researches into the Development of Mythology, Philosopy, Religion, Language, Art, and Custom(원시문화: 신화, 철학, 종교, 언어, 기술, 그리고 관습의 발달에 관한 연구) 2권, 아카넷, 2018, 유기쁨 옮김, 613쪽.

10   루; 앞의 책 1권, 168~189쪽. 번즈, 러너; 앞의 책, 37쪽.

11   차일드; 앞의 책, 220~222쪽.

12   주동주; 앞의 책, 75쪽. 1926년 영국 옥스퍼드 조사단의 스테판 랭돈이 원시 상형문자를 많이 발견하여 중요시된 이라크 중부의 조그만 마을이다.

13   웬키; 앞의 책 2권, 104~121쪽.

14   빈호프; 앞의 책, 65~66쪽.

15   사르곤의 전설(프리처드; 앞의 책, 스파이저 옮김; 177~179쪽). 사르곤의 탄생과 일생을 다룬 문학작품이 다양한 언어로 전해진다. 아버지를 모르지만 어머니는 여제사장이다.

16   도로(道路)의 왕; 스스로를 칭송하는 슬기의 찬송시(프리처드; 앞의 책, 크레이머 옮김,

636~641쪽). 두무지의 어머니 닌순은 야생 암소의 여신이고, 안은 하늘신이다.

17 루; 앞의 책 1권, 223~230쪽.

18 U. Harba; Die Religiösen Vorstellungen Der Altaischen Völker(샤머니즘의 세계), 보고사, 2014, 박재양 옮김, 6~12쪽. 유목생활을 하던 알타이어족은 터키어군, 몽골어군, 만주-퉁구스어군으로 나누어지며, 오늘날 아시아와 동부유럽의 광대한 곳에 분포되어 있다.

19 세람; 앞의 책(낭만적인 고고학 산책), 333쪽.

20 듀런트; 앞의 책, 243~244쪽.

21 시친, 앞의 책, 72쪽.

22 차일드; 앞의 책, 312쪽.

23 주동주; 앞의 책, 116~117쪽.

24 주동주; 앞의 책, 125~133쪽. 우르의 몰락과 처참상은 「우르를 위한 애가」라는 장시에 나타나 있다. 우르 3왕조가 몰락한 후 250여 년 동안 수메르의 10여 개 도시국가들과 이민족의 여러 왕조가 공존했는데, 이신 왕조, 라르사 왕조, 마리 왕조 등이 난립했다.

25 루; 앞의 책 1권, 237쪽.

26 프리처드; 앞의 책, 미크 옮김, 362~400쪽. 서문과 282조로 구성된 이 법전은 섬록암 석비에 아카드어로 기록되었으며 함무라비 왕과 태양신 샤마시의 모습이 양각되어 있다.

27 루; 앞의 책 1권, 240쪽.

28 아슈르와 바빌론에서 나온 역사문서들(프리처드; 앞의 책, 오펜하임 옮김, 499~536쪽).

29 빈호프; 앞의 책, 351~352쪽. 아슈르와 바빌론에서 나온 역사 문서들(프리처드; 앞의 책, 오펜하임 옮김, 537~539쪽).

30 헤로도토스; 앞의 책 상권, 139~141쪽. 듀런트; 앞의 책 1-1권, 557쪽.

31 빈호프; 앞의 책 359~362쪽. 번즈; 앞의 책 1권, 74쪽. 아슈르와 바빌론에서 나온 역사문서들(프리처드; 앞의 책, 오펜하임 옮김, 540~550쪽).

인류의 정신문명은
수메르에서

구석기 시대는 200만 년 이상 지속되었지만 신석기 시대는 15000년에 불과하였다. 인류가 제대로 된 언어로 말을 한 것은 5만 년 전이고, 문자를 사용한 것은 수천 년 전이다. 그런데 5000년 전에 수메르인이 발명한 쐐기문자는 인류의 문명과 역사가 시작되는 분기점이 되었다.

수메르인이 점토판에 기록한 신화와 서사시는 신의 유일한 계시라고 여겨진 『구약성경』 창세기의 권위를 여지없이 무너뜨렸다. 더구나 기독교의 중심사상인 예수의 죽음과 부활이 수메르의 왕 두무지의 재생이라는 사실이 밝혀지자 기독교의 신성도 흔들리게 되었다.

수메르 문명의 발굴과 충격

●

독일의 아시리아학 권위자 델리취 교수는 1902년 '바빌론과 성서'를 주제로 강연하면서, 『구약성경』은 세상에서 가장 오래된 책이 아니고 더 이상 유일한 계시로 간주될 수 없다.'라고 단정했다. 이 강연을 들은 독일 황제 빌헬름 2세는 '종교는 과학의 결과가 아니라 신과의 교섭을 통한 인간의 마음과 존재의 발로'라는 글을 써서 공박했다. 결국 황제는 델리취의 베를린대학교 교수직을 박탈했다. 아시리아학자에 불과한 자가 감히 신학적이고 종교적인 결론과 가설의 세계에 들어갔다는 것이 추방의 이유였다.[1]

당시 델리취의 주장이 심각한 논란이 된 것은 미국 휘튼대학 구약학교수 월튼에 따르면, 성경이 메소포타미아 문헌에 의존할 뿐만 아니라 차용했다는 사실 때문이었다. 델리취는 『구약성경』의 기원에 관련된 참다운 증거를 보여 주려고 했지만, 『구약성경』의 기원은 신이 아니라 인간이며, 기독교 신앙은 이교신화에 그 근거를 둔다는 불가피한 결론에 이르게 되었다. 그런데 델리취의 강연 이후에 범바빌론주의 운동이 생겨났다. 놀랍게도 이 운동은 세계의 모든 신화와 기독교의 구약과 신약은 단지 바빌론 신화의 개작일 뿐이고, 그리스도의 수난은 바빌로니아의 마르두크 신화에 근거를 두었다고까지 주장하게 되었다.[2] 왜냐하면 마르두크 신화, 즉 바빌론의 창조서사시 「에누마 엘리시」에는 신들의 죽음과 소생에 대한 극적인 내용이 담겨 있기 때문이었다.

물론 델리취의 강연보다 훨씬 이전인 1859년 출간된 다윈의 『종의 기원』은 출판 당일 초판이 모두 팔려 나가 베스트셀러가 되었다. 그것은 과학적인 중요성 외에도 철학적 종교적 의미 때문이었다. 즉, 다윈은 지구의 생명체들이 어서 주교의 주장처럼 수천 년 전에 창조된 것이 아니라 수백만 년 동안 진화해 왔다고 구체적으로 증명했기 때문이다. 당시 여호와 신의 창조설을 믿는 사람들이 엄청나게 반발하여 윌버포스 주교와 헉슬리 사이에 원숭이 논쟁까지 벌어졌다. 결국 헉슬리의 승리로 끝났는데, 성경을 문학으로 간주한 헉슬리는 '다윈의 불독(bulldog)'이라 불릴 정도로 다윈의 강력한 변론자였다.[3] 그만큼 19세기에 고생물학, 해부학, 유기화학, 물리학, 천문학, 인류학 등 자연과학의 놀라운 발전은 우주와 지구, 역사와 종교를 바라보는 인간의 관점을 크게 전환시켰다.

그런데 19세기 후반, 메소포타미아 땅속에서 수천 년 동안 잠자던 유물의 발굴과 완전히 잊혀진 문자의 비밀을 풀어 가면서 학자들은 아연실색하게 되었다. 왜냐하면 수메르가 인류 최초의 문명을 조목조목 간직하고 있었기 때문이다. 학자들은 인류의 지적인 유산이 수메르에서 시작된 것을 깨닫고 몹시 놀라고 당황했다. 왜냐하면 유럽인은 그 당시까지 유럽 문명의 출발이 그리스에 있었고, 그리스 문명은 이집트의 영향을 받았다고 믿었기 때문이다. 그런데 꿈속에서도 본 일이 없는 괴이한 망령처럼, 아니면 외계인처럼 갑자기 메소포타미아의 황량한 땅에서 수메르인이

자료 3-2-1 기원전 27세기경 아부 신전에 봉납된 수메르인[미국 메트로폴리탄미술관(Metropolitan Museum of Art) 소장]

나타난 것이다. 더구나 망각 속에서 침묵하고 있던 수메르인은 이상야릇한 삶의 흔적을 보이면서 현대인처럼 복잡다단한 생각과 삶의 애환, 미묘한 감정과 풍부한 감수성을 이미 갖추고 있었던 것이다.

종교의 중심도시 니푸르의 권위

●

고고학자들은 기원전 3000년 전반기의 문학작품이 기록된 점토판을 수메르의 유적지 니푸르에서 수천 점이나 발견했다. 미국 고고학자들은 1889년부터 바빌론 남쪽 50㎞ 떨어진 니푸르 남쪽에서 발굴을 시작한 결과 이 고대도시가 옛 메소포타미아의 종교 중심지라는 것을 확인하였다. 특히 에쿠르 사원의 도서관에서 무려 23,000개의 점토로 만든 문자판을 찾아냈다. 점토판을 해석한 학자들은 인류 최초의 문학작품을 복원할 수 있었고, 수메르인의 종교적인 여러 문제를 해석할 수 있었다.[4]

원래 니푸르는 수메르의 최고신 엔릴을 위하여 거대한 에쿠르 신전을 중심으로 건설된 도시였다. 지금도 우르-남무가 기원전 2500년경 쌓은 성의 유적과 함께 엔릴의 신전인 에쿠르(E-kur)와 지구라트가 남아 있는데, 당시 니푸르는 대단히 중요한 도시였다. 이라크 남동쪽의 니푸르가 정치적 중심지가 아닌데도 메소포타미아에서 중요한 역할을 한 까닭이 있었다. 그것은 수메르 신화에서 니푸르는 힘을 상징하는 '폭풍의 신'이면서 최고신인 엔릴의 고향이기 때문이었다. 또한 하늘에서 내려온 신들이 니푸르에 모여 제정한 법령을 엔릴 신이 집행했을 뿐만 아니라 엔릴은 니푸르에서 인간을 창조했다고 전해져 왔기 때문이다.

또한 엔릴은 쟁기와 곡괭이, 그리고 농업기술을 인간에게 베풀어 준

신이라고 알려져 있었다. 하지만 「길가메시 서사시」에 나타나 있듯이 엔릴 신은 대홍수로 인류를 멸망시킬 계획을 세운 무서운 신이었다. 그래서 수메르, 아카드, 바빌로니아의 왕들은 모두 자신의 업적을 새긴 글에서 엔릴 신으로부터 왕의 자리로 부름을 받았다고 기록했다. 더구나 니푸르에서 발굴된 지도를 보면, 수메르인은 태양이 춘분점을 통과하는 시점을 새해의 시작점으로 삼고 달력을 만들었다.[5] 기원전 2400여 년 전에 이러한 놀라운 달력을 만든 이들은 바로 니푸르 신전의 천문학자이면서 엔릴 신을 섬기는 사제들이었을 것이다. 마치 천문학자인 코페르니쿠스나 갈릴레이가 가톨릭 신부였던 것처럼 말이다.

그래서 수메르의 모든 왕들은 최고신 엔릴 신의 허가, 즉 일종의 비준을 받아야 했기 때문에 니푸르와 엔릴의 신전을 신성시할 수밖에 없었다. 정당한 왕위 계승자는 물론이고 무력으로 다른 민족을 통합한 정복자도 니푸르 사제들의 동의를 받아야만 손쉽게 통치할 수 있었다. 그 증거는 조각상이나 비문의 기록에 나타난다. 기원전 24세기 전반기에 라가시 왕조의 첫 왕이던 우르-난쉐부터 아시리아의 마지막 왕 아슈르바니팔에 이르기까지 여러 군주는 신전의 건축에 사용할 벽돌을 담은 광주리를 손수 자기 머리에 이고 있는 모습을 청동제품

자료 3-2-2 라가시의 왕 우르-난쉐가 신전의 건설에 사용되는 흙을 옮기고 있다[프랑스 루브르박물관(Louvre Museum) 소장]

이나 봉헌판, 혹은 조각상이나 비문에 표현해 놓았던 것이다.[6]

특히 메소포타미아 지역을 통일한 뒤에 어느 정도 사제의 권력을 제한하고 국가의 신으로 마르두크를 섬긴 고대 바빌로니아의 「함무라비 법전」의 서문에서도 이 사실은 분명히 드러난다.

여러 신들의 왕이자 지고하신 아누와 천지의 주인으로 나라의 운명을 주재하시는 엔릴께서 모든 인류에 대한 통치권을 에아 신의 큰아들 마르두크에게 수여하시어 그분을 여러 신들 가운데 가장 빛나는 분으로 만드셨다. (중략) 아누와 엔릴께서 백성들에게 복을 주시고자 내 이름을 호명하셨도다. 나 함무라비는 엔릴께서 임명하신 목자이니… (이하 생략)[7]

단적으로 함무라비는 자신의 왕권이 하늘신 아누의 장남이며, 신과 인간의 아버지인 엔릴으로부터 나왔다고 주장한 것이다. 마치 중세 유럽의 로마 교황처럼 엔릴 신전의 사제들이 왕권신수설을 인정해 주어야만 합법적이고 효과적으로 왕 노릇을 할 수 있었다. 왕은 신이 내린 정의로운 법을 집행하는 대리인에 불과했는데, 니푸르의 사제들이 그런 역할을 하면서 로마의 바티칸처럼 니푸르는 차츰 메소포타미아의 정신적 종교도시가 되었을 것이다.

그 후 니푸르는 1948년 다시 발굴되면서 토기 등 수많은 일상생활용품과 함께 4만 점에 가까운 문자판이 발견되었다. 이 문자판은 페르시아 시대의 농경지 매매에 대한 자료도 있지만 주로 문학과 종교적 작품들이었다. 특히 토기는 시대에 따라 그 재료인 흙, 굽는 과정, 만듦새, 무늬가 변하기 때문에 학자들은 토기와 지층을 연구하여 과거의 역사를 재구성할 수 있게 되었다.[8]

인류 정신문명의 기원은 수메르

●

니푸르에서 나온 점토판에 새겨진 문학작품은 수백 편인데, 놀랍도록 심오한 형식과 온갖 장르가 망라되어 있다.[9] 니푸르의 점토판을 해석한 학자들은 『구약성경』보다 1000년 전, 『일리아드 오디세이』보다 1500년 전에 수메르인은 풍부하고 성숙한 신화와 서사시, 찬미가, 애도가, 속담, 우화, 에세이를 창조했던 사실을 발견하고 몹시 흥분했다.

오늘날 전 세계에 소장된 수메르의 문학작품이 새겨진 점토판과 그 파편은 5,000점 이상이다. 20편의 신화, 9편의 서사적 설화, 100편의 찬미가, 20편의 애도가, 12편의 논쟁과 학교 에세이, 12편의 속담과 격언집이 전해진다. 따라서 수메르의 문학은 호메로스의 『일리아드 오디세이』는 물론이고 성경조차 압도할 분량이 될 것이다.[10] 그밖에도 수메르인은 최초로 「우르-남무 법전」 같은 발달된 법률을 제정했지만, 경이로운 것은 『구약성경』의 천지창조, 대홍수, 왕권, 메시아, 성모의 원형을 신화와 서사시로 창조한 점이다.

수메르 문명에서 충격을 받은 학자들은 사람들의 고정관념을 흔들어 놓았다. 그 대표적인 학자가 미국의 크레이머였다. 펜실베이니아대학교 크레이머 교수는 1956년에 『역사는 수메르에서 시작되었다』를 출판하여 수메르의 역사상 최초의 사실 39가지를 구체적으로 증명했다. 즉, 최초의 교육기관, 의회제도, 법률적 판례, 의학의 처방전, 농사달력, 우주론, 도덕적 규범, 격언, 우화, 성경과의 일치점, 최초의 노아, 부활절 이야기, 문학적 표절, 서사시, 도서목록, 평화와 화합의 세계, 그리고 인류 최초의 황금시대 등이다.

크레이머는 정치, 경제, 도덕, 의학, 농업, 문학 등 거의 모든 부문에서 수메르의 문명을 현대문명과 연결시켰다. 특히, 종교적인 면에서 당시 서양의 기독교인을 근본적으로 뒤흔든 작품은 「길가메시 서사시」였다. 물론 스미스가 그 작품과 노아의 홍수의 일치점은 이미 발표했고, 울리가 우르의 지층을 조사하여 이를 뒷받침했지만, 대중들이 확인하지는 못했다. 왜냐하면 전문가 외에는 수메르 문학이 기록된 쐐기문자 점토판을 해독할 수 없었기 때문이다.

물론 1950년에 이르러 프린스턴대학교는 프리처드의 방대한 『고대 근동 문학 선집』을 출판하여 대중에게 큰 도움을 주었다.[11] 그런데 세계적인 수메르어 권위자인 크레이머는 쐐기문자로 기록된 수메르의 문학작품을 거의 완전하게 해독하고 번역했을 뿐만 아니라 학문적으로 깊게 비판하고 쉽게 소개하여 세계에 일대 충격을 주었다. 저명한 종교학자 엘리아데는 크레이머 교수의 종교적인 업적을 다음과 같이 평가했다.

"크레이머는 인간의 종교제도, 종교적인 기법, 종교적 개념과 관련된 수 많은 최초의 지식들이 수메르의 텍스트에 보존되어 있다는 사실을 보여 주었다."[12]

지금부터 학자들의 안내에 따라 수메르 문명과 수수께끼 같은 수메르인들 정신 속으로 여행하여 그 정체를 확인해 보면서 히브리인이 수메르 문학작품을 모방하거나 표절한 사실을 밝혀 보기로 한다.

1   맥컬; 앞의 책, 21~30쪽.

2   월튼; 앞의 책, 24~27쪽.

3   로넌; 앞의 책 2권, 289~307쪽. 불독은 영국인이 개량한 사냥용 개를 말한다.

4   보테로, 스테브; 앞의 책, 86~89쪽.

5   시친; 앞의 책, 128~129쪽, 230쪽.

6   루; 앞의 책 1권, 175쪽.

7   江曉原; 12宮与28宿 —世界历史上的星占学(별과 우주의 문화사), 바다출판사, 2008, 홍상훈 옮김, 44쪽.

8   보테로, 스테브; 앞의 책, 87쪽.

9   크레이머; 앞의 책, 14쪽.

10   크레이머; 앞의 책, 353~354쪽.

11   이 책은 1950년에 초판이 출판되었고, 1969년에 내용을 증보한 제3판, 1975년 개정판이 출판되었다. 아주 뒤늦게 2016년에야 한국에서 개정판이 출판되었다.

12   엘리아데; 앞의 책(세계종교사상사) 1권, 95쪽.

표절한 노아의 대홍수

─ 「길가메시 서사시」의 홍수신화를 표절하다 ─

　　1849년 영국의 고고학자 레이아드가 니네베의 아슈르바니팔 왕의 도서관에서 발견한 「길가메시 서사시」는 유럽인들을 몹시 흥분시켰다. 특히, 고고학자 스미스가 아슈르바니팔 도서관에서 찾아낸 「길가메시 서사시」에서 탈락되어 사라졌던 11번째 점토판인 홍수 이야기를 찾아내자 유럽인은 큰 충격에 빠졌다. 노아의 홍수와 거의 똑같았기 때문이다.

　　이는 기독교의 권위를 뒤흔드는 엄청나게 놀라운 사건이었다. 왜냐하면 신의 계시라고 믿었던 성경의 「창세기」가 표절되었기 때문이다. 더 큰 문제는 히브리인들이 홍수 이야기만 표절한 것이 아니라는 데 있었다. 독일의 구약학자 웰함은 「길가메시 서사시」와 『구약성경』 창세기 사이에 무려 17개의 공통특징까지 찾아냈는데, 더구나 그 순서까지 같다는 것이다.[1]

수메르의 「길가메시 서사시」

●

서사시는 민족의 영웅이나 반신적인 주인공의 험난한 여행과 초인적인 행동을 장엄한 문체로 노래한 설화체의 장시이다. 대표적인 서사시는 호메로스의 「일리아드」와 「오디세이아」로 알려져 있었는데, 그보다 1500여 년 전에 수메르인이 「길가메시 서사시」를 창조한 사실이 19세기 중엽에야 밝혀졌다.

「수메르의 왕명록」에 따르면, 길가메시는 홍수 이후 우루크 제1왕조의 5대 통치자였다. 기원전 2650년경 도시국가 우루크 성을 웅장하게 건설한 길가메시는 친구 엔키두가 죽자 영원히 죽지 않는 비결을 찾아 나선다. 길가메시는 대홍수에서 살아남은 지우수드라가 가르쳐 준 불로초를 찾지만 뱀이 먹어 버려 비탄에 잠겨 우루크에 귀환한다. 수메르인이 죽음에 도전한 영웅 길가메시의 삶을 서사시로 만들어 칭송한 작품이 바로 「길가메시 서사시」이다.

현재 수메르의 길가메시 영웅담은 다섯 편만 발견되었을 뿐 전체가 전해지지 않는다. 그런데 수메르가 멸망하고 기원전 1800년경 고대 바빌로니아인은 수메르의 작품들을 새롭게 각색하고 편집하여 12개의 점토판에 완성시켰는데, 각각의 점토판은 300여 행에 이른다. 이 방대한 서사시는 아시리아 시대에 각각 다른 점토판에 새겨져 아슈르바니팔 왕의 도서관에 보관되어 있었다. 지금은 이라크에서 새로운 조각들이 많이 발견되어 3,500여 행의 절반이 복원되었다.[2]

「길가메시 서사시」와 노아의 홍수

수메르의 고대도시들은 참혹한 홍수를 겪은 사실이 밝혀졌다. 강가에 자리 잡은 수메르의 도시들은 난폭한 티그리스강의 범람으로 자주 홍수 피해를 당했는데, 슈루팍의 왕 지우수드라는 대홍수에도 살아남아 딜문에서 영생을 누린다는 전설이 전해지고 있었다. 길가메시는 천신만고 끝에 그를 만나 대홍수의 비밀을 듣게 되고 바닷물과 민물이 만나는 신비한 바다 속에서 불로초를 획득하게 된다.

그러나 우리의 관심을 끄는 것은 바로 지우수드라와 대홍수이다. 엔키 신이 홍수의 비밀을 암시하여 구원한 지우수드라처럼 히브리인은 여호와 신이 인류를 멸망시키고 오직 노아의 가족만 구원했다고 성경에 기록했기 때문이다. 더구나 아슈르바니팔 도서관에서 「길가메시 서사시」가 발견되기 전까지 노아의 홍수는 기독교 세계에서 거의 사실로 여겨지고 있었다.

수메르가 멸망한 뒤에도 길가메시는 중동 지역에서 전설적인 영웅으로 널리 알려졌고 여러 민족들은 「길가메시 서사시」를 자기들 식으로 번안하여 애송했다. 기원전 2000년

자료 3-3-1 길가메시[프랑스 루브르박물관 (Louvre Museum) 소장]

대 중동 지역 전역에서 「길가메시 서사시」를 연구하고 번역하고 모방한 것이 거의 확실시되기 때문이다. 바빌로니아와 아시리아는 물론 히타이트어와 후리안어로 번역되었고, 시리아 해안의 고대 우가리트, 라스 샤므라, 그리고 작품의 일부가 터키 남부의 술탄테페, 팔레스타인의 므깃도에서 발견되었다. 이를 보면, 노아의 홍수를 기록한 성경의 편찬자도 길가메시 이야기를 알고 있었을 것이다.[3] 말하자면, 바빌로니아인이 지우수드라의 이름을 우트나피쉬팀으로 바꾸었듯이 히브리인은 노아로 바꾸고 내용을 번안하여 『구약성경』에 실었던 것이다.

수메르, 바빌로니아, 히브리의 홍수설화

수메르의 홍수설화는 「지우수드라의 홍수 이야기」에도 나타나 있다. 1914년 아르노 파벨은 수메르의 종교도시 니푸르에서 발견된 홍수설화의 점토판을 해석했다. 대부분 대홍수가 주제였는데 수메르의 우주창조, 인간창조, 왕권의 기원, 대홍수 이전의 도시에 관한 내용이 상당히 담겨 있다. 또한 신이 인간을 홍수로 파멸시킨다고 선포하지만 인간은 다시 도시와 신전을 건설하고 동식물도 창조된다는 내용도 포함되어 있다. 하지만 인류 역사상 글로 기록된 가장 오래된 창조신화인 「지우수드라의 홍수 이야기」는 점토판의 훼손이 심하였다.[4] 현재 이런 공백은 다른 작품들과 비교하거나 기원전 17세기~기원전 18세기에 바빌로니아에서 아카드어로 기록되어 비교적 보존상태가 좋은 「아트라하시스 태초 이야기」도 참조하여 이해할 수 있다. 그렇다면 히브리인의 노아의 홍수는 어떤 점토판의 영향을 받았을까?

프린스턴대학교 장 막스 교수와 런던대학교 사무엘 후크 교수는 「창세기 주석」에서 히브리의 홍수설화가 그보다 더 오랜 수메르와 바빌로니아의 홍수설화의 영향을 받았다는 것은 상식이라고 단정했다. 원래 히브리의 홍수설화는 야훼파(Jahweh)와 사제파(Priest)의 두 전승이 있었는데, 그것은 야훼파와 사제파가 사용한 홍수 전승의 재료가 서로 달랐기 때문이다. 하지만 사제파의 홍수 설화가 메소포타미아 신화에 더 가깝다고 지적했다.[5] 다시 말하면, 야훼파의 신화는 이스라엘 초기 왕조 때 구전이나 기록으로 전해 오던 자료를 편집하여 이루어졌고, 사제파의 신화는 기원전 538년 바빌론 포로기 이후 전해 오는 자료를 수집하고 재편집된 것이었다. 이 두 창조신화가 단일한 관점에서 하나로 편집되어 『구약성경』에 기록되었지만 차이점은 분명하다는 것이다.[6]

무엇보다 홍수설화들을 검토해 보면 수메르, 바빌로니아, 히브리의 홍수설화가 구조적인 면에서 아주 닮은꼴이라는 점이 분명하게 드러난다. 즉, 신의 심판으로 홍수가 일어나지만, 계시를 받은 인물이 거대한 배를 건조하여 살아 남고, 새를 날려서 물이 빠진 것을 알게 되고, 신에게 제물을 바치자 신들이 후회한다는 내용이 유사하다. 지금부터 그 점을 구체적으로 비교해 보기로 한다. 예시된 인용문에서 수메르판은 크레이머의 해독과 조철수가 번역한 것이고, 바빌로니아판은 샌다즈의 번역이고, 히브리판은 『구약성경』의 기록이다.

신들이 홍수를 일으킨 사연

●

신들이 홍수를 일으켜 소란스러운 인간을 멸망시킨다고 선포하자, 수메르는 대지의 여신 닌투(닌후르상 여신)가 반대하고,[7] 바빌로니아는 사랑의 여신 이슈타르(수메르의 인안나)가 반대한다. 히브리는 여호와 신이 인간의 멸망을 선포하자 반대하는 존재는 없다. 다만 야훼파는 홍수의 원인이 인간의 죄악, 사제파는 모든 혈육의 부패 때문이라고 기록했다.

"홍수를 (일으켜서 배급 그릇을 휩쓸어 버리자.) / 인간들을 (모두 없애 버리자.)" / 이렇게 하자고 (신들의 모임에서 말했다.) / 그때 닌투는 이 피조물들을 위해 눈물을 흘렸다. / 인안나도 이 인간들을 슬퍼했다. / 엔키는 혼자 자기 마음속으로 충고를 했다.

— 수메르판[8]

세상은 사람들로 꽉 차 마치 거대한 들소처럼 소란했고 / 거룩한 신들은 편히 쉬지 못하고 있었다. / 엔릴이 참다못해 신들에게 말했다. / "인간들의 반란을 더 이상 보고 있을 수가 없구나. / 소란스러워 도저히 잠을 잘 수 없으니." / 그러자 신들은 인간을 심판하기로 결정하였다. / 엔릴이 이 일을 맡았다.

— 바빌로니아판[9]

내가 온 인류를 없애 버리기로 작정하였다. 그들의 죄가 땅에 가득하므로 내가 그들을 땅과 함께 멸망시킬 것이다.

— 히브리판(「창세기」 6장 13절)

신이 홍수를 계시하다

●

수메르는 엔키 신이 경건한 사제왕 지우수드라의 꿈에 나타나 계시하고, 바빌로니아는 에아 신(수메르의 엔키 신)이 우트나피쉬팀의 꿈에 나타나 큰 배를 만들라고 계시한다. 히브리는 여호와의 사람이고 유일한 의인 노아에게 홍수를 계시한다.

"담 옆 왼쪽에 서서 귀를 기울여라. / 담에 대고 내가 말하겠다. 내 말을 들어라. / 내 가르침에 주의하여라. / 우리 손으로 일으킨 홍수가 / 배급 그릇들을 (이 땅에서) 휩쓸어 버릴 것이다. / 인간의 종자를 없애 버리자고 (결정했다). / 회의에서 판결에 (반대할 수 없다.) / 안과 엔릴의 명령이 바뀐 적이 없다. / 이제…"

— 수메르판[10]

갈대집아, 갈대집아! 담아, 오 담아! 귀를 기울여라, / 담아, 대답하여라, 오, 갈대집아, / 우바라투투의 아들, 슈루팍의 사람아, / 네 집을 부수고 배를 만들어라. / 모든 소유물을 포기하고 살길을 찾아라. / 세상의 재물을 버리고 네 영혼을 구해라. / 다음과 같이 지시하는 대로 만들어라. (중략) 그런 후에 배에다 모든 생물의 종자들을 실어라. (중략) 7일 만에 배가 완성되었다.

— 바빌로니아판[11]

내가 홍수로 땅을 뒤덮어 살아 있는 모든 생명체를 모조리 죽일 것이다. 그러나 내가 너를 안전하게 지킬 것을 약속한다. 너는 네 아들들과 며느리들을 데리고 그 배로 들어가거라. 그리고 모든 생물을 암수 한 쌍씩 배 안에

넣어 너와 함께 살아 남도록 하라.

— 히브리판(「창세기」 6장 17~19절)

그런데 신이 지시한 배의 제작방법과 모습에서 바빌로니아판과 히브리판은 구조적으로 상당히 비슷하다. **바빌로니아판**을 요약하면, '폭과 길이를 같게 하고 갑판은 둥근 천장을 덮어라. 마룻바닥의 넓이와 네모진 갑판의 길이를 지시한 수치대로 하고, 갑판 여섯 개와 칸막이를 만들고 삿대를 준비해라. 그리고 기름과 역청, 아스팔트를 칠해라.'[12] **히브리판**(「창세기」 6장 14절~16절)은 '잣나무로 배를 만들어 칸막이를 하고 안팎으로 역청을 발라라. 배의 크기는 길이 135m, 너비 22.5m, 높이 13.5m로 하고 지붕 위에서 45㎝ 아래로 사방에 창을 내어라. 문은 옆에 내고 3층으로 만들어라.'

홍수의 진행과정

●

수메르는 7일 동안 폭풍과 홍수가 일어나지만 바빌로니아는 6일 동안 폭풍과 홍수, 역수(逆水)가 일어난다. 히브리 야훼파는 비로 40일 동안 홍수가 계속되다가 2주 만에 감소하지만, 사제파는 천상과 지하수가 150일 동안 홍수를 일으켜 150일 만에 감소한다. 그런데 야훼파의 홍수신화는 천상과 지하수가 홍수를 일으키는 묘사가 대단히 문학적인 바빌로니아와 유사하다.

엄청나게 거센 모든 폭풍들이 하나가 되어 덮치고 / 동시에 홍수는 의식의 중심지들을 휩쓸었다. / 이레 밤낮으로 / 홍수는 대지를 휩쓸었고 / 거대한 배는 엄청난 물 위에서 폭풍우에 흔들렸다.

— 수메르판[13]

폭풍신 네르갈이 지하수의 둑을 터놓고, / 전쟁신 니누르타가 둑을 부숴 버리자 / 일곱 명의 지옥의 재판관 아눈나키가 그들의 햇불을 높이 들어 / 그 불꽃으로 땅을 비추었다. / 절망의 공포가 하늘에까지 달했을 때 / 폭풍의 신 아닷은 빛을 어둠으로 바꾸고 / 땅을 마치 술잔처럼 내동댕이쳤다. / 만 하루 동안 태풍은 점점 사나워지고 갈수록 맹렬해졌으며 / 마치 전투부대처럼 인간들을 덮쳤다. / 사람들은 자기 형제의 얼굴도 볼 수 없었고, / 하늘에서도 아무것도 보이지 않았다. … / 엿새 낮과 밤이 바뀌는 동안 바람이 불어닥치고 / 폭풍, 태풍과 홍수가 세상을 휩쓸었다. / 태풍과 홍수는 마치 싸우는 투사처럼 서로 기승을 부렸다.

— 바빌로니아판[14]

노아가 600세 되던 해 2월 17일에 홍수가 나기 시작하였다. 그 날에 땅의 모든 깊은 샘들이 터지며 하늘의 창들이 열려 40일 동안 밤낮 비가 쏟아져 내렸다. (중략) 땅에 홍수가 40일 동안 계속되므로 물이 많아져 배가 땅에서 떠올랐고 물이 점점 불어나자 배가 물 위에 떠 다녔다. 물이 땅에 크게 불어나므로 온 세상의 높은 산들이 다 물에 뒤덮이고 말았다.

— 히브리판(「창세기」 7장 10~19절)

새를 날려 홍수의 종식을 시험하다

●

수메르는 배가 도착한 곳이 없이 태양신 우투가 빛을 뿌린다. 바빌로니아는 배가 니시르산에 도착하자 우트나피쉬팀은 물이 빠졌는지 보려고 비둘기, 제비, 까마귀를 내보낸다. 히브리의 야훼파는 노아가 까마귀와 비둘기를 내보내지만, 사제파는 새를 내보내는 시험이 없이 배가 아라라트산에 도착할 뿐이다.

그 후 우투가 나와 하늘과 땅에 빛을 뿌렸고 / 지우수드라가 거대한 배의 창을 열자 / 영웅 우투가 그 거대한 배로 그의 빛을 가져갔다.

— 수메르판[15]

이레째 되는 날, / 날이 새자 비둘기 한 마리를 날려 보냈다. / 비둘기는 멀리 날아갔으나 앉을 곳을 찾지 못한 채 돌아왔다. / 나는 제비 한 마리를 다시 날려 보냈다. / 제비도 앉을 곳을 찾지 못하고 돌아왔다. / 이번에는 까마귀를 날려 보냈다. / 그러자 까마귀는 물이 빠진 것을 알고 먹이를 쪼아 먹으며 / 까악까악 울면서 날아가곤 다시 돌아오지 않았다.

— 바빌로니아판[16]

40일이 지난 후에 노아가 배의 창을 열고 까마귀를 내보내니 까마귀는 땅이 마를 때까지 계속 이리저리 날아다녔다. 그리고 노아는 물이 얼마나 빠졌는지 알아보려고 비둘기를 내보냈으나 물이 온 땅을 덮고 있었으므로 비둘기가 앉을 곳을 찾지 못하고 배로 돌아왔다. 그래서 노아는 손을 내밀어 그 비둘기를 배 안으로 잡아들였다. 노아가 7일을 기다렸다가 다시 비둘기를 배에서 내보내자 저녁때에 비둘 기가 연한 감람나무 잎사귀 하나를 입에 물고 돌아왔다. 그래서 노아 는 그제서야 땅에 물이 줄어든 것을 알게 되었다. 노아가 다시 7일을 더 기다렸다가 비둘기를 내어 놓자 이 번에는 비둘기가 영영 돌아오지 않 았다.

— 히브리판(『창세기』 8장 6~12절)

자료 3-3-2 노아의 홍수(13세기, 베네치아 산마르코 성당의 모자이크)

신들이 살아남은 자를 축복하다

●

수메르는 지우수드라가 배에서 태양신 우투에게 제사를 지내고 영생을 보장받는다. 바빌로니아는 배가 도착한 니시르산에서 제사를 지내자 신들이 모여들고 우트나피쉬팀은 영생을 보장받아 신격화되고 이슈타르 여신에게 기억의 징표로 목걸이를 받는다. 반면 히브리의 야훼파는 노아가 단을 쌓고 번제를 드리자 여호와가 흠향하면서 다시 땅을 저주하지 않겠다고 결심한다. 반면에 사제파는 하나님이 홍수로 멸망시키지 않겠다는 언약의 표로 무지개를 건다.

지우수드라 왕은 / 스스로 우투 앞에 엎드렸고 / 황소 한 마리와 양 한 마리를 잡았다. … / 안과 엔릴이 '하늘의 숨'과 '땅의 숨'을 그들의 … 에 의해 말

하자 / 그것은 저절로 퍼져 나갔고 / 초록은 땅 위로 돋아져 자랐다. / 지우
수드라 왕은 / 안과 엔릴 앞에 엎드렸다. / 안과 엔릴은 지우수드라를 받아
들였고 / 신과 같은 생명을 그에게 주었다. / 신과 같은 영원한 숨을 그에게
하사했다. / 그런 뒤 지우수드라 왕을 / 초록의 이름과 인류의 씨앗을 보존
한 자를 / 태양이 떠오르는 곳, 저 건너의 땅 딜문에서 살게 했다.

— 수메르판[17]

신들은 향기로운 냄새를 맡고 제상에 꼬여드는 파리처럼 몰려들었다. / 한
참 후에 이슈타르 여신도 왔다. / 그녀는 전에 아누 신이 환심을 사려고 만
들어 준 하늘보석이 달린 목걸이를 잡아 머리 위로 올렸다. / "여기에 모인
신들이여, / 내 목에 걸린 유리보석에 대고 맹세합니다. / 나는 내 목의 보
석을 생각하듯 이 마지막 날을 기억하리라. / 나는 이 날을 결코 잊지 않으
리다. / 엔릴을 제외한 우리 모두 제사를 받아들입시다." / (중략) 엔릴이 다
가와 우리 이마에 손을 얹고 축복하였다. / "예전의 우트나피쉬팀은 죽을
수밖에 없었던 인간이었다. / 이제부터 그와 그의 아내는 강들의 입구에서
영원히 살리라."

— 바빌로니아판[18]

노아는 여호와께 단을 쌓고 정결한 모든 짐승과 새 중에서 제물을 골라 불
로 태워서 번제를 드렸다. 그러자 여호와께서는 그 제물을 기쁘게 받으시
고 혼자 이렇게 말씀하셨다. (중략) 내가 두 번 다시 홍수로 모든 생물을 멸
종시키지 않겠다. 그러므로 온 땅을 휩쓰는 홍수가 다시는 없을 것이다. 내
가 너희와 그리고 너희와 함께 있는 모든 생물들과 대대로 맺을 계약의 표
는 이것이다. 내가 무지개를 구름 속에 두었으니 이것이 나와 세상 사이에

계약의 표가 될 것이다.

— 히브리판(「창세기」8장 20~21절, 9장 11~17절)

홍수설화의 원형과 모방

●

지금까지 살펴본 것처럼, 홍수설화의 원형은 수메르에 있었다. 물론 바빌로니아판은 히브리판보다 표현이 훨씬 생생하고 문학적이다. 왜냐 하면 바빌로니아판은 서사시라 문학적인 표현이 강하지만, 히브리판은 경전의 서술방식에 따랐기 때문에 설명적이고 교훈적이다. 그래도 홍수 뒤에 새를 날려 보낸 이야기는 너무나 닮아서 황당하고 민망하기까지 하 다. 바빌로니아판은 비둘기와 제비, 까마귀를 날려 보냈는데 노아는 비 둘기와 까마귀를 날려 보냈기 때문이다.

결국 크레이머식으로 표현하면, 「노아의 홍수」는 인류 역사상 최초의 표절작품이다. '표절(剽竊)'이란 남의 작품의 일부를 따다 쓰는 글도둑이 란 뜻이다. 하지만 바빌로니아인과 히브리인만이 아니라 히타이트인과 아시리아인도 모방하고 표절했다. 「길가메시 서사시」는 셈족의 아카드 어, 인도-유럽어인 히타이트어와 후리안어로 번역되었고, 시리아 해변 의 우가리트어로도 기록되었던 것이다.[19]

경악스러운 것은 후크 교수에 따르면, 작품의 일부가 아니라 거의 전 체를 표절하였다는 점에 있다.[20] 더구나 그런 사실을 이라크의 고대도 시에서 점토판이 발견되기 전까지 유럽인들이 전혀 몰랐다는 사실은 대 단히 충격적이다. 그런데 갤럽 여론 조사에 따르면, 문명국가 미국인의 약 50%가 여전히 노아의 홍수 이야기를 비롯하여 성경의 이야기를 곧이

곧대로, 즉 조금도 꾸밈이나 거짓이 없이 바로 그대로 받아들인다는 것이다.[21]

신화의 확산과 분산

●

고대 수메르의 도시들은 대부분 강가에 자리 잡고 있었다. 유유히 흐르는 유프라테스강보다 난폭한 티그리스강은 자그로스산맥에서 세차게 흘러내려 여러 도시를 위협했다. 수메르인은 매년 봄에 범람하여 홍수를 일으키는 티그리스강을 소재로 세상의 종말을 상상하면서 홍수설화를 만들었을 것이다. 말하자면 수메르의 사제들은 홍수의 공포에 사로잡힌 사람들에게 신의 자비를 구하라는 경고의 메시지를 던졌던 것이다.

그러나 고고학자 울리의 '홍수 구덩이'에서 살펴 본 것처럼 수메르의 여러 도시가 부분적인 홍수는 겪었지만 메소포타미아 전 지역, 더 나아가 전 세계를 휩쓴 대홍수는 발생하지 않았음이 고고학적으로 증명되었다. 수메르의 홍수설화가 주변에 퍼져서 히브리를 포함한 여러 민족들은 자기 나름대로 홍수신화를 새롭게 꾸몄던 것이다. 이에 대해서는 '신화는 확산되고 분산된다.'라는 신화학자의 주장에 귀를 기울여 볼 필요가 있다.

런던대학교의 구약학교수 사무엘 후크는 고대 메소포타미아의 신화 자료들이 『구약성경』에 적지 않은 영향을 끼쳤음을 지적하면서 신화의 확산의 예를 다음과 같이 들었다.

수메르와 바빌로니아의 홍수신화는 티그리스-유프라테스강 유역에서

자료 3-3-3 1865년 플렁뎅이 묘사한 티그리스강

대재앙에 가까운 홍수가 주기적으로 일어났던 사건을 묘사한 것이다. 그러나 홍수가 전혀 일어나지 않았던 그리스나 가나안 지역에서 홍수신화가 발견된다는 사실은 그 홍수신화가 확산된 과정을 추적할 수는 없다 할지라도 원래 홍수신화가 있었던 지역에서부터 전해진 것이 명백하다.[22]

이처럼 『구약성경』의 대홍수신화가 히브리인들의 독창적인 작품이 아니라는 것은 이미 적나라하게 밝혀진 사실이며, 지금은 상식이라고 『구약성경』을 연구하는 학자들이 고백하고 있다. 물론 노아의 홍수만이 아니다. 아시리아학자 보테로와 고고학자 스테브 신부는 '성경은 역사의 기다란 사슬 안에서 그저 하나의 고리에 불과할 뿐이며, 다른 모든 문서와 마찬가지로 성경의 연구는 사관(史官)의 문제임이 밝혀졌다.'라고 지적했다.[23]

홍수신화의 배후에 숨겨진 비밀

●

신들이 홍수를 일으킨 현실적인 원인은 무엇이었을까? 수메르의 홍수 신화를 재구성한 바빌로니아의 「길가메시 서사시」에는 신들이 홍수를 일으킨 이유가 수메르의 「지우수드라의 홍수 이야기」처럼 애매하게 인간들이 '소란을 피우기 때문'이라고 나와 있다. 반면에 기원전 1700년경 바빌로니아 시대의 점토판에 전하는 「아트라하시스 태초 이야기」에는 홍수를 일으킨 이유와 단죄의 방법이 아주 구체적이다. 즉 '인구가 늘어나고 시끄럽게 떠들자 신들이 역병과 기근, 홍수를 일으켜 인간들을 멸망시켜 버리겠다.'라고 선포한 것이다.

역병이 떠났다. … / 600년, 600년이 채 지나가지 않았다. / 사는 땅은 넓어지고 사람도 많아졌다. / 땅은 황소처럼 울어댔다 / 신은 울부짖는 소리로 불안했다. / … 사람들에게 먹을 것을 없애자. / 천둥신은 비를 내리지 말자. / … 기근은 떠났다. / … 홍수는 황소처럼 으르렁거렸다. (이하 생략)[24]

다만 바빌로니아판 「길가메시 서사시」에는 대홍수가 끝난 뒤에 엘릴 신이 대홍수의 비밀을 누설한 에아 신, 즉 수메르의 엔키 신을 단죄하려고 하자 에아 신은 인류의 멸절보다 자비와 인내가 필요하다면서 기근, 역병으로 인구를 감소시켜야 한다고 대답한다. 그리고 자기가 알려 준 것이 아니라 아트라하시스가 꿈을 통해 홍수의 비밀을 알아냈다고 변명한다.[25]

결국 이 서사시의 결말 부분에서 엘릴 신이 에아 신에게 산파의 여신 닌투와 의논하라고 하자 앞을 내다보는 에아 신은 인구 문제의 구체적인 해결책을 제시한다.

이제는 사람들 중 삼분의 일이 / 사람들 중 아이를 낳는 여자와 / 아이를 낳지 못하는 여자가 있을 것이다. / 사람들 가운데 파쉬투 귀신이 있어 / 아이 낳는 여자의 무릎에서 아이를 빼앗아 갈 것이다. / 여자 사제장과 여사제 제도를 만들어 / 그들은 성녀로 애를 갖지 못할 것이다.[26]

그런데 종교학자 엘리아데는 홍수의 주된 원인이 인간의 죄와 세계의 노쇠에 있다고 지적했다. 따라서 세계는 재창조되어야 하는데, 홍수는 고대에 매년 거행하던 상징적인 신년축제 의례를 우주적인 규모로 실현하는 것이다. 그러므로 대홍수는 세계의 종말에 해당되기 때문에 왕권은 대홍수가 끝난 다음에 다시 하늘로부터 부여되어야 한다.[27]

말하자면 수메르나 바빌로니아에서 사제들은 해마다 신년축제에서 홍수신화를 낭송하면서 소위 송구영신(送舊迎新), 즉 묵은해를 청산하고 새해를 맞이하는 의식을 거행하면서 왕에게 왕권을 다시 부여했다. 히브리에서도 여호와 신이 의롭고 흠 없는 노아를 구했듯이 사제들은 죄 많은 인간이 구원받는 의식을 치렀다고 볼 수 있다.

세계의 홍수신화와 종말론

●

인류학자들은 홍수신화가 세계적으로 퍼져 있다는 것을 밝혀냈다. 아프리카는 흔치 않지만 모든 대륙과 다양한 문화층에 홍수신화가 기록되어 있다.

그리스에는 프로메테우스가 대홍수의 비밀을 알고 자기 아들 데우칼리온과 며느리인 피라를 구하는 신화가 유명하다.[28] 미국의 신화학자 비얼레인에 따르면, 이집트 신화에도 나일강을 범람시켜 처벌하는 태양신 라의 이야기가 전한다. 또 고대 아즈텍의 신화에는 비의 신 틀랄록이 착실한 타타와 네나 부부만 구하고 신의 숭배에 소홀한 인간을 대홍수로 멸망시킨다. 흥미로운 것은 인도의 마누 신화인데, 히브리의 노아처럼 홍수에 대비하여 배를 만들라고 미리 알려 주는 것은 신이 아니라 물고기이다. 페루의 고대 잉카 신화에서는 물고기 대신 고산 지대의 가축인 라마가 목동에게 홍수를 알려 준다. 그 밖에 하와이, 북아메리카의 아파치족, 알곤킨족 등 여러 원주민도 홍수신화를 간직하고 있다.[29] 특히 중앙아시아의 산악 민족들, 이를테면, 알타이 브리야트족의 홍수신화는 신화의 확산을 증명한다.[30] 다음 장에서는 히브리인들이 수메르와 바빌로니아의 천지창조신화를 모방한 과정을 살펴보기로 한다.

1   월튼; 앞의 책, 46쪽.

2   크레이머; 앞의 책, 257~259쪽. 인류 역사상 글로 전해진 창조신화 중에서 가장 오래된 수메르의 「지우수드라의 홍수 이야기」는 기원전 27세기경에 기록되었다.

3   N. Sandars; The Epic of Gilgamesh(길가메시 서사시), 범우사, 1999, 이현주 옮김, 113~114쪽.

4   크레이머; 앞의 책, 215~222쪽.

5   류형기 역편; 성서주해, 한국기독교문화원, 1981, 9쪽.

6   S. Hooke; Middle Eastern Mythology(중동 신화), 범우사, 2001, 박화중 옮김, 222~240쪽.

7   프리처드; 앞의 책, 87쪽. 크레이머 교수가 번역한 이 「지우수드라의 홍수 이야기」에는 '닌투 여신이 … 처럼 (울었고) / 순결한 인안나는 그 백성들을 위해 애가를 (만들었으며,) / 엔키는 골똘이 (생각)에 잠겼고'라고 나와 있다.

8   지우수드라의 홍수 이야기[조철수; 앞의 책(수메르 신화), 70쪽].

9   샌다즈; 앞의 책, 83쪽. 엔릴은 엘릴이다. 이하 같다. 후반부에 이슈타르가 홍수를 일으킨 엘릴을 비난하는 내용이 나온다.

10   지우수드라의 홍수 이야기[조철수; 앞의 책(수메르 신화), 71쪽]. 뒷부분 40여 행이 부서졌는데, 엔키 신이 온갖 생명의 씨앗과 각종 동물을 비롯한 그의 모든 소유물을 배에 실으라는 내용으로 추정된다.

11   샌다즈; 앞의 책, 84~85쪽.

12   샌다즈; 앞의 책, 84쪽.

13   지우수드라의 홍수 이야기(크레이머; 앞의 책, 221쪽).

14   샌다즈; 앞의 책, 86~87쪽.

15   크레이머; 앞의 책, 221쪽.

16 샌다즈; 앞의 책, 88쪽.

17 지우수드라의 홍수 이야기(크레이머; 앞의 책, 221~222쪽).

18 샌다즈; 앞의 책, 88~90쪽.

19 샌다즈; 앞의 책, 113~114쪽.

20 후크; 앞의 책(중동 신화), 75~76쪽.

21 R. Dawkins; The God Delusions(만들어진 신), 김영사, 2007, 이한음 옮김, 358~359쪽.

22 후크; 앞의 책(중동 신화), 28~29쪽.

23 보테로, 스테브; 앞의 책, 48쪽.

24 조철수; 앞의 책(수메르 신화), 97~111쪽. 스파이저 옮김; 길가메시 서사시(프리처드; 앞의 책, 148쪽). 도시국가 '슈루팍이 너무 오래되어서' 신들이 홍수를 일으키기로 결정했다.

25 샌다즈; 앞의 책, 89~90쪽. 프리처드; 앞의 책, 스파이저 옮김, 154~155쪽.

26 조철수; 앞의 책(수메르 신화), 117쪽. 파쉬투는 갓난아이를 저승을 데려가는 신이다.

27 엘리아데; 앞의 책(세계종교사상사) 1권, 104~105쪽.

28 Apollodorus; Myths(아폴로도로스 신화집), 민음사, 2009, 강대진 옮김, 50쪽.

29 J. Bierlein; Parallel Myths(세계의 유사신화), 세종서적, 2000, 현준만 옮김, 193~207쪽.

30 하르바; 앞의 책, 133~138쪽.

모방한 히브리의 천지창조

— 수메르와 바빌로니아의 창세기를 모방하다 —

성경에 아브라함이 거주했다는 '칼데아의 우르'의 남쪽 12㎞ 떨어진 곳에 에리두라는 도시가 있다. 「수메르 왕명록」에 의하면, 에리두는 수메르에서 가장 오래된 도시이고, 수호신은 지혜의 신 엔키였다. 현재 에리두 주변은 사막이지만 원래 에리두는 비옥한 강변에 자리 잡고 있었다. 특히 10개 이상의 신전이 시대에 따라 수직으로 건축된 에리두는 기원전 4500년경 화려하게 채색된 벽돌을 구워 만든 14m 정방형의 신전이 500년 뒤에 무려 사방 180m의 크기로 확장된 사실이 밝혀졌다.[1] 그 후 경제력과 정치적 권력을 장악한 에리두 신전을 중심으로 우르, 우루크, 니푸르 같은 수메르의 중심도시가 생겨나고 발전하였다. 또한 에리두 문화는 기원전 4500년~기원전 3750년까지 메소포타미아 전역과 그 너머까지 퍼져 나갔다. 그 시대의 도자기가 시리아 해안과 페르시아만 서부에서도 발견되었다.[2]

에리두 창세기와 구약성경의 천지창조

●

야곱센이 우주의 생성에 관한 문헌을 수집하여 붙인 이름인 「에리두 창세기(Eridu Genesis)」는 문자로 기록된 가장 오래된 창세신화이다. 놀라운 것은 기원전 2700년경 점토판에 기록된 「에리두 창세기」에서 『구약성경』 창세기의 내용을 엿볼 수 있다는 사실이다. 두 창세신화를 비교해 보면 히브리의 창세신화에서 수메르 창세신화의 여러 신화소(神話素)가 살아 숨 쉬고 있는 것을 쉽게 느낄 수 있다.

주 하늘신(An)이 하늘을 밝게 하였으며 / 땅은 어두웠고 저승에 눈을 두지 않았다. / 골짜기에 물이 흐르지 않고 무엇도 생겨나지 않았으며 / 넓은 땅엔 밭고랑이 없었다. / 훌륭한 구마사제(驅魔師祭) 엔릴은 존재하지 않았고 / 거룩한 손 씻는 정결례를 갖추지 않았다. / 하늘신의 성녀(聖女)는 손을 두드리지 않았고 / 찬양노래를 부르지 않았다. / 하늘과 땅은 서로 왕래하지 않았고 / 아내로 택하지 않았다. / 달이 비치지 않았으며 / 어둠이 와 걸려 있었다. / 좋은 땅에 풀과 약초가 스스로 자라지 않았다.[3]

—「에리두 창세기」

여호와 하나님이 세상을 창조하신 일은 대충 이렇다: 여호와 하나님이 땅에 비를 내리지 않으셨고 경작할 사람도 없었으므로 들에는 나무나 풀이 아직 없었고 밭에는 채소가 나지 않았으며 수증기만 땅에서 올라와 온 지면을 적셨다.

—『구약성경』「창세기」 2장 4~6절

이러한 유사성은 수메르의 「지우수드라의 홍수 이야기」에도 뚜렷하게 드러나 있다. 기원전 18세기~기원전 17세기경 바빌로니아의 도시 니푸르와 우르에서 발견된 이 점토판은 약 300행의 서사시이다. 비록 상단의 37행이 부서졌지만 이 작품은 수메르의 창조론과 우주론을 이해하는 데 아주 중요하다. 특히, 이 작품은『구약성경』창세기 2장에서 9장까지의 태초 이야기와 아주 흡사하고 그 순서까지 비슷하다. 이로 보면,『구약성경』창세기의 태초에서 홍수까지의 내용은 수메르에 기원이 있는 것이다.[4] 지금부터 이 점을 차례차례 밝혀 보기로 한다.

인간의 창조와 에덴동산

●

「지우수드라의 홍수 이야기」의 중심내용은 우주와 세계의 창조, 도시의 건설, 대홍수이다. 신들이 인간과 동식물을 창조하는 다음 시를 읽어 보면『구약성경』의 천지창조와 낙원, 그리고 이사야가 묘사한 에덴동산을 금방 연상할 수 있을 것이다.

안, 엔릴, 엔키와 닌후르상은 / 검은 머리를 만들었다. / 땅 밑에서 (올라오는) 작은 기는 것들이 늘어났다. / 들짐승과 다리 넷 달린 동물들이 / … (몇 행 부서짐) … / 사람들은 살이 올랐으며 / 그때, 뱀이 없었고, [전갈도 없었다.] / 사자도 없었고, [하이에나도 없었다. / 개를 늑대가 [물어 가는 일이 없었다.] / 사람이 [서로 원수지는 일도 없었다]. / 무섭고 몸서리치는 일도 없었다.

— 「지우수드라의 홍수 이야기」

그때 여호와 하나님이 땅의 티끌로 사람을 만들어 그 코에 생기를 불어넣으시자 산 존재가 되었다. 그리고 여호와 하나님은 에덴 동쪽에 동산을 만들어 자기가 지은 사람을 거기에 두시고 갖가지 아름다운 나무가 자라 맛있는 과일이 맺히게 하셨는데 그 동산 중앙에는 생명나무와 선악을 알게 하는 나무도 있었다.

— 『구약성경』 「창세기」 2장 7~9절

그때 이리와 어린 양이 함께 살며 표범이 어린 염소와 함께 눕고 송아지와 사자 새끼가 함께 먹으며 어린아이들이 그것들을 돌볼 것이다. 그리고 암소와 곰이 함께 먹고 그 새끼들이 함께 누울 것이며 사자가 소처럼 풀을 먹고 젖먹이가 독사 곁에서 놀며 어린아이들이 독사굴에 손을 넣어도 해를 입지 않을 것이다.

— 『구약성경』 「이사야」 11장 6~8절

왕권의 성립, 도시의 건설, 문명의 발전

●

「지우수드라의 홍수 이야기」에서 인간과 동식물의 창조 다음에 이어지는 내용은 왕권이 하늘에서 내려오고 제사의식이 구비되고 다섯 도시가 건설되는 이야기이다. 이와 비슷하게 『구약성경』에는 아담과 이브가 에덴동산에서 추방당한 뒤에 문명의 기원과 문명이 세워지는 과정이 나타나 있다. 말하자면 히브리 문명의 기원신화들이 전개되고 있는데, 바로 양치기와 농사꾼, 성의 건설, 목축, 음악, 청동기와 철기의 사용이다.

왕권이 하늘로부터 내려온 후 / 왕관과 왕좌가 하늘로부터 내려온 후 / 제식과 고귀한 제의가 다 갖추어졌다 / 도시의 거룩한 곳에 흙벽돌을 쌓았다. / 그곳에 이름을 주었고, 배급 그릇을 나누어 주었다. / 이 도시 중에서 첫째는 에리두였고…[5]

— 「지우수드라의 홍수 이야기」

이브는 또 가인의 동생 아벨을 낳았는데 아벨은 **양 치는** 목자였고 가인은 **농사짓는** 사람이었다. (중략) 가인의 아내가 임신하여 에녹을 낳았다. 가인은 **성을 건설**하고 자기 아들의 이름을 따서 그 성을 에녹성이라고 불렀다. (중략) 아다는 야발을 낳았는데 그는 천막에 살면서 **가축을** 기르는 자들의 조상이 되었고 그의 동생 유발은 **수금과 피리를 만들어** 사용한 최초의 음악가였다. 그리고 씰라는 두발 가인을 낳았는데 그는 **구리와 철로 각종 기구를 만드는** 자였으며…

— 『구약성경』 「창세기」 4장 2~22절

홍수의 영웅과 신들의 축복

●

「지우수드라의 홍수 이야기」의 결말은 홍수가 그친 뒤 지우수드라가 신들에게 제물을 바치고 영생을 보장받는 내용이다. 이와 비슷하게 『구약성경』은 여호와 신이 노아에게 축복을 내린다.

안과 엔릴은 지우수드라에게 찬사를 보냈다. / 그에게 신처럼 사는 생명을 주었고 / 신처럼 사는 영원한 목숨이 부여되었다. / 그때, 지우수드라 왕에게 / 작은 기는 것들과 인간 종자의 이름을 보호하게 하였다 / 산 너머 동쪽 머나먼 딜문 땅에 살게 하였다.[6]

―「지우수드라의 홍수 이야기」

너희는 자녀를 많이 낳고 번성하여 땅을 가득 채워라. 땅의 모든 짐승과 공중의 새와 땅에 기는 생물과 바다의 고기가 모두 너희를 두려워하고 무서워할 것이다. 이 모든 것은 내가 다 너희에게 준 것이다.

―『구약성경』「창세기」 9장 1~2절

이처럼 수메르의 신화는 구조적으로 히브리의 『구약성경』 창세기의 바탕이 되었음이 분명하다. 그런데 수메르의 창세기에서 우주창조는 「길가메시, 엔키두 그리고 지하세계」의 서문에 암시되어 있다.

하늘이 땅으로부터 떨어져 나간 후에 / 땅이 하늘과 갈라진 후에 / 인간의 이름이 정해진 후에 / 안은 하늘을 가졌고 / 엔릴은 땅을 가졌고.[7]

이 시는 의인화된 원시의 바다인 남무 여신이 하늘신 안과 땅의 신 키를 낳았는데, 안과 키는 우주적 산을 만들고 위대한 신들인 아눈나키가 태어났다는 뜻이다. 그리고 대기의 신 엔릴은 하늘과 땅을 나눈 뒤에 땅을 차지하고, 안은 하늘을 차지했다는 내용이다. 일종의 빅뱅으로 폭발하여 우주가 셋으로 구분되었다는 수메르의 사고방식은 뒤에 바빌로니아와 아시리아 사람들이 받아들였다. 그리하여 나타난 우주적 서사시가 바로 유명한 바빌로니아의 「에누마 엘리시」였다.[8]

창조서사시 「에누마 엘리시」

●

아시리아의 수도 니네베의 아슈르바니팔 왕의 도서관에서 발견된 「길가메시 서사시」와 「에누마 엘리시」는 바빌로니아의 대표적 서사시이다. 「길가메시 서사시」가 위대한 영웅신화라면, 「에누마 엘리시」는 장엄한 창조신화이다.

「에누마 엘리시」는 인류 역사상 가장 훌륭한 창조 서사시의 하나라고 평가되고 있다.[9] 왜냐하면 「에누마 엘리시」는 우주의 기원과 질서를 다룬 점에서 아주 근본적이고 웅대한 서사시이기 때문이다. 바빌로니아의 창조적인 사제들은 최고신 마르두크가 혼돈의 용인 티아마트를 물리치고 세계와 인간을 창조하면서 질서를 바로잡은 서사시를 만들었을 것이라고 추정된다.[10]

단적으로 이 서사시는 바빌로니아의 최고신 마르두크가 만신전의 최고신으로 오르는 것을 기념하는 찬양시이다.[11] 그런데 바빌론 사람들은 신년축제 넷째 날에 마르두크 신이 천지를 창조하는 과정을 연극으로 공연했다. 사제들은 마르두크 신이 우주를 창조하던 태초의 막강한 힘을 불러 세상이 풍요로워지기를 기원했던 것이다.

「에누마 엘리시」의 줄거리

●

「에누마 엘리시」는 종교적으로 대단히 주목을 받는 작품이다. 왜냐하면 히브리의 사제들이 이 서사시를 모방하여 「창세기」의 천지창조를 편찬했다고 여겨지기 때문이다. 비교적 점토판의 보존상태가 좋은 「에누마 엘리시」는 1,100행이 넘는 서사시인데, 국판으로 45쪽에 이를 만큼 방대한 작품이다. 창조의 역사 7일을 상징하는 7개의 점토판에 새겨진 내용은 다음과 같다.

첫 번째 점토판은 단물의 신 압수와 짠물의 신 티아마트만 존재하던 태초의 원시바다에서 안개와 충적토, 하늘과 땅 등 여러 자연물이 창조되는 과정과 물의 신 에아(수메르의 엔키)가 마르두크 신을 창조하는 이야기이다. 두 번째 점토판은 티아마트의 공격에 대비하여 신들이 회의를 열고 하늘신 아누와 물의 신 에아에게 임무를 맡겼으나 조정과 협상에 실패하여 신들이 마침내 마르두크에게 전권을 주는 이야기이다. 세 번째 점토판은 신들이 마르두크에게 최고 권위를 인정하는 이야기이다. 네 번째 점토판은 마르두크의 즉위식, 능력의 시험, 마르두크와 티아마트의 전투, 마르두크의 승리에 대한 이야기이다. 그리고 마르두크가 티아마트의 육체를 해체하여 하늘과 물, 인간을 창조하고 여러 신전을 건설하는 이야기이다. 다섯 번째 점토판은 마르두크가 우주를 재창조하고 하늘을 나누어 세 신에게 관리를 맡기는 이야기이다. 여섯 번째 점토판은 마르두크의 인간창조, 노동에서 해방된 신들이 거주할 신전의 건축이다. 일곱 번째 점토판은 마르두크의 50가지 권능을 선포하여 신들의 왕이 된 내용이다.[12]

「에누마 엘리시」를 모방한 구약성경 창세기

●

경이로운 것은 「에누마 엘리시」의 형식과 내용이 『구약성경』에서 천지창조가 기록된 「창세기」 1장과 너무 흡사하고 창조의 전개와 순서까지 동일하다는 사실이다. 런던대학교 구약학교수 후크에 따르면, 다음과 같다.

첫째, 사제파의 창조신화에서 '혼돈의 물'을 뜻하는 히브리어 테홈(tehom)은 원래 '깊다'는 뜻이다. 이 테홈은 바빌로니아 신화의 혼돈의 용(龍)인 '티아마트(Tiamat)'에서 파생된 말이다.

태초에 하나님이 우주를 창조하셨다. 지구는 아무 형태도 없이 텅 비어 **흑암에 싸인 채 물로 뒤덮여 있었고** 하나님의 영은 수면에 활동하고 계셨다.

— 『구약성경』 「창세기」 1장 1~2절

둘째, 창조의 순서에서 '여호와는 빛, 궁창(穹蒼, 하늘), 땅을 만들고 육지와 바다를 갈랐다.'라고 하였다. 이는 바빌로니아의 서사시 「에누마 엘리시」의 내용과 일치한다. 마르두크는 티아마트의 시체를 둘로 나누어 반쪽은 하늘의 궁창을 삼고, 나머지 반쪽으로 땅의 기초를 삼았다.

그는 티아마트를 갈라 말린 물고기처럼 둘로 나누었다. / 그 반을 세워서 창공으로 씌웠다. / 빗장을 걸고 문지기를 두어 / 물이 새어 나가지 않게 하라고 명령하였다.[13]

— 「에누마 엘리시」

셋째, 창세기에서 '하늘과 땅을 창조하신 순서[generation, 히브리어(toledoth)]는 위와 같았다.'라고 하였다.[14] 그런데 창조(created)를 출산(begetting)으로 보는 사제파의 생각은 초기 수메르 신화의 방식을 그대로 받아들인 것이다. 물론 바빌로니아 신화도 마찬가지이다.

안샤르(수평선)는 그의 자식 아누(하늘신)를 그와 닮게 만들었다. / 그리고 아누는 누딤무드(지하수의 신)를 그의 모습으로 낳았다.[15]

—「에누마 엘리시」

넷째, 『구약성경』에서 '여호와의 창조 사건이 7일간 연속적으로 이루어졌다.'라고 하였다. 이 또한 「에누마 엘리시」의 창조 순서와 동일하다.

따라서 비록 바빌로니아의 자료들이 철저하게 변용(變容), 즉 모습이나 형태가 바뀌어 나타나지만 『구약성경』 창세기의 창조 순서의 배경과 기원이 바빌로니아였다는 추측을 배제할 수는 없다고 후크 교수는 단정했다.[16]

메소포타미아 문헌학자 맥컬은 「에누마 엘리시」를 해설하면서 술탄테페, 니네베, 키시에서 점토판이 발견되었지만 「길가메시 서사시」와는 다르게 편차가 거의 없다고 밝혔다. 그리고 이 작품은 「길가메시 서사시」처럼 극적인 사건과 긴장감도 없지만 성격상 성경에 보다 가까운 작품이라고 평가했다. 그래서 문학적인 이야기의 재미보다 전달의 성격이 강한 숭고한 종교적 찬가라는 것이다. 왜냐하면 「에누마 엘리시」는 메소포타미아를 통일한 바빌로니아가 마르두크를 최고신이라고 선포하고 신년 축제에서 낭송하면서 연극까지 공연

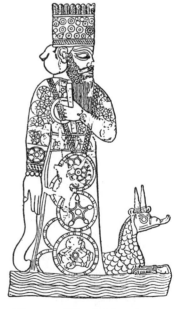

자료 3-4-1 바빌론에서 출토된 마르두크(ⓒWellcome Collection gallery)

했기 때문이다.[17]

흥미로운 것은 군국주의 아시리아가 바빌로니아의 최고신 마르두크 대신 아슈르(Ashur 혹은 Assur)를 최고신으로 바꾸어 신년축제에서 「에누마 엘리시」를 낭송했다는 점이다.[18] 그런데 유난히 히브리인은 「에누마 엘리시」를 모방하여 자기들의 「창세기」를 만들고 여호와를 최고신이라고 예찬한 것이다. 이러한 히브리인 경전 편찬의 내막을 들여다보면 그 복잡한 사연이 드러난다.

히브리의 창세기 편찬의 복잡한 내막

주목할 것은 『구약성경』의 창세기에서 태초의 모습과 창조순서는 두 종류가 있다는 사실이다. 바로 사제파(Priest)와 야훼파(Yahwist)이다.

첫째, 사제파의 창세기는 태초의 천지가 '혼돈의 물'로 묘사되었고, 창조는 엘로힘(Elohim, 하느님)에 의해서 이루어지며, 창조는 6단계로 구성되었는데 각 단계는 하루에 해당된다. 반면에 야훼파의 창세기는 태초에 천지는 초목이 없고 비가 내리지 않는 '황량한 곳'으로 묘사되어 있다. 그러나 창조 이전의 '태초'는 절대적 무가 아니라 혼돈의 세계에 질서를 세우는 과정으로 묘사되어 있다.

둘째 사제파와 야훼파의 창조신화는 다음과 같이 창조의 순서가 서로 다르다.

【사제파의 창조순서】

빛, 궁창, 땅(육지와 바다를 가름) → 초목(풀, 채소, 과일나무의 순서) → 천체(태양, 달, 별 등) → 새, 물고기 → 동물, 남녀를 동시에 창조한다.

【야훼파의 창조순서】

흙으로 사람을 만듦 → 동쪽에 에덴동산을 세움 → 생명의 나무와 선악나무를 포함한 모든 종류의 나무를 창조함 → 들짐승과 새를 만듦(물고기는 없음) → 남자의 몸에서 여자를 만든다.[19]

하지만 유일신 야훼의 계시로 쓰였다고 여겨지는 『구약성경』에 서로 다른 두 개의 창조신화가 존재한다는 당혹스런 사실을 이해하려면 히브리의 역사적·종교적 배경 지식이 필요하다.

첫째, 여호와 신이 흙으로 사람을 창조하는 것은 히브리인이 가나안에 정착하기 전에 살던 원주민과 메소포타미아의 신화와 전통을 반영한 것이다. 이를테면, 수메르 신화 「사람이 태어난 이야기」에서 출산의 모신들과 닌마흐(닌후르상) 여신은 점토로 인간들을 만든다. 또한 바빌로니아의 「에누마 엘리시」에서 마르두크는 반란세력의 사령관인 킹구의 피를 섞은 흙으로 인간을 창조한다. 반면에 야훼파는 '하느님이 티끌로 사람을 만들어 그 코에 생기(숨)를 불어넣었다.'라고 바꾼 것이다.

출산의 어머니 신들이 점토 덩어리를 떼어 낼 것입니다. / 당신(남무 여신)은 거기에서 몸의 형체가 생기게 하십시오.[20]

— 수메르의 신화 「사람이 태어난 이야기」

둘째, 아담의 갈비뼈에서 생명 있는 여자인 하와('산다'는 뜻)를 만들었다는 이야기는 수메르의 어머니 신 닌후르상이 병든 엔키 신의 갈비뼈에서 '생명의 여신'을 창조했다는 「엔키와 닌후르상」 신화의 영향을 받은 것이다.

내 동생, 어디가 아픈가? / 내 갈비뼈가 나를 괴롭힙니다. / 그녀는 갈비뼈의 여주인을 태어나게 했다.[21]

셋째, 에덴동산에서 에덴(Eden)은 아카드어의 '에디누(Edinu)'에서 유래했다. 하지만 고대신화에서 에덴은 지리적 장소라기보다는 해가 뜨는 동쪽의 낙원인 수메르의 파라다이스 '딜문'을 가리킨다.[22]

결론적으로 런던대학교의 구약학교수 후크는 히브리의 야훼파가 고대 히브리의 전승을 편집하는 과정에서 자기들의 신학적 목적과 의도에 따라 고대신화의 자료들을 **그대로 인용하거나, 혹은 적절히 수정하고, 변용(變容)했을** 가능성이 높다고 보았다. 그래서 야훼파의 창조신화는 다분히 메소포타미아적이지만 사제파의 창조신화는 바빌로니아적이다. 그것은 야훼파가 이스라엘 왕조 초기의 신학적 이론을 중시했다면 사제파는 바빌론 포로기 이후에 제사를 중시했기 때문이었다.[23]

세계적인 신화학자 캠벨에 따르면, 원래 야훼파의 자료는 기원전 9세기 남부 왕국 유다의 신화를 대표하고, 엘로힘파(Elohist)의 자료는 기원전 8세기 북부 왕국 이스라엘의 신화를 대표하는데, 기원전 7세기경 두 자료가 야훼파의 관점에서 개작되고 통합되었다. 더구나 기원전 4세기경 바빌론 유수 이후에 사제파의 자료가 혼합되었기 때문에 『구약성경』의 창조신화는 더욱 복잡하고 한층 난해하게 되어 버렸다.[24]

결국 『구약성경』은 수메르와 바빌로니아의 영향을 크게 받았지만 막스 교수와 후크 교수는 히브리인이 편찬한 「창세기」의 가치는 과학적이고 역사적이라기보다 종교적이라 보았다. 편찬할 당시 히브리의 사제들은 당시의 우주관에 자기들의 종교적 신앙과 신학적 전망을 집어넣어 독자에게 태고사의 신학적 의견을 제시했다는 것이다.[25]

신화의 종교성과 허구성

●

메소포타미아 지역의 여러 종교들은 시간이 흐르면서 사라지고 신화만 남아 있다. 그런데 특이하게 히브리인은 『구약성경』을 경전으로 삼아 지금도 자기들의 종교를 유지하고 있고, 유대교의 아들인 기독교, 특히 근본주의자들은 「창세기」의 천지창조를 사실로 믿고 있다. 그러나 미국 휘튼대학 구약학교수 월튼에 따르면, 「창세기」 1장~11장은 신화일 뿐만 아니라 심지어 파생된 것이며 저급한 신화라고 설명하기에 이르렀다. 더 방대한 연구는 아담과 하와, 계보(족보), 하느님의 아들들, 그리고 바벨탑에 대해서도 면밀한 검토를 거쳐 같은 결론에 이르렀다.[26]

자료 3-4-2 미켈란젤로의 천지창조(1511년, 시스티나 성당의 천장화)

그런 점에서 미국의 저명한 신화학자 캠벨은 세계는 신화로 가득 차 있지만 사실의 관점에서 보면 그 모두가 허위라고 지적했다. 캠벨은 히브리인의 연대기를 신화의 시대, 전설의 시대, 문서의 시대로 나누었다. 먼저 신화의 시대는 창조의 7일부터 에덴동산과 타락, 노아의 홍수, 바벨탑까지이다. 다음에 전설의 시대는 아브라함과 이집트에 들어감, 출애굽, 광야에서 보낸 세월까지이다. 마지막으로 문서의 시대는 가나안 정복과 통일 왕국, 이스라엘 왕국과 유다 왕국, 바빌론 유수까지이다.[27] 결론적으로 신화의 시대는 사실이 아니라는 뜻이다.

고대인이 창조신화를 만든 이유

히브리인을 포함하여 메소포타미아 사람들은 창조신화를 왜, 어디에 사용하려고 만들었을까? 종교사학자 엘리아데가 그 대답을 명쾌하게 알려 준다. 수렵채집 시대부터 농경 시대에 이르기까지 추장이나 왕의 즉위식, 또는 매년 신년축제를 지낼 때 우주와 세계의 갱신과 안정, 그리고 풍요를 위하여 사제들은 창조신화를 낭송하면서 의례를 거행했던 것이다.[28]

그런데 최근의 학자들은 히브리의 신년축제가 바빌론의 신년축제와 비슷하다는 것을 밝혀냈다. 바빌론 포로에서 예루살렘으로 귀환한 당시 사제파는 성전의 재건과 제사의식을 중시하여 종교적인 축제에 사용하려고 의식에 적합한 문집, 즉 창조신화를 의도적으로 만들었던 것이다. 물론 송가로 부른 찬양집도 있었다. 특히, 히브리의 신년축제는 7일간 거행되었는데, 사제파가 여호와의 창조활동을 7단계로 구분한 것은 이

들의 상관관계를 확실하게 증명한다.[29]

그런데 히브리인이 세계창조신화를 모방했다는 사실보다 더 중요한 것은 여호와가 말로써 무로부터 우주와 세상을 창조했다는 점이다. 하지만 이런 창조신화는 훨씬 전에 이집트의 프타 신화와 수메르의 창조신화에 나타나 있다. 흥미로운 것은 세계의 다양한 민족들이 나름대로 독특한 창조신화를 간직하고 있다는 점이다. 지금부터 세계의 창조신화를 검토하면서 그 의미를 깊게 이해해 보기로 한다.

창조신화의 종류

창조신화는 우주와 만물, 인간의 기원을 다룬 신화이다. 창조신화는 크게 자연적인 창조론과 신의 창조론으로 나눌 수 있다. 자연적인 창조론은 세상만물이 저절로 창조되었다는 신화이고, 신의 창조론은 조물주(造物主), 즉 신이 세상을 창조했다는 신화이다.[30]

자연적인 창조론

자연적인 창조론은 크게 분열론과 해체론이 있다. 첫째 분열론은 혼돈이 둘로 갈라졌다는 창조신화로서 중국의 도교, 일본의 신화, 그리스의 오르페우스교에서 볼 수 있다. 중국 도교의 예를 들면, 다음과 같다.

혼돈이 하나를 낳고, 하나가 둘을 낳고, 둘이 셋을 낳고, 셋이 만물을 낳

았다. 만물은 음을 뒤에 지고 양을 앞에 안고 음양의 두 기운이 가운데서 화(和)하여 만들어졌다.[31]

둘째 해체론은 단순한 존재가 구조적으로 풀어지고 나뉘어 세상이 창조되었다는 신화로서 세 종류가 있다. 먼저 창조주 브라만이 반려자를 원하자 그 생각이 갈라져 남성과 여성이 되어 부부가 되었다는 인도 신화가 대표적이다.[32] 다음에 세상의 부모인 하늘과 땅이 나뉘어졌다는 신화로서 이집트, 메소포타미아, 그리스, 동아시아, 폴리네시아 등 그 분포가 광범위하다. 마지막으로 어떤 존재가 여러 조각으로 나뉘었다는 신화로서 인도의 푸루샤 신화, 중국의 반고 신화, 바빌로니아의 티아마트 신화, 폴리네시아의 마오리족 신화가 있다.[33] 북유럽 노르웨이의 「이미르 신화」의 예를 들면, 다음과 같다.

죽은 이미르의 소금기 있는 피가 흐르고 흘러 바다를 이루었다. 이미르의 뼈는 산을 이루고, 살은 땅을 이루었다. 그의 머리카락에서는 온갖 식물들이 돋아났다.[34]

신의 창조론

신이 우주와 세상을 창조했다는 창조론은 두 종류가 있다. 첫째 신이 동물이나 마귀를 바다로 보내거나 신이 직접 바닷속에서 한 줌의 흙을 가지고 나와 세계가 탄생했다는 신화이다. 북아시아, 중앙아시아, 북아메리카, 초기 인도, 동유럽, 러시아에 퍼져 있다. 북아메리카의 호피족,

나바호, 아파치족의 예를 들면, 다음과 같다.

문화영웅이나 조물주가 동물을 시켜 바다에서 가져온 흙으로 지구를 창조하고 코요트를 만들었다. 그런데 인간과 동물의 두 모습을 지닌 제2의 문화영웅 코요트는 흙이나 나무로 인간을 만들어 생명을 불어넣고 동물과 삼라만상을 창조했다.[35]

둘째, 전지전능한 신이 생각과 말로 세상을 창조했다는 신화가 있다. 이집트 멤피스의 프타 신화, 유대교와 기독교의 야훼 신화, 폴리네시아의 키호 신화가 대표적이다. 이집트의 고대도시 멤피스 신전의 「샤바카 돌」에 새겨진 프타 신화의 예를 들면,[36] 다음과 같다.

프타는 헬리오폴리스의 아툼을 포함한 다른 신들을 그의 혀와 가슴으로부터 만들어 냈다. (중략) 프타는 모든 신들, 모든 인간들, 모든 소떼, 모든 기어 다니는 생명체의 입과 가슴 속에 존재했다. (중략) 모든 개체들이 그의 **말만으로 창조되었다**. (중략) 신들을 탄생시킨 후 그들을 위해서 도시와 신전과 영원한 양식을 만들었다.[37]

말로 세상을 창조한 교리는 중동 지역의 전통

런던대학교 하트 교수는 앞에 예시된 이집트의 고대도시 멤피스의 사제들이 만든 창조론이 『신약성경』 「요한복음」 1장 1~4절에 나타난다고 지적했다.

태초에 말씀이 계셨다. 말씀은 하느님과 함께 계셨고 / 하느님과 똑같은 분이셨다. / 말씀은 태초부터 하느님과 함께 계셨다. / **모든 것은 말씀으로부터 생겨났고 이 말씀 없이 생겨난 것은 하나도 없다.** / 말씀 속에 생명이 있었고 그 생명은 사람들의 빛이었다.[38]

물론 이집트 신왕국(기원전 1550년~기원전 1070년) 시기에 만들어진 멤피스의 우주론보다 수메르의 창조론이 훨씬 일찍 만들어졌다. 크레이머 교수에 따르면, 수메르 철학자들은 창조주가 계획을 세우고 성스러운 소리를 내고 이름을 말하면서 만물을 창조한다고 생각했다. 중요한 점은 이 교리가 나중에 중동 지역의 확고한 이론이 되었다는 사실이다.[39] 가장 잘 알려진 예가 바로 『구약성경』 「창세기」 1장 3절이다.

그때 하나님이 "빛이 있으라"하고 말씀하시자 빛이 나타났다.

1 페이건; 앞의 책(세계 선사 문화의 이해), 320~ 321쪽.

2 루; 앞의 책 1권, 82~83쪽.

3 조철수; 앞의 책(수메르 신화), 61~62쪽. 5행에서 구마사제는 엔릴의 구마사제가 엔키 신이라는 뜻이고, 정결례가 생기기 전이라는 뜻이다. 7행에서 하늘신의 성녀는 여사제이고 신성결혼이 생기기 전이라는 뜻이다.

4 조철수; 앞의 책(수메르 신화), 63~65쪽.

5 조철수; 앞의 책(수메르 신화), 68~69쪽. 크레이머; 앞의 책, 217쪽. 바빌로니아의「길가메시 서사시」에도 비슷한 내용이 나온다.

6 조철수; 앞의 책(수메르 신화), 73쪽.

7 크레이머; 앞의 책, 123쪽.

8 루; 앞의 책 1권, 119쪽.

9 후크; 앞의 책(중동 신화), 48쪽.

10 야곱센; 앞의 책, 214~233쪽.

11 월튼; 앞의 책, 66쪽.

12 이혜정; 메소포타미아 문명과 바빌로니아의 에누마 엘리쉬(김현선 외; 중동신화여행), 203~228쪽.

13 조철수; 앞의 책(수메르 신화), 170쪽.

14 There are the generation of the heaven and of the earth when they were created.

15 조철수; 앞의 책(수메르 신화), 154쪽.

16 후크; 앞의 책(중동 신화), 240~244쪽.

17 맥컬; 앞의 책, 113쪽, 127~128쪽.

18 조철수; 앞의 책(수메르 신화), 147쪽.

19 후크; 앞의 책(중동 신화), 222~223쪽.

20 조철수; 앞의 책(수메르 신화), 53쪽.

21 조철수; 앞의 책(수메르 신화), 214쪽.

22 후크; 앞의 책(중동 신화), 232~234쪽.

23 후크; 앞의 책(중동 신화), 234~243쪽.

24 J. Campbell; The Masks of God 3 -Occidental Mythology(신의 가면 3 -서양신화), 까치글방, 1999, 정영목 옮김, 123~125쪽.

25 막스, 후크; 앞의 책(성서주해), 5쪽.

26 월튼; 앞의 책, 50쪽.

27 캠벨; 앞의 책(신의 가면) 3권, 117쪽, 123~124쪽. 가나안 정복과 통일 왕국(기원전 1024년~기원전 930년경), 이스라엘 왕국과 유다 왕국(기원전 930년~기원전 721년경), 유다 왕국(기원전 721년~기원전 586년), 바빌론 유수(기원전 586년~기원전 538년)까지이다.

28 M. Eliade; Myth And Reality(신화와 현실), 한길사, 2011, 이은봉 옮김, 109~111쪽.

29 후크; 앞의 책(중동 신화), 245~256쪽.

30 창조신화는 주로 엘리아데의 『신화와 현실』, 비얼레인의 『세계의 유사신화』, 하르바의 『샤머니즘의 세계』를 참고하였다.

31 『도덕경』 42장 道生一 一生二 二生三 三生萬物 萬物負陰而抱陽 沖氣以爲和. 『열자』의 천서(天瑞), 『서경』의 「홍범구주」에도 태극이 음양을 낳는 우주의 원리가 나온다.

32 브리하다라냐카 우파니샤드(비얼레인; 앞의 책, 74~76쪽). 그리스, 중앙아메리카, 남아메리카 서부 해안, 폴리네시아, 인도네시아의 신화에서도 볼 수 있다.

33 엘리아데; 앞의 책(신화와 현실), 36쪽.

34 비얼레인; 앞의 책, 82쪽.

35 S. Thompson; The Polktale(설화학원론), 계명문화사, 1992, 윤승준, 최광식 옮김, 376~377쪽.

36 월튼; 앞의 책, 68쪽. 현재 전하는 멤피스의 창조 이야기는 기원전 700년경의 것이지만 기원전 3000년경의 구왕국 시대에 시작되어 전해진 것으로 여겨진다.

37 하트; 앞의 책, 32~34쪽.

38 하트; 앞의 책, 34쪽.

39 크레이머, 앞의 책, 115~120쪽.

편집된 모세의 십계명

― 「우르-남무 법전」과 「슈루팍의 가르침」을 편집하다 ―

세상에서 가장 오래된 지혜의 서는 히브리인이 창조한 「잠언」, 「욥기」, 「전도서」라고 알려져 있었다. 하지만 그보다 훨씬 전에 이집트와 수메르에 지혜의 서가 있었다는 사실이 밝혀졌다. 「잠언」은 이집트와 수메르 교훈집의 영향을 받았고, 「욥기」의 원전도 수메르에 있었고, 「전도서」는 그리스의 에피쿠로스학파와 스토아학파의 영향을 받은 것이었다. 특히 모세의 「십계명」은 여호와 신의 계시가 아니라 수메르의 잠언집 「슈루팍의 가르침」을 편집했다는 증거가 나타났다. 또한 그리스의 이솝우화보다 1000년 전에 수메르인이 동물우화를 창조한 사실도 드러났다. 이는 유럽 문명이 그리스의 헬레니즘에서 유래되었다는 사고방식을 뒤엎는 중대한 일이었다.

히브리의 잠언은 이집트 교훈집의 모방이다

●

이집트의 중요한 지혜서는 「프타호텝의 교훈집」과 「아메네모페의 교훈집」이다. 프타호텝은 기원전 2450년경 이집트 제5왕조 이세시(Isesi) 왕의 수상이었다. 그는 자기 아들에게 고위관리의 행동과 태도를 가르치려고 교훈집을 마련했다.[1] 37개의 교훈과 9개의 에필로그로 이뤄진 프타호텝의 첫 번째 교훈은 '겸손과 완전한 말의 발견'이다.

프타호텝이 아들에게 이르기를, 그대 아는 것이 있다 하여 심장이 허영에 차면 안 되나니. 학식 있는 자에게만 묻지 말고 무지한 자에게도 충고를 구하라. 삶의 예술에는 끝이 없으며 완벽에 다다르는 장인은 없기 때문이다. '완전한 말은 초록빛 돌보다 깊이 감춰져 있으나' 때로 맷돌을 돌리는 비천한 종에게서도 구할 수 있도다.[2]

그런데 히브리의 「잠언」 곳곳에 「프타호텝의 교훈집」과 유사한 구절이 나타나 있는 것이다. 시카고대학 월슨에 따르면, 지혜로운 사람들의 명언 30가지(잠. 23장 1~3절), 솔로몬의 금언(잠. 12장 4절, 15장 27절), 간음에 대한 경고(잠. 6장 24절, 29절, 7장 5절), 음란한 여자를 조심하라(잠. 7장 27절), 현숙한 아내(잠. 31장 10~12절, 31절), 어리석음에 대한 경고(잠. 6장 2절) 등이다.[3]

특히 앞에서 예시한 교훈집의 첫 장과 「잠언」 2장 1~5절을 비교해 보면 모방한 사실이 더욱 분명해진다.

내 아들아, 네가 내 말을 듣고 내 명령을 소중히 여기며 지혜로운 말에

귀를 기울이고 그것을 이해하려고 노력하여라. 네가 지식을 추구하고 깨달음을 얻고자 애쓰며 그것을 '은이나 숨겨진 보물을 찾는 것처럼 찾고 구하면' 여호와를 두려워하는 것이 무엇인지 깨닫게 되고 하나님에 대한 지식도 얻게 될 것이다.

다음으로 이집트 신왕국(기원전 1300년~기원전 1075년) 후기의 지혜서는 「아메네모페의 교훈」이다. 살아가는 데 필요한 격언과 훈계를 담은 이 교훈집도 처음에는 히브리 격언집에서 유래된 것으로 여겼으나 오늘날의 학자들은 오히려 오랫동안 발전해 온 이집트 지혜문학의 금자탑으로 보고 있다.

시카고대학 윌슨 교수에 따르면, 이 교훈집은 겸손하고 보다 순응적이며 덜 물질적인 세계관을 보이는 점에서 기원전 10세기 이후 기원전 7세기~기원전 6세기 신왕국 시대의 작품으로 보인다. 서문과 함께 30장으로 구성된 이 교훈집은 「잠언」 22장 17절~24장 22절과 밀접한 관련성을 보인다.[4]

네가 가진 것을 늘리려고 애쓰지 말라. 네가 가진 것에 만족해라. 재산은 슬그머니 와서 날이 새기 전에 너를 떠날 것이다. 그것은 '거위처럼 날개를 내어 하늘로 날아갈 것이다.'[5]

— 「아메네모페의 교훈」 7장

부자가 되려고 너무 애쓰지 말고 자제하는 지혜를 가져라. 재물은 사라지는 법이다. '독수리처럼 날개가 돋쳐 날아가 버릴 것이다.'

— 「잠언」 23장 4~5절

그런데 「아메네모페의 교훈」은 「잠언」의 많은 곳에 영향을 끼쳤지만, 「시편」 1장과 103장 14절에도 그 흔적을 남겼다.[6]

참으로 잠잠한 사람은 자신과 구별되게 한다. / 그는 정원에서 자라는 나무와 같다. / 그것은 번창하여 열매를 두 배로 맺는다. / 그것은 자신의 주 앞에 선다.

— 「아메네모페의 교훈」 4장

복 있는 사람은 그 율법을 밤낮 묵상하는 자이다. / 그는 시냇가에 심은 나무가 / 철을 따라 과실을 맺고 / 그 잎이 마르지 않는 것처럼 / 하는 일마다 다 잘될 것이다.

— 「시편」 1장

영국의 문명사학자 토인비는 페니키아인의 손을 거쳐 히브리에 전달된 「아메네모페의 교훈」을 히브리인이 축자(逐字), 즉 글의 내용을 풀이하거나 옮겨서 「잠언」을 만들었다고 지적했다.[7]

원래 '잠언은 유다 왕 히스기야의 신하들이 편집한 솔로몬의 금언이다.'라고 「잠언」 25장 1절에 기록되어 있다. 그러나 스위스 취리히대학 유대교교수 슈미츠는 「잠언」은 솔로몬의 작품이 아니라 솔로몬 궁정의 서기관들이 수집하고 기록했을 것이라고 보았다. 또한 슈미츠에 따르면, 모세에 비해 다윗과 솔로몬은 역사적 인물인데, 다윗은 텔단 비문의 '다윗의 집'에서 한 왕조를 세운 것으로 드러났고, 마찬가지로 솔로몬도 므깃도, 하솔, 게셀의 유적과 연관되어 있다. 하지만 두 인물은 이상화되었고 제국을 건설했다는 증거는 없다. 기원전 9세기에 이스라엘과 유대는 텔단 비문에 기록된 아람, 모압, 암몬, 에돔처럼 작은 세습 왕국에 불과하고 청동기 시대의 도시문화를 건설하였다는 점에서 군장국가를 뛰어넘었을 것이다.[8]

실존성이 의심스러운 모세와 출애굽기

●

「십계명」은 여호와 신이 모세에게 들려준 히브리인이 지켜야 할 열 가지 계율이다. 모세는 시나이산에서 여호와에게 「십계명」을 받아 두 개의 석판에 새겼다고 전승되어 왔는데, 그 첫 번째 계명은 오로지 자기만 섬기라는 내용이다.

"나는 종살이하던 너희를 이집트에서 인도해 낸 너희 하나님 여호와이다. 너희는 나 외에 다른 신을 섬기지 말라."

할리우드가 만든 상업적 영화 「십계」가 보여 주듯 모세의 이집트 탈출은 람세스 2세(기원전 1304년~기원전 1237년) 때 일어난 사건이라고 알려져 있다. 그러나 런던대학교 구약학교수 후크는 「출애굽」 이야기의 모티브가 역사적 사실을 기초로 하고는 있지만 전체적인 이야기 구조는 객관적 역사기술의 관점과는 거리가 멀다고 보았다. 특히 모세가 일으킨 여러 재앙들, 즉 곤충이나 동물, 전염병, 우박 등 10가지의 재앙이나 지팡이가 바다를 갈라지게 하는 등의 기적들은 초현실적이기 때문에 더욱 역사성과 현실성이 부족하다는 것이다.[9]

그런 기적들 때문에 미국 휘튼대학 구약학교수 월튼은 오히려 사람들에게 불신의 대상이 되었다면서 다음과 같이 비판했다.

유대인이 이집트에 있었다는 아무런 증거도 없다. 더구나 이집트의 왕실기록에 모세(또는 요셉)에 대한 증거도 없으며, 재앙에 대한 증거, 시나이산의 위치에 대한 일치된 견해, 유대인이 광야에 있었다는 표시도 없다. 더구나 성경에 이집트 파라오의 구체적인 이름이 나와 있지 않고, 유대인이 건설한 도시의 정체도 논란거리가 된다. 더 큰 문제는 비교할 만한 문헌조차 없다는 사실이다.[10]

유대교교수 슈미트도 구약에 기록된 세상의 나이,[11] 히브리인의 이집트의 거주 기간, 솔로몬의 성전 건축의 시기는 '전연 신빙성이 없는 허구이고 아름다운 픽션'이라고 단정했다.

> "이것은 아담 자손들의 족보이다. … 아담은 130세에 자기를 닮은 아들을 낳아 그 이름을 셋이라고 지었다. (중략) 그리고 노아는 500세가 지난 후에 함과 아벳을 낳았다."
>
> ─ 「창세기」 5장

> "야곱은 이집트에서 17년을 살았으며 이제 그의 나이는 147세가 되었다."
>
> ─ 「창세기」 47장 28절

> "이스라엘 백성들은 이집트에서 430년 동안 살았다. 그런데 여호와의 백성들이 이집트를 떠난 것은 430년 되는 그해의 마지막 날이었다."
>
> ─ 「출애굽기」 12장 40~41절

> "이스라엘 백성들이 이집트에서 나온 지 480년이 지나고 솔로몬이 왕이

된 지 4년째가 되는 해 2월에 성전 건축 공사를 시작하였다."

—「왕들의 통치 1」6장 1절

슈미츠 교수는 특히 「창세기」5장과 11장에는 다양한 연대로 표현되어 있는데, 이런 변종들은 구약 편집자들의 의도에 따라 서로 다르게 나타난 것이라고 지적했다.[12] 더구나 케임브리지대학 사회인류학교수 리치는 모세나 다윗 같은 인물들이 실재적으로 존재했다는 고고학적 증거는 전혀 없다고 보았다. 왜냐하면 다양하고 출처도 다른 고문서들이 오랜 시기에 걸쳐 편집된 오늘날의 성경은 총체적으로 볼 때 신화이고 성스러운 이야기이지 결코 역사책이 아니기 때문이라는 것이다.[13]

리치의 주장은 「출애굽기」의 편찬 시기를 살펴보면 더욱 분명해진다. 「출애굽기」는 모세가 죽은 뒤 무려 400년 내지 600년 뒤에 기록되었다. 람세스 2세 때부터 600여 년의 세월이 흐른 뒤에 비로소 유대교 경전이 편찬되었다고 미국의 종교학자 노스가 밝혔다. 다시 말하면, 기원전 538년 신바빌로니아가 페르시아에게 망하자 50여 년 동안 노예생활을 하던 바빌론에서 해방된 히브리의 사제와 율법학자들이 바빌론과 에루살렘에서 모세오경, 즉 「창세기」, 「출애굽기」, 「레위기」, 「민수기」, 「신명기」를 완성했는데, 이때 여러 예언서나 「시편」과 함께 히브리 경전의 75%가 이루어진 것이다.[14]

따라서 모세의 이야기는 여러 민족의 영웅·전설처럼 사실로 받아들일 수 없는 것은 당연하다. 무엇보다 『구약성경』은 다양한 시기에 기록되고, 확대되고, 수정되고, 편집되었을 뿐만 아니라 저자들도 다양한 지적·사회적 분위기 속에서 살았던 인물들이기 때문이다. 그런 증거가 「십계명」에도 보이는데, 바로 「출애굽기」 20장과 「신명기」 5장의 내용에서 나타나는 차이점이다. 그 이유는 모세오경의 마지막 책인 「신명기」는 보다 후대에 언약서를 다시 해석한 책이기 때문이다.[15] 무엇보다 수메르의 「우르-남무 법전」이나 바빌로니아의 「함무라비 법전」이 발견되면서 「십계명」이 시나이산에서 하느님과 소통해서 모세에게 주어졌다는 전통적인 생각은 내용, 문체, 그리고 의미의 비슷함 때문에 위태롭게 되고 말았다.[16]

유일신은 히브리의 독창적 종교관이 아니다

●

모세의 「십계명」의 첫 번째 계명인 '나 외에 다른 신은 섬기지 말라.'는 유일신교 사상이라는 점에서 대단히 독특하다. 다신교가 일반적이었던 당시 메소포타미아나 이집트의 문명권에서 이런 사상은 아주 획기적인 종교관이었다. 그러나 이 유일신교는 히브리인의 독창적인 종교관은 아니었다. 바로 아시리아와 바빌론, 특히 이집트의 파라오 아크나톤의 영향을 받아서 이루어진 것이다.

먼저 아시리아와 바빌론의 영향에 대하여 슈미트 교수에 따르면, 문헌상으로 바빌론 시대에 처음으로 구약의 「제2 이사야서」에서 뚜렷하게 일신론적인 기록을 발견할 수 있다. 그러나 성경의 일신론은 그냥 태어난 것이 아니라 아시리아 시대 이후 이스라엘에서 점진적으로 발달해 왔다. 히브리인은 아시리아가 강요한 정치적 충성맹세를 여호와에 대한 충성맹세로 바꾸어 바빌론 시대에 「제2 이사야서」에서 발전시킨 것이었다.[17]

군국주의 아시리아의 충성맹세는 잔인한 정책이었다. 아시리아는 반란을 일으키면 불에 태워 죽이거나 살갗을 벗기면서 일부러 잔인성을 선전하여 공포심을 불러일으켰다. 특히 아시리아는 반란을 막으려고 정복한 주민을 강제로 이주시키거나 충성맹세를 강요했는데, 이집트 전체와 이란 서부까지 정복한 에사르하돈 왕(기원전 680년~기원전 669년 재위)의 「종주조약」에 그 내용이 아주 상세하게 나타나 있다. 이 조약은 아시리아의 주신 아슈르와 수많은 신, 그리고 종속당한 민족의 신 앞에서까지 충성을 맹세시키는 106조의 협박과 저주가 담긴 방대하고 집요한 맹세이다. 그 일절을 소개하면, 다음과 같다.

신이나 주의 이름을 더럽히는 자들의 손과 발을 자르고 눈을 멀게 하는 것과 같이 그들이 너희를 파멸시키고 늪의 갈대와 같이 흔들리게 하며 적의 상처를 꿰맨 곳에서 나오는 피처럼 너희를 뜯을 것이다.

— 「종주조약」[18]

결국 기원전 721년 아시리아에게 정복당한 북부 이스라엘 왕국은 인구가 분산되어 끝내 사라져 버렸고, 남부의 유다 왕국만 살아남아 여호와 신과 충성계약을 맺어 겨우 자기 민족을 유지했던 것이다.

아크나톤의 태양신 아톤과 히브리의 유일신교

●

아시리아의 군국주의가 팽창하던 시대보다 훨씬 빠른 기원전 14세기에 이집트의 파라오 아크나톤이 태양신 아톤을 숭배하는 유일신교를 창시했음이 밝혀졌다.

시카고대학교 윌슨 교수에 따르면, 파라오 아멘호테프 4세는 종교적, 정치적, 예술적, 문학적 혁명을 시도했다. 태양신 아톤을 숭배하는 아멘호테프의 사상은 「아톤 찬가」에 잘 나타나 있다. 이 작품은 태양의 보편성과 은혜로움을 보여 주고 있는데, 『구약성경』의 「시편」 104장과 사상과 언어가 유사하다는 점에서 주목받고 있다.[19]

이집트 문학에서 가장 아름다운 작품으로 알려진 「아톤 찬가」는 아크나톤이 직접 지은 130여 행의 장시로서 『구약성경』의 「이사야서」보다 700년이나 앞서 일신론적인 사상을 뚜렷하게 표현한 최초의 작품이다. 첫 연은 태양신 아톤의 예찬으로 시작된다.

아, 생명의 시작이신 살아 계신 아톤이시여. / 하늘의 지평선으로 당신이 떠오르는 모습은 아름답습니다. / 당신은 동쪽 지평선에서 떠오르면서 / 당신의 아름다움으로 온 땅을 가득 메우십니다. / 온 땅 위에 높이 떠오른 당신은 아름답고 위대하며 빛으로 반짝입니다. / 당신의 햇살이 대지를, 그리고 당신이 만든 만물을 감싸 안습니다. / 레(Re), 당신은 그 모든 것을 포로로 데려갑니다. / 당신은 그 모든 것을 사랑으로 동여맵니다. / 당신은 아득히 멀리 있지만 당신의 햇살은 땅 위로 내리쪼이고 / 당신은 저 멀리 높이 떠 있지만 당신의 발자국은 낮이 됩니다.[20]

원래 아크나톤의 본명은 아멘호테프 4세였다. 그는 '아톤 신이 흡족해한다.'라는 뜻인 '아크나톤'으로 자기 이름까지 바꾸고 아톤을 유일신으로 선언하는 종교개혁을 단행했다.[21] 당시 신전은 광대한 농토를 소유하고 사업체까지 경영하여 왕실보다 세력이 더 강력해졌으며 대대로 세습된 사제들은 강제노역과 군대생활, 세금도 면제받는 특권을 지녔다. 더

구나 사제들은 부적을 팔거나 「사자의 서」같은 기도문을 외워 천국에 가는 일을 더 중요시했다. 그래서 아크나톤은 이집트의 수많은 비석에서 아톤 신의 이름을 제외한 모든 신의 이름을 제거하라는 명령을 내리고 옛 신전을 모두 폐쇄시키고 수도까지 옮겼다. 문명사학자 듀런트에 따르면, 이는 역사상 최초의 일신교라고 알려져 있다.[22]

하지만 아크나톤이 사망하자 크게 반발했던 사제들은 옛 신앙을 복귀시켰고, 아크나톤의 뒤를 이은 투탕카멘, 세티 1세, 람세스 2세는 예전의 신앙으로 되돌아갔다. 그중 기원전 13세기경 람세스 2세는 히타이트를 몰아내고 팔레스타인을 정복했는데, 그때 모세가 이집트를 탈출하여 약속의 땅인 가나안에 정착하기 시작했다고 알려져 있었다. 그러나 현대의 역사적 자료에는 히브리인들의 이집트 탈출이나 가나안 정복을 직접 언급한 것이 없다. 오직 기원전 1225년경 람세스 2세의 아들인 파라오 메르넵타가 세운 전승기념비에서만 간접적으로 언급하고 있을 뿐이다. 이집트의 테베에서 발견된 이 기념비는 기원전 1230년 봄에 메르넵타가 리비아와 싸워 이긴 전투와 관련성이 있다.

히타이트인의 땅이 평정되고 (중략) **이스라엘**이 폐허가 되고 그 씨가 말랐다. 팔레스타인은 이집트를 위해 과부가 되고 모든 땅이 통일되고 모든 땅이 평정되었다. 소란을 일으키는 모든 땅이 메르넵타 왕에게 굴복했다. (후략)[23]

이 기념비에 문서상 처음으로 '이스라엘'이라는 이름이 등장하지만 메르넵타 왕이 모세의 이집트 탈출 당시의 파라오였다는 것을 증명하는 것은 아니다. 다만 모세의 시대에 높은 출산율 덕분에 수천 명의 유대인들이 이집트에 거주했을 가능성이 있다.[24] 시카고대학교 윌슨 교수는 비석의 내용은 다른 두 비석과 마찬가지로 역사적이라기보다 파라오의 우주적 승리에 대한 시적 찬사라고 보았다.[25]

제1계명은 피와 죽음의 명분과 빌미가 되었다

●

비교종교학자이며 서울대 교수를 역임한 민희식은 유일신이며 태양신인 아톤을 숭배하는 모세 일파라고 불리던 집단이 이집트의 일신교 신앙을 가지고 가나안으로 이동했다고 보았다.[26] 하지만 성경 편찬의 연대를 볼 때 성경문헌학자 슈미트에 따르면, 「십계명」의 기원은 기원전 6세기경 바빌론 시대와 제2 이사야 시대 이전에서 찾아야 한다. 왜냐하면 첫 번째 계명에 나타난 다신론적인 사고방식 때문이다. 다시 말하면, 국제적인 접촉이 심했던 바빌론 포로기에 자기 민족의 정체성에 위협을 받은 히브리의 제사장들이 이방신과 우상을 금지했던 것이다. 그런 점에서 유대교의 기원도 페르시아 시대, 즉, 기원전 5세기~기원전 4세기에 두어야 할 것이다.[27]

중요한 사실은 신약의 예수에 비교되는 구약의 모세는 「십계명」을 정한 유대교 교리의 창시자라는 점이다. 그런데 '너희는 내 앞에 다른 신을 모시지 말라.'라는 제1계명은 역사상 가장 피와 죽음을 부른 명분과 빌미가 되었다.[28] 왜냐하면 독일의 종교철학자 포이어바흐는 히브리인의 이기주의가 반영된 유일신 여호와는 히브리인 외에는 아무것도 관심을 가지지 않는 존재이기 때문이라고 날카롭게 비판했다.[29]

「슈루팍(Shuruppak)의 가르침」을 본뜬 십계명

이집트보다 수백 년 더 앞서서 수메르에 잠언집이 존재하였다는 사실이 밝혀졌다. 고대 메소포타미아의 학교에서는 수메르어를 배우는 초급학생들의 교과서로 잠언이 사용되었고, 바빌로니아 시대에는 수십 개가 넘는 수메르의 잠언집을 수집하여 20여 개의 전집으로 편찬했던 것이다. 이 전집 중에서 니푸르의 북쪽 아부잘라비크에서 발견된 기원전 2500년경의 점토판과 니푸르의 남쪽 아답에서 발굴된 기원전 2400년경의 점토판은 인류 역사상 가장 오래된 잠언집의 하나이다. 이를 「슈루팍의 가르침」이라고 부르고 있다.[30]

지혜로운 자의 어록집인 「슈루팍의 가르침」은 기원전 2500년경 수메르의 도시국가 슈루팍의 왕이던 슈루팍이 그의 아들 지우수드라에게 준 교훈집이다. 특히 지우수드라는 대홍수 때 살아남아 영생을 누린 사람이라고 전해지는 인물이다. 중요한 것은 「슈루팍의 가르침」은 훗날 모든 교훈과 잠언서의 기본 뼈대가 되었고, 특히 히브리『구약성경』의 「십계명」과 모든 법전의 토대가 되었다고 여겨지는 점이다.[31]

고대 바빌로니아 시대에 편찬된 아부잘라비크 점토판은 앞뒷면에 180칸이 넘게 새겨진 교훈집으로 국판 16쪽 분량이다. 이 「슈루팍의 가르침」의 시작 부분에 다음과 같은 내용이 있다.

지혜롭고 유식한 사람이 나라에 살았다. / 슈루팍은 그의 아들에게 가르쳤다. / [내가 가르치겠다. 주의하여 들어라.] / 도둑질을 하지 말라. 네 자신이 쓰러지는 것이다. / 도둑은 정말로 사룡(蛇龍)이며 즐긴 자는 진실로 여종이다. / (남의) 집을 부수고 들어가지 말라. […] / 살인강도를 하지 말라. […] / 간음하지 말라. 네 스스로 […] / (남의) 젊은 여자와 놀지 말라. 구설수가 커진다. / 맹세를 하지 말라. 네 자신이 매인다. / 말다툼을 일으키지 말라. 네 것이 쓰러지는 것이다. / 거짓을 [불리지 말라.] …32

「슈루팍의 가르침」, 즉 '도둑질, 살인, 간음, 헛된 맹세, 말다툼, 거짓증거'는 500년 뒤에 「우르-남무 법전」으로 발전되었다. 「우르-남무 법전」에서 1~3조가 살인, 강도, 상해이고, 6~8조가 간음이고, 13~14조가 거짓증거의 판례이기 때문이다.33

재미있는 것은 히브리의 교사가 제자들에게 토라를 가르칠 때 '내 아들아, 내 가르침을 들어라. 첫째, 살인하지 말라.' 형식으로 되어 있다는 점이다. 이러한 표현법도 「슈루팍의 가르침」과 비슷하다. 주목할 사실은 이런 표현법이 모세의 「십계명」까지 이어졌는데, 특히, 제5계명부터 「슈루팍의 가르침」과 순서까지 거의 비슷하다는 점이다.

네 부모(의 가르침)을 존중하라. 도둑질하지 말라. 살인강도를 하지 말라. 간음하지 말라. 맹세를 하지 말라. 젊은 여자와 놀지 말라. 말다툼을 일으키지 말라.

— 「슈루팍의 가르침」³⁴

너희 부모를 공경하라. 살인하지 말아라. 간음하지 말아라. 도둑질하지 말아라. 너희 이웃에 대하여 거짓증언하지 말아라. 너희 이웃집을 탐내지 말아라.

— 「십계명」³⁵

이 「슈루팍의 가르침」은 기원전 1800년경 고대 바빌로니아 시대에 다시 편집되어 메소포타미아 지역에 널리 퍼지게 되었다.[36]

수메르의 영향을 받은 잠언

「슈루팍의 가르침」은 모세의 「십계명」만이 아니라 구약의 「잠언」에도 영향을 끼쳤다. 「잠언」은 시작부터 '네 부모(의 가르침)을 존중하라.'라는 「슈루팍의 가르침」과 내용과 형식이 비슷하다.

"이것은 솔로몬의 금언이다. 지혜로운 아들은 자기 아버지를 기쁘게 하지만 미련한 아들은 자기 어머니를 슬프게 한다."

그런데 기원전 1800년경 고대 바빌로니아 시대에 다시 편집된 「슈루팍의 가르침」은 다양한 수사법, 특히 비유를 동원하여 지혜와 교훈을 간결하게 표현한 점에서 현대의 속담과 유사하다.

울어대는 나귀를 사지 말라, 한밤중에 너를 괴롭힐 것이다. / 길에 밭을 가꾸지 말라, 아우성친다. / 밭 가운데 우물을 만들지 말라, 동네 사람들이 밭을 망가뜨릴 것이다. / 넓은 길거리로 집을 늘리지 말라, 마차 행렬이 지나간다.[37]

이솝우화보다 천 년 앞선 수메르의 동물우화
●

수메르의 속담은 간단한 줄거리가 첨가되어 우화로 발전된 것으로 보인다. 우화는 동물을 주인공으로 삼아 인간의 어리석음을 강조하려고 지어낸 이야기이다. 그런데 서양의 우화는 이솝에서 비롯되었다고 알려져 있지만 수메르인은 이솝우화보다 무려 1000년 먼저 우화를 창조한 사실이 밝혀졌다. 에드먼드 고든은 수메르의 속담과 우화를 295개나 해석해 냈는데, 우화 속에는 개와 여우, 당나귀, 돼지 등 64종의 동물들이 등장한다. 이를테면, 수메르의 여우는 자만심과 겁이 많은 동물로 등장하여 이솝우화의 영리하고 교활한 여우보다는 '쥐와 족제비'와 닮았다.

여우는 야생 황소의 뿔을 달라고 엔릴 신에게 요구했다. 그러나 비와 바람이 몰아치자 그 뿔이 입구의 바위에 걸려 도저히 굴에 들어갈 수가 없었다. 밤새도록 비를 흠뻑 맞은 여우는 날이 밝는 대로…[38]

뒷부분은 점토판이 부서져 내용을 알 수 없지만, 아마 여우는 이솝우화처럼 신에게 뿔을 떼어 달라고 애원했을 것이다. 결국 동물을 통해 인간성을 파악하고 풍자하는 수메르인의 지적인 통찰력과 능숙한 은유적 표현법은 여러 경로를 통해 그리스에 흘러들어 가 기원전 6세기경 인물로 알려진 이솝의 우화에 영향을 주었다고 추정할 수 있다.

히브리의 욥과 수메르의 슐쉬 메스크레 샤칸

●

흥미로운 것은 『구약성경』에서 가장 문학적인 향기가 높다고 알려진 「욥기」도 수메르나 바빌로니아의 문학작품에서 빌린 사실이 밝혀진 점이다. 크레이머 교수는 「욥기」의 원전이 된 수메르의 시는 '이해의 깊이와 넓이, 표현의 아름다움'에서 「욥기」와는 비교가 되지 않는다고 평가했다.[39]

그 내용은 수메르의 니푸르에 살던 슐쉬 메스크레 샤칸이라는 고위관리가 이유를 알 수 없는 병을 앓으면서 자기의 그릇된 행동이 고난의 원인이었다는 것을 자각하고 신에게 기도하여 구원을 받은 것을 시로 읊은 140여 행의 장시이다. 다음은 고난을 준 신에 대한 원망이 나타난 부분이다.

당신은 언제나 새로운 고난을 저에게 주었으며 / 제가 집에 들어가면 영혼이 무겁고 / 남자인 제가 거리에 나가면 마음이 짓눌리고 / 씩씩하고 공평한 저의 목자는 저에게 화가 나서 / 저를 적대시합니다.[40]

히브리 경전 편찬의 역사적인 내막

●

지금까지 살펴본 내용을 영국의 저명한 문명사학자 토인비의 설명을 토대로 히브리 경전의 역사성을 정리해 보기로 한다.

기원전 10세기가 끝나기 전에 히브리인은 페니키아 알파벳인 가나안어로 문학작품을 쓰기 시작했다. 유대교의 경전은 신화, 전례문(典禮文, liturgy), 세속적 시가, 역사, 법률, 잠언, 예언서 등으로 나눌 수 있다. 먼저 다윗과 솔로몬의 역사적 기록은 거의 그 시대의 공문서에 의지했다. 모세오경과 예언서 중에서 역사적 부분은 본래 히브리인의 문학작품이고, 모세오경의 신화 중에서 홍수 이야기는 수메르가 기원인데 아카드와 가나안의 손을 거쳐 전해진 것이다. 모세의 율법은 수메르-아카드 율법집의 개정판이며 현재 바빌로니아판, 아시리아판, 히타이트판이 발견되었다. 「시편」은 기원전 14세기경 페니키아 문학이 발견되면서 가나안 성가의 양식이라는 것이 증명되었다. 「잠언」 8장과 9장도 가나안에 그 기원을 두고 있는데, 「잠언」의 격언들은 이집트 작품인 「아메네모페의 교훈」에 포함된 금언을 히브리인들이 본래의 뜻에 충실하게 풀이하거나 번역하여 옮겨 놓은 것이다.[41]

결국 『구약성경』이 파생되거나, 차용되었거나, 허구적이거나, 신빙성이 없는 것으로 전개되었다는 비교학자들의 주장은[42] '서로 교류했다.'라는 뜻으로도 볼 수 있다. 솔로몬 이후 서남아시아 여러 나라들은 상업, 문학, 종교의 교류가 빈번했는데, 자기 지역의 신은 물론 다른 국가의 신도 믿었다. 이를테면, 다양한 국제결혼으로 유명한 솔로몬처럼 왕이 외국인 공주와 결혼하면서 여러 신들이 자연스럽게 교류되었고, 상인들과 함께 국경을 넘나든 예언자들의 힘으로 신을 숭배할 때 필요한 종교적 의식이나 문학적인 양식도 서로 영향을 주었을 것이다.[43]

결국 유럽 문명이 그리스에서 출발하였다고 믿었던 유럽인은 수메르와 바빌로니아 문명이 더 오래된 것임이 밝혀지면서 대단히 경악하고 심한 현기증을 느꼈을 것이다. 수메르학자 시친은 '신들의 고향도 수메르'라고 주장했는데 4부에서 수메르의 종교와 신들의 문제를 다루어 보기로 한다.

1   수상 프타호텝의 가르침(프리처드; 앞의 책, 윌슨 옮김, 645쪽).

2   Ptahhotep; L'enseignement du Sage égyptien Ptahhotep(현자 프타호텝의 교훈), Christian Jacq 역해, 문학동네, 1999, 홍은주 옮김, 53쪽. 내용은 부부생활, 관료들의 처신, 진리에 대한 탐구 등 광범한데 루브르박물관에 보관되어 있다. '초록빛 돌'은 보석이다.

3   수상 프타호텝의 가르침(프리처드; 앞의 책, 윌슨 옮김, 645~649쪽).

4   아메네모페의 가르침(프리처드; 앞의 책, 윌슨 옮김, 649~659쪽). 이집트의 테베에서 나온 이 파피루스의 사본은 대영박물관 '파피루스 10474'에 보관되어 있다.

5   프리처드; 앞의 책, 윌슨 옮김, 652~653쪽.

6   프리처드; 앞의 책, 651쪽.

7   토인비; 앞의 책(세계사), 152쪽.

8   K. Schmid; Literaturgeschichre des Alten Testaments Eine Eineführung(고대 근동과 구약문헌사), 기독교문서선교회, 2018, 이용중 옮김, 146~148쪽, 109쪽.

9   후크; 앞의 책(중동 신화), 284쪽.

10 윌튼; 앞의 책, 51쪽.

11 어서 주교는 성경에 등장하는 인물들의 나이를 합산하여 세상의 나이, 즉 천지창조를 약 6000년 전이라고 주장했다.

12 슈미트; 앞의 책, 403쪽.

13 E. Leach; Structuralist Interpretations of Biblical Myth(성서의 구조인류학), 한길사, 2009, 신인철 옮김, 62쪽, 120쪽.

14 J. Noss; Man's Religions(세계종교사), 현음사, 2000, 윤이흠 옮김, 206쪽, 263쪽.

15 슈미트; 앞의 책, 99~100쪽, 199~205쪽.

16 윌튼; 앞의 책, 51~52쪽.

17 슈미트; 앞의 책, 216~217쪽.

18 에사르하르돈의 종주 조약 95조 626행(프리처드; 앞의 책, 라이너 옮김, 447~471쪽).

19 프리처드; 앞의 책, 윌슨 옮김, 615~616쪽.

20 듀런트; 앞의 책 1-1권, 366~371쪽.

21 윌슨은 아크나톤의 뜻을 '아톤에게 쓸모 있는 자'로 해석했다.

22 듀런트; 앞의 책 1-1권, 363~375쪽.

23 듀런트; 앞의 책 1-1권, 491~492쪽. 메르네프타의 승리의 찬송시(프리처드; 앞의 책, 윌슨 옮김, 621~622쪽).

24 듀런트; 앞의 책 1-1권, 492쪽.

25 프리처드; 앞의 책, 윌슨 옮김, 621~622쪽.

26 민희식; 성서의 뿌리 -오리엔트 문명과 구약성서, 블루리본, 2008, 244~245쪽.

27 슈미트; 앞의 책, 265~256쪽, 270~271쪽.

28 도킨스; 앞의 책, 61쪽.

29 L. Feuerbach; Das Wesen des Christentums(기독교의 본질), 한길사, 2014, 강대석 옮김, 207~208쪽.

30 조철수; 앞의 책(수메르 신화), 549~550쪽.

31 조철수; 앞의 책(수메르 신화), 550~552쪽.

32 조철수; 앞의 책(수메르 신화), 550~551쪽. 손상된 부분은 추정하여 보충되었다.

33 우르-남무 법전[조철수; 앞의 책(수메르 신화), 543~545쪽].

34 조철수; 앞의 책(수메르 신화), 550~551쪽.

35 생명의 말씀사 편집부; 앞의 책, 이집트 탈출기(출) 20장 12~17절.

36 프리처드; 앞의 책, 666~711쪽.

37 조철수; 앞의 책(수메르 신화), 554쪽.

38 크레이머; 앞의 책, 181~185쪽.

39 크레이머; 앞의 책, 164쪽.

40 크레이머; 앞의 책, 164~166쪽.

41 토인비; 앞의 책(세계사), 152쪽.

42 윌튼; 앞의 책, 52~53쪽.

43 토인비; 앞의 책(세계사), 152~153쪽.

4부

수메르의 종교

종교는 평민들에게는 진실로 여겨지고, 현자들에게는 거짓으로 여겨지고, 통치자들에게는
유용한 것으로 여겨진다.

— 세네카

구석기 시대 후기에 인류는 사람이 죽으면 무덤에 매장하고 시신에 붉은 흙을 뿌리거나 돌로 덮어 사자의 출현을 방지하였다. 그리고 신석기 시대에 인류는 곡식이 재생하는 것을 보고 삶의 연속성을 발견하였다.

수메르의 사제는 자연을 의인화하여 신을 만들고 왕을 신의 대리자라고 선전했다. 사제들은 접신과 꿈을 통해 신의 계시를 받고 간점을 쳐서 다시 확인했으며, 주문을 외우면서 정결의식과 소각의식을 치러 악령을 쫓아냈다.

수메르의 신들은 정치·경제적 세력에 따라 그 서열이 바뀌었다. 도시국가의 군주는 신성결혼을 통해 자연을 통제하는 존재로 여겨졌고, 특별한 능력으로 신과 소통한 사제들은 여러 기원신화를 만들고 왕권과 결탁하여 권력을 장악하였다.

4부의 전반부는 구석기 시대 후기부터 죽음의식을 통해 종교가 형성되는 과정에서 사제가 왕권신수설과 종교적 의식을 만드는 내용이다. 후반부는 사제들이 도시국가의 세력을 배경으로 신들의 위계질서를 정하는 권력투쟁에 대한 내용이다.

종교의 기원

죽음의식에서 종교가 발생했다고 보는 인류학자들이 있다. 독일의 철학자 포이어바흐는 공포와 감사로부터 종교가 발생했다고 보고 있다.[1] 죽음의 공포, 즉 사람이 죽는다는 자각과 죽음을 초월하려는 노력은 아마도 구석기 시대인 100만 년 전부터 시작되어 적어도 신석기 시대인 1만 년 동안 인류를 사로잡았을 것이다.

그런데 후기 구석기 시대의 무덤을 보면 죽음이 단절이 아니라 삶의 연속이라는 흔적이 나타난다. 농경과 목축을 하면서 마을에 정착한 신석기 시대의 인류는 곡식이 다시 살아나는 것을 보고 인간의 삶도 영속한다고 생각했던 것이다. 특히, 효소의 작용으로 곡식이 술로 변하는 것을 발견한 인류는 술을 마시고 환각상태에 빠져 신의 세계에 합류하였다.

죽음은 삶의 연장이라고 본 네안데르탈인

●

1908년 네안데르탈인의 인골이 발견된 후 200개가 넘는 네안데르탈인의 인골이 발굴되었다. 그중 30구의 인골은 자세가 잡힌 채 무덤에 매장되었고 부장품과 제물도 미리 위치를 정해서 묻은 것으로 보인다. 또한 무덤의 둘레에 돌을 늘어놓거나 심지어 무덤 안에 꽃을 바친 흔적도 발견되었다.[2]

매장은 구석기 시대 후기인 기원전 7만 년~기원전 5만 년 무렵부터 일반적인 관습이 된 것으로 보인다. 인골에 붉은 흙이 묻어 있고 부장품이 들어 있었기 때문이다. 종교사학자 엘리아데는 사체에 뿌려진 적색토는 피의 색깔인 생명을 뜻하고, 조개껍질과 목걸이 같은 부장품은 사후의 삶에 대한 신앙을 나타낸다고 보았다. 특히 동쪽을 향하도록 사체를 매장하는 관습은 인간의 영혼을 태양의 길과 관련시켜 재생에 대한 희망을 표현한 것이다.[3]

영국의 고고선사학자 피어슨에 따르면, 인류가 죽음을 단절이 아니라 삶의 연속이라고 자각한 것은 28000년~25000년 전의 후기 구석기 시대부터였다.[4] 유골의 웅크린 자세, 동물의 뼈, 손도끼나 부싯돌이 종교적인 장례의식을 암시하기 때문이다.[5] 웅크린 자세는 태아를 상징하는 재생에 대한 소망이고, 동물의 뼈는 제물일 가능성이 있고, 부장품은 대개 사자가 내세에서 사용하도록 함께 묻은 것으로 보인다.

한편 네안데르탈인은 특이하게 곰의 두개골을 숭배하여 동굴에 모셨다. 두개골은 죽은 곰의 정령을 달래거나 사냥의 성공을 바라는 주술로 보이지만 초자연적 생명의 원천에게 바친 종교적 표현으로 해석되기도 한다.[6] 사람의 두개골 숭배도 역시 조상에 대한 추모의 표시이면서 동시에 초월적인 존재에게 바친 인신제물의 증거라고 볼 수도 있다.

대단히 흥미로운 것은 장례의식에 대한 흔적이 6만 년 전 구석기 시대 이라크의 샤니다르 동굴에서 나타난 사실이다. 이 동굴에 살던 네안데르탈인은 장례식을 치르면서 죽은 자에게 꽃을 바치는 인간적인 감정을 지니고 있었다. 마을의 지도자이며 샤먼으로 보이는 시신에게 바친 꽃 중에서 사리풀은 유럽에서 최근까지 마취 진통제로 사용된 점에서 네안데르탈인의 종교의례의 싹을 엿볼 수 있다.[7]

사자를 붉게 칠하여 악령을 쫓은 크로마뇽인

●

고고학자들은 3만 년 전 유럽, 서남아시아, 중국 등지에 살았던 크로마뇽인이 사람을 매장했던 흔적을 찾아냈다. 크로마뇽인은 주거지 근처나 동굴 입구에 시체를 매장하면서 평평한 돌을 덮고 무덤 속에는 조개팔찌 같은 장신구와 함께 무기와 음식물도 넣었다. 특히, 뼈에 칠한 황토 같은 붉은색은 죽은 자에 대한 추모의 표시이면서 동시에 두려운 영혼의 출현을 막으려던 시도로 추측된다.[8] 이 두려운 악령을 막으려고 무덤에 평평한 돌도 덮었을 것이다.

크로마뇽인들은 동굴 벽에 색깔 있는 염료로 동물이나 샤먼의 그림을 그리거나 흙으로 조각상을 빚어 종교적인 목적으로 사용한 것으로 유명하다. 세계 곳곳에서 발견된 동굴벽화, 바위에 새겨진 그림, 조각된 동물의 뼈나 상아, 진흙으로 빚은 작품 등이 그 증거이다. 처음에는 이런 작품들이 사냥의 성공을 바라는 주술적 표현이라고 보았지만 지금은 의례적인 종교행동이라고 여기고 있다. 또한 그곳에 표현된 수많은 선과 특

자료 4-1-1 라스코 동굴벽화(ⓒ prof saxx, 기원전 17000년~기원전 15000년경)

이한 흔적은 달력이나 천문학, 혹은 우주적인 의미로 해석되기도 한다.[9]

　아주 신기한 인물은 동굴에 그려진 샤먼의 모습이다. 프랑스의 라스코 동굴에서 발견된 벽화에서 가면을 쓴 트로아 프레르라고 불리는 인물은 긴 턱수염이 나고 사람의 다리를 가지고 있지만 사슴의 뿔과 곰의 귀, 말의 꼬리를 달고 있다. 노출된 성기로 보면 하반신은 인간이지만 여러 동물이 혼합된 것으로 보아 종교적 지도자나 샤먼으로 추정된다. 이 괴이한 인물이 발효음료, 즉 술을 마셨다고 여겨지기도 한다.[10] 말하자면 엑스터시 상태에 들어간 샤먼의 모습 같다는 것이다. 샤먼의 더 발전된 모습은 신석기 시대에 네왈리 초리 마을에서 발견된다.

　기원전 9600년경 터키의 남동부 네왈리 초리의 종교적 건물에서 발견된 '사람의 머리를 한 새', '사람의 머리에 새가 앉아 있는 상'이 바로 샤먼과 관련된 모습이다. 샤먼은 새를 통해 하늘과 소통하는 존재였던 것이다.[11] 다시 말하면, 사람의 머리를 한 새는 영혼을 상징하지만 사람의 머

자료 4-1-2 트로아 프레르의 동물인간
(ⓒWellcome Collection gallery)

자료 4-1-3 발렌도르프의 비너스
(ⓒMatthiasKabel, 22000~24000년 전)

리에 앉아 있는 새는 훨씬 분명하게 영혼을 가리킨다.

　하지만 후기 구석기 시대의 대표적 유물은 유럽과 아시아에서 폭넓게 나타나는 풍요의 여신상이다. 문명교류사학자 정수일은 대략 3만 년 전부터 인류가 태평양으로 진출하고 베링해협을 건너 문명이 교류되었을 것으로 보았다. 그 대표적 증거가 바로 비너스상이라는 것이다. 나체의 비너스상은 호신용이나 부적이었겠지만 시베리아의 집터에 설치된 화로 곁에는 어김없이 매머드의 상아로 만든 비너스상이 발견되었다. 비너스상은 아마 조상신이나 화로의 수호신, 아니면 여신상으로 숭배되었을 것이다.[12]

곡식의 재생에서 삶의 연속성을 발견하다

●

신석기 시대에 농작물을 재배하고 가축을 기르면서 마을에서 집단적으로 살던 인류의 삶은 비약적으로 발전했다. 기원전 1만 년 전, 서남아시아의 말라하 마을은 공동묘지 둘레에 돌담을 둘렀고, 기원전 9000년대가 되면 시신에서 두개골을 제거하여 따로 보관하는 장례의식이 발전했다. 그 후 사자를 기억하려는 의도 때문인지 두개골을 회반죽으로 덧칠하고 눈에는 조가비를 붙이기 시작하다가 이윽고 두개골을 집 바닥이나 마당에 묻는 쪽으로 바뀌었다.

피어슨에 따르면, 이런 장례 관습은 매장의식의 중대한 변화였다. 조상을 땅에 매장하게 되면서 인간은 죽음이 삶과 대립되는 것이 아니라 연속되는 것이라고 생각하게 된 것이다. 물론 점차 시신을 공동묘지에 묻고 두개골을 제거하는 풍습도 사라졌지만 인류는 진흙으로 조상을 만들어 불에 구워서 숭배하였다. 바로 대지의 어머니 신인 비너스상이다.[13] 이처럼 두개골을 숭배하면서 조상과 함께 살던 신석기 시대의 농경은 종교적인 면에서 인류에게 중요한 점을 깨닫게 하였다. 땅에 떨어진 씨앗이 다음 해에 싹이 트는 것을 관찰한 인간들은 죽은 자가 재생하리라는 생각을 하게 된 것이다.[14]

중요한 사실은 신석기 시대 사람들이 신이나 조상과 접촉하는 의식을 치를 때 대표적인 향정신성 음료인 술을 복용했다는 점이다. 이 마취 환각성 약물을 사용한 증거는 세계 곳곳에서 발견된다. 이를테면, 고대 수메르의 술의 신 닌카시에게 바친 맥주, 아마존이나 아프리카 부족의 영약, 남아메리카의 옥수수 술인 치차(chicha) 등이다.[15] 이는 술의 환각 마취 작용 속에서 샤먼이나 사제가 신과 손쉽게 접촉하고 대화할 수 있었다는 뜻이다.

그러나 문자가 없던 선사 시대의 유물을 연구하여 종교의 기원을 탐구하는 것은 추정에 그치기 쉽다. 근대 이후 원시부족을 연구하여 시야가 훨씬 넓어진 인류학자들은 어떤 특정한 종교가 우월하다는 사고방식을 뛰어넘어 초자연적인 힘이나 존재에 대한 신앙을 통틀어서 종교라고 보고 있다. 그래서 종교는 유대교와 기독교, 이슬람교처럼 전지전능한 초월자에 대한 복종만이 아니라 인간과 초자연적인 존재에 대한 관계, 인간의 숙명, 사후세계와 영혼 등에 대한 신앙을 포함하게 되었다.[16] 지금부터 인류학자들이 탐구한 고대인의 종교의식을 좀 더 깊게 알아보기로 한다. 종교의 기원은 관점에 따라 여러 가지로 나타나기 때문이다.

통과의례는 자연의 리듬을 따른다

●

독일의 인류학자 게넵은 오스트레일리아 원주민의 통과의례가 '분리기, 과도기, 통합기'로 나뉘어 있고 이 과정을 통과할 때마다 특별한 의식을 치른다는 사실을 발견했다. 분리기는 특별한 장소에 갇혀 금기를 지키고 성인의 의무를 배우는 시기이고, 과도기는 유소년기의 기억을 모두 씻어 내는 과정이다. 통합기는 관습법과 토템의례, 부족의 신화를 배우는 시기로서 마지막에 이 뽑기나 할례 등 신체의 고통을 극복하여 공동체의 남성이 된다. 그런데 고대인의 통과의례는 사람의 일생을 대자연의 계절적인 리듬과 천체의 운행 속에서 이루어지는 관계인 것이다.[17]

게넵의 사상을 발전시킨 종교사학자 엘리아데는 통과의례가 자연적인 인간이 많은 의례를 통과하여 종교적 이상에 접근하는 과정이라고 보았다. 그런 점에서 신석기 시대 농경생활에서 고대인이 시간의 재생을 발견하고 태초의 혼돈을 재현했다는 엘리아데의 관점이 설명될 수 있다.[18] 봄에 되살아나는 곡식이 그런 재생의 계기가 되었을 텐데, 거기서 바로 부활의식이 싹텄다고 볼 수 있다.

영혼의 자각은 애니미즘에서 비롯되었다

●

원시종교를 본격적으로 연구한 학자는 인류학의 선구자 타일러였다. 1896년 최초로 옥스퍼드대학 인류학교수가 된 타일러는 종교의 기원을 애니미즘(animism)에서 찾았다. 원시부족의 애니미즘이 발달하여 고등종교의 영혼, 내세에 대한 믿음, 신적인 존재들에 대한 숭배가 이루어지게 되었다는 것이다.[19]

원래 '영혼' 또는 '생기'를 뜻하는 애니마(anima)에서 나온 타일러의 애니미즘은 생물이나 무생물까지 포함해서 만물이 인간처럼 살아서 활동한다는 사고방식이다. 그것은 만물이 영혼을 가졌기 때문에 가능하다. 그런데 미개사회의 철학자는 영혼이 꿈이나 환상을 통해서 일시적으로 이동하거나 죽음을 통해서 영원히 떠난다고 생각했다. 이 생각은 문화민족에서 신으로 발전되었지만 그것은 의인화 과정에 불과하다.[20] 수메르, 이집트, 그리스, 히브리 등 문화민족 신화에 등장하는 신의 모습이나 성질, 감정까지 인간과 비슷하기 때문이다.

독일 종교철학자 포이어바흐에 따르면, 이런 의인화에는 그 민족의 성격과 시대성이 반영되어 있다. 호메로스 시대에 그리스의 신들, 특히 최고신 제우스는 강인한 육체가 특성이고, 고대 독일의 신 오딘은 전투력이 특성이다. 그것은 그 시대에 그리스인이 육체의 강인성을 신적인 것으로 보았고, 고대 독일인은 전사가 최고의 덕이라고 보았기 때문이다. 특히, 히브리의 여호와는 유일신이지만 머리에서 발끝까지 인간적이며 스스로의 인간성을 대담하게 과시한다. 그 이유는 히브리인이 자기들의 이익을 위하여 신을 만들었기 때문이다. 따라서 신과 인간은 동일하다. 왜냐하면 인간의 자의식과 자기인식이 신으로 나타났기 때문이다.[21]

주술이 발전하여 종교가 되다

●

종교의 발생을 다룬 타일러의 애니미즘은 영혼의 관념이 없는 종교가 지금도 미개민족 사이에 적지 않다는 점에서 인류학자들의 비판을 받았다. 미개인들은 인격성이 약한 어떤 알 수 없는 힘이나 어떤 생명을 숭배하기도 한다는 것이다.[22] 이러한 사고방식은 진화론적 방향으로 전개되기 마련인데 대표적인 인류학자가 프레이저이다.

타일러의 영향을 크게 받은 영국의 저명한 인류학자 프레이저는 원시적인 주술이 종교를 거쳐 과학으로 진화해 간다고 주장했다. 그러나 동서고금을 막론하고 종교적 의식에는 주술적, 종교적, 과학적 요소가 함께 섞여 있고 각각 그것들이 담당할 부분이 각각 따로 있기 때문에 오늘날 진화론적 관점은 케케묵은 이론이 되었다.[23] 이를테면, 중세 때 가톨릭 수도사들은 수도원에서 기른 약초로 병자를 치료하면서 약초에 주문을 걸어 사랑의 묘약으로 여인들에게 주었던 것이다.[24] 이는 종교, 과학, 주술이 섞여 있는 치료법이라고 할 수 있다.

물론 다신교에서 일신교로 발전되었다는 타일러의 진화론적 주장도 마찬가지이다. 타일러는 문명이 발달보다 전파가 훨씬 더 빈번했다는 단서를 달았지만, 문명의 발달을 '야만-미개-문명'의 단계로 나누면서 다신교가 일신교로 발전되었다고 주장했다. 타일러는 세계의 가장 위대한 두 가지 종교적 교리를 유일신론과 선악의 이원론이라고 보았던 것이다.[25] 하지만 포이어바흐는 과학은 예술과 마찬가지로 오직 다신론에서 발전하는데, 다신론은 그리스인처럼 세계나 우주를 있는 그대로 받아들이는 감각이기 때문이라고 하였다.[26]

불안과 공포에서 주술이 생기다

●

종교의 기원을 심리학적 관점으로 해석한 인류학자는 말리노프스키이다. 주로 여행가나 행정관, 선교사의 자료를 검토한 타일러나 프레이저와 전혀 다르게 말리노프스키는 직접 원시부족의 삶의 현장에 뛰어들어 관찰하고 경험한 것을 바탕으로 종교의 기원을 설명했다. 즉, 남태평양 트로브리안드 군도 사람들은 경험으로 얻은 지식과 기술을 이용하여 살아가지만 농사나 전쟁, 가뭄이나 폭풍 같은 인간의 능력 밖의 일에는 주술적인 의례를 거행한다. 말리노프스키는 이 주술이 불안과 공포를 극복하려는 심리적인 동기에서 비롯되었다고 보았다.[27]

하지만 주술을 사용하는 동기는 복잡한 감정에서 비롯되기 때문에 이 주장에도 결함이 발견된다. 극단적으로 말하자면, 열렬한 사랑처럼 어떤 강력한 소망이 있을 때도 인간은 주술을 사용하기 때문이다. 이를테면, 사랑을 얻으려고 특수한 묘약이나 심지어 저주가 섞인 주술까지 동원한 것은 유럽이나 조선 시대처럼 세계적으로 아주 흔한 일이었다.

종교는 사회를 통합하는 토테미즘이다

●

종교의 기원을 사회학적 관점으로
해석하는 인류학자는 뒤르켐, 스미스,
프리처드이다. 프랑스의 인류학자 뒤
르켐은 종교는 집단을 통합하는 제도
이고 사회를 반영하는 상징체계라고
보았다. 뒤르켐은 종교는 불교나 자이
나교처럼 신이 없이도 존재한다고 보
았는데, 그는 오스트레일리아 원주민
을 연구하여 최초의 종교를 토테미즘
이라고 지적했다. 토템은 부족이나 씨
족이 자기들과 특별한 관계가 있다고
믿고 신성하게 여기는 동식물이나 자

자료 4-1-4 북아메리카 원주민의 상징
적인 토템기둥(ⓒPeter Graham)

연물이다. 그런데 뒤르켐은 종교의식이 성스러운 존재와의 소통, 공양,
봉헌을 통해 토템적인 힘과 집단적인 감정을 강화한다고 주장했다.[28]

종교는 개인을 사회에 결속시키는 메커니즘이라고 본 인류학자는 스
미스이다. 이를테면, 아랍인들이 동물을 죽여서 신에게 바치는 의식이
나, 오스트레일리아의 원주민들이 토템신앙의 상징인 동물을 죽여서 나
누어 먹는 의례를 통해 한 덩어리가 된다는 것이다. 더 나아가 스미스는
지금도 가톨릭에서 포도주와 빵을 먹는 행위도 비슷한 의식이라고 보
았다.[29]

자, 받아먹어라. 이것은 내 몸이다. ··· 자, 이 잔을 마셔라. 이것은 많은

사람의 죄를 용서하기 위해 흘리는 내 계약의 피이다.

―「마태복음」 26장 26~28절

종교는 개인을 사회에 결속시키는 메커니즘이라고 본 다른 증거는 프리처드의 연구에 나타나 있다. 아프리카 잔데족은 병든 사람을 치료하는 주술적 의례에서 가해자로 지목된 인물이 필요한 비용을 부담하면 피해자와 화해가 성립된다. 그들은 마술, 즉 종교를 이용하여 사회적 갈등이나 분쟁을 해결하는 것이다.[30]

아이들의 상상의 친구에서 종교가 발생하다

●

옥스퍼드대학교 진화생물학교수 도킨스는 아이들의 '하는 척하기 놀이', 즉 상상의 친구에서 종교가 발생했다고 본다. 아이들의 상상의 친구는 생생한 환각으로 나타나다가 성년기에 유형진화를 통해서 신이나 종교로 진화한다는 것이다. 도킨스는 자연선택은 생존에 유익하도록 아이들의 뇌에 '믿는 경향'을 심었다고 보았는데, 정도의 차이는 있지만 인간이 신을 믿는 경향도 마찬가지라는 것이다.[31]

지금까지 종교의 기원을 주로 통과의례, 애니미즘, 진화론, 심리학, 사회학, 진화생물학의 관점으로 살펴보았다. 그런데 종교학자들은 화물숭배에서 종교의 기원을 추정하기도 한다. 19세기부터 멜라네시아와 뉴기니의 원주민들은 백인들이 경이로운 물건을 스스로 만들지 않고 또한 수리가 필요하면 배나 비행기가 실어 오는 것에 주목했다. 그래서 화물은 초자연적인 존재가 보내 주며 머지않아 신은 풍부한 화물을 가지고 재림한다고 생각했다. 도킨스는 이 화물숭배가 여러 종교의 발생과 비슷하다고 보았다.[32]

화물숭배 같은 종교현상은 중국에서 자기가 신의 아들이고 예수의 동생이라면서 황제에 오른 홍수전의 태평천국, 그리고 근현대 한국에서 스스로를 구세주, 즉 그리스도나 미륵불이라고 자칭하는 신흥종교에서도 나타나 있다. 이런 신흥종교에서도 종교의 발생을 엿볼 수 있다. 다음 장에서는 수메르에서 종교의 발생과 종교의식을 살펴보기로 한다.

1   L. Feuerbach; Vorlesungen iiber das Wesen der Religion(종교의 본질에 대하여), 한길사,
    2013, 강대석 옮김, 73~79쪽.

2   피어슨; 앞의 책, 273쪽.

3   엘리아데; 앞의 책(세계종교사상사) 1권, 30~33쪽.

4   피어슨; 앞의 책, 277쪽.

5   노스; 앞의 책 1권, 29쪽.

6   캠벨; 앞의 책(신화의 세계), 13~16쪽.

7   Michael Jordan; The Green Mantle(초록 덮개), 지호, 2004, 이한음 옮김, 12~13쪽.

8   노스; 앞의 책 1권, 30~33쪽.

9   웬키; 앞의 책 1권, 254~259쪽.

10 맥거번; 앞의 책, 53~54쪽.

11 페이건; 앞의 책, 230~231쪽.

12 정수일; 앞의 책(고대문명교류사), 47~68쪽.

13 피어슨; 앞의 책, 288~295쪽.

14 엘리아데; 앞의 책(세계종교사상사) 1권, 73~79쪽.

15 맥거번; 앞의 책, 15~16쪽, 358쪽.

16 한상복, 이문웅, 김광억; 문화인류학, 서울대학교출판문화원, 1915, 316~317쪽.

17 綾部恒雄 編; 文化人類学の名著50(문화 인류학의 명저 50), 자작나무, 1999, 김인호 옮김,
    59~69쪽.

18 츠네오; 앞의 책(문화 인류학의 명저 50), 66쪽.

19 타일러; 앞의 책 2권, 25~26쪽.

20 츠네오; 앞의 책(문화 인류학의 명저 50), 21~29쪽.

21 포이어바흐; 앞의 책(기독교의 본질), 86쪽, 338쪽, 205~207쪽, 76쪽.

22 츠네오; 앞의 책(문화 인류학의 명저 50), 27쪽.

23 한상복 외; 앞의 책, 332쪽.

24 R. Kieckhefer; Magic in the Middle Ages(마법의 역사), 파스칼북스, 2003, 김헌태 옮김, 123~124쪽.

25 타일러; 앞의 책 1권. 83쪽, 56쪽, 540~558쪽, 534쪽.

26 포이어바흐; 앞의 책(기독교의 본질), 208~209쪽.

27 한상복 외; 앞의 책, 332~334쪽.

28 츠네오; 앞의 책(문화 인류학의 명저 50), 90~99쪽.

29 한상복 외; 앞의 책, 335쪽.

30 한상복 외; 앞의 책, 335~336쪽.

31 도킨스; 앞의 책, 532~538쪽, 269쪽.

32 도킨스; 앞의 책, 308~315쪽. 엘리아데; 앞의 책(신화와 현실), 130~132쪽.

신전에서 발전한
수메르의 도시국가

인류는 화산의 폭발이나 거대한 태풍, 무자비한 홍수 같은 자연의 힘을 두려워한다. 반면에 푸른 하늘과 따뜻한 햇볕을 선물하는 태양에 감사하고 빛나는 별에 전율하고 밤을 밝혀 주는 달을 숭배한다. 또한 인류는 거칠지만 풍요로운 바다, 메마른 대지를 적셔 주는 강, 생명수가 치솟는 샘을 받들고, 어머니의 품 같은 따사로운 대지, 눈에 덮인 숭고한 산, 늙은 나무와 거대한 암석을 예찬해 왔다.

자연에 대한 경외감은 자연스럽게 신성한 예배의식으로 발전했을 것이다. 특히 정치적인 위기와 전쟁의 참혹함, 고통스런 질병과 죽음의 불가사의 속에서 인류는 긴장하고 불안에 떨면서 어렴풋이 자연의 배후에 무엇인가 작용하는 힘을 깨닫게 되었을 것이다. 이 초자연적인 힘을 지식층인 사제들은 '신'이라고 정리했을 것이다.

자연을 의인화하여 신을 만들다

●

타일러의 애니미즘처럼 수메르의 사제들은 신비로운 자연을 의인적으로 신격화하여 바다를 남무, 하늘을 안, 땅을 키, 바람을 엔릴, 달을 신, 금성을 인안나, 지하수를 엔키와 같은 신으로 표현했다.

이렇게 의인화된 신들은 포이어바흐의 지적처럼 자연에 대하여 신비감, 즉 공포심과 유익함을 느낀 수메르인의 정신이나 감정이 표현된 것이다. 그러나 고대인이 물이나 빛을 숭배한 것은 신이 준 선물이기 때문이 아니라 물과 빛의 성질이 탁월하고 인간에게 유익하고 고뇌하는 인간에게 생기를 전해 주기 때문에 신적인 영광과 명예를 표시한 것이다.[1]

세계 모든 종교의 바탕에 기복신앙이 자리 잡고 있듯이 수메르인도 신에게 복을 빌었다. 그 내용은 자손과 가축의 번식, 곡식과 채소의 풍요, 그리고 도시의 안전과 가족의 행복, 나아가 영원한 삶에 대한 기원이었다. 또한 신과 개인을 연결해 준 사제들은 탄생, 성년식, 결혼, 죽음 같은 통과의례를 도맡아 치르면서 뒤르켐의 지적처럼 토템을 숭배하던 의례는 시간이 흐르면서 관습과 신념으로 굳어져 도시의 수호신이 되었을 것이다. 「길가메시 서사시」에 등장하는 황소, 금성, 달, 지하수가 그런 토템의 흔적일지도 모른다.

사제들의 막강한 권력

●

사제들은 자연계의 혼돈 속에서 질서를 찾으려고 노력한 결과 많은 지식을 얻게 되었고 이는 권력 획득의 수단으로 이용되었다. 역법을 제정하고, 농사와 밀접하게 관련된 과학적 지식으로 주변 환경을 조절하고 어느 정도 다스릴 수 있게 되면서 사제들의 지식은 차츰 사람을 지배할 수 있는 권력에까지 확장되었기 때문이다. 특히, 일식이나 혜성의 출현 같은 천문학적 지식은 왕조의 운명을 좌우하는 중대한 비밀에 속했으므로 더욱 권력에 밀접한 관련이 있었다고, 영국의 과학사가 노넌은『세계 과학문명사』에서 지적하고 있다.[2]

진화론과 마르크시즘 입장에서 현대고고학을 창시했다고 알려진 고든 차일드에 따르면, 메소포타미아에서 빈번하게 교체된 왕조와 외부 침략자들이 신전을 약탈하고 파괴했지만 새로운 왕이나 정복자는 어김없이 신전을 재건하여 그들의 신앙심과 권력을 과시했다. 우루크와 니푸르 같은 수메르의 도시에서 선사 시대부터 신전이 반복적으로 재건축된 것이 그 증거이다. 그런데 신전에 거주한 사제들은 식물의 죽음과 재생, 파종과 수확의 과정을 연극으로 재현하면서 곡식이 쉽게 싹 트기를 기원하는 주술적 의례를 치렀다. 사제들은 마술적인 힘을 조정하는 배우의 역할을 담당했고 그 마력은 차츰 의인화되어 신이 되었다. 차일드는 역사가 시작되기 전에 수메르인은 대지의 조물주라는 가공의 인물을 창조하여 외경스러운 존재로 받들면서 그에게 집단의 의지와 소망, 그리고 공포를 투영했다고 보았다.

특히, 차일드는 신전의 주인인 신들은 인간시종인 사제집단을 거느리고 거대한 재산을 소유했다고 지적하였다. 메소포타미아에서 발굴된 가장 빠른 시기의 문서가 신전의 세입과 지출을 기록한 회계장부였기 때문이다. 말하자면 신전은 그 지역의 지주, 최고 자본가, 거대한 은행이었다. 초기 신전의 고문서에는 씨앗이나 경작용 가축의 대부금, 소작지와 고용인의 임금, 무역상에게 선불로 준 곡식 등이 자세하게 기록되어 있는데, 극단적으로 표현한다면 신전은 고리대금을 경영하는 기업체였던 것이다. 물론 사제들은 신도들의 의무, 사제들의 품위유지비, 감사헌금, 그리고 신에게 받치는 공물의 내용까지 규정하였다.[3] 말하자면 역사 시대에 신을 이용하여 공적인 착취가 이루어진 것이다.

왕은 신의 대리자

●

기원전 3000년 무렵이 되면 수메르의 모든 도시에서 세속적 지배자가 출현했다. 그들은 자기를 겸손하게 신의 대리인, 아니면 노골적으로 왕이라고 부르면서 신의 세속적인 권력 중에서 실제적으로 가치가 있는 부분을 강탈하여 남용하고 심지어 백성들을 억압하고 군림하면서 결국 사회로부터 유리되고 말았다.[4]

또한 지배층은 그들의 경제적·정치적 기득권을 합리화시키고 영구화시키기 위해 국가와 법, 그리고 교회를 발전시켰다. 그리하여 국가라는 시스템은 노동자를 통제하고 억압하기 위하여 엘리트들이 만든 착취 메커니즘, 즉 기계적 원리로 작동하게 되었다.[5]

물론 특권층인 사제들은 신의 이름으로 정치적 지배층의 통치를 적절하게 합리화시켜 주었다. 심지어 수메르의 사제들은 자기들을 '작은 신'이라고 불렀다. 이는 사제만이 신과 통할 수 있다고 여겨지던 중세 유럽의 가톨릭 세계관과 비슷하였다.

신전은 신의 거주지

●

신전의 위력과 사제의 권력은 인류 문명의 창시자로 여겨지는 수메르의 도시국가들이 신전을 중심으로 발전되었다는 사실에서 분명하게 드러난다. 기원전 6500년 신석기 시대부터 기원전 3800년 청동기 시대의 우바이드기에 수메르에서 가장 크고 가장 잘 지은 건물은 바로 신전이었다. 이 사실은 도시에서 궁전이나 요새가 아니라 신전이 정치적·경제적·사회적 중심지였던 것을 분명하게 보여 준다.[6]

물론 수메르에서 신전은 왕이나 사제가 신탁을 받아 특별히 신성한 장소에 세워졌다. 그리고 신전에 장벽을 세워 축제행렬을 거행할 때를 제외하고는 외부인의 접근이 제한되었다. 메소포타미아에서 신전의 구조는 신전, 지구라트, 정원으로 되어 있는데, 지구라트는 신들이 왕래하는 거대한 계단이었다. 또한 풍요를 상징하는 동식물이 자라는 정원에는 생

자료 4-2-1 대홍수 직후 수메르의 중심도시 키시의 신전 유적
(ⓒOsama Shukir Muhammed Amin FRCP, 기원전 5300년~기원전 4300년경)

명의 원천인 샘물이 흘러나오는 것이 특징이다.[7]

수메르의 신전(神殿)은 수메르어 집(é), 즉 '신이 사는 지상의 거주지'라는 뜻이다. 신전은 수메르의 도시 우르의 엔두르사그 신전처럼 단순한 제실이나 혹은 방이 여러 개 딸린 건물인 경우도 있었다. 하지만 중요한 신의 경우, 신의 배우자나 관련된 신들의 제실, 사제들의 숙소, 도서관 등 복합 건축물로서 계단 위의 높은 곳에 자리 잡고 있었다. 물론 신전에서 가장 중요한 장소는 신상이 안치된 가장 성스러운 장소인 지성소(Holy of Holies, 至聖所)였고, 금으로 치장된 신상 곁에는 숭배자들의 작은 상, 왕의 비석, 봉헌물들이 놓여 있었다.[8] 반면, 히브리에서 지성소는 예루살렘 성전의 깊숙한 곳에 자리 잡고 있는 가장 거룩한 장소로서 여호와 신이 존재하는 곳이라고 알려져 있다. 지성소의 언약궤 속에는 모세가 시나이산에서 받은 십계명, 광야에서 야훼가 내린 생명의 음식인 만나, 아론의 싹이 난 지팡이가 있었다.[9]

신의 생명이 깃든 신상

•

신상(神像)은 신의 생명을 불어넣은 상징적 조형물이다. 신상은 신의 계시가 내려오고 신도들의 기도를 들어주는 일종의 중재적 역할을 한다.[10]

수메르의 사제들은 살아 있는 왕처럼 신상에 의복을 입히고 음식을 제공했다. 만일 축제가 벌어지면 사제들이 신상을 모시고 나가 향을 피우고 희생제물을 바치고 북, 피리, 수금, 리라 등의 악기에 맞추어 찬양하는 노래를 부르면서 종교의식을 거행했다. 말하자면 인간처럼 욕망을 지닌 신, 특히 신의 감각기관을 자극시켜 즐겁게 한 것이다.[11]

이러한 형상숭배는 원시부족은 물론 고대 그리스와 로마에서도 완벽하게 이루어졌다. 그들은 조각상에 옷을 입히고, 기름을 붓고, 별미음식을 먹이고 거리를 구경시켜 주었다. 인류학자 타일러에 따르면, 일부 기독교 세계에서도 성스러운 형상이나 그림을 숭배하는데, 남부 유럽인은 비를 오게 하려고 성모상이나 베드로상을 물속에 집어 넣었다. 19세기 후반에도 힌두교, 불교, 기독교에는 성스러운 신상을 숭배하는 관습이 남아 있었다.[12]

전문화되고 세습된 사제들

●

수메르에서 사제는 주로 최고 지식층이었다. 사제는 결혼도 하고 대대로 세습되었는데, 그들은 제사, 주술, 꿈의 해몽, 치료 등을 담당하는 사제로 전문화되어 있었다. 수메르에서 여사제는 결혼도 했으며 심지어 바빌론에는 신전창녀까지 있었다. 여사제가 아이를 낳는 것은 후대에 금지된 것 같은데, 「함무라비 법전」에 입양은 허락되었다.

수메르의 종교적 전통을 이어받은 고대 바빌로니아의 함무라비 왕 시대의 신전에서 성직자의 우두머리는 에눔이지만 실제적인 최고 책임자는 샹가였다. 오늘날의 관청처럼 그 밑엔 감독관과 서기관, 그리고 하급 관리가 행정 업무를 담당했으며, 수메르의 엔시보다 격이 낮은 이샤쿠가 신전의 경작지와 농민을 관리했다.[13]

그런데 고대 바빌로니아 시대에 사제직과 유산의 계승은 물론 사제직의 취득까지 가능한 점토판이 니푸르에서 발견되었다.

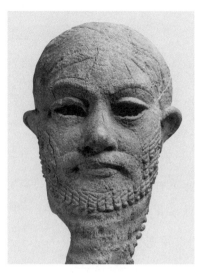

자료 4-2-2 수메르와 아카드 왕 우르-남무 [기원전 2300년경, 미국 메트로폴리탄미술관 (Metropolitan Museum of Art) 소장]

자료 4-2-3 우루크의 사제왕(ⓒOsama Shukir Muhammed Amin FRCP, 기원전 3000년경)

난나루티의 아들인 시나부슈는 주술 사제직의 승인된 권한과 그의 유산을 이샤쿠-사제인 난나툼의 소유로 승계해 주었다. 시나부슈가 사망한 지 2년이 지난 후 아바엔릴딤은 이 승인된 권한을 난나툼으로부터 취득하였다.[14]

또한 고대 바빌로니아 시대에는 신전에서 근무하는 성직수행자의 특전에 대한 매매도 가능했다. 즉, 치료의 신인 다무(Damu) 신전의 기름 붓는 사람, 술의 양조자, 요리사의 근무기간은 연중 14일인데, 이는 다미킬리슈가 성직수행을 하면서 받는 특별한 보수였다. 푸주르굴라는 그 특전(特典)을 은 15세겔을 주고 구입했다.[15]

신이 왕래하는 지구라트

●

지구라트(Ziggurat, 聖塔)는 신전에 딸린 건축물이지만 신의 위력을 과시하는 대표적인 상징물이다. 수메르인은 구운 진흙벽돌로 지구라트를 만들고 내부를 진흙으로 채웠다. 지금까지 30개가 발견된 지구라트는 특별한 신에게 봉헌되었지만 그 신전에 몇 개라도 건축될 수 있었다. 지구라트의 가장 중요한 곳은 꼭대기의 계단과 진입로였다. 사제들은 이곳으로 신이 왕래한다고 여겨 탁자와 침대를 놓아 두었다.[16]

지금도 메소포타미아 유적지에서 가장 유명한 것이 우르의 지구라트이다.[17] 달의 신 난나를 모시는 이 우르의 지구라트는 지금도 거의 예전의 모습을 지닌 채 남아 있다.[18] 특히 우루크의 지구라트는 인안나 여신과 두무지 왕이 신성결혼을 치르던 곳으로 잘 알려져 있다. 이 신성결혼식은 신바빌로니아 시대까지 무려 3500년간 지속되었다. 그만큼 메소포타미아 지역에서 중요시되었다는 뜻이다.

자료 4-2-4 지금도 남아 있는 우르의 지구라트(©Hardnfast, 기원전 21세기경)

왕과 여사제의 신성결혼

●

신성결혼은 신의 대리자인 수메르의 왕과 인안나 여신의 역할을 하는 신전의 여사제가 실제로 성적인 교섭을 하면서 이 세상이 풍요로워지기를 신에게 기원하는 성스러운 결혼의식이었다. 다시 말하면, 이집트에서 백성이 죽으면 저승신 오시리스 아무개가 되었듯이 수메르에서 해마다 왕은 일시적으로 두무지 신이 되고 여사제는 인안나 여신이 된 것이다. 이런 의식을 치르면서 사제들은 왕이 신처럼 자연을 조절하는 능력을 가지게 된다고 선전하였다. 인류학자 맥거번에 따르면, 이 주술적인 결혼의식을 치르기 전에 환각 마취성 약물인 특수한 술이 사용되었는데, 이는 중동 지방의 오래된 전통이었다.[19]

자료 4-2-5 기원전 3200년~기원전 3000년경 우루크의 꽃병에 묘사된 신성결혼. 상단 좌측의 두 번째는 왕, 중앙에 인안나 역할을 하는 여사제, 우측에 사제와 희생제물이 조각되어 있다. 가운데 부분에는 제물을 든 사제들, 최하단은 풍성해진 가축과 보리가 보인다[ⓒ Jennifer Mei, 이라크 박물관(The Iraq Museum) 소장]

신성결혼식에서 보듯 수메르 도시국가의 군주는 사제와 왕을 겸한 신의 대리인이었고 토지, 목축, 어업, 교역 등 국가의 산업을 관리하는 책임자였다. 그러나 신의 뜻에 따라 운영되는 도시국가에서 군주의 명령을 받아 경제를 운영하는 것은 사실상 신전의 사제들이었다. 당시 신전은 도시국가 토지의 반을 차지하고 있었고 농민이나 농노가 그 토지를 경작했다는 사실에서 사제의 권력이 얼마나 강력했는지를 짐작할 수 있다.[20]

또한 당시 사제의 권력은 고대에 종교의 힘이 엄청나게 막강했던 것을 암시한다. 워싱턴대학 인류학교수인 웬키는 고대종교의 기능을 다음과 같이 명쾌하게 정리했다.

"생물학자가 피를 순환시키는 수단으로 포유류 동물의 심장의 진화를 설명하는 것처럼 모든 초기 문명에서 종교는 대중을 조직하고 조절하려는 저비용, 관념적 메커니즘이었다."[21]

이처럼 종교의 정치적 이용은 고대 이집트, 인도, 유대교, 이슬람교, 불교, 그리고 중세 유럽과 현대까지 이어졌다. 히틀러는 독일의 기독교인과 가톨릭교회의 협조를 이끌어 내려고 '신의 섭리'라는 말을 사용하면서까지 종교를 정치적으로 악용한 것으로 유명하다.[22] 다음 장에서는 수메르인의 종교적 기술을 본격적으로 다루어 보기로 한다.

1   포이어바흐; 앞의 책(기독교의 본질), 426쪽.

2   로넌; 앞의 책 1권, 23~24쪽.

3   차일드; 앞의 책, 217~220쪽.

4   차일드; 앞의 책, 217~220쪽.

5   웬키; 앞의 책 2권, 60쪽.

6   루; 앞의 책 1권, 83쪽.

7   월튼; 앞의 책, 168~176쪽.

8   루; 앞의 책 1권, 285~286쪽.

9   위키백과; 지성소.

10 월튼; 앞의 책, 162~168쪽.

11 루; 앞의 책 1권, 287~288쪽.

12 타일러; 앞의 책 2권, 341~346쪽.

13 루; 앞의 책 1권, 287~290쪽.

14 프리처드; 앞의 책, 핀켈슈타인 옮김, 422쪽.

15 프리처드; 앞의 책, 핀켈슈타인 옮김, 422쪽.

16 월튼; 앞의 책, 170~174쪽.

17 세람; 앞의 책(낭만적인 고고학 산책), 309쪽.

18 루; 앞의 책 1권, 214~215쪽.

19 맥거번; 앞의 책, 20쪽.

20 야곱센; 앞의 책, 236쪽.

21 웬키; 앞의 책 1권, 59쪽.

22 도킨스; 앞의 책, 411~421쪽.

심리적 종교기술:
접신, 꿈

수메르에서 신을 숭배하는 의식이나 국가적인 축제는 사제가 독점하고 있었다. 사제들은 신들이 욕구, 특히 변덕을 부리고 화를 잘 낸다고 여겼다. 이로부터 종교의식이 생겨났다. 사제들은 예배와 음식공양, 신전개축은 물론 신의 환심을 사려고 신성결혼을 치렀고, 하늘에서 일식이 보이면 잠시 대리왕을 세워 그를 신에게 제물로 바쳤다.[1]

도시국가 라가시의 에닌누(Eninnu) 신전에 바치는 일상제물은 밀, 보리, 맥주였지만 「우르-남무 법전」에는 한 달 동안의 일상제물을 보리 90구르, 양 30마리, 버터 30실라로 통제한 기록이 나온다.[2] 말하자면 사제들은 지나치게 많은 제물을 요구한 것이다. 그래서 라가시의 통치자 우루카기나는 장례 지내는 사제에게 술 3통, 빵 30개, 침대 1개, 좋은 새끼 염소 한 마리를 받도록 규정했다.[3]

수메르 백성들은 사제의 중개로만 신과 접촉한 것은 아니었다. 백성들은 국가의 신전 외에도 출산의 신 굴라, 여행자의 수호신 엔두르사그에게 기도하면서 밀가루나 대추야자 등을 제물로 바쳤다. 또한 농부나 목동은 보리의 여신 아슈난, 동물의 신 닌킬림에게 곡식이나 가축을 지켜 달라고 기도했다.[4] 제물은 주로 수소와 양이었지만 물고기, 주머니쥐도 바쳤다. 돼지와 개는 지하의 신이나 죽은 자들의 제사에서 드리는 예물이었을 것이다.[5]

신의 계시를 받는 접신

수메르에서 신의 계시를 받는 방법은 주로 접신과 꿈이었고 간점을 쳐서 다시 확인하였다. 접신(接神), 즉 신내림에 대한 기록은 유프라테스강 중류에 자리 잡은 도시국가 마리에서 발굴된 편지에 잘 나타나 있다.

마리의 왕 짐리림은 기원전 18세기경 바빌론의 함무라비 왕이 이 도시를 점령하여 파괴할 때까지 30여 년간 마리를 지배하면서 번영을 누렸는데, 짐리림 궁전에는 무려 300여 개의 방이 있었다. 1933년 이라크 국경에서 멀지 않은 시리아의 탈알하리리에서 고대도시 마리가 발

자료 4-3-1 그릇을 든 마리의 여신상(기원전 18세기, ⓒRobsonc, Gray Todd)

자료 4-3-2 마리의 지구라트 폐허(©Heretiq)

굴되어 이슈타르 신전, 불가사의한 미로식 궁전, 수많은 조각상, 방대한 점토판이 발견되었다. 특히 기원전 1770년 무렵의 20년 동안의 마리 궁정 생활상을 반영한 경제문서와 행정문서 15,000개가 발견되었다. 이 문서들은 설형문자로 기록되었는데 5,000점의 점토판 편지들은 내부의 정치상황, 그리고 바빌론과 엘람으로부터 지중해 연안까지의 국제 정치상황을 마리의 입장에서 파악한 것이다.[6]

도시국가 마리의 예언자

●

고위관리들이 마리의 마지막 왕인 짐리림에게 보낸 수많은 편지에는 24명 이상의 신과 18명의 예언자가 등장한다.[7] 이 예언자들이 짐리림에게 신탁을 보고하는 편지는 50통이다. 그 내용은 대부분 왕의 처신과 신의 공경에 대한 훈계지만 위험을 알려 주거나 보호를 약속하는 내용도 있다.[8] 특이한 것은 예언자들이 군대의 선봉에 서서 신탁을 구한 기록이 편지에 나타나 있다는 점이다.

내 주의 선봉에는 내 주의 신하이며 예언자인 일루나찌르가 섰으며, 또 다른 예언자 한 명이 바빌론 군대와 동행하였습니다. 군사 600명은 샤바줌에 진을 치고 있으며 예언자들은 신탁을 구하고 있습니다. 점괘가 좋게 나오면 150명이 출정하고 150명이 보충될 것입니다.[9]

이처럼 전쟁에까지 관여한 예언자들은 주로 초월상태나 황홀경에 빠져 환상을 보거나 혹은 꿈을 꾸면서 신의 계시를 받았다.[10] 이 예언자의 접신은 기원전 1780년~기원전 1760년경 「짐리림 왕에게 그의 아내가 보낸 편지」라는 점토판에서 그 상세한 내용을 엿볼 수 있다.

나의 주님이여, 왕궁은 편안합니다. 축제일 셋째 날에 예언자 쉐리붐이 여신 아눈니툼의 신전에서 접신상태에 빠졌습니다. 그리고 말하였습니다. '짐리림 왕이시여. 당신은 반란으로 시험받을 것입니다.' 특별히 경계할 것입니다. (중략) 이것을 증명하기 위해 이 예언자의 머리카락과 옷자락 한 조각을 임금님께 보냅니다.[11]

이 편지에 등장하는 예언자는 여사제 쉐리붐이다. 마리에서 예언자를 무후(muḫḫû)라고 했는데, 무아지경을 뜻하는 '마후(maḫû)'에서 나온 단어이다. 이로 보면 마리의 여사제는 어떤 특수한 심리적 상태, 즉 마취제를 복용하는 등의 환각상태에서 신과 접촉하여 신탁을 받았다고 추정할 수 있다. 그런데 마리에서 신의 뜻을 구할 때에는 예언의 정확성과 신뢰성을 시험하려고 **점술**이 먼저 시행되었다.

　아니브쉬나가 내 별님께 다음과 같이 말합니다. 여자 예언자 인니바나
가 일어나서 다음과 같이 말했습니다. 짐리림이여, 그의 경계를 둘러싼 그
의 도적들과 원수들이 (중략) 제가 당신에게 제 머리카락과 옷술을 보냅니
다. 정화의식을 행하십시오. (중략) 나의 별님께서는 점을 쳐서 그대로 행하
십시오. 별님께서는 스스로를 지키시기를 원합니다.[12]

　이 편지에서 별님은 짐리림 왕이고, 점은 예언의 정확성을 입증하는
간점이며, 예언자는 여사제이다.

수메르의 여사제
●

　여사제 제도는 수메르에서 일찍부터 성립되었다. 기원전 17세기경 바
빌로니아의 「아트라하시스 태초 이야기」에도 여사제의 제도와 여사제의
결혼금지가 규정된 것을 알 수 있다.

　"여자 사제장과 여사제 제도를 만들어 그들은 성녀로 아이를 갖지 못
할 것이다."[13]

　사제가 세습된 수메르에서 여사제가 상당히 전문화된 것은 「엔키와
닌후르상」 신화에 나타나 있다. 엔릴 신이 병들자 어머니 신 닌후르상 여
신이 '의술의 신 닌아주, 맥주의 신, 해몽의 신 닌다라, 양털 꼬는 여신' 등
을 창조한 것이다.[14] 이 여신들은 주로 질병 치료와 종교적 주술에 관련
된 일을 담당했다.

수메르에서 여사제는 접신 기술을 전수받아 망아상태에 빠지는데 사용한 약초의 사용법이나 점술의 비법을 배우고, 혹은 꿈의 해몽도 습득했을 것이다. 이 중에서 황홀경에 빠지는 **약초의 사용법**은 원시 시대부터 계승되었을 것으로 추정되는데, 영국 인류학자 타일러는 원시부족의 약물을 다음과 같이 소개하였다.

서인도 제도 원주민의 코호바(cohoba), 아마존 오마구아족의 쿠루파(curupa), 캘리포니아 다리엔족의 다투라 상귀네아(datura sanguinea) 씨앗, 페루의 톤카(tonka), 멕시코 올롤리우흐쿠이의 씨앗, 남북아메리카의 담배 등이다. 물론 후대의 종교에서도 황홀경에 빠지는 약물을 사용했는데, 디오니소스교의 특수한 포도주, 조로아스터교의 하오마, 힌두교의 소마가 대표적이다. 이 환각식물을 19세기 후반까지 페르시아의 금욕적 이슬람 신비주의자들도 사용했다. 물론 잘 알려진 환각 마취성 식물은 아편과 대마초이다.[15]

그러나 환각식물의 복용 없이도 영계와 소통하는 환시는 금식이나 기도, 노래와 춤, 채찍질 등 특별한 방법으로도 가능하였다. 구약학자 월튼에 따르면, 고대인은 훈련을 통해 예언자가 될 수 있었다. 그들은 예언 신탁을 계발하는 데 적극적이었고 왕에게 보수를 받는 직업적이면서 공식적인 조언자가 되었다. 이는 주로 아시리아 시대에서 발견된다.[16]

히브리의 예언자
●

기원전 9세기경 북이스라엘의 왕 아합과 왕비 이세벨도 수백 명의 바알 신과 아세라 신의 선지자들을 지원했다.[17] 물론『구약성경』「왕들의 통치 1」 19장 18~24절에는 히브리의 사울 왕 시대에도 나타나 있다. 히브리 최초의 왕 사울이 신의 계시를 받으려고 하루 종일 벌거벗은 채 누워 있었다는 기록, 그리고 계시를 받는 예언자 집단의 모습에서도 당시 접신의 성격과 방법을 알려 주고 있다.

사무엘과 다른 예언자들이 예언하는 것을 보는 순간 하나님의 성령께서 그들을 감동시키므로 그들도 예언하기 시작하였다. (중략) 사울은 또 자기 옷을 벗고 사무엘 앞에서 예언하며 하루 종일 밤낮 벌거벗은 채 누워있었다.

사울 왕이 대낮에 벌거벗은 채 누워 있었다는 것은 특별한 마취 환각 식물을 복용했거나 특수한 술을 마셨다는 증거로 볼 수 있다. 이러한 접신은 알타이족의 샤머니즘을 연상시킨다.

샤먼과 접신술

●

엘리아데는 중앙아시아와 북아시아의 샤머니즘은 접신술이고 주술이지만 넓은 의미에서는 종교라고 보았다.[18] 그보다 앞서 알타이족의 샤머니즘을 연구한 핀란드의 민속종교학자 하르바에 따르면, '샤먼의 가장 중요한 일은 영계와 소통하는 것인데, 그것은 무의식에 빠진 샤먼의 육체에 신이 들어오기 때문이며 그때 샤먼이 하는 말은 신이 하는 말이다.'[19] 다시 말하면, 신이 샤먼의 육체에 들어오는 신내림은 바로 접신인 것이다.

따라서 수메르에서 여사제의 접신은 알타이의 샤먼과 비슷하고 히브리의 사울 왕도 그런 경향이 강했음을 느낄 수 있다. 그런데 사울 왕처럼 자발적이고 우발적인 예언은 꿈이나 황홀경상태에서 전달되었는데, 수십 개의 비공식적 예언이 히브리에 알려져 있다. 그밖에도 아모스 같은 선지자도 이에 해당된다. 특이한 것은 예언을 받은 자는 사제가 될 수도 있었다는 점이다. 물론 대부분 특정의 신과 관련되어 있었다.[20]

이 특정한 신과의 관련성은 타일러에 따르면, 특별한 영혼이 옮겨 붙은 빙의(憑依), 즉 '귀신들림'을 뜻한다. 이러한 빙의는 특이하고 극심한 질병인 간질, 히스테리, 섬망, 백치, 정신이상 같은 정신적 장애와 연관되어 있다. 특히 신탁빙의는 원시 시대부터 거의 변치 않은 채 고대 그리스와 로마에서 왕성하게 남아 있었다. 그리스의 델포이 신전의 무녀, 즉 여사제는 발광하여 알아들을 수 없는 말로 신탁을 전해 주었던 것이다.[21]

이집트 12왕조 초기인 기원전 1100년경 카르나크의 아몬 신전의 관리인 웬 아몬의 「페니키아 여행」에도 접신과 광란, 예언이 기록되어 있다.

그가 제사를 드리는 동안, 신이 젊은이들 중 한 명에 접신해 그를 예언하게 했다. 그가 비블로스 군주에게 말했다. "그 신상을 가져 와라. 그것을 모시고 있는 사신도 데려와라. 그를 보낸 자는 아몬 신이다. 그를 오게 한 자가 아몬 신이다." 그날 밤에 신들린 젊은이가 광란에 빠졌을 때, 나는 이집트로 가는 배를 찾았고 내가 가진 모든 것을 배에 실었다.[22]

『신약성경』에도 예수와 귀신들림에 대한 이야기가 나오며, 그 뒤 수백년 동안 두드러져서 가톨릭의 구마사제(驅魔司祭)는 기도, 성사, 안수로 악마를 쫓아냈다. 이와 같이 빙의의 교리와 구마의식은 타일러에 따르면, 중세를 거쳐 19세기 말까지 이어졌다.[23] 따라서 당시 수메르에서 접신이 신과 접촉하는 아주 중요한 수단으로 여겨진 것은 하등 무리가 없었을 것이다.

신과 소통하는 꿈

•

고대에 꿈도 신의 계시를 받는 방법으로 중요시되었다. 기원전 2120년 수메르의 종교적인 중심도시 라가시의 「구데아 왕의 비문」에서 그 증거를 찾을 수 있다.

기원전 2141년~기원전 2122년경 유프라테스-티그리스강 중류에 세워진 도시국가 라가시의 구데아 왕의 두 개의 원통에는 왕의 꿈과 여사제의 해몽, 간점의 과정이 구체적으로 나타나 있다. 두 개의 원통은 가장 온전한 신전의 고대 건축에 대한 내용이 기록되어 있다고 알려져 있다.[24]

자료 4-3-3
구데아 원통형 비문[기원전 22세기, 프랑스 루브르박물관 (Louvre Museum) 소장]

「구데아 원통형 비문」이나 이를 요약한 「구데아 석상의 비문」에 따르면, 도시의 수호신 닌기르수가 지배하는 티그리스강 강물의 수위가 내려가 예전처럼 논밭에 물이 들어오지 않자 구데아 왕은 신의 계시를 받으려고 신전에 들어가 잠을 자면서 꿈을 꾸었다. 잠을 깬 구데아 왕은 꿈을 해석하는 물고기의 여신 난쉐를 찾아가서 해몽을 청하자 별자리를 보며 점토판을 조사하던 난쉐 여신은 다시 신전에서 잠을 자면서 닌기르수 신에게 요청하라고 조언하면서 덧붙여 말했다.

"나의 여동생 난다바는 신전을 건축하기 위한 거룩한 별자리에 관하여 당신에게 알려 줄 것이다."

문자와 문학, 그리고 천문학의 수호여신 난다바가 구데아의 꿈의 내용을 듣고 신전 건축에 적합한 날짜를 알려 주자 구데아 왕은 신전에 대한 자세한 설계도를 알 수 있었다. 그리고 간점을 쳐서 다시 확인했다.[25]

구데아 왕이 신전에서 잠을 자고 꿈을 꾼 것은 소위 신의 집인 신전에서 신이 가장 잘 나타날 것이라고 믿었기 때문이다. 인류학자 프레이저에 따르면, 그리스에서 아폴로 신의 아들이라고 알려진 의사 아스클레피오스의 신전에서 환자들은 잠을 자면서 꿈속에서 상담하고 치료받았다는 기록이 비석에 빼곡히 기록되어 있다. 대신 환자들은 은화 20g과 희생제물을 바쳐야만 했다. 또한 고대 이탈리아 해안의 드리움 신탁소의 점쟁이 칼차스를 찾은 사람들은 제물로 바친 숫양의 가죽을 깔고 잠을 잤다고 한다. 제물로 바친 양에 대하여 신은 꿈속에서 보답을 한다고 믿었기 때문이다.[26]

이처럼 꿈은 접신과 함께 고대인이 신과 교통하는 대표적인 방법이었다. 고대인은 꿈에 나타난 신이 미래의 일을 보여 주거나 특정한 지시를 내린다고 여겼기 때문이다. 수메르의 「지우수드라의 홍수 이야기」에서

는 엔키 신이 제사장 지우수드라의 꿈에 나타나 대홍수와 구원의 비결을
미리 알려 준 것으로 유명하다.

꿈을 해석하는 메소포타미아의 해몽가

메소포타미아에서는 꿈을 해석하는 사람을 '샤일루(šâilu)'라고 불렀다.
기원전 1000년대에 다양한 꿈이 분류되었는데, 아시리아 아슈르바니팔
의 도서관에서 『꿈에 관한 책』이 발견되었다. 그중 소변에 관한 꿈의 해
석에서 다음과 같은 해몽이 나온다.

"만일 그가 공중을 향해서 소변을 보면, 그가 낳을 아들이 유명해질 것
이지만 자기의 생명은 짧아질 것이다."

해몽의 기준은 먼저 꿈의 내용을 신체 반응과 연결시키거나, 다음에
관습을 적용시키거나, 마지막으로 반대로 해석하는 경우가 있다. 이를테
면, 소변은 정액을 상징하고, 강에 빠졌다가 나오면 승리하고, 똥을 먹으
면 재산이 늘어난다고 해석하였다.[27]

꿈을 해석하는 이집트의 해몽서

서남아시아의 여러 민족들은 지리적으로 가까웠기 때문에 문명의 교
류가 빈번할 수밖에 없었다. 특히 수메르와 가까운 이집트에서 꿈을 해
석한 문서는 『체스터 베티 꿈의 책(Chester Beatty Book)』이다. 이를테면, '자
기의 성기가 커지는 꿈은 재산의 증가이고, 활을 잡으면 관직을 얻고, 이

가 빠지는 꿈은 가족이 죽는다' 등이다.

이집트에서는 왕권을 정당화하려고 꿈을 이용했는데, 기원전 14세기 초 투트모세 4세는 '신이 왕이 될 것을 점지해 주었다'라고 자기의 비석에 기록해 놓았다.[28] 꿈에 기자의 스핑크스가 나타나 계시해 주었다는 바로 그 전설을 말한다. 이집트의 다른 해몽서는 『이집트의 꿈 신탁 (Egypttian Dream Oracles)』이 있다. 이 책은 주로 꿈에서 본 자신의 행동에 대한 해석이지만 악한 꿈을 막는 짧은 주술도 포함되어 있다.[29]

히브리의 꿈 해몽가, 요셉과 다니엘

●

히브리에서 꿈은 족장 시대부터 인간이 신과 의사를 소통하는 방법으로 특별히 은혜를 받은 사람과 여호와 신이 만나는 장소였다. 꿈 해몽은 여호와 신의 중요한 의도를 읽는 훈련이었는데, 꿈에서 말하는 일이 실제로 일어나기 때문이었다.[30] 이를테면, 이집트 파라오의 꿈을 해몽했다고 알려진 요셉이나 느부갓네살(네부카드네자르) 왕의 꿈을 해몽한 다니엘이 그처럼 은혜를 받은 인물이었다. 「다니엘서」 2장 17~19절에서 다니엘은 여호와에게 기도하자 밤에 환상 가운데 꿈의 의미, 즉 신의 의도가 드러났던 것이다.

그러나 윌튼 교수는 요셉의 능력은 비공식적이지만 다니엘은 훈련을 통한 것이라고 보았다. 다니엘은 바빌론의 언어와 문학, 천체의 징조를 배웠기 때문에 왕이나 국가의 운명과 관련된 꿈의 해몽이 가능했던 것이다. 하지만 메소포타미아와 이집트는 방대한 문헌을 축적했지만, 히브리인은 믿을 만한 해몽서나 꿈을 해독하는 기술이 없었기 때문에 히브리의

해몽가는 거짓 선지자나 마술사로 취급되었다.[31]

꿈을 통해서 영혼의 존재를 느끼다

●

미개인이 꿈을 통해 영혼의 존재를 느꼈다는 주장은 대단히 흥미롭
다. 인류학자 타일러는 미개인이 꿈이나 환상을 되새긴 결과, 영혼이 탄
생하고 영혼이 발전하여 신이 되었다고 추론했던 것이다.[32] 더 나아가
타일러는 인격적이고 영적인 존재들이 인간의 꿈속으로 방문한다고 여
기는 야만적 애니미즘의 이론이 중세 기독교까지 이어졌다고 보았다. 바
로 인간과 성적인 교류를 하는 야행성 귀신이 그런 사례이다. 심지어 사

모아 제도에서는 그런 성교가 수많은 초자연적인 수태를 일으킨다고 여겨진다.[33]

이처럼 꿈과 영혼의 교류는 프랑스의 인류학자 레비브륄의 연구에서도 잘 나타나 있다. 즉, 미개인은 꿈속에서 영혼이 일시적으로 육체를 떠난다고 생각했다. 때로 영혼은 멀리 나가서 혼령이나 죽은 사람과 이야기를 나누다가 잠이 깨는 순간 다시 육체 속으로 돌아온다는 것이다. 그런데 마법에 걸리거나 특별한 사고가 일어나 영혼이 육체 속으로 돌아오지 못할 수도 있는데, 그럴 경우 그들은 병에 걸리거나 죽을 수 있다고 생각한다.

이를테면, 독일령 서아프리카, 뉴질랜드의 마오리족은 사람이 꿈을 꾸면 영혼은 육체와 분리된다고 여기며, 북아메리카인은 꿈의 안내를 받아 혼령들과 소통한다. 무엇보다 미개인들은 꿈속에서 본 것을 사실로 여기는데, 잠자는 이를 깨우면 영혼을 상실한다거나 꿈속에 아내가 간통하는 꿈을 꾸면 아내를 내쫓는 관습이 그 증거이다. 더구나 뉴기니인은 자기에게 사랑을 고백하는 여자의 꿈을 꾼 남자는 현실에서도 여자가 자기에게 마음을 두고 있다고 믿는다. 또한 카이 부족에서는 어떤 사람이 친구의 아내와 부정을 저지르는 꿈을 꾸면 벌금을 받을 수 있다. 꿈이 공개될 경우 벌금을 물거나 심한 욕설을 감수해야 하기 때문이다.[34] 이런 사례들은 꿈을 현실과 동일시하는 사고방식이다.

현대심리학에서 꿈은 환각적이고 착각적인 심리현상이다. 프로이트의 이론처럼 꿈은 억압된 욕망이나 두려움을 감추거나 위장하는 감정적 현상이면서 동시에 집단심리학자 융의 이론처럼 자기의 균형을 잡아주는 현상이다. 다시 말하면, 고대인은 꿈이 두뇌의 신경생리학적인 자기 정화활동임을 알지 못하고 타일러의 지적처럼 꿈을 신의 계시이며 미래를 암시한다고 생각했다.[35] 물론 미개인은 뇌의 중앙에 있는 시상 (Thalamus, 視床)이 수면과 각성을 통제하는 기관이라는 것을 전혀 몰랐다. 또한 현대인지심리학이 밝힌 것처럼 신경계에서 아세틸콜린이나 세로토닌이 각성과 수면, 기분에 관여하고 꿈을 억제한다는 사실을 몰랐음에 틀림없다.[36]

어쨌거나 고대인의 사고방식은 앞에서 타일러가 제시한 주장, 즉 미개인은 꿈이나 환상을 되새긴 결과 영혼이 탄생하고 영혼이 발전하여 신이 되었다는 추론은 종교적으로 대단히 중대한 문제를 발생시킨다. 말하자면 레비브륄의 연구처럼 꿈속에서 영혼의 육체 이탈이나 혼령과의 접촉은 죽음이나 내세의 문제와 깊게 관련되어 있기 때문이다. 지금도 기독교나 이슬람교 근본주의자들은 성전을 들먹이면서 인간이 죽으면 영혼이 천국이나 지옥에 간다는 주장을 서슴지 않고 있다. 이를 보면, 영혼의 존재가 종교에서 대단히 중요하다는 것이 분명해진다. 물론 이런 관점은 원시 시대부터 이어 내려온 사고방식이다. 다음 장에서는 이런 심리적인 종교기술 대신 수메르의 물리적 종교기술에 대해 살펴보기로 한다.

1   월튼; 앞의 책, 193~203쪽.

2   조철수; 앞의 책(수메르 신화), 453쪽, 539쪽.

3   Urukagina 4번째 토판[조철수; 앞의 책(수메르 신화), 535쪽].

4   루; 앞의 책 1권, 124~125쪽.

5   월튼; 앞의 책, 191~192쪽.

6   보테로, 스테브; 앞의 책, 120~122쪽.

7   강승일; 이스라엘과 고대 근동의 점술, 기독교문서선교회, 2015, 117~118쪽.

8   월튼; 앞의 책, 114~115쪽.

9   마리 편지들(프리처드; 앞의 책, 올브라이트 옮김, 780~782쪽).

10   마리와 앗수르의 편지들에 나타난 계시(프리처드; 앞의 책, 모란 옮김, 727~734쪽).

11   조철수; 메소포타미아와 히브리 신화, 길, 2000, 223~225쪽.

12   강승일; 앞의 책, 117~119쪽, 옷술(옷 끝에 다는 여러 가닥의 실, Tzitzit).

13   조철수; 앞의 책(수메르 신화), 117쪽.

14   조철수; 앞의 책(수메르 신화), 213~216쪽.

15   타일러; 앞의 책 2권, 659~662쪽.

16   프리처드; 앞의 책, 윌슨 옮김, 734~739쪽. 「에사르하르돈과 관련된 신탁들」, 「아슈르바니팔에게 보낸 편지」, 「아슈르바니팔과 관련된 신탁 꿈」에 잘 나타나 있다.

17   월튼; 앞의 책, 341쪽, 왕들의 통치 1 18장 19절.

18   엘리아데; 앞의 책(샤마니즘), 19~23쪽.

19   하르바; 앞의 책, 446~451쪽.

20   월튼; 앞의 책, 341~342쪽.

21   타일러; 앞의 책 2권, 299~303쪽.

22 이집트의 신화와 설화들, 웬 아몬의 페니키아 여행(프리처드; 앞의 책, 월슨 옮김, 74~75쪽).

23 타일러; 앞의 책 2권, 295~305쪽.

24 월튼; 앞의 책, 92쪽.

25 조철수; 앞의 책(수메르 신화), 450~453쪽.

26 J. Frazer; Folklore In The Old Testament –Studies In Comparative Religion, Regend And Law(문명과 야만) 2권, 강천, 1996, 이양구 옮김, 147~153쪽.

27 강승일; 앞의 책, 77~80쪽.

28 강승일; 앞의 책, 50~52쪽.

29 월튼; 앞의 책, 89~90쪽.

30 A. Chouraqui; Les Hommes de La Bible(성서 시대 사람들), 부키, 1999, 박종구 옮김, 177~178쪽.

31 월튼; 앞의 책, 343~345쪽.

32 츠네오; 앞의 책(문화 인류학의 명저 50), 27~28쪽.

33 타일러; 앞의 책 2권, 369~370쪽.

34 Lévy-Bruhl; La Mentalité Primitive(원시인의 정신세계), 나남, 2011, 김종우 옮김, 139~148쪽.

35 타일러; 앞의 책 1권, 175~178쪽.

36 R. Stemberg; Cognitive Psychology(인지심리학), 박학사, 2005, 김민식, 손영숙, 안서원 옮김, 31~45쪽.

물리적 종교기술:
간점, 주문, 시죄법, 점성술

접신과 꿈을 통해 신의 계시를 받은 수메르인은 간점, 주문, 점성술로 재난을 피하였다. 이러한 종교기술은 한계가 있지만 객관적인 종교의식이다. 수많은 동물의 간을 연구하여 통계자료를 바탕으로 간점을 쳤기 때문이다. 또한 수메르인은 특별한 처방과 함께 주문을 사용했는데, 정결의식은 부패를 막는 소금과 세정을 시키는 물을 이용하고, 소각의식은 살균작용을 하는 불을 사용했다. 따라서 이 방식들도 다소 객관성을 띠고 있다. 마찬가지로 수메르의 점성술은 왕조나 인간의 운명을 별과 관련시켰다는 점에서 주술적이지만 천체의 관측 자료를 활용하였다는 점에서 객관적이라고 할 수 있다. 이 수메르의 점성술은 칼데아에 계승되어 그리스와 아랍에 큰 영향을 주어 현대천문학의 기초를 놓았다.

미래를 예측하는 간점

●

수메르인은 접신이나 꿈속에서 신의 계시를 받고 다시 간점(肝占)으로
재확인했다. 수메르의 종교적 점술인 간점은 신바빌로니아 시대까지 계
승되었다. 과학사가 로넌에 따르면, 점술가는 간의 다섯 대의 잎사귀를
조사해서 미래를 예언했다. 바빌로니아인은 간과 혈액의 관련성을 중요
시하여 간 속에 생명과 인간의 감정이 깃들여 있다고 생각했기 때문이
다.[1] 고대 바빌로니아에서 이 간점은 상당히 유행했으며, 이와 관련된 점
술을 다룬 문헌집이 집대성되었다.[2]

아카드 제국의 사제, 바루

●

메소포타미아에서 국가의 공식적인 점술은 새끼 염소 간점이다. 그것
은 신에게 소중한 양이나 염소를 바쳤으므로 신은 양과 염소에게 어떤
계시를 내리는 것으로 여겨졌기 때문이다. 신과 인간의 일종의 주고받기
인 셈이다.

아카드에서는 간점을 치는 사제를 '바루(barû, 감찰하다)'라고 불렀다. 바
루는 정결한 새끼 염소의 간을 꺼내 간의 모양과 색깔, 움직임을 관찰하
여 길흉을 판단했다. 그리고 이를 수십 장의 점토판에 자세히 기록하고
그 모형을 만들어 50가지의 징조와 짧은 주문을 써 놓았다. 말하자면, 바
루는 일종의 통계를 이용한 모형을 기준으로 길흉을 판단했는데, 신전
의 건축이나 국가 간에 전쟁을 벌일 때도 간점을 이용했다. 「아카드의 저
주」라는 작품은 간점과 국가의 관계를 보여 주는 좋은 자료이다.

"신전에 관하여 새끼 염소 간점을 쳤으나, 신전을 지으라는 간점은 나오지 않았다."[3]

이는 기원전 2250년 자기를 신이라고 자칭한 아카드의 나람신 왕이 종교의 중심지 니푸르의 엔릴 신전을 개축하기 위하여 간점을 쳤으나 무려 7년 동안이나 응답이 나오지 않은 것에 대한 기록이다. 그 후 나람신이 에쿠르 신전을 허물어 버리자 신들의 저주를 받아 아카드가 멸망했다고 전한다.[4] 물론 아카드는 구티족의 침략으로 무너졌지만 이 사제는 순종하지 않은 왕이 수메르의 거룩한 신전을 모욕하여 재앙이 왔다고 생각한 것이다.[5]

여러 장기를 관찰한 간점

●

아카드의 바루는 놀랍게도 간만이 아니라 숨통, 허파, 쓸개, 창자 등을 순서대로 관찰하면서 색깔이나 모양이 정상에서 벗어나지 않았는지 관찰했다. 후대에 신바빌로니아, 즉 칼데아 시대의 문서에는 장기에 구멍이 뚫려 있는 경우와 그에 대한 해석이 다음과 같이 기록되어 있다.

만자주(간의 망상 조직에 나타나는 주름)의 위에 두 개의 구멍이 나란히 나 있고 검은색이면 희생양을 바친 사람의 눈이 멀 것이다. (중략) 노란색이면 감옥에 가고 (중략) 만자주의 중앙에 긴 구멍이 하나 있으면 나라에 어려움이 생길 것이고…

이처럼 동물의 장기를 관찰하는 점술은 점술가가 마음대로 하는 것이 아니라 이미 기록으로 정리된 문서를 기준으로 이루어진 것이다. 말하자면 강승일 교수는 메소포타미아에서 간점은 초자연적인 주술이라기보다 관찰하고 연구하는 학문에 가깝다고 보았다.[6]

아시리아, 히브리, 로마의 간점

간점은 기원전 3000년대 후반부터 도시국가 마리에서 발견되지만, 자료는 고대 바빌로니아와 기원전 7세기경 아시리아 시대가 가장 풍부하다. 특히 아시리아는 수많은 징조 일람표까지 만들어 점술에 사용했다.[7]

간점은 고대 히브리 민족에게도 알려진 사실이 이스라엘 북부 므깃도에서 발굴된 염소의 간의 모형으로 확인되었다. 하지만 메소포타미아의 변방이나 외국으로 갈수록 간점에 대한 사제들의 전문성이 부족하고 오랜 기간 축적된 사례들이 빈약하였으므로 간점의 정확성은 떨어졌다. 이러한 경향이 두드러진 곳은 이스라엘이었는데, 기원전 11세기까지 간점을 사용하다가 점차 주술신앙으로 전락하게 되었다.[8]

그런데 간점의 모형이 므깃도만이 아니라 이스라엘 북부의 도시 하솔, 시리아의 우가리트에서도 발견된 것을 보면 간점이 가나안 지방과 히타이트에서도 활용된 것을 알 수 있다. 더구나 그리스와 로마에서도 활용될 만큼 인기가 높았다.[9] 서기 1세기 로마 역사가 타키투스의 『연대기』에는 클라우디우스 황제가 원로원에서 '복장사(卜腸師) 동업조합'의 설립과 관련해 연설한 내용이 기록되어 있다.

짐승의 내장을 보고 점을 치는 복장술(卜腸術)은 이탈리아에서 가장 오래된 전통을 지닌 학예로서 국가가 역경에 빠졌을 때 소환된 복장사의 권고에 따라 종교의식이 부활되고 후세를 위하여 보다 엄격히 보존되는 경우가 많았다. 게다가 에트루리아의 귀족들은 스스로 솔선하던 로마 원로원의 장려에 의해서 이 지식을 유지하고 자손 대대로 전해 왔다. 오늘날 로마는 유익한 학예에 무관심하고 외래의 미신이 영향력을 미치고 있기 때문에 이것을 소홀히 하고 있다.[10]

이 간점의 기원은 원시 시대로 볼 수 있다. 인류학자 타일러에 따르면, 원시부족들은 내장점, 뼈점, 거북껍질점 등을 쳤는데, 특히 내장점은 말레이, 폴리네시아, 아시아의 여러 부족들, 잉카 등지에서 성행했다.[11] 물론 고대 중국에서도 거북의 등껍질로 점을 친 사실은 널리 알려져 있다.

수메르의 종교적 주문

●

접신과 꿈을 통해 신과 소통하거나 간점을 쳐서 길흉화복을 예견한 수메르인은 종교적인 주문도 적절히 활용했다. 주문은 형편에 따라 종류가 달랐다. 기원전 2800년경에 기록된 수십 장의 점토판에 의하면, 뱀이나 전갈에 물렸을 때, 산모가 출혈을 할 때, 악한 저주에 걸렸을 때, 이상한 병에 시달릴 때 사용하는 주문이 각각 달랐다.[12]

특히 수메르인은 사람이 병이 드는 것은 한 맺힌 귀신이 악한 귀신이 되고 이 악귀들이 유혹하여 사람들을 병들게 한다고 믿었다. 말하자면, 전염병을 악귀로 의인화한 것이다. 그런데 타일러에 따르면, 고대 히브리인도 역병과 죽음을 파괴의 천사들이 불러온다고 믿었다. 또한 중세 로마인은 피부가 검고 머리가 없는 뱃사람이 상륙하는 곳마다 전염병이 퍼졌다고 여겼고, 슬라브족은 처녀귀신이 흑사병을 불러온다고 여겼다.[13] 이처럼 고대인들은 전염병을 악귀로 의인화했는데 이는 원시 시대부터 이어져 온 애니미즘의 표현으로 볼 수 있다.

수메르의 주문은 세월이 흐르면서 점차 다양해지고 일정한 양식을 갖추게 되었다. 기원전 2100년경에 주문을 종류별로 모은 주문집이 편찬되었고, 고대 바빌로니아에서는 수메르의 주문집을 번역하고 경전으로 만들어 몇 세대에 걸쳐 한 번씩 베껴서 널리 보급했다. 심지어 기원전 300년까지 이 주문집이 계속 전승되었다.[14]

중요한 것은 고대인은 주문이 마법의 효과를 지니고 있다고 믿었다는 점이다.[15] 사제들은 우주 창조신화를 읊은 뒤에 질병을 가져온 악마를 퇴치하는 기원신화를 낭송했던 것이다. 이러한 종교의식은 전쟁이나 죽음, 불임, 질병에도 효험이 있었다.[16] 대표적인 주문이 아시리아의 「치통」이다.

아누가 하늘을 창조한 뒤에 / 하늘은 대지를 만들고 / 대지는 강을 만들고 / 강은 개천을 만들고 / 개천은 도랑을 만들고 / 그리고 도랑은 벌레를 만들었도다. / (중략) 나(벌레)를 도랑에서 들어 올려 사람들의 이빨 사이에 놓으소서. (중략) / 벌레여, 네가 원하는 대로 하라. / 에아(엔키)가 그의 팔의 힘으로 너를 짓이길 것이다.[17]

펜실베이니아대학 스파이저 교수는 상당히 오래된 이 주문의 제목이 고대도시 마리의 문헌에도 보인다고 지적했다. 흥미로운 것은 치통을 쫓는 마법과 처방이 나와 있다는 점인데, 이런 치료제를 함께 사용한 주문은 어느 정도 객관성을 띠게 된다고 볼 수 있다.

> 치통을 쫓는 마법. / 방법은 혼합술과 / 엿기름 가루와 기름을 / 너는 섞는다. / 그 위로 주문을 세 번 외운다. / 그리고 이빨 위에 바른다.[18]

이 주문은 원시 시대부터 널리 사용되었던 주술이다. 히브리인도 「신명기」 토라의 구절을 양피지에 써서 팔과 이마에 묶고 예배를 드리거나 문설주와 대문에 토라를 써 놓기도 했다. 또한 달 없는 밤에 신혼의 잠자리에서 남자들을 목 졸라 죽이는 여자 밤귀신에 대항하는 주문이 있었다.[19] 말하자면 이런 주문은 기도문에 가깝다. 또한 아나톨리아와 이집트의 신을 들먹이면서 공중을 날아다니는 여자귀신에 대한 기원전 7세기경 가나안어로 쓴 주문이 고대도시 하닷투에서 발견되었다. 이 기도문은 아이의 탄생을 돕고 신생아를 죽이는 날개 달린 스핑크스나 인간을 잡아먹는 암늑대를 쫓는 주문이다.

> 내가 들어가는 집에 너는 들어가지 못할 것이며, 내가 밟는 마당을 너는 밟지 못할지니라. 영원한 결박이 우리를 위해 확정되었다. (이하 생략)[20]

널리 알려진 주문은 힌두교의 '옴(oṃ)', 불교의 경전 『반야심경』의 '아제 아제 바라아제 바라승아제 모지사바하', 티베트 불교의 '옴 마니 반메 훔'이다.[21] 타일러에 따르면, 원래 주문은 기도였으나 점점 쇠퇴해서 불가사의한 문장이 되었을 것이다. 하지만 수련의 방편으로 이용되는 주문의 염송은 요가나 불교, 한국 신흥종교 등에서 지금도 중요시되고 있다.[22]

정결의식은 지하수의 신 엔키와 관련되었다

●

수메르의 종교의식에서 중요시된 것은 접신, 꿈, 간점, 주문이다. 하지만 수메르인들은 일상생활에서 주문을 외우면서 물로 씻는 정결의식과 불로 태우는 소각의식을 치렀다.

정결의식(淨潔儀式)은 사제가 기도문을 읽으면서 정결한 지하수로 악마와 악령의 저주에 걸려 병이 든 사람의 몸이나 손을 깨끗하게 씻어 치료하는 종교적 주술이다. 사제는 병자의 질병에 알맞은 기도문을 낭송했는데, 기원전 2600년경의 간단한 여러 기도문이 발견되었다. 또한 바빌로니아와 아시리아에서는 「악한 우둑 귀신」이라는 기도문집을 정리하여 백과사전으로 편찬했다.[23]

정결의식에서 수메르인은 불을 밝히고 향을 피우면서 소금과 밀가루를 뿌려 마귀의 접근을 막았다. 소금은 부패를 막고 밀가루는 어둠을 밝히는 흰색에 착안한 처방인 것 같다. 또한 여러 색의 양털로 아픈 곳을 묶은 뒤 양털실을 잘라 거룩한 들판에 파묻는 경우도 있었다. 타일러에 따르면, 두 대상을 끈으로 연결하는 주술은 세계적이다. 오스트레일리아의 주술사는 병든 곳을 실로 묶고 다른 쪽의 실을 빨면서 고통을 경감시켰고, 그리스의 에페수스인은 성벽에서 아르테미스 사원까지 밧줄을 연결하여 적의 공격을 막았고, 불교도는 성물 주위에 묶은 기나긴 실을 잡고 소통하려고 했다.[24]

흔히 수메르인은 지하수를 뿌리면서 엔키 신의 주문을 읽었는데, 이는 다음과 같이 병자를 깨끗이 하고, 거룩하게 하고, 빛나게 한다고 믿었기 때문이다.

환자를 낫게 하려고 위대한 주 엔키가 나를 보냈노라. (중략) / 육체를 괴롭히는 것들이 병자의 몸 안에 있노니 / 엔키가 말한 주문으로 이 악한 것들을 뽑아 버릴 것이다.[25]

수메르인이 엔키 신의 기도문을 읽은 것은 엔키가 지하수의 신이었기 때문이다. 이처럼 물과 관련된 정결의식은 유대교에서 세례의식으로 이어졌고 초기 기독교의 에세네파만이 아니라 지금도 가톨릭에서 중요시되고 있다. 하지만 인도는 갠지스강, 이집트는 나일강을 숭배하였고, 한국의 토속신앙이나 천도교에서 청수를 중시하는 등 정결의식은 세계적인 종교의식이었다. 말하자면, 정결의식은 원시 시대부터 신생아나 산모를 씻기는 등 오염과 죄를 정화시키는 의식이었다.

소각의식은 악령을 물리치는 주술이다

●

정결의식과 함께 수메르인은 불로 태우는 소각의식(燒却儀式)을 치렀다. 사제는 「마귀를 쫓는 주문」을 낭송하면서 악마나 악령, 또는 저주에 걸린 병자의 몸에 매운 마늘, 대추야자 열매, 짚, 양털실, 밀가루, 빵 등을 뿌리거나 문지른 뒤에 특별한 장소에 가져다 버리거나 불에 태워서 악령을 쫓아냈다. 수메르인은 자기 수호신의 힘이 약해서 병이나 악령에 시달리는 것이라고 믿었기 때문에 강력한 엔키 신의 주문을 낭송하였다. 이는 사물을 태워 버리는 신비로운 불의 힘을 신성시하였기 때문일 것이다.

기빌(불의 신)의 혀로 거룩하게 될 것이다. / 기빌의 혀로 깨끗하게 될 것이다. / 기빌의 혀로 빛나게 될 것이다. / 악한 혀는 밖에 나가 설 것이다.[26]

수메르의 정결의식과 소각의식은 라가시의 왕 구데아의 비문에 상세하게 기록되어 있다.

그는 도시를 거룩하게 하고 불로 깨끗이 했다. / 흙벽돌 틀을 만들어서 / 흙벽돌을 새끼 염소 간으로 점을 쳐서 찾았다. / 남을 두렵게 하는 불결한 사람들, 임질로 전염된 사람들 / 월경 기간에 있는 여자들을 도시에서 쫓아냈다.

특히 이 비문의 후반부에는 신전을 지으면서 정결례를 행한 뒤에 백성들의 빚을 탕감하고, 7일 동안 곡식을 찧지 않고, 여종이 그녀의 주인과 동등하게 하고, 고아를 부자에게 넘겨주지 않게 하고, 과부를 권력자에게 넘겨주지 않게 하는 등 사회 정의의 실천이 뒤따랐다. 즉, 수메르의 정결의식과 소각의식은 단순히 물로 씻고 불로 태우는 형식적인 종교의식이 아니라 정의롭지 못한 사회를 정화하는 개혁도 함께 이루어졌던 것이다.[27]

고대 수메르인이 정결의식에서 사용한 「엔키 신의 기도문」은 이집트의 「사자의 서」나 힌두교의 「리그베다 기도문」처럼 심오한 주문으로 발전하여 후대의 종교에 편입되었을 것이다. 그런데 마법과 주술의 권위자인 킥헤퍼 교수는 가톨릭 사회였던 중세 유럽에서도 주문을 외워서 약초의 힘을 향상시킬 수 있다고 믿었다고 그 주문을 소개했다.

"그리스도의 이름으로 아멘, 오 약초여. 나는 베드로와 달과 별을 통하여 너에게 간청한다."[28]

주술의 연구는 인류학자 프레이저가 이미 『황금의 가지』에 상세하게 밝혔다. 프레이저는 고대 이집트나 바빌로니아의 신권정치 속에서 주술사가 많은 악행과 오류를 범했더라도 다소나마 과학을 개발했다고 지적했다.[29]

신의 뜻을 파악하는 제비뽑기, 시죄법, 점성술

수메르의 물리적 종교기술은 간점, 주문 이외에도 제비뽑기, 시죄법, 점성술이 있었다. 제비뽑기는 주사위나 나무 막대기를 이용하여 신의 뜻이나 미래를 알아내는 점술이다. 이는 초자연적인 존재가 인간의 운명을 결정한다고 여기기 때문이었다.

인류학자 타일러에 따르면, 폴리네시아인은 제비뽑기로 병자의 회복을 점쳤고, 마오리족은 도둑을 잡으려고, 기니의 흑인은 신의 징조를 알아내려고 제비를 뽑았다. 또한 그리스, 이탈리아, 힌두교인도 제비뽑기로 신탁을 알아냈다. 유럽의 카드놀이와 현대의 복권도 제비뽑기의 흔적으로 볼 수 있다.[30]

시죄법은 마녀재판에 이용되었다

시죄법(試罪法)은 죄인을 묶어 강에 빠뜨려서 죽으면 유죄이고 살아나오면 무죄라고 판결하는 신명재판이다. 중세 유럽이나 인도에서 성스러운 물이나 자연력은 죄인을 거부한다고 여겨진 것이다.[31] 이처럼 신이 심판한다는 신명재판(神明裁判, Jugement of God)은 수메르에서 기원전 22세기경 「우르- 남무 법전」 13조에 명시되어 있다.

"사람이 마술을 행하였다고 사람을 고소할 경우에 (고소인)이 그를 강의 신명재판에 데려와 강의 신명재판에서 깨끗하다면 그를 데려온 사람은 은 3세겔을 지불할 것이다."[32]

또한 기원전 18세기경 마리의 왕 「짐리림에게 보내는 편지」에는 강의 신 '이다'가 판결하는 신명재판의 내용이 나타나 있다.

"내가 그들을 '이다'의 손에 맡겼습니다. (중략) 만약 이들이 목숨을 건진다면 내가 그들을 고소한 자를 불에 태워 버리겠습니다. 만약 이들이 죽는다면, 내가 그들의 집과 가족들을 고소한 자에게 줄 것입니다."[33]

「우르-남무 법전」의 마술이나 주술에 대한 신명재판은 기원전 18세기경 바빌로니아의 「함무라비 법전」 2조에서 더욱 강화되어 무고인 경우에 고소인은 전 재산을 빼앗기고 사형당했다.

주목할 것은 시련이나 고통을 가하는 신명재판이 중세 유럽에서 마녀사냥에 악용되어 14세기부터 17세기까지 수십만 명이 희생되었다는 점이다. 마녀로 기소되어 화형당한 잔 다르크가 대표적이다.[34] 그런데 중세 시대 가톨릭의 종교재판소에서 마녀로 낙인찍힌 자의 손발을 묶어 강에 빠뜨려서 가라앉아도 마녀고 떠올라도 마녀라고 단정하는 잔인한 마녀사냥을 자행했다. 하지만 이는 고대의 신명재판에서도 대단히 경계했던 점이다.

수메르의 점성술은 천문학을 발전시켰다

●

점성술(占星術)은 천체를 관측하여 신의 뜻을 알아보려는 물리적인 종교기술이다. 수메르에서 점성술의 흔적은 기원전 2200년경 도시국가 라가시의 왕 구데아의 비문에 나타나 있다. 앞에서 살펴본 것처럼 천문학의 수호여신 닌다바가 신전 건설의 적절한 시기를 구데아 왕에게 알려주는 내용이 기록되어 있다.[35] 이 천문학의 수호여신은 하늘의 별자리가 새겨져 있는 석판을 무릎에 올려놓고 있다는 기록을 볼 때 점성술사가 분명하다.

수메르인은 세 주신들이 별자리를 관리한다고 여겼다. 수메르인은 천구를 세 구역으로 나누어 북반구를 대기의 신 엔릴의 길, 남반구를 지하수의 신 엔키의 길, 적도대를 하늘신 안의 길이라고 부르면서 다양한 별자리들을 배치했다. 그 증거는 기원전 3000년경 우르 3왕조의 점토판에 새겨진 12별자리 목록과 각 별자리의 묘사이다.

그런데 안의 길에 있는 12별자리는 그리스인이 정했다고 알려진 오늘날의 황도 12궁과 일치하며 별자리의 이름과 모습도 마찬가지이다. 말하자면, 수메르의 천문학적인 사제들, 소위 점성술사들은 신이 암시하는 천문현상을 관측하여 종교적 축제나 전쟁, 신전건축의 날짜를 정했던 것이다.[36] 물론 가장 중요한 목적은 신의 제삿날과 한 해의 출발시기를 아는 것이었는데 현실적으로 농사, 즉 파종과 수확의 시기를 정확히 아는 일이 대단히 중요했기 때문이다. 특히, 수메르의 중요한 곡식인 밀이나 보리의 낱알이 떨어지기 전에 수확하는 것은 목숨처럼 소중한 일이었다.

수메르의 점성술은 상당한 수준의 천문지식에 근거를 두었다. 과학사가 로넌에 따르면, 해시계와 물시계 등 관측기구를 사용한 수메르 천문학자들은 이집트에 비해 유물론적이고 기술적인 태도를 지니고 지구라트에서 천문현상을 관측했다. 그들은 금성, 목성 등의 행성을 관측하여 달이 태양빛을 받아 빛난다는 사실을 알고 있었다. 또한 하늘을 360°로 나눈 천문학자들은 1년을 360일로 계산하여 기원전 2294년에서 기원전 2187년에 해당하는 우르 왕조 때 이미 8년을 주기로 윤달을 둘 정도로 정확한 천체력을 만들었다. 이 수메르 달력은 바빌로니아, 히브리, 그리스 로마 초기 역법의 기초가 되었다.[37]

놀랍게도 현대의 달력도 수메르의 종교도시 니푸르에서 발견된 달력의 원리에 기초했다는 것이다.[38] 특히 장기간에 걸친 수메르의 천문지식과 점성술은 기원전 18세기 바빌로니아 시대에 집대성되어 아시리아에 계승되었다.

아시리아 시대의 천문 점토판

●

아시리아의 아슈르바니팔 왕의 도서관에서 발견된 『에누마 아누 엔릴』에는 수천 개의 하늘의 징조와 해석이 네 개의 주제로 분류되어 70개의 점토판에 상세하게 기록되어 있다. 즉, 달의 움직임, 태양의 변화, 폭풍과 관련된 기상현상, 여러 별들의 움직임 등이다. 물론 여기에는 왕이나 국가 또는 사회 전체에 영향을 미칠 중요한 사건을 다루고 있다.

신아시리아의 사르곤 왕 시대에는 점성술사가 『에누마 아누 엔릴』에 기록된 징조의 인용과 해설, 하늘을 관찰한 내용과 날짜를 왕에게 보고한 기록이 많이 남아 있다. 그중 하나를 소개한다.

오늘밤 달이 달무리에 둘러싸였습니다. 그리고 노인별과 쌍둥이자리가 그 안에 있습니다. 만일 달이 실리리티(Sililiti) 월에 전차를 타면 아카드의 왕의 지배가 번영할 것입니다. 그리고 그는 적들을 물리칠 것입니다.[39]

그런데 아시리아인은 신이 인간과 소통하려고 지상에도 어떤 징조를 보여 준다고 믿었다. 그런 징조는 아시리아의 『슘마 알루』라는 113개의 점토판으로 이루어진 선집에 잘 나타나 있다. 즉, 초자연적 존재의 출현, 동물들의 행동, 불의 모습, 인간의 성행위 등 광범위한 현상들이다. 이를테면, "만일 어떤 도시에 개구리가 비처럼 쏟아진다면, 그 도시는 버려질 것이다." 같은 것이다.[40]

메소포타미아에서 점성술은 주로 제왕의 통치를 위해 사용되었다. 왕은 신의 대리자이고, 주신들은 별들을 관리하면서 일식이나 혜성 등 어떤 징조를 보여 준다고 알려져 있었다.[41] 특히, 고대에 일식이나 월식은 아주 중요시되었다. 도시국가 마리에서 기원전 18세기경 어떤 점성술사가 「짐리림 왕에게 보내는 편지」에는 월식과 대리왕의 기록이 나타나 있다. 당시 월식은 왕의 죽음이나 나라의 멸망과 깊은 관련성이 있었다.

그 대리왕이 제14일 저녁에 왕위에 앉았다가 15일 밤을 아시리아 왕궁에서 보냈습니다. 월식의 영향 아래에 있던 자가 제20일 저녁에 무사하고 안전하게 아카드에 돌아와서 자기 왕위에 앉았습니다. 날이 밝았을 때 나는 그가 서기조합에서 공인된 전통적인 주문을 낭송하게 했습니다. 그는 하늘과 땅에 (나타난) 모든 점괘를 받았고, 우주 전체를 다스릴 패권을 수여받았습니다. 내 주, 왕께 보고합니다. 테벳 월에 나타난 이번 월식은 아무루 땅과 관련되어 있습니다. 아무루 왕이 죽을 것이며 그의 나라는 멸망할

것이고, 다른 해석에 의하면 그냥 사라질 것입니다. (이하 생략)⁴²

월튼 교수는 신아시리아 시대에 편찬된 『에누마 아누 엔릴』은 헬레니즘 시대까지 줄곧 인기를 누렸다고 하였다.⁴³ 그런데 국가의 운명을 좌우하던 숙명점성술은 칼데아에서 사람의 운명을 결정하는 출생점성술로 발전하기 시작했다. 그 점성술이 바로 기원전 2세기에 알렉산드리아에서 프톨레마이오스가 집대성한 「천궁도(天宮圖)」인데, 지금도 서양에서 유행하

자료 4-4 물아핀 점토판. 엔릴, 에아, 아누의 별들의 목록이 기록되어 있다[영국 대영박물관(The British Museum) 소장]

는 소위 별점의 이론적 배경이 되고 있다.⁴⁴ 큰 차이는 메소포타미아인은 그리스에 비해 대리왕 같은 의식을 거행하여 운명을 변경하거나 회피하는 방식을 마련했다는 점이다.⁴⁵ 다음 장에서는 수메르인이 신을 만든 과정을 살펴보기로 한다.

1 로넌; 앞의 책 1권, 73~74쪽.

2 강승일; 앞의 책, 80쪽.

3 조철수; 앞의 책(메소포타미아와 히브리 신화), 220~221쪽.

4 조철수; 앞의 책(수메르 신화), 429~447쪽.

5 아카데의 저주: 에쿠르의 복수(프리처드; 앞의 책, 크레이머 옮김, 761~764쪽).

6 강승일; 앞의 책, 81~83쪽.

7 월튼; 앞의 책, 360쪽.

8 조철수; 앞의 책(메소포타미아와 히브리 신화), 222~227쪽.

9 강승일; 앞의 책, 287쪽.

10 타키투스; 앞의 책(타키투스의 연대기), 435쪽.

11 타일러; 앞의 책 1권, 178~179쪽.

12 조철수; 앞의 책(메소포타미아와 히브리 신화), 75~80쪽.

13 타일러; 앞의 책 1권, 404~405쪽.

14 조철수; 앞의 책(수메르 신화), 485쪽.

15 후크; 앞의 책(중동 신화), 19~20쪽.

16 엘리아데; 앞의 책(신화와 현실), 83~95쪽.

17 후크; 앞의 책(중동 신화), 123~124쪽.

18 벌레와 치통(프리처드; 앞의 책, 스파이저 옮김, 160~162쪽).

19 슈라키; 앞의 책, 182~183쪽. 출애굽기 13장 2~16절, 신명기 6장 4~9절, 11장 13~21절.

20 아슬란의 부적(프리처드; 앞의 책, 로젠탈 옮김, 584쪽).

21 '옴'은 우주의 근본을 상징하는 신성한 소리이고, '아제아제 바라아제 바라승아제 모 지사바하'는 '가자, 가자, 피안으로 가자, 우리 함께 피안으로 가자. 피안에 도달하였 네. 아! 깨달음이여 영원히'라는 뜻이다. '옴 마니 반메 훔'은 '관세음보살의 자비를

구한다.'라는 뜻이다.

22   천도교의 시천주(侍天呪), 증산교의 태을주(太乙呪), 원불교의 성주(聖呪) 등이다.

23   조절수; 앞의 책(수메르 신화), 484~485쪽.

24   타일러; 앞의 책 1권, 168~170쪽.

25   조철수; 앞의 책(수메르 신화), 504~519쪽.

26   조철수; 앞의 책(수메르 신화), 504~519쪽.

27   신에게 기도하는 구데아 석상[조철수; 앞의 책(수메르 신화), 451~463쪽].

28   킥헤퍼; 앞의 책, 164쪽.

29   프레이저; 앞의 책(황금의 가지) 상권, 80~81쪽.

30   타일러; 앞의 책 1권, 116~122쪽.

31   타일러; 앞의 책 1권, 202~203쪽.

32   조철수; 앞의 책(수메르 신화), 544~545쪽.

33   화형과 신성재판(프리처드; 앞의 책, 모란 옮김, 808쪽).

34   번즈, 러너; 앞의 책 2권, 473쪽.

35   조철수; 앞의 책(수메르 신화), 450~453쪽.

36   시친; 앞의 책, 230~233쪽.

37   로넌; 앞의 책 1권, 83~87쪽.

38   시친; 앞의 책, 228~230쪽.

39   강승일; 앞의 책, 83~86쪽.

40   월튼; 앞의 책, 366~367쪽.

41   장샤오위엔; 앞의 책, 39~44쪽.

42   대리왕(프리처드; 앞의 책, 모란 옮김, 805쪽). 월식이 생기면 히브리인도 성전에서 번제
      를 지냈는데, 이는 메소포타미아 문명의 흔적이다.

43   월튼; 앞의 책, 366쪽.

44   장샤오위앤; 앞의 책, 141~147쪽.

45   강승일; 앞의 책, 86~87쪽.

신들의 위계질서

세계적으로 가장 대중적인 기도는 '하늘에 계신 우리 아버지'로 시작할 것이다.[1] 수메르인도 하늘을 창조의 아버지로 보았다. 수메르의 신화에서 하늘신 안과 땅의 신 키가 결혼하여 대기의 신 엔릴, 지하수의 신 엔키가 태어나는 것이다. 이처럼 수메르의 신들은 자연을 의인화한 것이지만 후대에 폭풍신 엔릴이 추상적인 하늘신 안 대신 최고신의 지위에 오른다.

수메르의 종교를 이어받은 바빌로니아는 신들의 이름만 바꾸어 숭배하면서 마르두크를 창조를 완성한 신으로 승격시켰다. 바빌로니아와 패권을 다툰 아시리아의 사제들은 아슈르 신을 가장 강력한 신이라고 주장하고, 칼데아의 마지막 왕 나보니두스는 마르두크 신권에 도전하여 달의 신 난나를 숭배하다가 멸망을 자초하게 된다.

수메르의 우주창조신화

●

수메르의 온전한 우주창조신화는 발견되지 않았다. 다만 크레이머 교수가 흩어져 있는 자료를 모아 재구성하여 「길가메시, 엔키두 그리고 지하세계」라고 이름 지었다. 이 신화의 서문에 보이는 수메르의 창세기는 대략 다음과 같다.

하늘이 땅에서 멀어진 뒤에 / 땅이 하늘에서 갈라진 뒤에 / 인간의 이름이 정해진 뒤에 / 하늘의 신 안이 하늘을 가졌고 / 엔릴이 땅을 가졌고 / 저승의 에레쉬키갈에게 혼인 선물을 준 뒤에 / 떠난 뒤에 떠난 뒤에 / 아버지가 저승으로 떠난 뒤에 / 엔키가 저승으로 떠난 뒤에…[2]

크레이머의 해석에 따르면, 수메르인은 바다에서 하늘과 땅이 창조되었다고 생각했다. 남성인 하늘의 신 안과 여성인 땅의 신 키가 결혼하여 대기(大氣)의 신 엔릴을 낳고, 대기의 신 엔릴이 하늘과 땅을 갈라놓는다. 그리고 엔릴과 그의 어머니 키 여신이 결혼하여 만물을 창조하고 문명을 열었다. 이처럼 수메르의 원초적인 신들이 나타난 창조신화는 혼돈으로부터 질서를 세우는 신들의 활동이다. 그러나 수메르 신화에서는 완전한 무(無)로부터의 창조가 아니라 혼돈에서 질서가 세워진다.[3]

수메르 신들의 구조는 우주적이다

●

수메르 신화는 메소포타미아 신화의 바탕을 이루고 있다. 시카고대학교 야곱센 교수는 메소포타미아 신들의 구조를 우주적인 국가의 지도자들이라고 보았다. 가장 높은 신은 하늘의 신 안, 둘째는 폭풍의 신 엔릴, 셋째는 대지의 여신 키(닌후르상), 넷째는 물의 신 엔키가 모두 자연을 의인화하였기 때문이다. 그런데 야곱센은 이 신들이 자연현상이나 그 배후에서 작용하는 힘이라고 단정했다.[4]

이런 초자연적 힘은 인류학자 타일러의 애니미즘과 관련시키면 그 성격이 뚜렷해진다. 타일러는 애니미즘을 영적인 존재에 대한 신앙이며 종교 그 자체라고 보았다. 이는 생물과 무생물이 인간처럼 살아서 활동한다는 의인적인 사고방식이며 대부분의 원시부족들이 이와 같은 물활론적인 신념을 지니고 있었다.[5]

수메르 신들의 성격과 서열

크레이머는 기원전 2000년대 수메르에 수백 명에 달하는 신이 살고 있었다고 보았다. 그 신들의 이름은 수메르의 학교에서 편집된 명단과 신에게 바치는 제물의 명단에서도 알 수 있다.[6] 프랑스의 아시리아학자 조르주 루는 메소포타미아 신들의 원형이 수메르에 있다고 하면서 신들의 서열을 더 세분하여 7단계로 나누고 신들의 성격을 정리했다.

최고위층의 우주적인 세 신은 안, 엔릴, 엔키이다. 2단계는 천체의 신인 달의 신 난나, 해의 신 우투이다. 3단계는 저승의 신 에레쉬키갈, 전쟁의 신 니누르타이다. 4단계는 자연을 관장하는 신들이다. 5단계는 도구와 직업을 관장하는 신들이다. 6단계의 신은 개인의 수호천사이다. 7단계는 선하거나 악한 유령과 귀신일 것이다.

그러나 조르주 루는 메소포타미아에서 하나의 신이 여러 역할을 동시에 맡고 있어서 분명하게 분류하는 것은 불가능하다고 지적했다. 다만 여러 시대에 걸쳐 작성된 목록에 나타난 신들의 지위와 제의의 중요성에 따라 대체로 위와 같이 일종의 계층을 엿볼 수 있다는 것이다.[7]

이처럼 신이 많다는 사고방식은 문화민족인 고대 이집트와 인도, 그리스 등 세계 각지에서도 볼 수 있다. 고대 중국에도 토지의 신, 지역의 신, 조상의 신, 가정의 신 등 많은 신들이 있었고 상제가 다스리는 하늘에도 자연신들이 있었다.[8] 우리나라에도 무속신이 무려 273여 종류가 있는데 가장 흔한 것이 자연신들이고, 다음은 영웅신들, 종교적 인물들이다.[9] 고대인은 자연을 의인화하여 신으로 섬기거나 문화영웅을 신격화하여 숭배했던 것이다. 특히 일신교인 가톨릭은 신에 버금가는 마리아, 9단계의 천사들, 수호천사를 포함한 일반 천사들, 그리고 중재능력이 있는 성인들이 무려 5,120명이 첨가되어 수메르처럼 만신전이 되었다.[10]

물론 이처럼 신이 많다는 사고방식이 유일신에 비하여 저급하다는 진화론적 이론은 「종교의 기원」에서 살펴본 것처럼 케케묵었다는 것이 증명된 지 오래되었다. 결국 헤시오도스가 그리스의 수많은 신들을 『신통기』에 정리한 것처럼 수메르의 신학적인 사제들도 선사 시대부터 존재한 만신들을 일정한 관점으로 체계를 잡았다고 추정할 수 있다.

수메르의 최고신들

●

야곱센에 따르면, 수메르의 주신은 넷이다. 첫째 하늘신 안은 권위, 둘째 폭풍신 엔릴은 완력, 셋째 대지의 여신 키(닌후르상)는 생산력, 넷째 물의 신 엔키는 창조성을 나타낸다. 물론 이 신들의 위력은 인간에게 두려움이나 유익함을 주는 자연의 힘이다. 수메르인은 이 자연의 힘을 각각 신들의 지위에 올려놓고 신들이 정치적인 영향력을 행사한다고 여겼다.[11] 야곱센은 네 신의 정체를 대략 다음과 같이 밝혔다.

자료 4-5-1 엔릴 석상[©Osama Shukir Muhammed Amin FRCP(Glasg)]

자료 4-5-2 원통형 인장에 나오는 엔키(중앙이 인안나, 우측에서 두 번째가 엔키. ©Nic McPhee)

하늘의 신 안(An)

●

최고신인 하늘신 안은 장엄하고 절대적인 존재이다. 안은 '하늘'이라
는 뜻이다. 하늘은 진정한 근원이고 중심이면서 모든 인간의 아버지이기
때문에 이 하늘로부터 왕권이 땅으로 내려와 지배자인 왕이 되었다. 그
래서 인간은 하늘, 곧 왕에게 복종할 수밖에 없고 이로부터 관습, 법률이
생겨나 이 세상의 질서가 바로잡혔다. 따라서 수메르인에게 인간 사회란
우주, 곧 자연이라는 더 거대한 사회의 일부분에 지나지 않았다.[12]

안을 숭배한 중심지는 우루크였다. 하지만 수천 년 동안 숭배받았음
에도 불구하고 나중에 안은 대부분의 성격을 잃어버린다. 엔릴에게 권력
이 넘어간 뒤에 안은 찬미가나 신화에만 간신히 그 이름만 언급되는 것
이다. 이를테면, 「지우수드라의 홍수 이야기」에서 안은 잠깐 등장할 뿐
이다.

주 하늘신이 하늘을 밝게 하였으며 / 땅은 어두웠고 저승에 눈을 두지 않았
다. / 골짜기에 물이 흐르지 않았고 무엇도 생기지 않았으며 / 넓은 땅에 밭
고랑이 없었다.[13]

그러나 바빌로니아 시대에 만들어진 「아트라하시스 태초 이야기」에서
신들의 서열과 직책이 분명하게 나누어지면서 안은 왕으로 다시 등장한
다. 물론 그리스의 신들을 수입하여 이름을 바꾼 로마처럼 바빌로니아에
서 하늘신 안은 아누, 대기의 신 엔릴은 엘릴로 바뀌고, 지하수의 엔키는
에아, 사랑의 여신 인안나는 이슈타르로 바뀐다. 그만큼 수메르의 문명
과 종교는 셈족인 바빌로니아 사람들에게 경탄의 대상이었다.

그들의 아버지 아누는 왕이었고 / 그들의 고문관은 용사 엘릴이었으며 (중략) / 신들이 운명을 결정하는 상자를 가져와 / 제비를 뽑아 그들의 몫을 나누었다. / 아누는 하늘로 올라갔고 / 엘릴은 땅에서 주인 노릇을 하였다. / 바다를 막는 빗장을 / 앞을 내다보는 에아에게 주었다.[14]

폭풍의 신 엔릴(En-Ril)

●

수메르에서 엔릴은 원래 '폭풍의 군주'라는 뜻이며 하늘신 다음가는 막강한 힘을 지닌 폭풍 그 자체였다. 수메르 주변의 강력한 유목민들은 메소포타미아를 오래도록 지배한 도시국가 우르를 끝내 파괴했지만, 수메르인은 그 진짜 파괴의 범인이 바로 폭풍이라고 보았다.[15] 강가에 자리 잡은 수메르의 여러 도시들이 홍수를 일으키는 태풍이나 폭풍에 시달렸기 때문일 것이다.

크레이머에 따르면, 가장 초기의 기록부터 엔릴은 신들의 아버지, 하늘과 땅의 왕, 모든 대지의 왕으로 나타난다. 왕들은 흔히 엔릴이 자기에게 왕권을 주었고, 그들의 땅을 번성하게 만들었다고 자랑했다. 후대의 신화와 찬미가에서 수메르인은 엔릴을 창조신으로 숭배했는데, 엔릴은 낮을 창조하고 지상에 풍요를 가져오고 곡괭이와 쟁기 같은 농기구를 만든 신으로 묘사된다. 엔릴(En-Ril)의 엔(En)이 '주인' 또는 '왕'의 뜻인데 다음 시는 엔릴을 찬양하는 170행에 이르는 찬미가의 일절이다. 거의 전능에 가까운 신으로 표현된 것을 알 수 있다.

위대한 신 엔릴이 없이는 / 도시가 건설될 수 없고, 마을이 생길 수 없으며

/ 마구간이 지어질 수 없고, 양 우리가 만들어질 수 없으며 / 왕이 옹립될 수 없고, 높은 사제가 태어날 수 없으며 / '마'- 사제나 여사제도 양의 예시로 선발될 수 없고 (중략) 바다의 물고기는 등나무 숲에 알을 낳지 않고 / 하늘의 새는 땅에 널리 퍼져 둥지를 짓지 않으며 / 하늘에 떠다니는 구름은 물기를 만들지 않고 / 평원의 눈부심인 나무와 풀은 자라지 않으며 / 들판의 초원의 곡물은 무르익지 않고 / 산과 숲에 심어진 나무들은 열매를 맺지 않는다. (이하 생략)[16]

대지의 여신 키(ki)

●

키(Ki)는 '땅'이라는 뜻이다. 키는 나중에 닌후르상(Ninhursag)으로 바뀌었고, 고결한 여성인 닌마(Ninmah)라고 알려졌는데, 닌(Nin)은 '여신'이라는 뜻이다. 키는 하늘신 안의 배우자였으며 모든 신의 어머니였는데, 생명과 비옥함, 다산의 신비로움을 감추고 있는 여신이었다.[17]

키는 봄에 나무와 풀을 재생시키고, 곡식을 풍성하게 생산하며, 동물과 가축을 번식시키고, 아이를 낳게 한다. 따라서 키 여신은 생명의 힘을 지닌 대지의 본질이다. 하지만 대지가 여신으로 의인화된 키는 신들과 인류의 어머니로서 인간 창조의 역할을 담당한다.[18] 수메르의 어머니 여신 키는 이집트의 이시스 여신, 그리스의 데메테르 여신과 비슷한 특성을 지니고 있다. 이는 가톨릭에서 예수를 낳은 마리아를 거의 여신으로 숭배하는 것과 비슷하다고 볼 수 있다.

특히, 여신 키는 인간의 창조에 관련되어 있다. 아카드어로 기록되고 신들의 이름도 바빌로니아식으로 바뀐 「아트라하시스 태초 이야기」에서 노역을 담당한 작은 신들이 불평을 하고 반란을 일으킨다. 그러자 대지의 여신 닌투(키, 닌후르상)는 지능이 있는 신 웨일라를 잡아 죽이고 그의 살과 피에 점토를 섞어 다음과 같이 인간을 만든다.

주문이 끝나자 / 그녀는 열네 개의 점토 덩어리를 떼어 냈다. / 일곱 덩어리는 오른쪽에 / 일곱 덩어리는 왼쪽에 놓았다. / 그 사이에 흙벽돌을 놓고 / 갈대로 탯줄을 자르게 했다. / 지혜롭고 지식이 있는 출산의 여신 일곱의 이름을 불렀다. / 일곱으로 남자를 만들고 / 일곱으로 여자를 만들었다. / 출산의 여신, 운명의 창조주에게 / 그는 그녀 앞에서 둘둘씩 / 둘둘씩 짝지어 주었다. (이하 생략)[19]

대지의 여신 닌투의 창조행위는 『구약성경』에서 여호와 신이 먼지로 인간을 창조하는 방식과 비슷하다. 이러한 유사성은 히브리인이 선진문명인 메소포타미아의 전통을 따랐다는 것을 암시한다.

물의 신 엔키(En-ki)

●

대지의 여신 키는 다양한 힘을 소유했기 때문에 자연스럽게 그 권력이 분산되었을 것이다. 그중 대지 속에 흐르는 물이 독립하여 물의 신 엔키가 탄생했다.[20] 크레이머에 따르면, 엔키는 대지의 힘과 비슷하게 새로운 생명을 창조하는 힘이었고, 뛰어난 지식과 지혜를 지니고 있다. 그리고 엔키는 엔릴의 결정에 따라 땅을 조직하는 실질적이고 구체적인 신으로서 수완이 좋고 강인하고 현명한 신이다.[21]

특히 물이 지닌 성격 때문에 엔키는 운하, 논밭, 장인(匠人)의 신이 되었고, 물이 지닌 정결의 힘으로 엔키는 악령을 쫓는 사제들의 신이 되었을 것이다.[22] 다음 시는 「엔키와 세계의 질서」의 일절이다.

오, 수메르, 우주의 땅 중에서도 위대한 땅이여. / 일출에서 일몰까지 모든 사람들에게 성스러운 법을 시행하는 / 불변의 빛으로 채워진 / 너의 성스러운 법은 도달할 수 없는 고귀한 법이고 / 너의 마음은 추측할 수 없을 정도로 심원하며 / 네가 가져오는 진실한 배움은 … 마치 하늘을 만질 수 없는 것처럼 / 네가 탄생시키는 왕은 영원한 왕권으로 장식되고… (이하 생략)[23]

이상의 내용을 정리하면, 수메르에서 안이 하늘이라는 일상용어로 사용되었다면, 엔릴은 폭풍의 의인화이고, 키는 풍요를 뜻하는 어머니인 대지나 신들의 여왕이며, 엔키는 강, 운하, 샘 같은 물의 원천이다. 주목할 것은 엔키 신이 저승에 갇힌 인안나 여신을 구원한 것처럼 후대에 구원의 신의 원형이 되었다는 점이다. 말하자면 구세주, 즉 그리스도의 출발인 것이다.

이처럼 수메르인은 야콥센의 설명처럼 모두 자연, 또는 자연의 배후에 있는 힘을 의인화하여 신으로 섬겼다. 그만큼 메소포타미아에서는 인간을 둘러싸고 있었던 자연환경이 인간의 생존에 아주 절실하고 중요했던 것이다.

세상의 운명을 결정하는 일곱 신

●

기원전 3000년~기원전 2350년경 초기 왕조 시대의 수메르에는 약 13개 정도의 도시국가가 존재했다.[24] 각 도시국가는 자기들의 수호신을 섬겼는데, 도시국가의 세력에 따라 그 서열이 바뀌었다. 아시리아학자 빈 호프에 따르면, 초기 왕조 시대의 「길가메시」 같은 영웅서사시는 도시국가 사이에 패권을 둘러싸고 치열한 싸움이 전개된 것을 반영한다. 그런데 수메르에서 중요한 일이 생기면 하늘신 안이나 대기의 신 엔릴이 하늘에서 회의를 소집하여 결정했지만 국가적 위기가 발생하면 전반적인 권한이 하나의 신에게 양도되었다. 이는 신의 대리자인 통치자들이 강력한 신의 이름으로 도시국가들의 대사를 결정했다는 뜻으로 볼 수 있다.

그런데 빈호프는 안보동맹을 맺은 도시국가들이 정치와 종교의 중심지 니푸르에서 우루크의 하늘신 안, 실제적인 최고신 엔릴을 받들면서 자기들의 동질성, 즉 언어, 전통, 종교, 그리고 주신 엔릴의 숭배를 확인했다는 것이다. 그래서 기원전 2000년대까지 새로운 왕은 니푸르에서 즉위식을 거행하여 엔릴의 축복을 받고 정통성을 얻으려고 노력했다. 특히, 여러 도시국가들은 자기들의 수호신상을 모시고 가끔 니푸르로 여행하여 안전을 보장받았다. 물론 도시국가들은 순서를 정해 예배에 필요한 모든 것을 니푸르에 공급했다.[25] 이러한 막대한 재물로 니푸르는 부유해지고 사제들의 권력도 막강해졌던 것이다.

수메르에는 초기에 아눈나키라는 50명의 큰 신들이 있었다. 그런데 아눈나키(Annuaki)가 'Ann(하늘)과 Ki(땅)의 자식'들이라는 뜻에서 알 수 있듯이 도시국가의 정치적·경제적 세력에 따라 7명의 수호신들이 세상의 운명을 결정했다. 즉, 하늘신 안은 초기 왕조 시대에 하늘로 올라가고,

니푸르의 대기의 신 엔릴, 키시의 어머니 신 닌후르상, 에리두의 지하수의 신 엔키, 우르의 달의 신 난나, 라르사의 태양신 우투, 우루크의 사랑의 여신 인안나이다.[26] 물론 신을 대리하는 왕들의 배후에는 최고 지식층인 사제들의 세력이 막강한 영향력을 끼쳤을 것이다.

가족관계로 맺어진 신들의 서열
●

수메르 신들의 위력과 서열은 신들의 가부장적인 가족관계에서 더 분명하게 드러난다. 그리스 신화처럼 수메르 신화는 큰 신들과 그 자식들의 가족관계로 엮여져 하늘신과 땅의 신, 혹은 하늘신과 지하수의 여신, 그리고 대기의 신 엔릴과 어머니 신 닌후르상이 부모의 신이 된다. 말하자면, 주로 우주적 출산을 통해 신들이 태어난 뒤에 일정한 관할권이나 역할이 주어지면서 개별적인 신들이 독특한 정체성을 지니게 되었던 것이다.[27]

문제가 되는 것은 하늘신 안, 폭풍신 엔릴, 지하수의 신 엔키의 서열이다. 우루크에서 최고신은 하늘신 안이지만 실제적인 최고신은 니푸르의 엔릴이고, 「에리두 창세기」에서 엔키는 창조의 신으로 나타나기 때문이다. 이는 세 도시의 정치적·경제적 역학관계를 살펴야 그 정체성이 드러난다.

도시국가 우루크의 안과 인안나
●

우루크의 수호신은 하늘신 안과 사랑의 여신 인안나이다. 우루크는 기원전 4000년대에 성장하여 강력한 도시가 되었다. 수메르에서 신(Dingir)은 별을 나타내는 상형문자로서 높은 존재를 가리켰고, 안(An, ✳)은 비를 내리는 하늘을 나타낼 때 쓰이는 기호이다. 안은 기원전 4000년 전쯤에 나타나 최고신이 되었다. 그러나 다른 민족들의 하늘신처럼 역사 시대에 안은 다소 추상적인 신이 되어 숭배가 널리 전파되지 못했다. 또한 안은 바빌로니아의 마르두크처럼 창조신이 아니고 그의 신상도 세워지지 않았다.[28]

추상적인 하늘신 안보다 우루크는 훨씬 현실적인 사랑의 여신 인안나를 더욱 숭배했다. 우루크에서 시작된 신성결혼이 신바빌로니아, 즉 칼데아 시대까지 3500년 이상 계승된 것을 보면 인안나 여신을 모신 우루크의 위력은 메소포타미아 지역에서 아주 강력했음을 알 수 있다. 그 증거는 「수메르의 왕명록」과 「길가메시 서사시」에 나타나 있는데, 길가메시는 북쪽에서 대홍수 후에 세워진 강력한 제1왕조인 도시국가 키시를 무너뜨렸던 것이다.

에리두의 창조신 엔키

•

「수메르의 왕명록」에 따르면, 하늘에서 왕권이 내려온 최초의 도시는 에리두이다. 「수메르의 왕명록」은 역사와 전설, 신화가 혼합되어서 초기 역사에 대한 내용은 제한적이다.[29] 하지만 고고학적으로 에리두는 기원전 4750년경 메소포타미아 남부에서 등장한 최초의 마을 중의 하나인데, 신전의 건립에 그 증거가 나타나 있다.[30] 앞에서 살펴본 것처럼, 에리두는 한 장소에서 수직으로 10개 이상의 신전이 건립되었던 것이다.

그런데 기원전 4500년 전에 건축된 한 신전의 제단에서 수백 점의 물고기 뼈가 발견되었다. 에리두 주변의 강에서 사는 이 물고기들은 엔키 신에게 바쳐진 제물이었을 것이다. 원래 에리두는 창조가 이루어지기 전의 혼돈의 신이고 지혜의 원천인 엔키 신이 사는 곳이라고 불리었다. 수메르인은 엔키가 '말'로써 원초의 바다라는 혼돈으로부터 질서를 창조했다고 여겼다.[31] 이를 뒷받침하는 신화는 엔키가 인간을 창조하는 수메르의 「사람이 태어난 이야기」이다.

그때에 '중요한 신들을 있게 한' 매우 지혜로운 창조자 / 엔키는 어떤 신도 그 속을 들여다보지 못하는 곳 / 물이 흐르는 깊은 지하수 신전의 / 그의 잠자리에 누워 있었다. (중략) / 엔키는 피와 몸의 형체와 온갖 솜씨로 출산의 어머니 신들을 만들어 냈다.[32]

니푸르의 폭풍신 엔릴

●

선사 시대의 도시 에리두나 우루크보다 상당히 늦게 성립된 니푸르에는 기원전 2500년경 쌓은 성의 유적과 함께 엔릴의 신전인 에쿠르(E-kur)와 지구라트가 오늘날까지 남아 있다. 이 신전은 기원전 2100년경 수메르를 부흥시킨 우르-남무 왕이 조성했다. 그런데 정치적 중심지가 아닌 니푸르가 중요시된 것은 최고신 엔릴의 고향이고, 신들이 니푸르에 모여 제정한 법령을 엔릴 신이 집행하고, 니푸르에서 엔릴이 인간을 만들었다고 전해져 왔기 때문이다.

특히 엔릴은 쟁기와 곡괭이 같은 농사기술을 인간에게 알려 주었지만 대홍수로 인류를 멸망시킨 무서운 폭풍의 신이기도 하였다. 그래서 수메르, 아카드, 바빌로니아의 왕들은 자기 업적을 새긴 글에서 엔릴 신으로부터 왕의 자리로 부름을 받았다고 기록했던 것이다.[33] 결국 최고사제인 로마교황처럼 니푸르의 대사제들이 인정해야만 신의 대리인인 도시국가의 왕들은 합법적으로 왕 노릇을 할 수 있었고, 로마의 바티칸처럼 니푸르는 차츰 메소포타미아의 정신적인 종교도시가 되었을 것이다. 특히, 니푸르에서 발굴된 지도를 보면 사제들의 천문학적 지식이 상당했는데, 태양이 춘분점을 통과하는 시점을 새해의 시작점으로 삼은 놀라운 달력을 만들었다.[34]

우루크와 니푸르 사제들의 권력투쟁

●

대단히 흥미로운 것은 「길가메시 서사시」에서 우루크의 수호신 인안나가 홍수를 일으킨 엔릴 신을 맹렬하게 비난한 점이다.

엔릴을 제외한 우리 모두는 이 제사를 받아들입시다. / 그는 이 제사를 받을 자격이 없으니 / 그것은 그가 생각해 보지도 않고 홍수를 일으켰기 때문입니다. / 그가 내 백성들을 다 죽게 내버려 두었습니다.[35]

이는 유서 깊은 우루크와 신흥도시 니푸르 사이의 갈등을 뜻하지만 동시에 사제들 간의 권력투쟁도 암시한다. 또한 메소포타미아를 통일한 바빌로니아에서 사제들이 늙은 하늘신 안(아누)보다 젊고 활동적이며 인간에게 더 친근한 마르두크를 내세워 창조를 완성한 신으로 바꾼 것과 흡

사하다.[36]

하지만 사제의 권력을 얼마간 제한한 함무라비 왕이 수립한 법전의 서문은 당시 상당히 복잡한 신들의 관계를 보여 준다.

> 여러 신들의 왕이면서 지고하신 **아누**와 천지의 주인으로 나라의 운명을 주재하시는 **엔릴**께서 모든 인류에 대한 통치권을 **에아 신**의 큰아들 **마르두크**에게 수여하시어 그분을 여러 신들 가운데 가장 빛나는 분으로 만드셨다. (이하 생략)[37]

물론 이 신화를 만든 사람은 바빌로니아의 궁정사제였을 것이다. 말하자면 세 도시의 궁정사제들은 자기들의 신이 최고신이라고 주장했다고 추정할 수 있다. 이처럼 신들의 서열이 정치적·경제적 위력에 따라 자주 변동된다는 사실은 참으로 흥미롭다.

이는 유럽에서 최고신의 변동과 흡사하다. 헬레니즘 시대에 그리스의 최고신은 제우스였는데, 세력이 강력해진 로마 제국은 제우스의 이름만 바꾸어 주피터를 최고신으로 정했다. 그런데 기독교의 세력이 왕성해지자 로마 제국은 기독교를 국교로 정하여 여호와를 최고신으로 삼아 다른 신들을 배척했다. 그 당시 로마에는 동방의 신들, 특히 시리아의 아도니스, 이집트의 오시리스와 이시스, 페르시아의 미트라 신에 대한 숭배가 왕성했는데 이들에 대한 신앙을 철저히 금지했던 것이다.[38]

이교에 대한 정치적·종교적 탄압은 중세 1000년 동안 지속되었다. 근대 이후에도 유럽 열강이 식민지 쟁탈전에 나서면서 여호와 신을 앞세운 선교사와 제국주의자들은 정복한 국가나 부족의 전통적인 신들을 우상숭배라고 매도하면서 철저하게 파괴했다. 문명사학자 듀런트의 표현을 빌리자면, 히브리인은 가나안 신들의 하나인 야후(Yahu)를 받아들여 엄격하고 호전적인 신으로 재창조한 것이 분명하다.[39] 그런데 여호와는 전지전능한 신이 되어 지금까지, 특히 미국과 그 종속국가에서 위세를 떨치고 있다. 이는 정치적·경제적 세력의 변동에 따라 신들의 성격, 특히 신들의 서열이 어떻게 달라지는지를 잘 보여 주는 흥미로운 사례이다. 다음 제5부에서는 수메르 신들의 창조활동, 특히 엔키 신의 창조활동을 주목하면서 살펴보기로 한다.

1   M. Eliade; Patterns in Comparative Religion(종교형태론), 한길사, 1997, 이은봉 옮김, 94쪽.

2   크레이머; 앞의 책, 123쪽. 조철수; 앞의 책(수메르 신화), 370~371쪽.

3   크레이머; 앞의 책, 116~125쪽.

4   야곱센; 앞의 책, 172~214쪽.

5   츠네오; 앞의 책(문화 인류학의 명저 50), 21~29쪽.

6   크레이머; 앞의 책, 131쪽.

7   루; 앞의 책 1권, 111~112쪽. 4단계의 자연을 관장하는 신은 광물, 식물, 가축, 야생 동물, 다산과 출생, 치료, 폭풍우와 바람과 불의 신 등 아주 다양하다.

8   H. Maspero; Le Taoi'sme et les Religions Chinoises(도교), 까치, 1990, 신하령, 김태완 옮김, 9~14쪽.

9   김태곤; 한국무속연구, 집문당, 1991, 285쪽.

10 도킨스; 앞의 책, 53~57쪽.

11 야곱센; 앞의 책, 171~174쪽.

12 야곱센; 앞의 책, 174~177쪽.

13 조철수; 앞의 책(수메르 신화), 61쪽.

14 조철수; 앞의 책(수메르 신화), 77~78쪽.

15 야곱센; 앞의 책, 178쪽.

16 크레이머; 앞의 책, 131~136쪽.

17 크레이머; 앞의 책, 141~142쪽.

18 야곱센; 앞의 책, 183~185쪽.

19 조철수; 앞의 책(수메르 신화), 90~91쪽.

20 야콥센; 앞의 책, 185쪽.

21 크레이머; 앞의 책, 137쪽.

22 야콥센; 앞의 책, 185~187쪽.

23 크레이머; 앞의 책, 138쪽.

24 웬키; 앞의 책 2권, 121쪽.

25 빈호프; 앞의 책, 60~66쪽.

26 조철수; 앞의 책(수메르 신화), 36~41쪽. *하늘(안)+땅(키) → 산언덕(닌후르상)+대기
    (엔릴) → 저승(네르갈), 달(난나) → 태양(우투), 금성(인안나), *하늘(안)+지하수 여신
    (남무) → 지하수(엔키), 사제(아살루하), 양치기(두무지 왕), 포도주여신(게쉬틴안나).

27 윌튼; 앞의 책, 127~130쪽.

28 엘리아데; 앞의 책(종교형태론), 127~128쪽.

29 빈호프; 앞의 책, 50쪽.

30 웬키; 앞의 책 2권, 104쪽.

31 페이건; 앞의 책(세계 선사 문화의 이해), 320~321쪽.

32 조철수; 앞의 책(수메르 신화), 52~53쪽.

33 시친; 앞의 책, 128~129쪽.

34 시친; 앞의 책, 230쪽.

35 샌다즈; 앞의 책, 89쪽.

36 엘리아데; 앞의 책(종교형태론), 128~129쪽.

37 쟝샤오위앤; 앞의 책, 44쪽.

38 노스; 앞의 책 상권, 137~139쪽.

39 듀런트; 앞의 책 1-1권, 503쪽.

5부

신들의 창조활동

2세기 말, 유럽에서 불치병을 고치는 일은 놀라운 일이 아니었다. 죽은 자의 부활도 흔한 일이었기 때문이다. 대규모 단식이나 합동 기도회에서 필요에 따라 자주 기적이 일어났다.

— 기번, 『로마 제국 쇠망사』

　고대인은 초자연적인 힘을 통제하려고 신년축제 같은 종교의식에서 사제들이 창조신화를 낭송하였다. 신화는 다양하지만 수메르 신화에는 우주와 자연, 인간과 사물의 기원을 탐구하던 수메르의 철학적인 사제들의 모습이 상징적으로 암시되어 있다.

　수메르의 엔릴 신은 달과 저승신을 창조하여 저승까지 지배하는 최고신이 되고, 엔키 신은 진흙으로 인간을 창조하여 구원의 신이 된다. 엔키의 정액으로 약초를 만든 닌후르상 여신은 엔키의 병든 육체마다 치료의 여신을 창조하는 어머니 신이 된다.

　사랑의 여신 인안나는 신성결혼에서 태어난 두무지를 저승에서 부활시켜 후대에 그리스도 사상의 계기를 마련한다. 왕권신수설을 지어낸 사제들은 곡식의 재생과 달의 순환에서 죽음의 원리를 발견하여 이승과 저승까지 영향력을 끼친다.

　5부의 전반부는 사제들이 만들어 낸 신들의 창조활동과 그 배경에 대한 이야기이다. 후반부는 사제들이 접신의 비법을 발견하고 죽음의 기술을 체득하여 인류의 죽음의식으로 발전시키는 이야기이다.

신화, 기원에 대한 탐구

― 창조신화, 기원신화, 의례신화, 영웅신화, 종말론신화 ―

　신화(神話)는 신들의 이야기이다. 그리스어 미토스(Mythos)에서 나온 신화(Myth)는 유럽에서 이성(Logos)에 대립하는 '비합리'라는 의미로 사용되었다. 17세기부터 철학자 베이컨이나 데카르트, 물리학자 뉴턴의 영향으로 제우스의 허벅다리에서 디오니소스 신이 태어나거나 제우스의 이마에서 아테나 여신이 튀어나왔다는 등의 그리스 신화는 더 이상 이성적이지 못했다. 결국 이성의 감독에서 벗어나 정념이나 심정에 호소하는 시인을 플라톤이 이상국가에서 추방한 것처럼 19세기에 유럽인은 신화가 우화나 창작된 이야기라고 단정했다.[1] 하지만 20세기에 들어서면서 신화를 보는 태도가 달라졌다. 신화는 어떤 신화 체계 속에 있는 전승된 이야기로서 우리가 지금은 믿지 않는 과거의 종교였다. 따라서 우리는 신화를 통해 고대사회를 이해할 수 있는 것이다.[2]

신화를 보는 인류학자의 태도

●

초기 인류학자들은 진화론의 관점에서 원시사회와 신화를 야만적이라고 규정했다. 타일러는 야만인은 애니미즘, 미개인은 다신교, 문명인은 일신교를 믿는다고 주장했고,[3] 프레이저는 인류의 사고방식이 '주술-종교-과학'으로 진화한다고 주장했던 것이다.[4] 그러나 지금은 진화론적 태도는 학문적 근거가 없는 사이비과학이라고 부정되고 있다.[5] 서구적, 특히 기독교의 관점에서 다른 문화와 종교를 재단했기 때문이다.

신화에서 진보주의 역사관에 반대한 인류학자는 구조주의학파였다. 레비스트로스는 원시 시대의 사고방식이 나타난 신화는 고대인이 직관적으로 우주를 총체적으로 이해하는 모습이라는 구조주의 이론을 폈다.[6] 그 뒤 구조주의 신화학자들은 세계의 신화를 비교하여 주로 역사적이고 구조적인 관점으로 신화를 해석하였다.

종교사학자 엘리아데는 지금도 원시부족이 성인식에서 신화를 들려주면서 태초의 신성한 창조 속으로 들어가는 것에 주목했다. 따라서 신화는 공동체 초기에 일어난 사건들을 다룬 것이므로 진실하고 신성한 것이라고 보았다.[7] 그런 면에서 토템의례를 체험하고 부족의 신화를 들으면서 부족의 일원이 된다는 개념의 통과의례, 가입의례를 통과한 남자들의 비밀단체가 샤먼의 집단이나 수도원으로 변했다는 웹스터의 비밀결사, 초기의 종교는 왕의 신성에 대한 신앙이었다는 호카트의 왕권연구도 신화의 중요한 본질을 밝혀냈다고 볼 수 있다.[8]

특히, 신화가 고대의 신전에서 발견되는 것에 주목하여 신화가 종교와 밀접한 관련성이 있다고 주장한 이들은 제의학파(祭儀學派)이다. 구약성경학자인 궁켈, 그로스만, 모빙켈은 종교적인 제례의식을 통해 고대인은 초자연적인 힘을 통제하고 공동체의 안전과 번영을 유지하려는 노력을 했다고 보았다. 이 제례의식은 행동과 언어로 이루어져 있는데, 언어 부분이 바로 신화였다는 것이다.[9]

종교의식이 사라지면 문학작품만 남는다

●

어떤 사회의 중심을 이루던 종교와 제례의식이 사회의 몰락과 함께 사라지면 신화도 모습이 바뀌거나 원래의 성질을 잃게 된다. 이로부터 제례의식 때 낭송되던 신화가 전혀 다른 문학작품으로 발전되어 후대에 전해진다. 이를테면, 바빌론의 창조신화에서 티아마트인 용을 죽이는 신화는 그리스에서는 페르세우스와 안드로메다 전설로 변화하고, 북유럽에서는 난쟁이 왕족인 니벨룽겐의 보물을 지키던 용을 살해하는 지크프리트 전설을 탄생시켰다.

자료 5-1-1 거대한 용을 닮은 티아마트로 추정되는 사진(ⓒ Ben Pirard)

이처럼 신화는 확산과 분산을 계속한다고 주장한 인물은 런던대학교 구약학교수이며 제의학파인 후크이다. 확산은 어떤 신화가 다른 지역으로 전파되는 것이고, 분산은 상호교류가 전혀 없던 집단이 독자적으로 상상하여 해석하는 것이다. 홍수가 일어나지 않은 가나안과 그리스에서 홍수신화가 나타나는 것은 인류의 대재앙을 상상하여 만든 것이라고 볼 수 있다.[10]

그런데 레비스트로스는 고대신화의 흔적을 현대의 종교와 예술에서 찾았다. 가톨릭의 성찬식에서 포도주와 빵을 먹는 것은 신의 피와 살을 먹던 고대신화의 관습이며, 현대의 시인들이 '시냇물은 노래한다.'라고 표현하는 것은 원시인의 애니미즘적인 사고방식이라는 것이다. 그런 의미에서 신화는 지금도 살아 있다고 볼 수 있다. 하지만 레비스트로스의 지적처럼 신화는 얼핏 무의미하고 부조리한 것으로도 보인다.[11]

그처럼 신화를 비합리적이라고 생각하는 것은 신화가 신비적인 논리와 상징적인 표현으로 되어 있기 때문이다. 프랑스의 신화학자 그리말도 상징적으로 표현된 신화는 시간이 경과하면서 이성과 신앙의 중간에 고유한 생명을 가지고 존재하면서 예술에 가까운 형태를 이루게 되었다고 보았다. 특히, 그리스 신화에 그런 특징이 나타나 있다고 하였다.[12] 말하자면 신화는 고대인의 종교이면서 우주와 인간의 신비를 탐구하던 과학적인 내용이 주로 상징적인 시의 형식으로 표현되었다는 것이다.

지금까지 주로 문화인류학자와 종교학자를 통해 신화연구의 변천과정을 살펴보았다. 인류학자들은 신화를 창조신화, 기원신화, 의례신화, 영웅신화, 종말론신화 등으로 나누었는데, 이를 통해 신화의 여러 특성을 살펴보기로 한다.

창조신화는 종교의식에서 낭송되었다

●

창조신화(創造神話, Creation Myth)는 우주와 만물, 인간의 창조를 다룬 신화이다. 인류는 수렵채집 시대부터 농경 시대에 이르기까지 추장이나 왕의 즉위식과 신년제사를 지낼 때 우주와 세계의 갱신과 안정, 풍요를 위하여 창조신화를 낭송하면서 의례를 거행하였다. 바빌로니아의 「에누마 엘리시」나 히브리의 천지창조신화가 대표적이다.

위에 하늘이 이름 지어지지 않았고 / 아래에 마른땅이 이름 지어지지 않았는데 / 처음으로 신들의 아버지 앞수(지하수)와 / 모든 것을 낳은 어머니 티아마트(바다)는 / 자기들의 물을 하나로 섞고 있었다.

— 「에누마 엘리시」 첫째 토판[13]

그런데 고대인은 질병을 치료할 때도 창조신화를 요약하여 낭송한 뒤에 왕실의 연대기, 부족의 역사, 질병과 치료의 기원에 대한 역사를 낭송했다. 특히, 중국 윈난성 북부 이족(彝族)의 창세신화 『메이거[梅葛]』에는 생명의 기원과 함께 죽음의 기원이 나타나 있다.

천왕이 생명의 씨앗을 뿌렸네. / 천왕이 죽음의 씨앗을 뿌렸네. / 생명의 씨앗 한 움큼을 체로 쳤네. / 죽음의 씨앗을 세 번 체로 쳤네.[14]

이처럼 질병의 치료에 신화와 부족의 역사 등을 낭송하는 전통은 유럽에서 중세 시대에 편찬된 지방의 연대기에서도 계승되었다.[15] 앞의 3장 4절에서 창조신화를 크게 자연적인 창조론과 신의 창조론으로 나누어

자세히 살펴보았는데, 엘리아데는 이러한 우주 창조신화를 계승하고 완성하는 것이 기원신화라고 밝혔다.[16]

기원신화는 창조와 관련되어 있다

●

기원신화(起源神話, Origin Myth)는 우주와 자연, 인간의 기원, 그리고 사물이나 사건의 유래, 혹은 관습이나 명칭의 기원을 밝힌 신화이다. 특히, 왕조의 기원신화는 우주창조신화와 밀접한 관련이 있는데, 티베트 호족의 왕조신화에는 우주의 기원이 알에서 시작되었고, 이 알에서 왕이 태어났다고 전한다.

> 다섯 개의 정수로부터 큰 알이 생겨났다. … 큰 알의 노른자 위에서 18개의 알이 생겨났다. 18개의 알의 중앙에 조개 모양의 알이 매우 아름다운 소년이 되었고… 그는 이에스몬 왕이라고 일컬어졌다.[17]

널리 알려진 기원신화는 기원전 700년경 그리스의 음유시인 헤시오도스의 『신들의 계보』에 체계적으로 기록되어 있다. 이 신화에는 우주의 기원, 신들의 족보, 인간이 겪는 고통과 제물을 바치는 기원이나 관습이 나타나 있다.[18] 또한 앞에서 살펴본 수메르의 「지우수드라의 홍수 이야기」에는 우주와 세계의 창조, 인간과 동식물의 창조, 도시의 건설, 대홍수 등의 기원이 나타나 있다.

인간의 기원신화는 질서의 성립과 관련된다

●

일반적으로 우주창조 다음에 다루어지는 기원신화의 상당 부분은 인류의 창조에 대한 것이다. 그 이유는 인간생활에서 질서를 세우는 것과 관련되기 때문이었다.[19] 이 질서의 성립은 샤먼이나 문화영웅이 문명을 창조하는 과정에서 나타나지만 대개 신이 문명을 주었다고 설명되어 있다.

인간의 기원신화는 민족이나 부족마다 아주 다양하게 나타난다. 그리스 신화에는 제우스가 대장장이 신 헤파이토스를 시켜 흙으로 최초의 여성 판도라를 만들었지만,[20] 히브리에서는 여호와 신이 먼지(흙)로 아담을 만들고 그 갈비뼈로 이브를 만들었다. 바빌로니아의 「아트라하시스 태초 이야기」에는 사제들의 노역을 덜어 주려고 출산의 신이 진흙으로 인간을 창조했다.[21]

"당신은 출산의 여신, 인간의 창조 여신입니다. / 사람을 만들어 그가 멍에를 지게 하시오. / 그가 엔릴의 일인 멍에를 지게 합시다. / 사람이 신들의 노역을 떠맡게 합시다."[22]

— 「아트라하시스 태초 이야기」

그런데 몽골의 기원신화에서는 창조자 보르항이 흙으로 남녀 한 쌍을 만들고 하늘에서 숨, 즉 생명을 가져다준다는 내용이 아주 흥미롭다.[23] 북아메리카와 함께 초기 인류의 모습을 완벽하게 대표하는 뉴질랜드 신화에서는 하늘 랑기(Langi)와 대지 파파(Papa)로부터 인간과 만물이 생겨났다고 설명한다. 하지만 하늘과 땅이 굳게 결합했기 때문에 자식들은 부모를 뜯어낼 것인지 살해할 것인지 상의하자 숲의 아버지 타에-마후타는 그들을 뜯어내서 하늘을 위에 두고 대지를 아래에 두어 인간을 양육하는 어머니로 남게 하였다.[24]

문명의 기원신화

●

인류 문명의 기원은 주로 샤먼, 불, 농업의 신화에 잘 나타나 있다. 구석기 시대부터 샤먼은 특별한 능력을 지닌 지식인이었고, 불은 문명의 발달을 도운 중요한 수단이 되었고, 농업은 인류의 생활을 혁명적으로 변화시켰기 때문이다.

샤먼의 기원신화는 알타이 신화에 아주 재미있게 나타나 있다. 악령이 퍼트린 질병과 죽음에 시달리는 인간을 도우려고 신들이 독수리를 보냈다. 그러나 인간이 그 말을 이해하지 못하자 신들은 처음 만난 인간에게 샤먼의 재능을 주라고 하였다. 독수리가 나무 아래서 잠든 여성과 관계하여 탄생한 사내아이가 최초의 샤먼이 되었다. 혹은 남편과 헤어진 그 여자 스스로 샤먼이 되었다고 한다.[25]

수메르의 「엔키와 닌후르상」 신화에는 대지의 여신 닌후르상이 여덟 종의 식물을 창조하고 그 식물을 먹은 지하수의 신 엔키의 병든 신체에서 치료의 여신, 즉 여사제들을 만든 기원신화가 독특하다.

> 닌후르상은 엔키를 그녀의 성기 위에 앉혔다. / "내 동생, 어디가 너를 괴롭히느냐?" / "내 갈비뼈가 나를 괴롭힙니다." / 그녀는 갈비뼈 여신을 태어나게 했다.[26]
> —「엔키와 닌후르상」

불의 기원신화

●

불은 주로 하늘에 사는 신의 능력으로 나타난다. 그리스 신화에서 물
과 흙으로 인간을 만든 프로메테우스는 제우스 몰래 불을 회향풀 줄기
속에 숨겨 인간에게 주었다.[27] 하지만 문화영웅이 신으로부터 불을 훔쳐
왔다는 기원신화는 북아메리카 대륙 전역에 나타난다. 다른 지역에서도
문화영웅이 괴물이 독점한 불과 빛, 물, 오락 기구를 훔쳐 온다는 유사신
화가 널리 퍼져 있다.[28]

알타이의 타타르족은 최고신 올갠이 희고 검은 두 개의 돌, 즉 부싯돌
을 부딪치자 불이 흩어지고 마른풀에 붙어 인간이 음식물을 조리하게 되
었다고 전한다. 반면에 야쿠트족은 신이 까마귀에게 불을 보냈고, 퉁구
스족은 우레새가 불을 가져왔고, 부리야트 예니세이족은 선조가 하늘의
불을 받아 와서 샤먼이 인간에게 가르쳐 주었다고 한다.[29]

특히 알타이 지역에서 신이 새를 통해 불을 인간에게 보냈다는 기원신
화는 샤먼과 관련이 있다. 알타이에서 하늘과 소통하는 능력이 있는 샤
먼은 새로 상징되었기 때문이다.

농경의 기원신화

●

농경에 대한 기원신화는 지역마다 독특하지만 주로 신이 인간에게 농
경의 지식을 알려 주었다고 전해진다. 수메르에서 농사의 규칙은 엔릴
신의 아들 니누르타 신이 만들었다고 전해진다.[30] 또한 수메르의 아눈나
키 큰 신들은 곡식의 여신 아쉬난과 암양의 여신 라하르를 만들어 지상

에 내려보냈다고 한다.

"아버지 엔릴이시여, 암양 여신과 곡식의 여신이 / 거룩한 언덕에서 모습을 갖추고 있지만 / 거룩한 언덕에서 내려보냅시다." / 엔키와 엔릴은 거룩한 말로 이야기했다.[31]

그리스에서 농업 지식은 대지의 여신 데메테르가 알려 주었고,[32] 포도 재배법과 포도주 제조 기술은 술의 신 디오니소스가 가르쳐 주었다.[33] 이집트에서는 오시리스 신이 농사짓는 법과 신을 섬기는 법을 알려 주었다.[34] 중국에서는 소의 머리에 사람의 몸을 가진 염제가 곡식 심는 법을 가르쳐 주어 신농(神農), 즉 '농업의 신'이라고 불렸다.[35]

고대 아즈텍 제국에서는 문명의 신 케찰코아틀이 옥수수와 농작물을 발견했다는 기원신화가 『태양의 제국』에 대략 다음과 같이 기록되어 지금도 멕시코와 과테말라에 전해지고 있다.

케찰코아틀(Quetzalcohuätl)은 붉은 개미가 옥수수 알갱이를 물고 가는 것을 발견하고 검은 개미로 둔갑하여 붉은 개미를 따라 좁은 구멍으로 들어가 생명의 산에서 곡물과 씨앗을 발견하였다. 신들이 생명의 산을 벼락으로 깨뜨리자 옥수수와 다른 곡식의 씨앗들이 사방으로 흩어지고 틀락록 신이 움켜잡아 진정한 비와 작물의 신이 되었다.[36]

결론적으로 기원신화에는 고대인이 인간의 조건과 음식, 죽음과 종교, 인간의 행동에 대한 규제의 기원을 밝히는 내용이 나타나 있다.[37] 그런 의미에서 모든 신화는 기원신화로 볼 수 있다. 그런데 19세기부터 모

든 것의 기원과 역사, 사회와 언어, 종교, 그리고 인류의 모든 제도의 기원까지 탐구하려는 여러 분야의 학문이 탄생하게 되었다. 말하자면, 학자들은 모든 것의 기원이 신으로 귀결되는 사제들의 주장을 거부한 것이다.

의례신화는 영원에 합류하려는 소망이다

●

의례신화(儀禮神話, Ritual Myth), 혹은 제의신화(祭儀神話)는 보통 민족의 개국이나 역사적 사건을 기념하는 신화이다. 수메르와 바빌로니아는 새해가 되면 왕과 여사제가 신성결혼식을 치러 풍요를 기원하는 신년축제를 벌였다. 이집트에서는 파라오의 즉위 30년 되는 해에 죽음과 부활의 의식을 거행했는데, 이를 '헤브-세드 축제(Heb-Sed festival)'라고 불렀다.[38] 고대 잉카 제국의 아일루(공동체) 축제는 조상들의 미라에 대한 존경을 표시하는 동시에 새해 첫날에 기원신화를 되풀이해서 낭송하는 무대였다.[39] 말하자면, 고대의 여러 민족들은 왕권의 정당성을 확보하려고 축제를 열었던 것이다.

하지만 이런 의식은 천지창조를 상징적으로 재현하여 태초의 시간을 회복하고 조상과 하나가 되어 민족이나 부족의 영원성을 바라면서 치른 일종의 제사였다고 볼 수 있다. 그런 면에서 여성의 임신, 사춘기의 성년식, 병자의 치료의식, 새해의 신년축제, 왕의 대관식 등의 의식에서 창조신화를 낭송한다는 점에서 원시 시대부터 의례신화는 매우 중요시되었다.

특히 제례의식(祭禮儀式)의 기원을 설명해 주는 신화는 아주 중요하다. 오스트레일리아 신화에는 사람을 닮은 거대한 고래 루마루마가 사람을 잡아먹다가 인간에게 살해당하고 고래로 변신하면서 비밀의례를 샤먼, 즉 사제에게 가르쳐 주었다고 전한다. 그런데 죽은 신의 시체로부터 인간의 주식인 감자나, 코코넛 등 식물과 동물이 생겨났다고 한다. 결국 신은 자기 모습을 변화시켜 동식물 속에 숨어 있기 때문에 인간이 감자 같은 음식을 먹는 것은 바로 신을 먹는 행동인 것이다. 그러므로 종교적 의례를 거행하는 것은 그러한 기원을 회상하는 제사인 것이다.[40] 제사음식을 나누어 먹는 음복도 마찬가지이다.

지금도 가톨릭에서 신을 먹고 신과 하나가 되는 성찬의례를 거행하고 있는 것이 그 흔적이다. 중요한 사실은 살해당한 고래나, 십자가에 못 박힌 예수처럼 지중해 연안에서 살해당하거나 사고로 죽은 뒤에 다시 살아나는 젊은 신들이 오시리스, 탐무즈, 아티스, 아도니스라는 점이다. 이 비극적인 죽음이나 사건의 결과로서 식물에 관련된 비밀의례가 생겨났고 후대에 기독교가 발생했다는 점에 의례신화의 중요성이 있다.[41]

영웅신화는 문명신의 활약상이다

●

영웅신화(英雄神話, Hero myth)는 민족이나 부족의 뛰어난 영웅의 일생을 그린 신화이다. 수메르에서 저승신이 된 영웅 길가메시, 이집트에 문명을 전해 주고 저승신이 된 오시리스, 인간을 창조하고 불을 선물한 그리스의 프로메테우스 등의 신화적인 이야기가 영웅신화이다. 물론 헤라클레스나 테세우스의 이야기가 본격적인 영웅신화이다.

그밖에도 북유럽과 게르만 신화에서 불사신의 용사 지크프리트, 중앙아메리카 마야의 문화영웅 케찰코아틀, 중국의 전쟁신 치우(蚩尤), 고조선에서 하늘신의 아들과 곰의 혼인으로 태어난 단군 이야기도 문화영웅의 신화이다. 특히, 중앙아시아 부리야트족의 영웅 에르케 메르켄이 세상이 너무 더워 활을 쏘아 여러 개의 태양을 떨어뜨리고 하나만 남겼다는 신화는 특이하다.[42]

북아메리카 이로쿼이족의 히아와타 타렌야와곤도 독특한 문화영웅이다. 하늘을 떠받치던 그는 지상에 내려와 전쟁에 시달리던 여러 부족을 구하고 담배, 호박, 옥수수, 콩 그리고 개를 주면서 다섯 부족으로 나누어 각각 특별한 선물까지 주었다. 즉, 오논다가족에게 우주의 법칙과 창조주의 뜻을 풀이하는 능력을 주고, 오네이다족에게 바구니와 무기를 제작하는 기술, 모호크족에게 사냥기술을 전해 주었다. 무엇보다 그는 부족을 통합하여 연합국가를 창시한 영웅이었다.[43]

이처럼 전설적인 영웅의 활약상을 그린 영웅신화는 민족이나 부족에게 문명을 가르친 문화영웅의 모습을 띠는데, 나중에 신이 되는 것이 일반적 특징이다. 바로 수메르의 길가메시, 이집트의 오시리스, 구월산의 산신이 된 단군이 대표적이다. 그런데 민족이나 부족의 영웅을 뛰어넘어

인류가 나아갈 전망을 제시한 석가, 공자, 조로아스터, 예수를 정신적 영웅으로 본 신화학자는 『천의 얼굴을 가진 영웅』의 저자인 캠벨이다.

종말론신화는 파멸을 막으려던 노력이다

●

종말론신화(終末論神話, Eschatology Myth)는 세계의 종말과 심판을 다룬 신화이다. 종말론신화는 주로 신들이 대홍수를 일으켜 세상을 멸망시킨다는 내용으로 전해진다. 「길가메시 서사시」, 노아의 홍수, 그리고 프로메테우스가 대홍수의 비밀을 알고 자기 아들 데우칼리온과 며느리 피라를 구한 그리스 신화가 유명하다.

마야의 종말론은 천체와 관련되어 있다. 마야 365일력의 마지막은 특히 위험한 시기로 생각되었다. 또한 아즈텍에서 52년 주기의 순환이 끝날 무렵에 아즈텍 사람들은 공포 때문에 잠을 이루지 못했다고 한다.[44] 그런데 고대 인도인은 세상이 수없이 창조되고 파괴되고 재창조되었다고 생각했다. 이처럼 순환하는 한 주기, 즉 브라마의 날은 신들의 시간으로 따지면 12000년, 인간의 시간으로 따지면 4320000년 동안 지속된다. 하지만 각 주기를 지배하는 스승인 마누가 있다는 것이다.[45] 말하자면 마누는 구원자이다.

종말론신화는 조로아스터교의 영향을 받은 유대교, 기독교, 이슬람교에서 더욱 심화되었다. 고대 이란의 조로아스터교는 우주와 이 세상을 최고신 아후라 마즈다와 악의 신 앙그라 마이뉴 사이의 투쟁으로 보았다. 조로아스터교의 경전 「아베스타」에 따르면, 세계의 종말 때 악의 신 앙그라 마이뉴는 패배한다.[46]

특히, 조로아스터교의 종말론은 최후의 심판과 죽은 자의 부활이라는 신앙으로 발전하여 「요한계시록」에 큰 영향을 주었다. 초기 유대교와 기독교는 예수가 재림하여 최후의 심판을 하고 낙원을 이룩한다고 믿었다. 대신 로마 제국의 종교로 인정받은 기독교는 교회의 승리와 함께 천국은 이미 지상에 나타났다면서 최후의 심판을 부정했다. 그런데 이러한 운동은 나치즘과 공산주의 운동 그리고 화물의례에서 다시 등장하여 겉으로 세속적인 낙천주의가 되었다.[47]

결국 종말론신화는 세계가 질서와 혼돈의 영원한 투쟁이라고 생각한 고대인이 파멸을 막으려고 특별한 의식을 치른 데서 비롯된 것이었다. 그래서 아즈텍인과 마야인들은 태양신에게 수많은 사람을 제물로 바쳐 우주의 균형을 유지하고자 하였다.[48] 한국에서도 말세를 예언한 『정감록』의 영향으로 동학이 창시되자 급진적인 세력은 동학농민전쟁을 벌여 개벽(開闢), 즉 '새로운 세상'을 만들려고 하였다. 그 바탕에는 60년마다 대변혁이 일어난다는 주역의 우주 순환의 논리가 깔려 있었다.[49] 다음 장에서는 사제들이 만든 수메르 신화의 성격을 알아보기로 한다.

1   A. Abrams; A Glossary of Literary Terms(세계문학비평용어사전), 을유문화사, 1995, 이명섭 편역, 300~302쪽.

2   엘리아데; 앞의 책(신화와 현실), 63~ 66쪽.

3   츠네오; 앞의 책(문화 인류학의 명저 50), 24~26쪽.

4   프레이저; 앞의 책(황금의 가지) 상권, 82~96쪽.

5   헨리 스튜어드; 문화진화론[츠네오; 앞의 책(문화 인류학의 20가지 이론), 29쪽].

6   C. L'evi-Strauss; Myth and Meaning(신화와 의미), 이끌리오, 2000, 임옥희 옮김, 42쪽.

7   엘리아데; 앞의 책(신화와 현실), 66~70쪽.

8   츠네오; 앞의 책(문화 인류학의 명저 50), 62~63쪽, 55~56쪽, 146쪽.

9   후크; 앞의 책(중동 신화), 19~22쪽.

10   후크; 앞의 책(중동 신화), 28~ 31쪽.

11   레비스트로스; 앞의 책(신화의 의미), 77쪽, 53~54쪽.

12   그리말; 앞의 책(세계의 신화) 1권, 26~29쪽.

13   조철수; 앞의 책(수메르 신화), 153~154쪽.

14   김선자; 영혼길 밝혀주는 노래, 지로경(이옥순, 심혁주, 김선자, 이평래, 선정규, 이용범; 아시아의 죽음 문화, 소나무, 2010, 137~138쪽).

15   엘리아데; 앞의 책(신화와 현실), 98쪽.

16   엘리아데; 앞의 책(신화와 현실), 97~98쪽.

17   엘리아데; 앞의 책(신화와 현실), 84쪽.

18   헤시오도스; 앞의 책, 68~73쪽.

19   톰슨; 앞의 책, 391쪽.

20   헤시오도스; 일과 나날 60행~82행(앞의 책, 103~105쪽).

21 월튼; 앞의 책, 293쪽. 「아트라하시스 서사시」에서는 반역한 신의 살과 피로 인간을 만들었고, 「에누마 엘리시」에서는 피로 만들었고, 『구약성경』에서는 티끌과 여호와 의 숨으로 만들었다. 속된 재료와 신성한 재료가 혼합된 것은 「아트라하시스 서사 시」가 유일하다.

22 조철수; 앞의 책(수메르 신화), 87쪽.

23 이평래; 몽골 유목민의 죽음에 대한 인식(이옥순 외; 앞의 책, 202쪽).

24 타일러; 앞의 책 1권, 441~445쪽.

25 하르바; 앞의 책, 457~458쪽.

26 조철수; 앞의 책(수메르 신화), 213~ 216쪽.

27 아폴로도로스; 앞의 책, 49쪽. 앞의 책(헤시오도스; 신들의 계보 565행~467행, 71쪽).

28 톰슨; 앞의 책, 389~390쪽.

29 하르바; 앞의 책, 232~234쪽.

30 크레이머; 앞의 책, 106쪽.

31 조철수; 앞의 책(수메르 신화), 182~186쪽.

32 T. Bulfinch; Mythology(그리스 로마 신화), 동서문화사, 1975, 손명현 옮김, 79~85쪽. 그리말; 그리스 신화[앞의 책(세계의 신화) 1권, 65~66쪽].

33 불빈치; 앞의 책, 223쪽. 아폴로도로스; 앞의 책, 159쪽.

34 서규석 편저; 이집트 사자의 서, 문학동네, 1999, 55쪽.

35 袁珂; 神話故事新編(중국고대신화), 육문사, 김희영 편역, 50~52쪽.

36 토베; 앞의 책, 87~89쪽.

37 엘리아데; 앞의 책(신화와 현실), 166~167쪽.

38 롤; 앞의 책(문명의 창세기), 555~568쪽.

39 어튼; 앞의 책, 16~26쪽.

40 엘리아데; 앞의 책(신화와 현실), 158~166쪽. 츠네오; 앞의 책(문화 인류학의 명저 50), 41쪽.

41 엘리아데; 앞의 책(신화와 현실), 158~159쪽.

42 하르바; 앞의 책, 188~189쪽.

43 비얼레인; 앞의 책, 291~295쪽.

44 토베; 앞의 책, 22~27쪽.

45 비얼레인; 앞의 책, 361~362쪽.

46 V. Curtis; Persian Myths(페르시아 신화), 범우사, 2003, 임웅 옮김, 23~25쪽.

47 엘리아데; 앞의 책(신화와 현실), 125~132쪽.

48 토베; 앞의 책, 22~32쪽.

49 일연 외; 한국의 민속·종교사상, 삼성출판사, 1983, 신일철 외 옮김, 269~280쪽.

엔릴 신:
달과 저승신을 창조하다

복잡다단한 역사를 지닌 메소포타미아의 신화는 수메르, 바빌론, 아시리아의 세 형태로 전해지지만 그 기원은 수메르에 있다. 수메르의 창조신화에서 우주는 스스로 만들어진 뒤에 신들이 해와 달을 창조하고 저승신과 인간, 사제들을 창조한다.[1] 셈족인 바빌로니아의 우주창조신화 「에누마 엘리시」에서 최고신 마르두크는 티아마트를 죽인 뒤 그 시체로 우주와 천체, 인간을 창조한다.[2] 역시 셈족인 히브리의 여호와 신은 오로지 말로써 우주와 천체, 세상과 인간을 창조한다.

종교도시 니푸르의 저승신화

저승신의 창조신화 「엔릴과 닌릴」은 니푸르에서 발견되었다. 앞에서

자료 5-2-1
1893년 촬영된 니푸르의 에쿠르 신전의 발굴 모습

살펴본 것처럼 니푸르는 수메르에서 가장 중요한 종교도시였다. 지금 이라크 남동쪽에 있는 니푸르의 신전에서 폭풍신 엔릴은 니푸르에 모인 신들이 제정한 법을 집행하는 최고신이었다. 메소포타미아의 모든 왕조는 니푸르에서 엔릴 신의 비준을 받아야 정통성이 인정되었고 백성들이 복종했다. 이 성스러운 니푸르에서 수메르 시대의 점토판이 가장 많이 발견된 점은 아주 흥미롭다. 「엔릴과 닌릴」도 니푸르의 점토판에 기록되어 있다.

「엔릴과 닌릴」은 달과 세 저승신을 창조한 엔릴 신에 대한 찬미가이다. 이 신화의 중심내용은 엔릴이 닌릴과 함께 달을 창조하고 저승으로 추방당하여 세 저승신을 창조하는 이야기이다. 그런데 「엔릴과 닌릴」을 만든 니푸르의 사제들은 달과 저승신들이 태어난 이야기를 아주 인간적이고 상징적으로 표현했다. 그 줄거리를 간추리면, 다음과 같다.

옛날에 신들이 니푸르에 거주할 무렵, 엔릴과 닌릴이 그 도시에 살고 있었다. 엔릴이 아름다운 처녀 닌릴을 탐내는 낌새를 눈치챈 그녀의 어머니는 딸에게 강에 가서 목욕하지 말라고 타일렀다. 그 말을 어기고 강에 간 닌릴은 엔릴에게 겁탈을 당하고 말았다. 더구나 엔릴이 임신까지 한 닌릴을 버리자 신들은 화가 머리끝까지 올라 엔릴을 도시에서 추방시켜 버렸다.

쫓겨난 엔릴이 저승으로 떠나자 닌릴은 첫사랑 엔릴을 따라가면서 달의 신 난나를 낳는다. 또한 저승으로 가는 길에서도 엔릴은 변장하고 닌릴과 동침하여 세 저승신을 낳는다. 첫째는 엔릴이 성문의 문지기로 변장하여 기쁨에서 태어난 네르갈, 둘째는 강을 지키는 측량사 닌아주, 셋째는 뱃사공인 강의 감독관 엔비룰루이다. 이처럼 달과 저승신을 낳은 닌릴은 어머니 신이고 엔릴은 아버지 신이며 주님이니 찬미해야 한다.

달과 세 저승신이 탄생한 이야기

•

수메르인은 사람이 죽으면 영혼이 저승에 산다고 여겼다. 수메르어로 저승은 '쿠르(Kur)'인데, 그곳에 도달하려면 특별한 뱃사공 카론의 인도 아래 사람을 잡아먹는 삼도천이라는 강을 건너야 한다.[3] 하지만 수메르에서 저승에서 잠시 귀환하는 우르-남무 왕처럼 엔릴 신도 달과 저승신을 창조하고 닌릴과 함께 지상의 세계로 돌아온다.

수메르인의 일상생활과 사고방식, 그리고 감정이 잘 드러난 이 작품은 원래 170여 행의 서사시지만 좀 압축하여 감상해 보기로 한다. 「엔릴과 닌릴」은 니푸르를 묘사하면서 시작된다.

니푸르는 도시였다. / 사람들이 거기 살았다. / 야자나무가 자라는 도시였다. / 넓은 강은 거룩한 강이었다. / 엔릴은 젊은 청년이었고 / 닌릴은 젊은 처녀였다. / 눈바르쉐구누는 어머니였다.[4]

이제 그가 성기를 불쑥거리면서 / 너에게 입 맞추려고 할 것이다. / 기쁜 마음으로 멋진 물을 네 자궁 속에 채우고는 / 너를 버리고 말 것이다.

"나와 잠자리를 하자"라고 엔릴이 말했으나 / 그녀는 따르지 않았다. / "내 성기는 너무나 작고, 아직 늘어나 본 적이 없어요. / 내 입술은 작고, 입 맞추어 본 적이 없어요. / 어머니가 알게 되면 내 손을 때릴 거예요. / 아버지가 알게 되면 나를 붙잡아 놓을 거예요. / 내 친구에게 말하면 나와 끝날 거구요."

시종은 그의 주인에게 배 같은 것을 가져왔다. / 작은 배의 뱃줄을 가져왔다. / 큰 배 같은 것을 만들어 가져왔다. / "주인님, 즐겁게 떠 다니게 하겠습니다. / 그녀와 잠자리를 하고 입을 맞추십시오."

그는 애쓴 끝에 그녀의 손을 잡았다. / 그녀와 잠자리를 하고 그녀에게 입 맞추었다. / 강가의 조그마한 터에 와서 함께 누웠다. / 다가와서 잠자리를 함께하고 입을 맞추었다. / 한 번 잠자리를 함께하고 한 번 입 맞추고는 / 밝고 외로운 떠돌이 수엔의 물을 그녀의 자궁 속에 뿌렸다.[5]

엔릴이 키우르에서 서성거렸다.[6] / 엔릴이 키우르에서 서성거릴 때 / 오십 명의 큰 신들과 / 운명을 결정하는 일곱 신들이 / 엔릴을 키우르에서 사로잡았다. / 성범죄자 엔릴을 도시에서 쫓아냈다.

저승에서 엔릴은 성문 문지기인 양 그의 방에 누웠다. / 닌릴과 잠자리를 하고 입 맞추었다. / 한 번 잠자리를 하고 한 번 입을 맞추고는 / 기쁨에서 나온 젊은이인 네르갈 물을 그녀 속에 뿌렸다. / 엔릴은 나갔고 닌릴이 따라나섰다. / 누남니르는 나갔고 젊은 여인은 그를 쫓았다.[7]

엔릴은 산의 강 사람인 양 그의 방에 누웠다. / 그녀에게 와서 잠자리를 하고 입 맞추었다. / 긴 측량줄의 주인 닌아주 물을 그녀에게 뿌렸다.[8] / 엔릴은 나갔고 젊은 여인은 그를 쫓았다.

엔릴은 나룻배 사공 수사슴 뿔인 양 그의 방에 누웠다. / 그녀에게 와서 잠자리를 하고 입 맞추었다. / 한 번 잠자리를 하고 한 번 입 맞추고는 강의 감독관 엔비룰루 물을 그녀 속에 뿌렸다.[9]

당신이 주님입니다. 당신이 왕입니다. / 훌륭한 주님, 보물창고의 주님이 당신입니다. / 포도를 자라게 하는 주님, / 보리를 자라게 하는 주님이 바로 당신입니다. / 하늘의 주, 풍요를 주는 주님, 땅의 주님이 당신입니다.

엔릴은 신이다! 엔릴은 왕이다! / 주님이 한 말은 무엇으로도 바꿀 수 없다. / 그의 말은 머리에 박히며 변할 수 없다. / 찬양하라! 어머니 닌릴을 향해 / 아버지 엔릴을 찬미하라!

엔릴 신이 저승까지 지배한 사연

●

이 신화는 달과 저승신의 탄생과 유래를 밝힌 기원신화이다. 하지만 이 신화의 중심은 니푸르의 사제들이 이승세계만이 아니라 저승세계의 지배자도 엔릴 신이라는 사실을 선포한 것에 있다고 볼 수 있다.

문제는 엔릴이 사용한 수단이 비합법적이라는 점이다. 다시 말하면 엔릴은 최고신이면서도 폭력을 써서 닌릴을 강간하고 저승으로 추방당하여 달을 창조한다. 더구나 엔릴은 변장과 속임수, 거짓말 같은 비정상적인 수단으로 사랑의 노예가 된 닌릴과 교접하여 세 저승신을 창조한다. 이런 최고신 엔릴의 행동은 당시 연합국가인 수메르가 50명의 신과 7명의 큰 신들이 민주적으로 의사를 결정하는 신정국가라는 사실을 참고해야 이해가 가능하다.

다음에 이 신화에 사용된 강간과 변장, 속임수, 거짓말은 저승세계나 여성을 꼬이고 정복하는 은유적인 수단으로 볼 수 있다. 왜냐하면 저승세계의 밤과 어둠, 죽음은 이승세계의 낮과 광명, 생명과 전혀 다르기 때문이다. 그래서 엔릴은 은밀한 방법으로 달과 저승신들을 창조한 것으로 보인다. 적어도 니푸르의 문학적인 사제들은 그런 방식을 창안해 냈다고 볼 수 있다. 그런 점에서 수메르의 최고신 엔릴의 창조활동은 다분히 시적이면서 인간적이다. 그리고 그 바탕에는 가부장적 권위의식과 강력한 지배욕이 진득하게 깔려 있다.

먼저 권위의식은 엔릴이 창조한 세 저승신이 엔릴 신의 아들이라는 사실이 증명한다. 가부장 사회에서 아들은 아버지의 명령에 따라야 하기 때문이다. 다음에 엔릴 신의 강력한 지배욕은 달과 세 저승신의 역할을 보면 잘 알 수 있다. 달은 엔릴의 아들이므로 자연스럽게 엔릴은 악귀들의 세계인 밤과 어둠을 밝히는 달을 지배하게 된다. 또 세 아들은 죽은 사람이 저승의 여왕 에레쉬키갈에게 도착하기 전에 거쳐야 하는 무섭고 엄격한 저승신들이기 때문에 엔릴의 힘은 강력하다.

즉 첫째 아들 네르갈은 죽은 사람이 저승을 갈 때 통과해야 하는 관문의 문지기이고, 둘째 아들 닌아주는 그들의 죄의 무게를 측량하는 존재이고, 셋째 아들 엔비룰루는 저승의 강을 건네주는 나룻배 사공이다. 결국 세 저승신의 아버지인 엔릴은 저승세계에서도 막강한 힘을 발휘할 수 있는 것이다. 따라서 종교도시 니푸르의 사제들은 엔릴 신이 하늘과 지상은 물론 저승의 지배자라는 사실을 선포하려고 이런 저승신화를 만들었다고 추정할 수 있다.

우르의 수호신 달의 신 난나

●

이 작품에서 주목할 것은 수메르 신들의 족보에서 엔릴 신과 정처인 닌릴 여신이 교합하여 태어난 달의 신 난나가 수메르에서 아주 중요시되었다는 점이다.[10]

수메르 신들의 족보에서 남성인 달의 신 난나의 아들은 태양신 우투이고, 딸은 금성의 여신 인안나이다. 수메르에서 태양신은 정의를 상징하고 금성의 여신은 사랑을 상징하는데, 이들이 난나의 자식이라는 것은 난나가 그만큼 강력한 신이라는 뜻이다. 특히, 달의 신 난나 곁에서 새벽과 초저녁에 아름답게 빛나는 금성의 여신 인안나는 수메르에서 인간과 동식물의 풍요를 담당한다고 여겨 대단히 숭배를 받았다.

그런데 달의 신 난나가 후기 수메르의 수도였던 우르의 수호신이었다

자료 5-2-2 달의 신이 지켜보는 가운데 우르-남무 왕이 여사제로부터 나라의 지배권을 인정받는 원통형 인장[ⓒ Steve Harris, 영국 대영박물관(The British Museum) 소장]

는 것은 그의 권능을 증명한다. 특히, 달의 신 난나를 숭배한 인물은 우르를 부흥시킨 우르-남무 왕이었다. 기원전 2112년 우르-남무는 구티족을 몰아내고 수메르의 여러 도시국가를 통합하여 우르 3왕조를 세운 영웅이면서 사회개혁자였다. 그는 인류 최초의 법전인 「우르-남무 법전」을 비석에 새겼는데, 그 비석의 상단에 달의 신 난나가 왕권의 상징인 측량자와 줄자를 우르-남무에게 주는 그림이 있다. 이 상징물들은 당시 문란한 경제 질서를 바로잡아 폭력과 부정을 물리쳤다는 것을 암시한다.

> 그때에 나 / 우르-남무 / 강한 용사 / 우르의 왕 / 수메르와 아카드 왕은 / (우르) 도시의 주인 난나의 능력으로 / 우투의 진실한 말씀에 따라 / 그 땅에 정의를 세웠고 / 저주와 폭력을 몰아냈다. (이하 생략)[11]

또한 법전의 서문에 기록된 '안과 엔릴이 난나에게 우르의 왕권을 준

후에'라는 구절에는 우르의 수호신으로 공인받은 난나의 권능과 역할이 분명하게 밝혀져 있다.[12]

수메르에서 중시된 난나(Nanna)는 보름달로 불리고, 수엔(Suen)은 초승달이라고 불렸다. 수메르인은 달의 신 수엔이 쿠파라는 배를 타고 밤하늘을 항해하면 하늘의 별과 행성들이 그 뒤를 따르는 것이라고 생각했다. 그리고 다음 날 새벽에 수엔은 오랑캐가 사는 서쪽 산맥의 쿠르, 즉 저승으로 들어간다고 여겼다.[13]

주목할 것은 수메르인이 밤하늘에서 연약한 초승달이 원만하고 밝은 보름달로 연속적이고 규칙적으로 변하는 모습에서 인간의 죽음과 재탄생의 원리를 발견했다는 점이다. 그래서인지 그날이 끝날 즈음에 신들은 수염 달린 노인인 난나에게 의논하러 와서 필요한 조언을 받아 갔다고 한다.[14] 이는 달밤에 푸른 하늘과 별을 보면서 우주와 인생, 그리고 죽음의 수수께끼를 명상하는 시인이나 철학적인 사제들을 상기시킨다.

달의 문화와 태양의 문화

•

의아한 점은 달의 신 난나가 남성이라는 사실이다. 이는 극동의 음양사상과 그리스 신화에 익숙한 사람들에게 낯설게 보인다. 다시 말하면 낮과 태양과 남성은 양성이고, 밤과 달과 여성은 음성이라는 음양사상과는 상당히 다른 사고방식이다. 또한 그리스 신화에서 제우스는 레토와 교접하여 쌍둥이 누이인 달의 신 아르테미스, 동생인 태양신 아폴론을 얻는데, 역시 태양은 남성이고 달은 여성이다.[15]

수메르에서 달의 신이 남성이라는 것은 먼저 달이 태양보다 더 중요시된 사회의식의 반영으로 볼 수 있다. 이는 태양숭배를 종교로 발전시킨 이집트, 인도-유럽어족, 중앙아메리카의 마야와 아즈텍, 잉카와 다른 점이다. 그들은 태양을 지상과 지하세계의 통치자로 보면서 신성한 왕권에 대한 강력한 수호자로 이용했던 것이다.

그런데 박시인 교수는 『알타이 신화』에서 태양을 사나운 남신으로 보는 것은 남방적인 신화이고, 태양을 부드러운 여신으로 본 것은 북방적인 신화라고 하였다.[16] 이를테면, 로마처럼 남부 유럽의 따뜻한 라틴 계통에서는 태양을 남성, 달을 여성으로 본다. 하지만 추운 북방의 게르만 계통에서는 태양이 여성, 달이 남성이다. 특히 북방 문화인 대부분의 알타이 어족은 태양을 여성, 달을 남성으로 여긴다. 이를테면, 알타이의 야쿠트족은 추운 밤에 딸이 물을 길러 가자 달이 내려와 품에 안고 하늘로 올라갔다는 약탈적인 전설이 전한다. 또한 투르칸스크족은 달 속에 북을 가진 샤먼이 있는데, 이 샤먼은 주로 남성이다.[17] 북방 민족인 고구려의 고분벽화에도 태양이 여성인 누이, 달이 남성인 오빠로 그려진 점이 흥미롭다.[18] 마찬가지로 북쪽에서 이주한 알타이 어족인 수메르도 달을 남성인 난나로 본 것 같다.

이러한 태도는 지역이나 기후, 혹은 처해진 조건에 따라 자연이나 천체를 대하는 인간의 관점이 달라지고 신의 창조나 신의 성격이 정해진다는 점에서 대단히 중요하다고 볼 수 있다.

변신하는 달과 생명의 순환

●

수메르인은 왜 태양보다 달을 더 신성시했던 것일까? 그 이유는 태양의 모습은 거의 변함이 없지만 달은 일정한 주기로 차고 이울면서 '생성, 탄생, 죽음'의 법칙을 따르기 때문일 것이다. 말하자면 달은 인간처럼 생로병사라는 운명을 지니고 있는 것이다. 하지만 달은 몰락하는 인간과는 다르게 죽음으로 삶을 마치지는 않는다. 그믐달이 사라지면 3일 동안 달이 뜨지 않는 삭망이지만 초승달로 재탄생한다.

수메르인은 주기적으로 살아나는 달의 반복성을 보고 우주와 자연과 삶의 순환성을 생각했을 것이다. 또한 달이 바다의 밀물과 썰물, 생물의 번식, 여성의 임신에 영향을 끼치고 농작물의 풍작에도 작용한다는 것을 깨달은 수메르인은 달의 리듬이 인간의 생존과 밀접하게 관련되어 있다고 느꼈을 것이다.[19] 그래서 그들은 달을 재탄생의 시간과 관련시켜 주술적인 신앙으로 발전시킨 것으로 추정된다.

결국 니푸르의 사제들은 인간의 삶만이 아니라 저승세계도 달의 순환과 비슷한 법칙을 따른다고 여기고 죽은 자의 재탄생을 기대하면서 저승신화 「엔릴과 닌릴」을 창조한 것으로 보인다. 특히, 종교학자 후크는 저승의 기원신화 「엔릴과 닌릴」이 후대에 「두무지와 인안나」 신화에 중대한 영향을 끼친 것이 분명하다고 단정했다. 그 이유는 엔릴 신이 두무지 왕과 비슷하고, 닌릴 여신이 인안나 여신과 비슷한 특징과 역할을 하고 있기 때문이었다.[20] 말하자면 저승으로 쫓겨 가는 엔릴을 따라가면서 저승신들을 창조하는 닌릴처럼 인안나 여신은 저승으로 가서 남편을 구하고 부활시키는 것이다. 다음 장에서는 엔키 신이 인간을 창조하는 과정을 살펴보기로 한다.

1   후크; 앞의 책(중동 신화), 39쪽.

2   조철수; 앞의 책(수메르 신화), 158~179쪽.

3   크레이머; 앞의 책, 223쪽.

4   눈바르쉐구누는 보리의 여신이다.

5   수엔은 초승달이다.

6   키우르는 에쿠르 신전의 앞마당이다.

7   누남니르는 엔릴 신이다.

8   조철수; 앞의 책(수메르 신화), 226쪽. 닌아주는 측량줄과 잣대를 손에 들고 서서 사
    람을 삼켜 먹는 강을 지킨다.

9   조철수; 앞의 책(수메르 신화), 227~229쪽. 엔비룰루는 수로와 운하의 감독관 신인데,
    '번식시키는 주'라고 번역한다.

10 조철수; 앞의 책(수메르 신화), 69쪽. 「엔릴과 수드 이야기」에서 엔릴의 아내 닌릴
    (Ninlil)은 어머니 신인 닌투, 곡식의 여신 아쉬난, 니푸르의 여왕인 닌릴로 불리었다.

11 우르-남무 법전[앞의 책(고대 근동 문학 선집), 핀켈슈타인 옮김, 401쪽].

12 조철수; 앞의 책(수메르 신화), 538~543쪽.

13 후크; 앞의 책(중동 신화), 52쪽.

14 루크에; 아시리아 바빌론 신화, 항성의 신들(앞의 책; 세계의 신화 3권, 108쪽).

15 헤시오도스; 앞의 책, 87쪽.

16 박시인; 알타이 신화, 청노루, 1994, 423쪽.

17 하르바; 앞의 책, 194~195쪽.

18 박시인; 앞의 책, 423쪽.

19 엘리아데; 앞의 책(종교형태론), 225~263쪽. 지금도 유목민들은 태음력만을 사용하

는데, 중국과 우리나라에서 24절기에 따라 농사를 짓는 것도 달의 리듬을 따르는 것이다.

20 후크; 앞의 책(중동 신화), 51쪽.

엔키 신:
점토로 인간을 만들다

창조신화에서 우주창조 다음에는 주로 인간의 창조가 다루어진다. 인간창조신화는 민족마다 다양하지만 이집트와 메소포타미아는 신이 진흙으로 인간을 만들었다는 기원신화가 일반적이다. 아마 강물이 강어귀에 만드는 삼각주를 보고 그런 착상을 했을 것이다.

나일강의 선물인 이집트에서 크눔 신은 물레를 사용하여 진흙으로 신과 인간 그리고 여러 동물을 만들었다고 전해진다.[1] 티그리스-유프라테스강 강가에서 문명을 이룩한 수메르의 창조신화에서도 엔키 신이 진흙으로 출산의 신을 창조하고 그녀들이 인간을 만들었다고 전해진다. 또한 히브리에서 여호와 신은 먼지로 아담을 만들고 아담의 갈비뼈로 이브를 창조했다고 한다.

그리스에서 제우스는 헤파이토스를 시켜 최초의 여성 판도라를 창조한 신화가 전해지는데 신화학자 하트는 이집트의 크눔 신화가 그리스 신화에 영향을 끼쳤다고 보았다.[2] 물론 히브리의 인간창조신화도 수메르나 바빌로니아의 영향을 받았다는 것은 이미 밝혀진 사실이다.

수메르의 「사람이 태어난 이야기」
●

「사람이 태어난 이야기」는 수메르의 인간 탄생에 대한 기원신화이다. 이 서사시는 인간을 창조한 엔키 신에 대한 찬미가인데, 바빌로니아 시대에 기록된 「아트라하시스 태초 이야기」와 전반부가 상당히 비슷하다.[3] 이는 수메르의 영향을 받았다는 증거이다.

이 신화의 중심내용은 엔키 신이 사제들의 노역을 덜어 주려고 인간을 창조했다는 이야기이다. 다시 말하면, 이 신화에는 엔키 신이 인간을 창조한 이유와 창조 과정이 자세하게 나타나 있다. 「사람이 태어난 이야기」의 줄거리를 간추리면, 다음과 같다.

옛날에 지위가 낮은 신들은 노동을 하고 큰 신들은 이들을 지켜보면서 편히 쉬고 있었다. 강과 수로에 쌓인 흙을 퍼내던 작은 신들이 불평불만을 늘어놓다가 반란할 수준에 이르자 이를 지켜본 지하수의 여신 남무는 아들 엔키에게 작은 신들의 노역을 대신할 사람을 만들라고 조언한다. 엔키 신이 출산의 여신들을 만들자 그녀들은 진흙으로 사람을 빚고, 남무 여신이 심장을 만들고, 연못의 신 엔키가 생명을 불어넣었다. 축하연 자리에서 맥주에 취한 '훌륭한 여신' 닌마흐는[4] 엔키에 대항하여 장애인들을 만들자 엔키는 먹고살 수 있는 운명을 정해 준다. 화를 내는 닌마흐에게 엔키는 많은 장애를 지닌 조산아를 만들어 보이자 닌마흐는 방법을 몰라 항복하고 만다.

엔키 신이 인간을 창조하는 과정

●

「사람이 태어난 이야기」는 150여 행에 이르는 서사시이다. 이 작품을 간추려 소개해 보기로 한다. 이 시는 낮과 밤의 분리, 50명의 아눈나키 신들의 탄생과 결혼, 신들의 역할 분담, 그리고 작은 신들의 노역에 대한 불평으로 시작된다.

옛날에 낮이 하늘과 땅에서 생겨난 뒤에 / 옛날에 밤이 하늘과 땅에서 생겨난 뒤에 / 옛적에 해의 운명이 결정된 뒤에 / 아눈나키 신들이 태어난 뒤에 / 어머니 신들을 아내로 삼은 뒤에 / 어머니 신들이 하늘과 땅에 자기들의 몫을 나눈 뒤에 / 어머니 신들이 사내와 잠자리를 하고 임신하여 아이를 낳은 뒤에 / 신들은 구운 빵과 술을 식당에 차렸다. / 큰 신들은 일을 지켜보고 서 있었고 / 작은 신들이 노역을 감당했다. / 작은 신들은 강바닥을 파서 그 흙을 강둑에 쌓아 올렸다. / 작은 신들은 이를 갈면서 불평했다.

엔키는 지하수의 신전에서 태평스럽게 잠만 자고 있었다. 마침내 작은 신들이 자기들의 고통의 책임을 엔키 신에게 돌리자 큰 신들의 창조자인 어머니 신 남무는 그의 아들 엔키 신에게 솜씨를 부려 작은 신들의 노역의 고통을 풀어 주라고 타이른다. 엔키는 자기의 피와 몸을 본떠 출산의 여신들을 만들고, 그 출산의 여신들이 인간을 창조한다.

엔키는 어머니 신 남무의 말씀을 듣고 잠자리에서 일어났다. / 생각하는 방 할안쿠에서 그는 넓적다리를 때렸다. / 지혜롭고 주의 깊고 질문을 잘 알아채는 / 그는 피와 몸의 모습과 온갖 솜씨로 출산의 어머니 신들을 만들어 냈다. / 엔키는 그들을 옆에 세워 놓고 남무에게 지혜를 구했다. / 엔키는 지혜롭게 자신의 피와 몸을 생각한 뒤에 / 그들에게 작은 신들의 노동을 떠맡기라면서 말했다. / "출산의 어머니 신들이 점토 덩어리를 떼어 낼 것입니다. / 어머니는 거기에서 몸의 모습을 생기게 하십시오. / 닌마흐가 당신을 도울 것입니다."

출산의 어머니 신들이 인간창조의 작업을 끝내자 운명을 결정하는 신들의 모임이 열려 잔치를 벌인다. 큰 신들은 엔키를 칭찬했으나 술 취한 닌마흐는 심술이 나서 엔키와 능력을 겨루어 보자고 도전한다. 먼저 닌마흐가 일곱 명의 장애인을 만들자 엔키는 그들에게 각각 먹고살 수 있는 능력을 준다.

닌마흐는 압주의 지붕에 있는 점토를 손에 쥐었다.[5] / 첫 번째 사람으로 / 손을 펴기만 하지 구부리지 못하는 사람을 만들었다. / 엔키는 그 사람을 본 후에 / 그의 운명을 정하여 왕의 종으로 세웠다. / 두 번째로 볼 수 있는 사람에게 등불을 돌려주는 사람을 만들었다.[6] / 엔키는 볼 수 있는 사람에게 등불을 돌려주는 사람을 본 후에 / 그의 운명을 정하여 노래하는 재능을 부여하고 / 용머리의 수금을 타는 가수로 만들었다.

엔키는 손을 구부리지 못하는 장애인을 뇌물을 받지 않는 왕의 종이 되게 하고, 장님은 서사시인, 절름발이는 금속 주조공, 북쪽의 야만인은 왕의 어릿광대인 시종, 오줌을 질질 흘리는 사람은 정결례 의식과 주문으로 악한 귀신을 쫓아내는 일을 맡겼다. 그리고 애를 낳지 못하는 여자는 베 짜는 일을 시켰으며, 성기가 없는 사람은 내시를 만들어 주었다. 그런 뒤에 엔키는 신체적인 결함이 많은 조산아인 우무물을 만들어 닌마흐에게 고쳐 보라고 하자 방법을 모르는 닌마흐는 당황할 수밖에 없었다.

닌마흐는 우무물을 본 후에 점토 덩어리를 다시 잡았다. / 우무물에게 가까이 가서 질문을 했으나 그는 입을 열지 않았다. / 빵을 먹으라고 갖다 주었는데 그는 손을 뻗지 못했다. / 멋있는 평상에 누우라고 했는데 그는 누울 수가 없었다. / 그는 서 있으며, 앉을 수도 누울 수도 없고 / 집에 들어갈 수도 없으며 빵을 먹을 수도 없었다.

마침내 닌마흐 여신은 엔키보다 능력이 떨어짐을 인정했지만 엔키에게 저주를 퍼부으며 끝까지 대적하겠노라고 선포한다. 그러자 엔키는 닌마흐에게 그 불완전한 조산아에게 축복을 주라고 한다. 그래야만 불행한 인간과 신들이 닌마흐를 기억하고 찬양할 것이라고 당부한다. 그래서 엔키는 주님으로 찬양을 받는다.

닌마흐는 위대한 주 엔키와 동등하지 않도다. / 아버지 엔키, 당신을 찬미함은 즐겁습니다.

인간창조신화의 사회적 배경

●

「사람이 태어난 이야기」는 아주 해학적이고 성적인 표현도 노골적이다. 이를테면, '내가 만든 사람을 당신이 만든 것들 다음에 놓고 그를 축복하시오. 그리하면 내 성기를 칭찬할 것이며 당신을 찬양할 것이다.' 같은 직설적인 표현이 그러하다.

이 신화에서 먼저 주목할 것은 창조주가 작은 신, 즉 사제들의 노역을 대신할 목적으로 인간을 창조했다는 점이다. 이는 계급사회였던 수메르에서 사제들의 특권의식이 반영된 것인데, 사제들이 자기들의 특권의식을 정당화하려고 이 신화를 지어냈다고 추정할 수 있다. 하지만 이 신화는 당시 수메르 사회의 어두운 면과 함께 약자를 배려한 사회구조라는 점도 암시한다. 물론 그 이면에는 불평등한 사회구조를 신이 정해 준 것이라고 합리화한 점도 보인다. 다시 말하면, 이 신화의 작자는 '불쌍한 장애인도 적절한 직업을 갖게 되는 것은 바로 엔키 신의 은혜이니 감사해야 한다.'라고 강조한 것이다.

구원의 신 엔키
●

이 신화에서 가장 중요한 것은 인간을 창조한 엔키 신이 인간을 구원하는 신이 되었다는 점이다. 그것은 엔키 신과 최고신 엔릴과의 갈등관계를 보면 분명해진다. 먼저 출생과정에서 엔릴과 엔키는 어머니가 다르다. 엔릴은 하늘 신 안과 땅의 신 키 사이에서 태어나지만, 엔키는 하늘신 안과 지하수의 여신 남무 사이에서 태어난다. 따라서 수메르 신들의 족보에서 엔릴은 적자이고 엔키 신은 서자로 볼 수 있다.[7]

이처럼 출생신분이 다른 엔릴과 엔키의 갈등은 수메르의 홍수 이야기에서 적대관계로 발전한다. 엔릴이 홍수로 인간을 멸망시키려고 할 때 엔키는 몰래 지우수드라에게 비밀을 누설하여 그를 구원하는 역할을 하는 것이다.

> "나의 지시에 귀를 기울여라. / … 홍수가 의식의 중심지를 휩쓸 것이다. / 인류의 씨앗을 절멸시키기 위해… / 그것은 신들의 회합에서 결정된 것이다. / 안과 엔릴의 명령에 따라 / 왕권과 지배는 끝장날 것이다."
>
> —「지우수드라의 홍수 이야기」[8]

결국 폭풍신 엔릴에 맞서는 엔키는 수메르에서 구원의 신이 된다. 그런 증거가 「인안나의 저승여행」에 나타나 있다. 남편 두무지를 구하려고 저승에 간 인안나 여신이 죽게 되었을 때 그녀의 시종을 시켜 구해 달라고 애원해도 엔릴은 거절한다. 그러나 엔키는 곡꾼을 창조하여 생명수와 생명초를 주면서 인안나를 살려 내게 한다.

> 그는 손톱 밑에서 때를 꺼내 대곡꾼을 만들었다. / 그는 다른 손톱 밑에서 때를 꺼내 어린 곡꾼을 만들었다. / 그는 곡꾼들에게 생명초를 주었다. / 그는 어린 곡꾼들에게 생명수를 주었다. / 엔키는 어린 곡꾼과 대곡꾼에게 말했다. / "너희들은 가거라. 저승으로 발길을 내디뎌라. / (중략) / 한 번은 생명초를 또 한 번은 생명수를 그 위에 뿌려라. / 인안나는 일어날 것이다. (이하 생략)"
>
> —「인안나의 저승여행」[9]

특히 엔릴 신은 저승사자를 시켜 사람을 죽이고 죽은 자들을 저승으로 데려가지만 엔키 신은 억울하게 죽은 영혼을 치료하는 사제의 역할을 한다. 사제들은 백성들의 악귀가 일으킨 질병이나 저주에서 풀어 달라고 엔키 신의 주문을 낭송했던 것이다. 다음 두 주문을 보면 그 사실이 분명해진다.

그들은 악한 저승차사들이다. / (엔릴)의 신전 에쿠르에서 나왔다. / 온 땅의 왕 엔릴의 사자들이다. / 악한 귀신 우둑 귀신이 들판에서 사람을 죽인다.

— 「악귀를 쫓는 기도문」[10]

나는 엔키의 사람이다. / 나는 담갈눈나의 사람이다. / 내가 아픈 사람에게 가까이 왔다. / 내가 그의 집에 들어왔다. / 내 손을 그의 머리에 얹었다.

— 「악귀를 쫓는 기도문」[11]

이와 같이 엔키는 홍수에서 인간을 구하고, 인안나 여신을 저승에서 살려 내고, 억울하게 죽은 영혼을 치료해 주는 구원의 신이다. 그런데 수메르에서 엔키 신이 곡꾼을 창조하고 저승에 보내서 죽은 인안나를 살리는 것은 구석기 시대부터 이어져 온 샤먼의 흔적으로 볼 수 있다. 민속종교학자 하르바에 따르면, 지금도 알타이 삼림 지대의 서퉁구스족은 시베리아의 샤머니즘을 가장 강력하게 간직하고 있다.[12] 이 샤먼들은 질병의 치료, 특히 육체에서 떠나는 영혼을 치료하는 것이 가장 중요한 임무이다.

전능에 가까운 엔키의 능력을 훔치는 인안나 여신

●

크레이머에 따르면, 기원전 18세기경 종교 중심지 니푸르의 학교 터에서 발굴된 「엔키와 세계의 질서」에서 엔키 신은 인간에게 지혜를 가르쳐서 구원하는 신으로 발전되었다. 이러한 엔키 신의 성격은 수메르 문명의 핵심 단어인 '메'를 설명한 점토판에 암시되어 있다. '메(Me)'는 수메르의 여러 기관과 사제직, 잡다한 신앙, 교리 등 100여 개의 종교적 문명을 분류한 것인데, 이는 주로 엔키 신이 소유한 능력으로 볼 수 있다.[13]

부서진 점토판을 복원한 크레이머는 인안나 여신이 우루크를 수메르의 중심도시로 만들기 위해 종교 중심지인 에리두로 지하수의 신 엔키를 만나러 간다고 설명했다. 그런데 인안나의 아름다운 매력에 홀린 엔키는 진수성찬을 차려 대접하고 술에 취해서 100개 이상의 법칙들, 즉 엔키 신의 권능을 그녀에게 선물하게 된다.

"내 권위의 이름으로 말하나니, 성스런 인안나, 나의 딸에게 신성한 법칙을 선사하노라!"

그 신성한 법칙은 '통치권, 신, 왕관, 왕좌, 홀, 신전, 목자의 직책, 왕권, 성스러운 여사제, 사제직, 진리, 저승으로 내려가고 올라옴, 전투의 규범, 홍수, 무기, 성교, 매춘, 법(?), 예술, 영웅, 도시의 파멸, 애도, 거짓말, 반역의 땅, 정의, 공예, 건축술, 지혜, 성스러운 정화, 공포, 투쟁, 승리, 재판, 결심, 악기' 등이다.[14]

그런데 「인안나와 엔키」 신화에는 인안나의 성격이 무려 94개나 나타나 있다.[15] 이는 이집트 신화에서도 보인다. 신화학자 하트에 따르면, 이집트에서 최고신이 자기 능력을 물려주는 신화는 「이시스와 태양신의 숨겨진 본질」에 나타나 있다.

신들보다 지능이 뛰어난 이시스는 최고신 태양신의 비밀을 알아내서 그녀와 아들 호루스를 태양신 다음가는 자리를 차지하게 하려고 계략을 세운다. 이시스는 태양신의 침과 흙을 섞어 마법을 건 뒤 독사를 만들어 태양신을 물게 한다. 이시스는 태양신의 본래 이름을 알려 주면 해독시켜 주겠다고 하자 태양신은 고통을 참지 못하고 자기의 비밀스런 이름을 알려 주고 이시스는 약초와 주문으로 치료해 준다. 마침내 태양신의 힘을 나타내는 이름들, 즉 하늘과 땅의 창조자, 범람의 조절자, 동식물의 제작자 등의 수없는 능력이 이시스에게 돌아가게 된다.[16]

이집트 신화처럼 수메르에서 자기 능력을 인안나에게 모두 넘겨준 엔키는 술에서 깨어나 후회했지만 인안나는 축제가 벌어진 우루크에 도착하여 이 법칙들을 풀어놓아 우루크는 풍요로운 도시로 변하게 된다.[17]

이 신화에 들어 있는 의미는 엔키 신의 종교도시 에리두의 영향을 받아 인안나의 도시인 우루크가 문명의 도시가 되었다는 것으로 볼 수 있다. 하지만 우르 3왕조 시기에 토양의 염분화가 심하여 농사를 지을 수 없는 농민들이 에리두를 떠난 것을 반영한 신화로도 볼 수 있다. 말하자면 문명의 중심이 에리두에서 우루크로 이동한 것을 암시하는 것이다.[18]

어쨌거나 수메르의 신화 「엔키와 세계의 질서」에서 지하수의 신 엔키는 거의 전능에 가까운 능력을 소유하고 있었다. 그런데 엔키 신은 최고신 엔릴이 공표한 법을 부리어 사용하지만 나중에는 엔릴에 대항하여 인간을 깨우쳐 주는 지혜의 신이면서 인간을 구원하는 신이 된다. 특히 '메'가 뜻하는 전능에 가까운 엔키 신의 능력은 히브리인이 여호와 신의 전지전능성을 창조하는 데 큰 영향을 주었으리라고 추정된다.

죽은 영혼을 귀환시키는 엔키 신의 능력

●

엔키 신은 죽은 인안나 여신을 살리는 능력도 지니고 있었다. 이와 함께 '메'에 나타나 있지만, 「길가메시와 엔키두의 저승여행」에서 엔키 신은 죽은 영혼을 저승에서 지상으로 올라오게 하는 능력도 소유하고 있었다. 영웅 길가메시의 시종 엔키두가 저승에서 돌아오지 못하자, 길가메시는 엔릴에게 하소연하지만 허락되지 않았다. 대신 길가메시의 하소연을 들은 엔키 신은 태양신 우투에게 지시하여 엔키두의 영혼을 지상으로 올라오게 한다.

아버지 엔릴은 이 일을 지지하지 않았다. / 그는 에리두로 갔다. / 에리두의 엔키 신전으로 곧바로 그의 발길을 내디뎠다. / 아버지 엔키, 내 나무공이 저승에 떨어졌습니다. / 내 타봉이 간지르에 떨어졌습니다. / 엔키두에게 가져오라고 보냈는데 저승에 잡혔습니다. / (중략) 아버지 엔키는 이 일에 그를 지지했다. / 닌갈이 낳은 아들, 젊은 용사 우투에게 말했다. / 지금 저승에 바람구멍을 열고 / 그의 시종을 저승에서 그에게로 올라오게 하라. (이하 생략)

— 「길가메시와 엔키두의 저승여행」[19]

결국 엔키는 고대의 샤먼처럼 죽은 자, 즉 그의 영혼을 저승에서 부활시키는 신이라고 할 수 있다. 특히, 이 엔키의 능력은 기독교에서 최후의 심판 때 사자를 부활시키는 그리스도, 즉 구세주 사상으로 발전되었다고 추정된다. 다음 장에서는 구원의 신이 된 엔키가 그리스의 최고신 제우스처럼 심각하게 바람피우는 신화를 감상해 보기로 한다.

1 하트; 앞의 책, 47~50쪽.

2 하트; 앞의 책, 50쪽.

3 조철수; 앞의 책(수메르 신화), 51~60쪽.

4 프리처드; 앞의 책, 826쪽. 닌마흐는 닌후르상, 마미, 아루루, 닌투, 벨렛일리 등과 함께 어머니 여신이다.

5 압주는 깊은 연못이다.

6 등불을 돌려주는 사람은 장님이다.

7 조철수; 앞의 책(수메르 신화), 41쪽.

8 크레이머; 앞의 책, 219쪽.

9 조철수; 앞의 책(수메르 신화), 286~288쪽. 곡(哭)꾼은 우는 일을 하는 사람이다.

10 조철수; 앞의 책(수메르 신화), 487쪽.

11 조철수; 앞의 책(수메르 신화), 486쪽. 담갈눈나는 엔키 신의 아내이다.

12 하르바; 앞의 책, 15쪽.

13 크레이머; 앞의 책, 137~142쪽.

14 크레이머; 앞의 책, 142~148쪽.

15 월튼; 앞의 책, 277쪽.

16 하트; 앞의 책, 92~95쪽.

17 크레이머; 앞의 책, 142~143쪽.

18 주동주; 앞의 책, 124쪽.

19 조철수; 앞의 책(수메르 신화), 383~384쪽.

닌후르상 여신:
치료의 신들을 창조하다

    고대에 샤먼은 주술사, 사제, 추장이었다. 이는 샤먼이 질병을 치료하는 의사이면서 영혼을 관리하는 성직자이고, 정치적 지도자였다는 뜻이다. 지금도 브라질 북서부의 투피 카와이브족의 추장은 주술사와 정치적인 권력을 겸하지만, 남비콰라족은 이 역할이 분리되어 있다.[1] 그런데 알타이에서 최초의 샤먼은 질병과 죽음에 시달리는 인간을 구하려고 신이 보낸 독수리가 남편과 이혼하고 나무 아래서 잠든 여성과 교접하여 태어났다고 한다. 혹은 그 여자가 스스로 샤먼이 되었다고도 한다.[2] 알타이의 샤먼처럼 질병과 죽음에 관계하는 샤먼은 북유럽의 오딘, 그리스의 오르페우스이다. 수메르에서 질병과 죽음을 담당하는 여사제의 기원은 「엔키와 닌후르상」 신화에 나타나 있다.

엔키와 닌후르상 신화의 배경

●

「엔키와 닌후르상」은 수메르의 「지우수드라의 홍수 이야기」에 나오는 딜문에 대한 작은 이야기이다. 서남아시아 지역에서 널리 알려진 딜문은 히브리의 에덴동산에 해당되는 낙원이다. 또한 홍수에서 살아남은 지우수드라 왕이 영원히 사는 딜문은 생로병사의 슬픔과 고통이 없는 전설적인 땅이다. 그래서 길가메시가 불로초를 구하러 간 극락섬이기도 하다.[3]

흔히 「파라다이스 신화」라고 불리는 이 낙원신화는 수메르의 신화 중에서 보존상태가 가장 완벽하고 히브리 민족의 에덴동산에 큰 영향을 끼친 신화라고 알려져 있다.[4] 이 신화는 엔키 신과 닌후르상 여신의 창조활동을 예찬하는 찬미가인데, 중심내용은 세 여신의 출생과 치료를 담당하는 여사제들의 유래를 밝히는 이야기이다. 줄거리를 간추리면, 다음과 같다.

딜문은 질병도 죽음도 없는 거룩한 곳이다. 엔키 신이 샘물을 솟아나게 하여 딜문은 경작지와 초원이 펼쳐진 낙원이 된다. 엔키 신은 어머니의 신 닌투, 즉 닌후르상과 교합하여 딸만 얻자 자기의 딸 닌무를 사랑하여 산의 여신 닌쿠라를 얻고, 손녀딸 닌쿠라를 사랑하여 베 짜는 여신 웃투를 얻는다. 그러나 엔키가 증손녀딸 웃투까지 범하자 화가 난 닌투는 엔키의 정액으로 여러 풀을 창조하여 엔키가 먹고 병이 든다. 하지만 저주를 내리고 사라진 닌투를 여우가 설득하여 데려오자 그녀는 엔키의 아픈 곳마다 치유의 신들을 만들어 엔키를 소생시키고 그녀들을 여사제로 삼는다.

엔키 신과 닌후르상 여신의 창조활동

●

「엔키와 닌후르상」 신화는 세 부분으로 나눌 수 있다. 먼저 엔키 신이 세 여신을 창조한 이야기, 다음에 닌후르상 여신이 엔키의 정액으로 독초를 만든 이야기, 마지막으로 독초를 먹고 병든 엔키신을 치료하려고 닌후르상 여신이 여사제들을 창조하는 이야기이다.

1915년에 원문이 발견되어 필라델피아대학교 박물관에 소장된 이 신화는 점토판에 6개 부분으로 나뉘어 새겨진 286행의 서사시이다.[5] 간추린 내용을 감상하면서 수메르인의 삶과 시적 감수성을 엿보기로 한다. 이 신화는 딜문을 낙원으로 묘사하면서 시작된다.

"거룩한 도시는 거룩하다. 그녀에게 선물하여라. / 딜문 땅은 거룩하다. / 수메르는 거룩하다. 그녀에게 선물하여라." / 혼자 중얼거리면서 딜문에 누운 뒤에 / 거기서 엔키는 아내와 함께 누웠다. / 그곳은 깨끗했다. 그곳은 빛났다.

딜문에는 까마귀가 까옥까옥 울지 않았으며 / 닭이 꼬끼오, 하고 울지 않았다. / 사자가 죽이지 않았으며 / 늑대가 양을 채어 가지 않았다. / 개가 새끼 염소를 비트는 것을 알지 못했으며 / 비둘기가 날개 밑에 머리를 묻지 않았다.

눈이 아픈 이가 "나는 눈이 아프다."라고 / 머리 아픈 이가 "나는 머리가 아프다."라고 말하지 않았다. / 할머니가 "나는 할머니다."라고 / 할아버지가 "나는 할아버지다."라고 하지 않았다. / 전령이 변두리를 돌지 않았으며 /

가수가 "일하러 가세."라고 노래 부르지 않았고 / 도시 변두리에서 곡하지 않았다.

엔키 신은 지상낙원인 딜문을 깨끗하고 정결한 닌시킬라 여신에게 주었다.[6] 그러나 딜문에는 연못이 없었고 농토도 없었다. 엔키는 우물에서 단물이 솟아오르게 하여 딜문을 풍요로운 도시가 되게 하였다.

"네 큰 발자국에서 물이 솟아오를 것이다. / 네 도시는 그곳에서 풍요로운 물을 마실 것이다. / 딜문은 풍요로운 물을 마실 것이다. / 네 쓴 샘이 단물이 나오는 샘이 될 것이다. / 네 도시가 부둣가의 집이 될 것이다." (중략) 홀로 있는 지혜로운 이가 나라의 어머니 닌투에게 / 엔키, 지혜로운 이가 닌투에게 / 성기로 그녀를 향해 수로를 파고 있었다. / 그의 성기를 그녀를 향해 축축한 갈대밭에 빠트리고 있었다. / 그의 성기를 밖으로 위엄스럽게 치켜올리고 있었다. / 닌후르상의 몸속에 물을 뿌렸다. / 그녀는 물을 속에 받았다. / 엔키의 물이었다.

그러나 닌투가 아들 대신 딸만 생산하자 강둑을 거닐던 엔키는 자기의 딸이며 새싹의 여신 닌무를 사랑하게 된다. 시종의 도움으로 엔키는 떠내려가는 배에서 닌무와 사랑을 나누었는데, 닌무는 산의 여신 닌쿠라를 낳았다. 또 다시 엔키는 강둑을 거니는 손녀딸 닌쿠라를 사랑하여 닌쿠라는 천을 짜는 여신 웃투를 낳았다.

"이 아리땁고 작은 여인에게 입 맞출 수 없다니요? / 이 아리따운 닌무에게 말입니다. / 주인님, 바람을 일으키겠습니다. 바람을 일으키겠습니다." /

그녀가 곧 배 안으로 발길을 내디뎠다. / 그다음에 그녀는 육지로 나오지 못했다. / 그는 그녀를 가슴에 부둥켜안고 입 맞추었다. / 엔키가 그녀의 몸속에 물을 뿌렸다.

질투심에 사로잡힌 닌투는 웃투에게 다가가 엔키가 동침하자고 하면 오이와 석류와 포도를 선물해 줄 것을 요구하라고 귀띔한다. 하지만 엔키는 정원에 물을 대 주고 정원사에게 과일들을 가져오라고 시켜 웃투에게 맥주를 마시게 하고 취한 웃투를 강제로 범했다.

손으로 가슴을 잡고 그의 허벅지에 눕혔다. / 아랫배에 손을 대고 더듬었다. / 손으로 가슴을 잡고 그의 허벅지에 눕혔다. / 작은 여인에게 성기를 넣고 입 맞추었다. / 엔키는 웃투의 몸속에 물을 뿌렸다. / 그녀는 물을 속에 받았다. 엔키의 물이었다. / 아리따운 여자 웃투는 소리쳤다 / "아! 내 아랫배, 아! 내 간, 아! 내 심장."

엔키의 바람기에 화가 난 닌투는 마침내 웃투의 자궁에서 엔키의 정액을 꺼내 정원에 뿌려 버렸다. 그러자 정원에선 여러 종류의 풀이 여기저기서 자라났고, 호기심에 찬 엔키는 그 풀(꽃)을 뜯어먹고 아주 기뻐했다.

닌후르상은 웃투의 아랫배에서 물을 꺼냈다. / 나무와 풀이 자랐다. / 꿀풀이 자랐다. / 채소 풀이 자랐다. / 아파 새싹 풀이 자랐다. / 아투투 풀이 자랐다. / 와와 풀이 자랐다. / 암하루 풀이 자랐다. / 내가 풀들의 운명을 알려고 하노라.

분노에 몸을 떤 닌투는 저주를 내려 엔키를 병들게 하고 딜문에서 사라져 버린다. 그러자 여우가 수소문 끝에 닌투를 찾아내고 여러 신전의 신들을 들먹이면서 닌투를 설득하였다. 곧 니푸르의 엔릴, 우르의 난나 신, 라르사의 우투 신, 우르크의 인안나 여신을 거론하자 마침내 닌투는 니푸르로 돌아온다.

여우가 엔릴에게 이야기하였다. / "내가 닌후르상을 데려오겠습니다. / 무엇이 내 선물입니까?" / 엔릴은 여우에게 대답했다. / "네가 정말로 닌후르상을 데려온다면 / 내 도시에 너를 위해 두 그루의 미루나무를 심겠다. / 그래서 네 이름이 알려질 것이다." / 여우는 머리에 기름을 한 번 부었다. / 발을 한 번 흔들었다. / 눈에 먹칠을 한 번 하였다.

드디어 돌아온 닌투, 즉 닌후르상은 엔키를 품에 안고 아픈 곳을 물어 그 신체 부위마다 작은 신들을 창조하여 병든 곳들을 치료해 준다. 곧 머리, 머리카락, 코, 입, 목구멍, 팔, 갈비뼈를 치료한 뒤 마지막에 엔키의 어깨를 치료한 여신을 영원한 생명의 땅 딜문의 여사제로 보냈다.

닌후르상은 달려왔다. / 아눈나키 신들은 그녀의 옷을 붙잡았다. / 그들은 그것으로 실을 만들었다. / 그들은 그 위에 저주를 퍼부었다. / 그들은 손으로 풀었다. / 닌후르상은 엔키를 그녀의 성기 위에 앉혔다. / "내 동생, 어디가 너를 괴롭히느냐?" / "내 머리 가죽이 나를 괴롭힙니다." / 그녀는 아버지 풀의 신을 태어나게 하였다. / "내 동생, 어디가 너를 괴롭히느냐?" / "내 갈비뼈가 나를 괴롭힙니다." / 그녀는 갈비뼈 여신을 태어나게 하였다. / "내가 태어나게 한 이 작은 신들에게 / 선물이 빠지지 않을 것이다."

걱정하면서 돌아온 50명의 아눈나키 신들은 닌투의 옷자락에서 실을 풀어서 엔키의 손발을 묶었다. 그리고 다시 그 실을 자른 뒤에 거룩한 곳에 가져다가 버리는 정결의식을 치르면서 닌투의 저주를 풀어 주었다. 마침내 닌투, 즉 닌후르상은 창조한 여신들을 치료의 임무를 맡겨 여사제로 삼았다.

아버지 풀의 신은 풀의 왕이 될 것이다. / 양털 꼬는 여신은 마간의 여사제가 될 것이다. / 코에서 낳은 여신은 닌아주의 아내로 선택될 것이다. / 입을 채우는 여신은 가슴을 채우는 것이 될 것이다. / 목숨을 여는 여신은 닌다라의 아내로 선택될 것이다. / 팔을 치켜드는 새싹 여신은 닌기쉬지다가 아내로 선택할 것이다. / 갈비뼈 여신은 달의 여사제가 될 것이다. / 아름답게 하는 여신은 딜문의 여사제가 될 것이다.

엔키를 찬미하라!

엔키 신의 사랑과 바람기

●

이 신화는 상당히 난해하지만 우선 엔키 신과 닌투 여신의 성행위가 상당히 노골적으로 표현된 것을 느낄 수 있다.

엔키 지혜로운 이가 닌투에게 / 그의 성기로 그녀를 향해 수로를 파고 있었다. / 그의 성기를 그녀를 향해 축축한 갈대밭에 빠뜨리고 있었다. / 그의 성기를 밖으로 위엄스럽게 치켜올리고 있었다.

이런 적나라한 성행위는 자연의 풍요를 위해서 고대인이 거행한 주술적인 행동으로 볼 수 있다. 인류학자 프레이저에 따르면, 고대에 벼가 개화하는 밤에 부부가 논에서 성교를 하거나, 주민들이 춤과 노래를 부르는 가운데 남녀가 성교하여 나무의 결실을 촉진한 마을이 있었다.[7] 더구나 태양과 대지의 여신의 축제 때 대낮에 남녀가 밭에서 성교하거나, 심지어 사람들이 지켜보는 가운데 사제가 그의 아내와 성교하여 곡식의 성장을 주술적으로 기원하였다.[8] 따라서 엔키 신과 닌투 여신이 생명을 창조하는 원초적인 성적교섭이 강렬하고 왕성한 것은 당연하다.

문제는 엔키 신이 딸과 손녀딸, 증손녀딸까지 범하는 근친상간이다. 닌투 여신이 딸만 낳은 것을 볼 때 아들로 대가 이어지는 수메르의 가부장 사회에서 엔키의 난잡한 바람기는 다소 납득할 수 있다. 메소포타미아에서 결혼의 목적은 남자 상속자를 보장해 주는 데 있었기 때문이다. 그러나 메소포타미아는 일부다처제였지만 근친상간은 엄격히 금지되어 모자간의 성관계, 의붓어미와 아들의 성관계, 남편과 의붓딸의 성관계가 발각되면 화형이나 수장을 당하거나 추방으로 다스렸다.[9]

물론 고대의 왕가에서 남매간이나 부녀가 근친 결혼하는 관습이 있었다. 이집트의 람세스 2세는 자기 딸과 결혼했고, 프톨레마이오스 왕조는 14명 중에서 8명의 통치자가 자기 누이와 결혼했다.[10] 그러나 수메르에서 최고신 엔릴이 닌릴을 강간하여 도시에서 추방되었듯이 비록 태초의 낙원에서의 행동이지만 금기를 어긴 엔키 신도 닌후르상 여신이 처벌하였다. 결국 이 신화에서 근친상간은 세 여신들이 엔키 신의 혈통이라는 특별한 신분과 위력을 과시하려는 의도로 보는 것이 타당하다.

닌후르상이 치료의 여신들을 창조하다

이 신화에서 대단히 난해하고 신비로운 장면은 결말이다. 즉 닌투 여신은 엔키의 정액을 꺼내서 만든 독초를 먹고 병든 엔키를 그녀의 성기에 앉히고 아픈 곳마다 치유의 여신들을 창조하여 엔키를 치료하고 여신들을 여러 지역의 여사제로 삼는 부분이다. 이 점을 차례로 검토해 보기로 한다.

먼저 주술사인 닌투 여신은 엔키의 바람기에 화가 나서 웃투의 자궁에서 엔키의 정액을 꺼내 정원에 뿌리자 이상야릇한 식물들이 자라난다. 이 엔키 신의 정액은 식물의 종자, 즉 씨앗을 의인화한 것이다. 이처럼 식물이 신의 육체로부터 태어났다는 이야기는 원시부족의 기원신화에도 잘 나타나 있다. 이를테면, 코코넛이나 감자, 돼지는 살해된 신의 육체인데, 인간은 죽은 신을 먹는 것이나 마찬가지라는 신화이다.[11]

다음에 호기심에 찬 엔키는 그 풀이나 꽃을 먹고 아주 기뻐하다가 닌투 여신의 저주를 받고 온갖 병에 걸린다. 이 저주는 수메르의 마귀를 쫓

자료 5-4-1 기원전 2350년~기원전 2150년경 아카드 시대의 원통형 인장. 닌후르상 여신이 곡식의 새싹을 들고 무슨 말을 하고 있다[미국 월터스미술관(Walters Art Museum) 소장]

는 주문을 살펴보면 그 효능을 이해할 수 있다. 수메르인은 원시부족처럼 질병은 악마나 주술사의 저주를 받아 생긴다고 여겼기 때문이다.[12] 그러나 엔키 신이 병에 걸린 직접적인 원인은 닌투가 창조한 독초로 보인다. 엔키가 먹고 기뻐했다는 식물은 양귀비 같은 환각식물로 추정되지만 육체의 여러 곳에 병에 걸렸다는 점에서 독버섯 같은 독초라고도 볼수 있기 때문이다.

셋째, 닌투 여신은 엔키를 그녀의 성기에 앉히고 아픈 곳마다 치료의 여신들을 태어나게 하여 질병을 치료해 준다. 이는 닌투 여신이 엔키의 정자를 받아 그녀의 자궁에서 잉태하고 치료의 여신들을 출산한 것으로 볼 수 있다. 이 신화의 작자는 신을 의인화시킨 수메르에서 닌투 여신도 임신하려면 남신인 엔키의 조력이 필요하다고 여겼기 때문일 것이다.

넷째, 닌투 여신은 창조한 여신들에게 치료의 임무를 맡겨 여사제로 삼는다. 여사제의 기원을 밝힌 이 신화의 결말 부분에 등장하는 인물과 지명은 대단히 난해하다. 다만 여러 질병과 치료술, 죽음과 재생에 관련되어 있다는 것은 분명하다. 특히 팔을 치켜드는 새싹 여신이 뱀의 신으로 알려진 닌기쉬지다 같은 의술과 치료의 신의 아내가 되는 점이 그러하다. 수메르에서 뱀은 히브리의 「창세기」처럼 사탄이 아니라 '의술'과 '재생'을 뜻하기 때문이다.[13] 그것은 그리스에서 의술의 신 아스클레피오스의 지팡이를 뱀이 감고 있는 조각상이나 길가메시가 구한 불로초를 뱀이 먹어 버렸다는 전설에서 알 수 있다. 뱀은 허물을 벗고 끊임없이 재생하는 신비로운 동물로 여겨진 것이다.

그리고 갈비뼈의 여신은 달의 여사제가 되는데, 달의 변화가 자연이나 인간의 순환성을 의미하는 것처럼 이 여사제는 여성의 월경이나 인간의 재생을 담당한 것으로 보인다. 또한 아름답게 하는 여신은 딜문의 여사제가 되는데, 딜문이 낙원이나 영생을 의미하는 것처럼 이 여사제는 죽음이나 재생을 담당한 것으로 보인다.

지금까지 검토한 것처럼 이 신화는 질병과 치료, 죽음과 재생에 대한 서사무가이다. 다시 말하면 식물과 관련된 세 여신을 창조한 엔키와 치료의 여사제를 창조한 닌투 여신의 위력을 빌려 여사제가 고대의 샤먼처럼 병자를 치료하면서 부르는 서사무가로 볼 수 있다.

사제의 주술적 치료의식

●

이 신화는 엔키와 닌후르상의 찬미가지만 동시에 여사제가 병자를 치료할 때 사용하는 서사무가이다. 고대에 샤먼이나 사제는 병자를 치료할 때 창조신화를 낭송했기 때문이다. 즉, 태초의 낙원인 딜문에서는 사람이 아프지도 죽지도 않았지만 악마가 출현하여 질병이 퍼졌으나 샤먼이나 사제가 수호신의 힘을 빌려 질병을 치료하게 되었다고 노래하는 것이다.[14]

다시 말하면 이 신화는 수메르의 주술적인 사제가 엔키 신이 병이 들자 닌투 여신이 치료의 신을 만들어 치료했다는 창조신화를 노래하면서 병자를 치료하는 의식 때 사용된 마력적인 무가

자료 5-4-2 이시스 여신[기원전 404년~기원전 30년경, 프랑스 루브르박물관(Louvre Museum) 소장]

라고 볼 수 있다. 왜냐하면, 고대에 질병의 가장 큰 원인은 악령에 의해서 영혼이 유괴되었기 때문이라고 여겼는데 수메르도 비슷한 신앙을 지니고 있었다.[15]

그런 점에서 치료의 여신들을 창조하여 엔키 신의 온갖 질병을 치료한 닌투, 즉 닌후르상 여신은 이집트의 어머니 신 이시스처럼 주술사나 여사제의 조상신으로 보인다. 이시스 여신은 약초를 사용하여 전갈에 물린 태양신 라를 치료하고, 죽은 오시리스 왕의 육체까지 부활시켰기 때문이다.[16] 우리나라에서 저승에서 약초를 구하여 죽은 부모를 부활시킨 바리공주를 무당의 조상신으로 모시는 것과 비슷하다.

왜 하필 아담의 갈비에서 이브가 창조되었나

●

종교학자 후크는 엔키의 자식인 여덟 신들의 이름은 엔키가 고통받았던 신체의 각 부분의 이름과 동음이어적인 관련성이 있다고 보았다.[17] 동음이어(同音異語)는 소리는 같지만 뜻은 다른 말이다. 우리말에서 '눈'이 생물의 감각기관, 싹이 막 돋아나는 자리, 겨울에 내리는 결정체 등의 여러 뜻을 나타내는 것과 같다.

이 동음이어와 관련된 것이지만 「엔키와 닌후르상」 신화가 특별히 주목을 받는 것은 종교적으로 대단히 불가사의한 수수께끼를 해결해 주기 때문이다. 이 신화가 『구약성경』에서 '여호와 신이 아담의 갈비뼈로 이브를 창조했다.'라는 수수께끼의 실마리를 풀어 준 것이다. 이 문제는 이미 저명한 프랑스의 쐐기문자학자 페르셀과 미국의 동양학자 올브라이트에 의해 제기되었지만, 30년 뒤에 크레이머가 더 명쾌하게 다음과 같이 밝혀냈다.

　히브리인들은 '생명을 만드는 여자'를 뜻하는 이브라는 최초의 여성을 만들기 위하여 왜 하필 갈비뼈가 적당하다고 여겼을까? 수메르 신화에 그 이유와 배경이 확실하게 드러나 있다. 즉, 엔키는 여러 병이 드는데 그 하나가 바로 갈비뼈다. 갈비뼈에 해당하는 수메르 단어는 티(ti)다. 그리고 엔키의 갈비뼈를 치료하기 위해서 창조된 여신의 이름은 닌-티(nin-ti)다. 그러므로 닌티는 '갈비뼈의 고귀한 여성'이다. 그런데 수메르의 단어 '티'는 또한 '생명을 만드는'이라는 뜻도 가지고 있다. 결국 '닌-티'는 '갈비뼈의 고귀한 여성'과 '생명을 만드는 고귀한 여성'을 뜻하지만 같은 존재이다.

　크레이머 교수가 내린 결론은 간단하지만 의미심장하다. 이 신화가 『구약성경』의 낙원설화에까지 전해져 불멸의 생명력을 얻게 된 것은 바로 문학적 동음이어(同音異語) 때문이었다. 물론 성경에서 그것은 원래 의미를 잃어버린다. 왜냐하면 수메르어와는 달리 히브리어에서 '갈비뼈'와 '생명을 만드는' 사이에는 아무런 연관성이나 공통점이 없었기 때문이다.[18]
　단적으로 히브리인은 수메르의 신화를 모방하여 자기들식으로 번안하다가 잘못해 본래의 의미를 저버린 것이다. 결국 「창세기」에서 히브리 사제들은 수메르나 바빌로니아 신화를 표절하여 이브를 인류 최초의 여인으로 만든 것으로 볼 수 있다.

에덴은 딜문의 모방이다

●

「사람이 태어난 이야기」에서 엔키는 마음속으로 자기 피와 몸을 생각하여 출산의 여신을 만들고 점토로 인간을 창조하라고 지시한다. 반면에 여호와 신은 땅의 티끌로 자기의 모습을 닮은 사람, 곧 남자와 여자를 만들어 그 코에 생기를 불어넣자 생명을 지닌 존재가 되었다. 이처럼 인간창조의 방법이 비슷한데, 창조의 이유도 유사하다. 엔키 신은 작은 신들의 노역을 담당시키려고 인간을 창조하고, 여호와 신은 땅을 경작시키려고 인간을 창조했는데, 노역이나 경작은 힘겨운 노동이라는 점에서 그 내용이 유사하다.

그런데 「엔키와 닌후르상」 신화는 『구약성경』의 천지창조를 연상시키고 놀랍게도 유사한 신화적 요소까지 느낄 수 있다. 크레이머의 「낙원, 최초의 성서」와[19] 종교학자 후크의 히브리의 「창조신화」를[20] 바탕으로 정리하면 대략 다음과 같다.

첫째, 태초의 낙원이다. 딜문은 질병과 죽음이 없는 수메르의 낙원이고, 에덴의 동쪽에 만든 동산은 히브리의 낙원이다.

둘째, 생명의 물이다. 엔키는 딜문에 샘물을 솟아나게 하는데, 성경에는 에덴에 강이 생겨 동산을 적시며 흐른다고 되어 있다.

셋째, 신의 창조물이다. 엔키는 새싹의 여신, 산의 여신, 베 짜는 여신을 만들고, 여호와는 채소, 종자식물, 과일나무를 만든다.

넷째, 신비의 식물이다. 닌후르상 여신이 엔키의 정액으로 여덟 종의 식물을 만든다. 여호와는 에덴동산에 생명나무와 선악을 알게 하는 과일나무를 만들고 티끌로 아담을 창조한다.

다섯째, 금기와 문명이다. 엔키가 여덟 종의 풀을 먹고 병에 걸리자 닌후르상이 갈비뼈의 여신을 비롯하여 치료의 여신들을 만든다. 반면에 여호와가 아담의 갈비뼈로 만든 이브가 금단의 과일을 따 먹고 눈이 밝아지지만 추방당한다.

단적으로 히브리의 에덴, 생명의 원천인 강, 금단의 식물, 아담과 이브의 창조 등은 수메르 신화에 그 기원이 있는 것이다. 이처럼 크레이머 교수는 수메르와 히브리 문학작품의 유사성은 특히 「엔키와 닌후르상」 신화에서 찾아볼 수 있다고 지적하였다.[21] 다음 장에서는 유럽인의 그리스도 사상, 즉 구세주가 어떤 배경에서 시작되었는지 탐색해 보기로 한다.

1 레비스트로스; 앞의 책(슬픈 열대), 563~568쪽.

2 하르바; 앞의 책, 457~458쪽.

3 조철수; 앞의 책(수메르 신화), 196쪽.

4 크레이머; 앞의 책, 205~206쪽.

5 크레이머; 앞의 책, 206~207쪽.

6 닌시킬라(Nin-sikil-la)는 '깨끗하고 정결한 여주'라는 뜻이다.

7 프레이저; 앞의 책(황금의 가지) 상권, 187~191쪽.

8 엘리아데; 앞의 책(종교형태론), 464쪽.

9 A. Burguière, C. Klapich-Zuber, M. Segalen, F. Zonabend(dir.); Histoire de la Famille(가족의 역사 1), 이학사, 2001, 정철웅 옮김, 147~156쪽.

10 뷔르기에르 외 엮음; 앞의 책, 193~197쪽.

11 엘리아데; 앞의 책(신화와 현실), 165쪽.

12 조철수; 앞의 책(수메르 신화), 504~506쪽.

13 조철수; 앞의 책(수메르 신화), 214~215쪽.

14 엘리아데; 앞의 책(신화와 현실), 87~95쪽.

15 엘리아데; 앞의 책(샤머니즘), 205쪽.

16 하트; 앞의 책, 87~95쪽, 58~65쪽.

17 후크; 앞의 책(중동 신화), 66~67쪽.

18 크레이머; 앞의 책, 205~214쪽.

19 크레이머; 앞의 책, 205~214쪽.

20 후크; 앞의 책(중동 신화), 222~246쪽.

21 크레이머; 앞의 책, 205~206쪽.

인안나 여신:
저승에서 남편을 살려 내다

고대에 늙고 쇠약한 왕을 죽이는 풍습은 세계적이었다. 신의 대리인
인 왕이 쇠약해지면 대지가 풍요롭지 못하기 때문이다. 그래서 대리왕을
세워 왕 대신 죽이거나 매년 신년의식을 치러 왕의 임기를 연장했다.[1]

수메르인은 반년씩 저승에 갇히는 두무지 왕을 인안나 여신이 소생시
키는 신성결혼의식을 치러서 대지의 풍요를 기원했다. 죽은 왕을 부활
시키는 인물은 인안나 여신의 역할을 하는 여사제가 담당했는데, 고대에
샤먼은 저승으로 내려가 죽은 영혼을 불러오는 존재라고 알려져 있었다.

이 저승으로 내려가는 신화는 세계적으로 널리 분포되어 있다. 이집
트의 오시리스, 그리스의 오르페우스, 로마의 아이네이아스, 노르웨이
의 발두르, 인도의 사비트리, 우리나라의 바리공주가 그런 신화적 인물
이다.[2]

식물의 소생과 봄맞이 제사

●

「인안나의 저승여행」은 원래 도시국가 우루크에서 봄맞이 축제를 지내면서 수호신 인안나의 역할을 하는 여사제가 두무지 왕의 영혼을 불러오는 서사무가이다. 그런데 봄맞이 축제에서 여사제는 왕과 신성한 성교를 하여 사랑의 여신 인안나의 욕정을 충족시키면서 대신 대지의 풍요를 기원했다. 수메르의 신성결혼은 바빌로니아, 아시리아 칼데아 시대까지 3500년 동안 이어졌는데, 도시국가 우르의 슐기 왕, 우르-남무 왕, 이딘-다간 왕의 찬미가에 그 내용이 생생하게 나타나 있다.[3] 「슐기의 축복」의 1절을 소개하면, 다음과 같다.

그의 흰 손이 나의 사지들을 어루만졌을 때 / 왕, 목자 두무지가 신성한 인안나 곁에 누웠을 때 / 우유와 유지로 하체가 감미로워졌을 때 / 나의 음부에 그의 손이 놓였을 때…[4]

두무지 왕과 인안나 여신

●

두무지(Damu-zid)는 '흠 없는 젊은이'라는 뜻이지만 「수메르의 왕명록」에 도시국가 바드티비라의 양치기 왕, 즉 목자(牧者)로 기록되어 있다. 주목할 것은 두무지가 기원전 3500년경 목초 지대인 바드티비라의 지구라트에서 왕과 여사제의 신성한 결혼식에서 태어나 왕이 된 반신반인의 인물이라는 점이다.[5]

인안나(In-an-na)는 엔릴의 아들인 달의 신 난나의 딸이다. 우루크는 인

자료 5-5-1 아카드 왕국 시대 인안나의 원통형 인장(ⓒSailko, 기원전 2350년~기원전 2150년경)

안나를 도시의 수호신으로 섬겼지만 수메르의 도시국가 바드티비라, 니푸르, 키시, 그리고 아카드 제국의 사르곤 왕 시대에도 인안나를 숭배했다. 심지어 사르곤 왕은 자기의 딸 엔헤두안나를 난나 신을 섬기는 우르의 대여사제로 임명했는데, 그녀가 인안나를 예찬하는 시가 전해진다.[6]

인안나의 저승여행

바빌로니아와 아시리아는 수메르의 「인안나의 저승여행」을 「이슈타르(Ishtar) 여신의 저승하강」이라는 제목으로 고쳐 널리 사용했다. 지금까지 백여 종의 개정판이 발견되었고 당시 학생들은 학교에서 이 서사시를 공부했다고 한다.[7]

크레이머가 완전히 해독하여 「두무지와 인안나 신화」로 불리는 이 서사시의 중심내용은 두무지 왕이 저승에 잡혀가서 지상이 생명력을 잃어버리자 인안나가 저승에서 두무지 왕을 귀환시켜 세상이 소생한다는 이야기이다. 이 신화는 겨울에 사라졌다가 봄이 되면 재생하는 모든 식물신 이야기의 원형으로 알려져 있다.[8] 그 줄거리를 간추리면, 다음과 같다.

인안나는 자기가 돌아오지 못하면 신들에게 도움을 청하라고 시종에게 당부하면서 저승으로 떠난다. 저승의 대문을 지나면서 온갖 장신구를 빼앗긴 인안나는 저승의 여왕 에레쉬키갈 앞에 벌거숭이로 선다. 하지만 저승의 여왕과 아눈나키 큰 신들의 저주를 받은 인안나는 두들겨 맞아 시체로 변한다. 인안나의 시종은 엔키 신이 만들어 준 곡꾼과 생명초, 생명수를 지니고 저승에 가서 인안나를 살린다. 그러나 저승의 관습에 따라 저승사자는 인안나를 대신할 두무지를 붙잡는다. 인안나 여신은 두무지와 그의 누이이며 포도주의 여신 게쉬틴안나에게 반년씩 교대로 저승에 거주하라는 운명을 정해 준다.

250여 행의 이 서사시를 좀 간추려서 감상해 보기로 한다. 이 작품은 인안나가 사제의 권한을 버리고 저승으로 떠나는 장면부터 시작된다.

여신은 하늘을 버리고 땅을 버리고 저승에 내려갔다. / 주권을 버리고 대여사제의 권한을 버리고 저승에 내려갔다. / 우루크의 신전 에안나를 버리고 저승에 내려갔다. / 바드티비라의 신전 에무쉬칼람마를 버리고 / 자발람의 신전 기구나를 버리고 / 아답의 신전 에샤라를 버리고 / 니푸르의 신전 에바라두르가라를 버리고 / 키시의 신전 후르상칼람마를 버리고 / 아카드의 신전 에울마쉬를 버리고 저승에 내려갔다.

여신답게 왕관을 쓴 인안나는 화려한 여사제의 차림을 하고 사제권의 상징인 잣대와 측량줄을 들고 저승으로 내려간다.

일곱 제의권(祭儀權)을 묶었다.[9] / 제의권을 모아서 손에 쥐고 / 준비된 훌륭한 제의권을 선택하였다. / 광야의 왕관 머릿수건을 머리에 둘렀고 / 가발을 그녀의 이마에 놓았다. / 작은 라피스 라줄리 목걸이를 목에 둘렀고 / 가발을 이마에 놓았다. / 한 쌍의 달걀 같은 돌을 가슴에 채웠다. / 여왕권의 제위복을 몸에 둘렀다. / "남자들 이리 오시오."라고 화장하는 먹을 눈에 발랐고 / "남자들 오시오. 남자들 오시오."라고 가슴 가리개를 가슴에 달았다. / 금반지를 손가락에 끼었고 / 라피스 라줄리 잣대와 측량줄을 손에 쥐었다.

인안나는 시종 닌슈부르에게 만일 자기가 저승에서 오래 머물러 있으면 신들이 사는 언덕에서 통곡을 하라고 당부한다. 이어서 신전의 관리들이 모인 곳에서 북을 치고 신전을 돌면서 얼굴과 입, 엉덩이를 긁으라고 한다. 그리고 가난한 사람처럼 옷을 한 벌만 입은 채 물릴, 곧 엔릴의 신전 에쿠르에 가서 다음과 같이 고하라고 지시했다.

물릴의 신전 에쿠르에 들어서서 / 물릴 앞에서 눈물을 흘리면서 / "아버지 물릴, 어느 누구도 당신의 딸을 저승에서 / 웅크리지 않게 하십시오. / 당신의 좋은 금속이 저승의 먼지와 섞이지 않게 하십시오."

인안나는 만일 엔릴이 허락하지 않으면 나라의 분만실 우르의 신전에서 달의 신 난나에게 말하고, 난나가 지지하지 않으면 엔키의 신전 에리두에 가라고 시종에게 당부했다. 엔키가 생명초와 생명수로 자기를 살릴 것이라고 시종에게 예언한 인안나는 저승을 향해 걸어가 저승의 궁전 간

지르에 도착한다.

"돌아가지 못하는 저승에 왜 왔습니까? / 사람이 걸어도 돌아가지 못하는 길을 당신은 왜 택하였습니까?" / 거룩한 인안나는 그에게 대답했다. / "나의 언니 가샨키갈라의 남편 구갈안나(gud-gal-an-na)가 죽었기 때문에 / 그의 장례식을 보러 / 그의 장례식에 술을 따르러, 그래서 왔노라."

문지기의 우두머리 페티는 저승의 여왕인 에레쉬키갈의 궁전으로 들어가 인안나가 아름답게 치장하고 화려한 옷을 입고 저승의 문에 도착했다고 보고한다. 저승신 에레쉬키갈은 화가 잔뜩 나서 문을 모두 닫고 인안나의 옷을 벗기라고 부르짖는다.

"오라, 페티, 저승 문지기의 우두머리여. / 네게 하는 말을 게을리하지 말라. / 일곱 저승 대문의 빗장을 모두 닫아라. / 그녀가 궁전 간지르의 문을 하나씩 밀게 하라. / 그녀가 들어오면 / 웅크리고 있는 그녀의 옷을 벗긴 뒤에 / 누구건 그녀를 데려와라." / 그러자 광야의 왕관 머릿수건을, 누구인가 그녀의 머리에서 벗겨 갔다. / "이게 무슨 짓인가!" / "쉿, 인안나, 저승의 제의는 완전하다. / 인안나, 저승의 관습에 대해 입을 열지 말라."

인안나가 두 번째 대문에 들어서자 작은 라피스 라줄리 목걸이를 누구인가 그녀의 목에서 벗겨 간다. 세 번째 문에서 달걀 같은 돌, 네 번째 문에서 가슴 가리개, 다섯 번째 문에서 금반지, 여섯 번째 문에서 라피스 라줄리 잣대와 측량줄, 일곱 번째 문에서 여왕의 제위복(祭位服)을 마지막으로 벗겨 갔다.

웅크리고 있는 그녀의 옷을 벗겨 간 뒤에 / 누구인가 그녀를 데려왔다. / 그러자 에레쉬키갈은 자기 의자에서 일어났다. / 그녀는 자기의 의자에 주저앉았다. / 일곱 재판관들 아눈나키 신들이 인안나 앞에서 그녀를 심판했다. / 그녀는 그들을 쳐다보았다. 죽음의 눈길이었다. / 그들에게 말했다. 분노의 말이었다. / 그들에게 소리쳤다. 죄짓는 외침이었다. / 괴로움을 당한 이 여자는 두들겨 맞은 고깃덩어리로 변했다. / 두들겨 맞은 고깃덩어리를 누구인가 나무못에 걸어 놓았다.

삼일 밤낮이 지나도 저승에서 인안나가 돌아오지 않자 시종 닌슈부르는 인안나가 시킨 대로 하고 엔릴의 신전에 가서 눈물을 흘리면서 말했다.

아버지 엔릴은 화를 내며 닌슈부르에게 대답했다. / "내 딸은 큰 하늘을 원했고, 큰 땅을 원했노라. / 저승의 제의는 어느 누구도 원하지 않는다. / 거기에 다다르면 저승에 머물러야 한다. / 누가 그곳에 다다랐는데 나가기를 원하겠느냐?" / 아버지 엔릴은 이 일을 허락하지 않았다. / 시종은 우르로 달려갔다.

나라의 분만실인 우르의 신전에서 달의 신 난나도 지지하지 않았다. 시종 닌슈부르는 에리두에 가서 엔키에게 눈물을 흘리면서 하소연했다. 엔키는 마법으로 자기의 손톱의 때를 이용하여 괴이한 두 생명체를 만들어 인안나를 살리려고 저승으로 보낸다.[10]

그는 대곡꾼에게 생명초를 주었다. / 그는 어린 곡꾼에게 생명수를 주었다. / 엔키는 어린 곡꾼과 대곡꾼에게 말했다. / "너희들은 가거라. 저승으로 발길을 내디더라. / 파리처럼 문으로 날아 들어가라. / 바람처럼 문틈을 지나서 들어가라." / 자식을 낳은 어머니가 그 자식들을 탓하듯 / 에레쉬키갈은 누워서 괴로워하고 있었다.

대곡꾼과 어린 곡꾼은 에레쉬키갈에게 강과 밭을 선물하면서 인안나의 시체를 돌려 달라고 애원하였다. 그러나 그녀는 선물을 받지 않았다. 드디어 그들이 60번씩 생명수를 뿌리고 생명초를 먹이자 인안나가 살아났다. 그러나 아눈나키 신들은 인안나 대신 다른 생명이 저승에 가는 것이 저승의 법칙이라면서 지팡이를 들고 허리에 무기를 찬 저승사자를 딸려 보냈다.

그들은 풀을 알지 못하며 물을 알지 못한다. / 뿌려 놓은 밀가루를 먹지 않으며 / 부어 놓은 물을 마시지 않는다. / 좋은 선물에 손을 뻗치지 않는다. / 남편의 허벅지에서 아내를 데려가고 / 유모의 젖가슴에서 아이를 데려간다. / 달콤함을 주는 아내의 허벅지에 구부리지 않고 / 즐거움을 주는 자식과 입 맞추지 않는다. / 아내를 남편의 허벅지에서 떼어 놓고 / 아이를 아버지의 무릎에서 빼앗아 간다. / 새색시를 시부모의 집에서 쫓아낸다.

저승사자들은 인안나 대신 시종을 잡아가려고 하지만 인안나는 시종이 자기를 살렸다고 거부하였다. 저승사자들은 움마의 산속에서 가수 샤라를 데려가려고 하였다. 인안나는 샤라가 손톱을 깎아 주고 머리를 땋아 주는 아들이라 넘길 수 없다고 반대하였다. 저승사자들은 바드티비라의 신전에서 루랄을 잡아가려고 했으나 인안나는 자기 아들이라고 역시 거부하였다. 그래서 저승사자들은 우루크의 옛 도시로 갔다. 인안나의 남편 두무지는 화려한 옷을 입고 석류나무 밑에 앉아 있었다.

저승사자들이 그의 넓적다리를 붙잡았다. / 일곱 개 버터 제조기에서 우유를 쏟아 버렸다. / 일곱 저승사자들이 병자처럼 그의 머리를 흔들어댔다. / 긴 갈대피리로 양치기 두무지의 얼굴을 때렸다. / 인안나는 그를 쳐다보았다. 죽음의 눈길이었다. / 그들에게 말했다. 분노의 말이었다. / 그들에게 소리쳤다. 죄의 외침이었다. / "그를 데리고 가라!"

거룩한 인안나는 양치기 두무지를 저승사자의 손에 넘겨주었다. 파랗게 질린 두무지는 인안나의 오빠인 태양신 우투에게 살려 달라고 하소연했다.

"내 손을 도마뱀의 손으로 바꾸어 주십시오. / 내 발을 도마뱀의 발로 바꾸어 주십시오. / 내가 저승사자들로부터 도망가 / 그들이 나를 잡지 못하게 해 주십시오."

태양신 우투는 두무지의 애원을 들어주었다. 두무지는 도마뱀의 손과 발이 되어 저승사자들로부터 도망쳐 양조장의 일꾼들 틈에 끼었다. 파리가 날아가 두무지를 찾아다니던 두무지의 누이이며 포도주의 수호신 게쉬틴안나에게 두무지의 행방을 알려 주었다. 또한 인안나에게도 두무지의 소재를 알려 주자 두무지는 마침내 저승사자에게 잡힌다.

"내 누이가 와서 그들의 손에 나와 함께 넘어갔다. / 아! 이제 그녀의 삶이 사라졌도다." / "네가 반년이고, 네 누이가 반년이다. / 네가 이름 불리는 날, 그날에 네가 잡혀갈 것이다. / 네 누이가 이름 불리는 날, 그날에 네가 풀릴 것이다." / 거룩한 인안나는 두무지를 자기 대신 넘겨주었다.

"거룩한 에레쉬키갈이여! 당신을 찬양함은 즐겁습니다!"

죽은 신의 부활의례

●

인안나 여신이 저승에서 두무지 왕을 구하여 귀환해야 세상이 소생된다는 이 신화는 봄이 되면 재생하는 식물의 신을 의인화한 이야기이다. 이 신화는 죽은 자의 혼을 부르는 초혼굿에서 바리데기 무가를 애절하게 노래하는 무당을 연상시킨다. 무당의 조상신 바리데기는 저승에서 인안나처럼 온갖 수난을 겪으면서 숨살이꽃과 피살이꽃, 생명수를 구해 와 부모를 살렸기 때문이다.

난해하고 상징적인 「인안나의 저승여행」은 두무지 왕을 부활시키려는 종교의식의 측면 외에도 다음과 같이 여러 관점으로 해석할 수 있다.

목초와 포도의 풍요제의

●

이 신화는 메소포타미아의 계절과 관련이 있다. 메소포타미아는 여름에 비가 내리지 않고 겨울에 비가 내린다. 들판에 풀이 사라지는 여름에 양치기들은 양과 염소에게 풀뿌리라도 먹이려고 힘겹게 들판을 헤맨다.

바로 이 황막한 여름이 양치기 두무지 왕이 저승사자에게 잡혀가는 신화적 상황이 된 것이다.

반면 여름에 포도를 따서 포도주를 담그는 일은 비가 내리는 겨울이 오면 끝나 포도는 술통에 저장된다. 마찬가지로 겨울 동안 포도주의 여신이 반년 동안 술통이라는 저승에 갇히는 신화적 상황이 된다. 따라서 두무지의 누이이면서 포도주의 수호신 게쉬틴안나가 저승에 갇히게 되면, 두무지가 지상으로 되돌아오게 되는 비극적이면서 감격적인 임무교대가 해마다 반복되는 것이다.

제의학파 후크는 이 서사시는 주기적으로 지내던 제사의식에서 사용된 것이 분명하다고 단정했다.[11] 두무지의 달인 6월과 7월의 타클림투(Taklimtu)의식에서 아시리아인은 두무지의 조각상을 물에 씻고 기름을 칠한 뒤 제국의 중심도시인 니네베에 안치했다.[12] 말하자면 아시리아인은 6월과 7월에 풍요제사를 지내는 동안 두무지가 저승에서 되돌아온다고 여긴 것이다.

금성의 여신 찬가
●

이 신화는 금성을 예찬한 찬미가로 해석할 수 있다. 수메르인은 자연을 의인화하여 신으로 섬기고 수성이나 금성, 화성, 목성, 토성 같은 행성도 신으로 숭배했다. 그런데 수메르인이 금성을 사랑의 여신으로 특별하게 대우한 것은 밤하늘에서 달 다음으로 밝은 금성이 아름다운 여인처럼 찬란하게 빛나기 때문이다. 특히, 수메르의 천문학적인 사제들은 다른 행성들은 하늘을 싸돌아다니지만 금성은 태양으로부터 45°의 원호를 결코 벗어나지 않는다는 사실에 주목했기 때문에 금성은 아주 신비롭고 독특한 여신이 되었을 것이다.[13]

자료 5-5-2 사랑의 여신 인안나로 추정되는 우루크의 귀부인

그런데 수메르인은 왜 금성을 저승과 관련시켜 두무지를 부활시키려고 한 것일까? 그것은 금성이 해 질 녘 서쪽 하늘에서 찬란하게 빛나다가 동틀 녘 동쪽 하늘에서 다시 빛나기 때문이다. 수메르인은 밤에 금성이 저승의 일곱 대문을 여행한다고 상상했던 것이다. 이 일곱 대문은 밤에 시간의 변화에 따라 위치가 변하는 북두칠성의 일곱 개 별을 상징하거나 수메르의 일곱 도시를 상징한다고 볼 수도 있다. 인안나는 그녀의 도시 우루크를 출발해서 아카드에 도착한 뒤에 저승의 입구인 동북쪽 자그로스산맥으로 갔기 때문이다.[14]

결국 신석기 시대에 곡식의 재생에서 사자의 소생을 연상한 것처럼 수메르 철학자들은 밤에 사라졌다가 새벽에 다시 빛나는 금성을 보면서 어렴풋이 삶의 순환성을 자각한 것처럼 보인다.

하늘 황소의 죽음

●

이 신화에는 두무지를 이승으로 귀환시켜야 된다는 정당성이 제시되

어 있다. 우기인 겨울이 되었으니 저승에 갇힌 두무지를 지상으로 귀환시켜 초목들을 소생시켜야 한다는 것이다. 이는 저승에 온 이유를 묻는 문지기에게 인안나가 대답하는 수수께끼 같은 말 속에 드러나 있다.

> 나의 언니 가샨키갈라의 남편 구갈안나(gud-gal-an-na)가 죽었기 때문에 / 그의 장례식을 보러 / 그의 장례식에 술을 따르러, 그래서 왔노라.

난해한 이 문장은 천문현상의 은유적 표현이다. 즉, 구갈안나는 황소별자리인데, 그가 죽었다는 것은 춘분 때부터 나타난 황소별자리가 추분 때 사라져 반년간 보이지 않는 현상이다. 이는 메소포타미아와 반대 지역에 있는 우리나라에서 추분에 황소자리가 나타나 겨울이 지나면 사라지는 것을 생각하면 쉽게 이해할 수 있다.

주목할 것은 황소별자리의 죽음에 두무지의 부활, 즉 구세주 사상이 관련되어 있다는 점이다.

즉, 기원전 4000년부터 기원전 2000년경 사이 황소별자리가 춘분에 동쪽 지평선에서 떠올랐는데, 이는 메소포타미아 지역에서 중대한 자연현상이었다. 황도 12별자리가 바뀌는 2160년마다 역사적인 대전환이 생긴다고 믿었기 때문이다.[15] 다시 말하면, 수메르인은 태양이 여행하는 하늘의 길에 12별자리를 배치했는데, 2160년마다 다른 별자리에서 떠오르는 태

자료 5-5-3 우르에서 발굴된 황소 머리 리라에 새겨진 그림. 위로부터 두 황소를 팔에 낀 길가메시, 음식을 나르는 사자, 음악을 연주하는 양, 전갈의 몸을 가진 인간과 양(ⓒMary Harrsch)

양은 25920년이 되면 일주기를 마치고 다시 처음 별자리에서 떠오른다.

천문학자 애브니에 따르면, 태양이 춘분점에 있는 황소자리에서 떠오른 시기에 크레타인과 이집트인이 황금송아지나 황소별자리를 경배했고, 태양이 물고기자리에서 떠오를 때 기독교 시대가 시작되었다. 그래서 거대한 자연의 주기가 바뀌는 분기점이 되면 사람들은 새로운 시대에 대한 기대감과 구세주에 대한 희망이 생겨난다는 것이다.[16]

놀라운 것은 수메르에서 이 황소나 들소에 해당하는 인물은 '다무(Damu)'라고 불리던 신이었다는 점이다. 조철수 교수는 이 다무 신화가 이름도 비슷한 두무지 신화와 혼합되었다고 보았다.[17] 이처럼 춘분에 사라지는 황소, 즉 두무지에 대한 아쉬움은 『구약성경』 「에스겔서」 8장 14절에도 나타나 있다. "그는 나를 성전 북문으로 데리고 가셨는데, 내가 보니 여자들이 앉아서 담무스 신의 죽음을 슬퍼하며 울고 있었다." 히브리의 여인들이 탐무즈, 즉 두무지의 죽음을 슬퍼하면서 그의 귀환을 애타게 노래했던 것이다. 이러한 기대감은 후대에 그리스도 사상으로 이어져 예수로 나타났다고 추정할 수 있다.

금성의 실종

●

더 주목할 만한 관점은 금성의 실종에 관한 천문학적인 해석이다. 금성의 실종이란 미국의 콜게이트대학 천문학교수 애브니가 금성의 주기적인 변화를 '첫 출현-장기적인 사라짐-재출현-단기적인 사라짐'으로 압축한 것이다.

즉, 해 뜨기 직전에 동쪽 하늘에서 263일 동안 빛나는 금성은 약 50일 동안 사라졌다가 서쪽 하늘에 나타나 역시 263일 동안 저녁 별로 찬란하게 빛난다. 그 후 금성은 8일 동안 사라졌다가 다시 동쪽 하늘에 나타나 새벽별로 초롱초롱 빛난다. 따라서 금성이 처음 나타난 동쪽으로 되돌아오는 데는 584일(263일+50일+263일+8일)이며, 이를 '금성의 회합주기(會合週期)'라고 한다. 이 현상은 거의 8년을 주기로 반복된다.[18]

더구나 금성의 5회합년(會合年)은 달의 99삭망월(朔望月)과 거의 정확하게 일치한다. 삭망월은 음력 초하루에서 다음 초하루까지이다. 이와 관련하여 애브니는 두 개의 주기, 즉 금성의 주기와 달의 주기가 한 시점에서 일치한다는 것은 고대사회에서 아주 중요시되었다고 지적했다. 왜냐하면 밤과 낮, 봄과 가을처럼 반복되는 자연의 주기에서 시간의 흐름을 파악했던 고대인은 이러한 일치를 초자연적인 신의 징조로 여겼기 때문이다. 신기하게도 마야인은 한때 금성의 주기적인 변화가 태아의 수태에서 출산까지의 기간과 일치한다고 믿었다.[19]

무엇보다 금성은 달을 제외하면 밤하늘에서 가장 밝은 행성이다. 항성 중에서 가장 밝은 시리우스보다 25배 이상이나 밝고 아름다운 금성의 위치는 계절의 변화와 깊은 관계가 있었다. 곡식과 가축의 번식, 인간의 생존에 영향을 주는 금성을 수메르의 천문학적인 사제들은 풍요의 여신으로 섬겼고, 금성이 새벽에 50일 동안 실종되고 저녁에 8일 동안 실종되는 불안과 공포의 시기에 신성결혼식을 치러 인안나 여신의 욕망을 충족시켰던 것이다.

병든 영혼을 치료하는 문화영웅

●

이 신화를 샤먼, 즉 고대의 문화영웅의 관점에서 해석할 수 있다. 신화학자 캠벨은 이 신화가 빛과 어둠을 상징하는 자매의 이야기라고 보았다. 사랑의 여신 인안나와 저승의 여신 에레쉬키갈은 서로 반목하다가 저승에서 인안나가 복종하지만 실은 두 얼굴의 한 여신이라는 것이다.[20]

두 여신의 공통점은 욕정과 분노에서 엿볼 수 있다. 사랑의 여신 인안나의 욕정은 하룻밤에 두무지와 50회의 성교를 할 정도로 강력하고,[21] 죽음의 여신 에레쉬키갈도 네르갈과 6일 동안 줄곧 성교할 정도로 왕성하다.[22] 두 여신의 분노도 대단히 격렬하다. 길가메시에게 모욕을 당한 인안나는 하늘 황소를 달라고 하늘신 아누를 협박하고, 에레쉬키갈은 다음과 같이 남편을 하늘에서 보내 달라고 하늘신 아누를 협박한다.

당신이 그 신을 보내지 않으면 / 이르칼라와 위대한 땅의 규정에 따라 / 나는 죽은 자들을 올려 보내리라. 그러면 그들이 산 자들을 먹어 치우리. / 나는 죽은 자들이 산 자들보다 더 많게 하겠다.[23]

이 빛과 어둠의 이야기는 로마 신화에서 잃어버린 애인 큐피드를 찾는 프시케의 저승여행과 닮았지만 가장 위험한 예는 북극 지역의 샤먼이 잃어버린 물건을 찾거나 병든 영혼을 치료할 때 하는 모험이다. 샤먼은 그 사회의 정신이나 집단무의식에 존재하는 잡귀와 대리전쟁을 치르기 때문이다.[24] 수메르인도 집단의 질병인 불안과 공포, 죄와 죽음 등의 복잡한 문제를 일종의 제사라는 의식을 통하여 해결했다고 추정할 수 있다.

영혼을 회복시키는 접신여행

•

이 신화를 샤먼이나 혹은 사제의 성격을 지닌 여신 인안나가 두무지의 영혼을 찾아 저승으로 떠나는 접신여행으로 해석할 수 있다. 물론 인안나 여신의 역할을 하는 여사제는 굿이라는 제사를 지내면서 저승에 잡혀간 두무지의 영혼을 소생시킨다.

그런데 인안나의 저승여행은 전형적인 샤먼으로 알려진 그리스의 오르페우스가 죽은 아내 에우리디케를 찾아 저승으로 가면서 당하는 시련과 아주 비슷하다. 인류학자 비텝스키에 따르면, 관문의 통과, 저승의 왕에게 뇌물 주기, 옷과 장신구를 빼앗기고 벌거숭이가 되기, 육체의 해체 등 샤먼의 저승여행과 비슷한 구조로 되어 있기 때문이다.[25] 특히 저승의 일곱 대문을 통과하면서 벌거숭이가 되고 두들겨 맞아 해체된 인안나의 고깃덩어리를 누군가 나무못에 걸어 놓았다는 점이 아주 유사하다.

왕의 죽음과 부활

•

이 서사시는 수메르의 도시국가 우루크의 왕 두무지와 사랑의 여신 인안나의 신성결혼에서 낭송된 무가이다. 대지의 풍요를 위해 신의 역할을 하는 왕과 여신의 역할을 하는 여사제가 직접 성교하던 수메르의 국가적인 종교의식은 메소포타미아의 가장 중요한 전통으로 굳어졌다.

그런데 두무지 왕이 저승에서 반년 뒤에 부활하여 돌아온다는 이 신화는 죽은 오시리스가 부활하여 저승세계의 왕이 되었다는 이집트 신화와 근본적으로 통한다. 이집트에서 죽은 자는 '오시리스 아무개'가 되어 부활을 꿈꾸면서 미라가 되었다. 이 신앙은 지중해에 퍼져 죽은 신의 부활로 이어졌고, 뒤에 기독교 신앙에서 그리스도 부활사상의 원천이 되었다. 이는 인류학자 프레이저가 방대한 자료를 동원하여 『황금의 가지』에 상세하게 밝혀서 널리 알려졌다.[26]

자료 5-5-4 인안나와 구데아의 신성결혼
(©Françoise Foliot)

특히 크레이머 교수는 수메르의 인안나와 두무지의 성스런 풍요의식이 『구약성경』 여러 곳에서 발견된다고 지적하면서, 두무지의 죽음과 부활의 주제는 그리스도의 이야기에 도 혼적을 남겼다는 근거를 다음과 같이 제시하고 있다.

죽은 뒤 3일 뒤에 부활하는 신, 두무지가 양치기인 목자라는 점, 두무지와 동일한 신으로 확인된 의사 다무(Damu)는 귀신을 내쫓는 푸닥거리를 통해 병을 치료한다는 사실, 스승을 팔아먹은 유다가 받은 30세겔은 수메르어로 '경멸'과 '모욕'이라는 것… 결국 저승사자들에게 손발이 묶인 채 옷이 벗겨지고 매질과 채찍질을 당하는 수메르의 왕 두무지는 인류를 위해 고난을 당하는 예수 그리스도의 모티브와 닮은꼴이다.[27]

신기한 것은 예수가 죽은 뒤 3일 뒤에 부활하는 것은 달의 삭망, 즉 그믐달이 사라지고 초승달로 뜨는 3일 동안의 죽음의 기간을 연상시키는 점이다. 더 경이로운 것은 수메르에서 다무 신이 푸닥거리를 하여 귀신을 쫓듯이 우리나라에서도 무당이 잡귀가 불러온 질병을 치료하는 굿을 푸닥거리라고 불렀다는 사실이다. 다음 6부에서는 수메르의 사제들이 저승이나 천국에 왕래한 비밀을 살펴보기로 한다.

1 프레이저; 앞의 책(황금의 가지) 상권, 351~361쪽.

2 비얼레인; 앞의 책, 307~353쪽. 더 원초적인 신화는 북아메리카 이로쿼이족의 사야 디오, 알곤킨족의 유령신부, 아프리카 케냐의 마르웨, 뉴질랜드의 파레와 후투 이야 기이다.

3 크레이머; 앞의 책, 384~386쪽.

4 크레이머; 앞의 책, 384쪽.

5 조철수; 앞의 책(수메르 신화), 454쪽.

6 엔헤두안나의 찬양기도(프리처드; 앞의 책, 크레이머 옮김, 627~635쪽).

7 조철수; 앞의 책(수메르 신화), 273쪽.

8 후크; 앞의 책(중동 신화), 41쪽.

9 제의권은 제사와 의식의 권리이다.

10 후크; 앞의 책(중동 신화), 42쪽. 이 생명체의 정체는 불분명하다. 조철수; 앞의 책(수 메르 신화), 287쪽. 괴이한 두 생명체는 Kur-gar-ra(대신 우는 대곡꾼), gala-tur-ra(어린 곡꾼)이라고 해석했다.

11 후크; 앞의 책(중동 신화), 47쪽.

12 맥컬; 앞의 책, 157쪽.

13 A. Aveny; Empires Of Time(시간의 문화사), 북로드, 2009, 최광열 옮김, 355쪽.

14 조철수; 앞의 책(수메르 신화), 272쪽.

15 조철수; 앞의 책(수메르 신화), 241쪽.

16 애브니; 앞의 책(시간의 문화사), 205~206쪽.

17 조철수; 한국신화의 비밀, 김영사, 2003, 68쪽.

18 A. Aveni; Staiways to the Stars(별을 향한 길), 영림카디널, 1999, 박병철 옮김, 66~ 77쪽.

19 애브니; 앞의 책(시간의 문화사), 73쪽.

20 J. Campbel; The Hero With A Thousand Face(천의 얼굴을 가진 영웅), 민음사, 2001, 이윤기 옮김, 143쪽.

21 두무지와 인안나(프리처드; 앞의 책, 크레이머 옮김, 756쪽).

22 네르갈과 에레쉬키칼라(프리처드; 앞의 책, 그레이슨 옮김, 188쪽, 199쪽).

23 네르갈과 에레쉬키칼라(프리처드; 앞의 책, 그레이슨 옮김, 190~191쪽).

24 캠벨; 앞의 책(천의 얼굴을 가진 영웅), 129~133쪽.

25 P. Vitebsky; The Shaman(샤먼), 창해, 2005, 김성례 옮김, 8쪽.

26 프레이저; 앞의 책(황금의 가지) 하권, 451~458쪽.

27 크레이머; 앞의 책, 390~401쪽.

6부

수메르인의
죽음의식

옛날에 장주가 꿈에 나비가 되었다. 하지만 장주가 꿈에 나비가 되었는지, 나비가 장주의
꿈을 꾸는지 알 수가 없었다(昔者 莊周夢爲胡蝶 不知周之夢爲胡蝶與 胡蝶之夢爲周與).

— 장자

고대의 사제들은 신과 소통하면서 주로 마취 환각성 음료를 마시고 접신에 들었다. 알타이의 샤먼은 광대버섯을 복용하고, 조로아스터교의 사제는 하오마, 힌두교의 사제는 소마를 복용하여 황홀경에 들어갔다. 특히, 멕시코의 사제는 페요테 선인장으로 대중을 집단적으로 환각에 빠뜨렸다.

수메르에서 환각에 빠진 여사제가 저승에서 두무지의 영혼을 불러오는 종교의식은 후대에 부활로 발전하였다. 또한 지구라트에서 여사제가 하늘로 오르는 의식은 천국의 환상으로 변화하였다. 이를 보면 수메르에서 영혼과 부활, 하계와 천국 등 종교의 기본이 모두 마련된 것이다.

신석기 시대에 인류는 곡식의 재생에서 부활을 자각했지만, 수메르인은 특히 달과 금성의 나타남과 사라짐을 보고 자연의 순환을 깨달았다. 수메르인의 죽음의식은 자연의 변화에 삶을 조화시키는 자연민족들의 전통이지만, 이는 부활이나 윤회의 다른 이름이다.

6부의 전반부는 주로 환각제를 복용하여 저승이나 천국을 왕래하는 종교의식의 비밀을 추적한 내용이다. 후반부는 자연의 리듬에서 인류가 발견한 순환의식은 부활이나 윤회처럼 죽음의 테크닉에 불과하다는 내용이다.

사제의 환각식물

채집수렵 시대부터 식물은 인류의 중요한 음식이고 질병의 치료제였다. 이라크의 샤니다르 동굴에서 발견된 사리풀과 마황은 구석기 시대에 이미 질병을 치료하는 과정에서 마취 환각식물을 사용했다는 것을 암시한다. 메소포타미아의 여사제들은 유향과 몰약, 또는 술과 아편을 신성결혼식을 할 때 복용하고 환각상태에서 신과 소통한 것으로 추정된다. 그런데 길가메시는 신처럼 죽지 않는 비결을 찾아 불로초를 구하고, 모세도 비슷한 모험을 한 전설이 『코란』에 기록되어 있다.

수메르의 「엔키와 닌후르상」은 여신이 딜문에서 주술적인 약초를 창조하는 신화이다. 또한 에덴동산의 생명나무는 불로초나 마취 환각식물처럼 수명과 지혜를 늘리려는 인간의 영원한 갈망을 보여 주는 상징적인 식물이다.

신비한 식물의 기원신화

●

수메르에서 주술적인 식물과 관련된 신화는「엔키와 닌후루상」이다. 앞에서 살펴보았지만, 태초의 낙원 딜문에서 엔키 신은 딸과 교접하여 새싹의 여신을 창조하고, 손녀딸과 교접하여 산의 여신, 증손녀딸과 교접하여 베 짜는 여신을 창조한다. 화가 난 닌후르상 여신은 증손녀딸 웃투의 배속에서 엔키의 정액을 꺼내 땅에 뿌리자 야릇한 식물들이 자라난다.

나무 풀(나무식물), 꿀풀(꿀식물), 채소 풀(잡초), 아파 새싹 풀(물식물), 아투투 풀(가시식물), 와와 풀(서양풍조목) ⋯ (이름을 모름) ⋯ 암하루 풀(계수나무?)[1]

앞부분은 조철수, 괄호 속은 크레이머가 해석한 이름이지만 아직 정체가 분명하게 밝혀지지 않은 식물들이다. 다만 엔키 신이 그 식물을 먹고 기뻐했다는 점에서 양귀비 같은 마약식물도 있고, 엔키 신이 온갖 병이 들었다는 점에서 독버섯 같은 독초도 포함된 듯하다. 중요한 것은 이 식물들이 엔키 신의 정액에서 탄생했기 때문에 주술적인 위력이 뛰어나다고 알려진 점이다. 고대에 풀의 주술적 치료의 힘은 엘리아데에 따르면, 처음에 신이 그 초목을 심었거나 발견했거나 혹은 캤다는 사실에서 나오기 때문이다. 더구나 약초를 캐는 것은 기도와 제물을 바치는 의례적 행위였다. 이를테면,「파리의 파피루스」에 있는 긴 주문이 그러하다.

크로노스는 그대의 씨를 뿌렸고, 헤라가 뽑았으며, 이시스에 의해서 탄생했으며, 비를 내리는 제우스가 양육하였다. (이하 생략)[2]

치료의 여신들이 창조되다

●

이 신화에서 주술적인 식물을 먹고 엔키 신이 병든 육체의 각 부위는 머리 가죽, 머리카락, 코, 입, 목구멍, 팔, 갈비뼈, 어깨의 순서이다. 아주 흥미로운 대목은 닌후르상 여신이 엔키 신의 아픈 부위마다 치료의 신들을 창조하는 장면이다.

닌후르상은 엔키를 그녀의 성기 위에 앉혔다. / "내 동생, 어디가 너를 괴롭히느냐?" / "내 머리 가죽이 나를 괴롭힙니다." / 그녀는 아버지 풀의 신을 태어나게 하였다.

이 장면은 닌후르상 여신이 엔키 신의 정자를 받아 창조한 아버지 풀의 신이 약초를 사용하여 엔키의 머리 가죽을 치료했다고 볼 수 있다. 가장 극적인 부분은 닌후르상 여신의 "아버지 풀의 신이 풀의 왕이 될 것이다."라는 예언이다. 이 풀의 왕은 원시 시대에 식용식물과 약초, 혹은 환각식물에 능통했던 샤먼이나 수메르의 사제라고 볼 수 있다.

특이한 것은 닌후르상 여신이 "양털 꼬는 여신은 마간의 여사제가 될 것이다."라고 예언하는 부분이다. 이 마간은 바레인섬 남서쪽의 도시인 예멘으로 추정된다.[3] 아라비아반도 최남단, 홍해의 입구에 자리 잡은 예멘은 향신료와 귀중한 약재였던 유향과 몰약의 진원지로 알려져 있다.[4] 주목할 것은 고대에 만병통치약으로 알려진 유향과 몰약이 아편과 함께 수메르의 사제들이 신과 소통할 때 환각식물로 사용된 식물이라는 점이다.

수메르인이 발견한 약초

●

수메르인은 약초를 얼마나 알고 있었을까? 과학문명사가 로넌은 250종의 식물 이름이 기록된 수메르의 점토판이 발견되었다고 밝혔다.[5]

크레이머 교수가 해독한 기원전 2000년대의 점토판에 따르면, 수메르인의 식물에 대한 지식과 치료제는 만만치 않았다. 수메르에서 가장 중요한 치료제는 염화나트륨(소금)과 질산칼륨(초석)이었다. 생명에 필수적인 소금은 방부제로 사용되었고 종교적으로 부정한 것을 쫓을 때 뿌렸으며, 초석은 고대에 천식과 이뇨 등 여러 질병의 치료제였다. 그 밖에 약효가 불분명한 우유, 뱀 껍질, 거북이의 등딱지가 사용되었다. 그리고 약용식물은 계피, 은매화, 아위, 백리향, 버드나무, 배나무, 전나무, 무화과나무, 대추야자 등이었다. 하지만 지금까지 발견되어 해독된 점토판에는 이 식물들이 치료하는 질병의 이름이 없고 치료의 효과도 기록되지 않았다.[6]

흥미로운 것은 계피, 은매화, 백리향, 아위는 지금도 한방에서 약으로 쓰이고 있다는 점이다. 특히 흰잎버드나무는 오래전부터 관절염의 약으로 쓰이다가 19세기 말 독일에서 아스피린의 원료로 사용되어 해열·진통·소염제 등 만병통치약이 되었다는 사실은 잘 알려져 있다.[7] 이로 보아 수메르에서 사용된 약용식물은 수렵채집 시대부터 전해진 것이라고 추정된다.

마약의 원료인 양귀비의 환각성

●

수메르에서 아편의 원료인 양귀비를 사용한 흔적이 보이는 점은 대단히 신기롭다. 양귀비 열매의 즙은 마취 환각제로 사용되기 때문이다. 프랑스 신화학자 자크 브로스는 양귀비꽃의 원조인 파파베르 세티게륨이 메소포타미아에서 재배되었다고 추정하면서 기원전 3000년 전 수메르의 유적지 니푸르에서 제작된 점토판을 근거로 제시했다. 그곳에 양귀비는 '식물과 행복'을 뜻하는 표의문자로 표시되어 있다. 또한 기원전 1600년경 이집트의 「의술 파피루스」에도 양귀비는 마약으로 통용되었고, 오래전부터 그리스에서 아편을 진정제로 사용했으며, 로마의 네로 황제는 만병통치약으로 아편을 사용하였다.[8]

그런데 1803년 독일의 약학자 제르튀르너가 양귀비에서 알칼로이드 성분을 분리하여 모르핀을 만들었다. 하지만 혈관에 주사하는 모르핀은 통증을 느끼는 대뇌피질에 직접 작용하는 강력한 진정과 진통 마취제였지만 양귀비에서 만드는 아편보다 더 심한 중독성이 있다는 점이 문제였다. 이 양귀비와 비슷한 마약이 고대에 황금처럼 비싼 유향과 몰약이었다.

특히, 수메르 시대에 유향과 몰약의 원산지가 아라비아반도 남부의 예멘이고 지금도 유향나무가 자라는 사실이 비상한 관심을 끈다. 그런데 몰약은 수없이 전투를 치른 아시리아의 왕 아슈르나시르팔 2세가 건설한 궁전의 명문에도 40여 종의 식물과 함께 새겨져 있는 점이 흥미롭다.

"…내가 발견한 곳에서 모아온 나무와 씨를 내 정원에 심었으니, 삼나무, 편백나무… 몰약이 나오는 나무… (이하 생략)"[9]

흥분 마취제인 유향과 몰약

●

고대에 유향과 몰약은 흥분제이고 마취제이면서 만병통치약이었다. 유향은 감람나무과의 유향나무 진을 말린 약초이고, 몰약은 감람나무과 식물의 나무껍질에서 채취한 기름이다.

그레이헨의 『사라진 문명의 치료지식을 찾아서』에 따르면, 이집트의 「의학 파피루스」에 기록된 200여 개의 식물성 치료제 중에서 이집트 의사들이 가장 소중히 여긴 것은 몰약과 유향이었다. 이 식물들은 항박테리아나 염증의 억제작용이 있어서 모든 종류의 상처를 치료하는 힘이 있었다.[10] 몰약은 이집트에서 미라를 만들 때 방부제로 사용되었고,[11] 신전에서 향을 피우는 고급 방향제였으며, 병자의 고통을 덜어 주면서 신속하게 치료하는 특효약이었다.

히브리 사제들도 가나안의 관습을 받아들여 신전에서 아침저녁으로 유향을 비롯한 여러 향을 태웠는데, 「이집트 탈출기」 30장 34~35절에 다음과 같이 기록되어 있다.

몰약과 섭조개 가루와 페르시아 수지와 순수한 유향을 똑같은 중량으로 섞어 향수를 만드는 방법으로 향을 만들고 거기에 소금을 쳐서 깨끗하고 거룩하게 하여라.[12]

이처럼 향으로 사용된 몰약은 히브리의 화류계에서 널리 사용된 최음제였다. 솔로몬 시대에 편찬된 「잠언」 7장 16~18절에 음란한 여자가 남성을 유혹하는 장면이 다음과 같이 기록되어 있다.

내 침대에는 이집트에서 수입해 온 아름다운 아마포가 깔려 있고 몰약과 침향과 계피를 뿌려 놓았다. 들어가자. 우리가 아침까지 마음껏 서로 사랑하며 즐기자. 내 남편은 먼 여행을 떠나고 지금 집에 없다.

그런데 이 유향과 몰약이 솔로몬의 사랑노래인 「아가」 4장 12~14절에 나타나 있는 점은 대단히 주시할 만하다.

나의 누이, 나의 신부여, / 그대는 공개되지 않은 동산이며 / 나 혼자만이 마실 수 있는 / 우물이요, 샘이라오. / 그대는 석류와 같은 / 각종 아름다운 과일, / 헤너, 나아드, 샤프란, 창포와 계피, / 온갖 유향목과 몰약과 침향, / 가장 좋은 모든 향품과 같소이다.

케임브리지대학교 인류학교수 리치에 따르면, 「아가」는 결혼과 성교의 즐거움을 노골적으로 노래한다. 기독교 해석에 의하면, 예수의 신성이 '신랑-연인-왕자'의 이미지로 드러나고, 반면에 '신부-공주'는 교회를 나타낸다. 이 「아가」에 최음제인 유향과 몰약이 사용된 것이다.[13] 말하자면, 남자가 여인의 아름다움을 유향과 몰약으로 비유한 「아가」는 남녀가 교대로 노래하는 형식이면서 축제에 사용되었다는 점에서 수메르의 신성결혼의 흔적으로 보이는 것이다.

이 유향과 몰약을 황금과 함께 동방박사들이 왕으로 여겨진 아기 예수에게 바친 기록이 신약에 나온다. 또한 「마태복음」 2장 11절과 「요한복음」 19장 39~40절에 '니고모데가 몰약에 침향 섞은 것을 33kg 정도 가지고 예수의 시신에 발랐다.'라는 기록을 보면 유향과 몰약은 예수의 죽음에도 사용된 것을 알 수 있다. 따라서 왕과 여인을 찬미한 「아가」, 그리고 신의 아들로 여겨진 예수의 탄생과 죽음에 유향과 몰약이 사용된 것은 수메르의 신성결혼과 관련되어 있다는 뜻이다. 말하자면, 왕이 예찬한 여인은 인안나 여신이고, 예수는 두무지 왕처럼 부활하는 것이다.

마법의 식물, 만드레이크

●

유향과 몰약보다 더 특이한 식물은 여자의 임신을 돕는 약용식물인 합환채(合歡菜)이다. 맨드레이크(mandrake), 또는 라틴어 만드라고라(Mandragora)를 번역한 이 괴이한 식물이 『구약성경』 「창세기」 30장 16~17절에 기록되어 있다.

> "오늘밤에는 당신이 나와 함께 자야 합니다. 내 아들이 구해 온 합환채로 내가 그 대가를 지불했습니다."라고 말하였다. 그래서 야곱은 그날 밤 레아와 잠자리를 같이하였다. 하나님이 레아의 기도를 들어주셔서 그녀가 임신하여 야곱에게 다섯째 아들을 낳아 주고… (이하 생략) [14]

이 합환채는 이스라엘 북쪽의 도시국가 우가리트의 「바알 신화」에도 등장한다. 가나안의 최고신 엘의 아들인 바알은 다산의 신이지만 천둥과 번개의 신이기도 하였다.[15] 7개의 토판에 기록된 「바알 신화」에 다음과 같은 시가 들어 있다.

> 젊은 여인 아나트에게 말하라. / 씨족의 미망인에게 되풀이하여라. / 위대하신 바알의 소식이다. / 가장 강한 영웅의 말씀이다. / 땅에 구운 것을 바

처라. / 흙에 합환채를 놓아라. / 대지의 심장에 평화의 향유를 부어라. / 들의 심장에 사랑의 충만을…[16]

이 시에서 땅에 합환채를 놓으라고 지시한 바알 신은 가나안만이 아니라 중동과 이집트, 소아시아에서 크게 숭배받은 다산과 풍요의 신이다. 가나안 원주민은 바알 신전에서 성적인 행위를 포함한 제사의식을 거행하여 다산과 풍년을 기원했는데, 신전에는 수많은 신전창녀가 거주했다고 한다.[17] 이도 수메르의 신성결혼의 흔적인데, 가나안의 여사제는 왕과 동침하면서 합환채를 복용했으리라는 추정을 할 수 있다.

그런데 흥미로운 것은 합환채, 즉 맨드레이크는 유럽에서 중세 때에도 마법의 힘을 지닌 식물로 알려져 최음제, 임신의 촉진, 수면제로 사용되었다는 사실이다. 또한 군국주의 국가 아시리아가 맨

자료 6-1-1 양귀비

자료 6-1-2-1 합환채꽃(맨드레이크)

자료 6-1-2-2 합환채 열매

드레이크를 최면제, 진통제, 마취제로 사용한 점도 흥미롭다.[18] 이 식물은 전투에서 부상당한 군인의 수술에 사용되었을 것이다. 그런데 놀라운 것은 맨드레이크와 다른 종이지만 만다라화로 전해지는 가시독말풀의 종자를 먹으면 일시적으로 기절하거나 정신이상의 증세를 보이는 특징을 이용하여 일제강점기에 학도병을 피하려고 조선의 청년들이 복용했다는 것이다. 그런데 뜻밖에도 예루살렘에서 십자가형을 받은 팔레스티나 사람들에게 해면에 적신 가시독말풀의 즙을 먹이고 죽은 것처럼 위장해서 살려 냈다는 이야기도 전해지고 있다.[19]

주목할 것은 북아메리카 캘리포니아 남부의 원주민들은 비밀결사를 치르거나 샤먼 후보자의 입문식에서 흰독말풀에 중독된 상태에서 수호신의 환상이 보이기를 기다린다는 것이다.[20] 이는 흰독말풀이 유향이나 몰약과 함께 마취·환각제로 사용되었다는 증거이다. 그런데 이 유향이 신바빌로니아의 신전에서 엄청나게 사용된 기록이 전해 온다.

마르두크 신과 여사제의 동침

●

기원전 5세기 헤로도토스가 바빌론을 방문했을 때는 신바빌로니아, 즉 칼데아가 망한 뒤였지만 당시 세계 최대의 도시였던 바빌론 성에 무려 100여 개의 사원이 있었다. 그중 기단이 사방 185m일 정도로 거대한 마르두크 신전의 지구라트의 정상에는 침실이 있었다. 칼데아의 사제가 말하는 바에 따르면 "신이 친히 이 신전에 내려와 그 침상에서 휴식을 취한다고 한다."

또한 헤로도토스가 바빌론의 사제에게 들은 바에 따르면, 신전에 사는 여자는 마르두크 신에게 제사를 지내는 일, 신탁을 받는 일, 그리고 마르두크 신과 동침할 뿐 인간과는 결코 성관계를 갖지 않는다. 그런데 해마다 제사 때 가축을 제물로 바치면서 무려 1천 탈란톤(약 30t)의 유향을 피운다는 것이다.[21]

물론 신과 여사제의 성관계는 바빌로니아의 최고신 마르두크의 역할을 하는 왕과 인안나 여신의 대역인 여사제의 동침을 말한다. 수메르부터 시작된 이 신성한 결혼의식이 칼데아 시대까지 이어져 내려온 것이다.

샤먼의 환각성 약초

●

인류는 어떻게 마약인 양귀비나 유향, 몰약을 마취제와 환각제로 이용할 수 있다는 사실을 알게 되었을까?

약초에 대한 가장 빠른 추정은 6만 년 전 네안데르탈인의 시신 근처에서 발견된 야생화이다. 자연사 연구가인 조던에 따르면, 이라크의 샤니다르 동굴에서 발견된 개쑥갓과 솜방망이는 유럽에서 염증의 치료에 쓰였다. 특이한 것은 그 네안데르탈인의 시신 주변에서 발견된 사리풀은 유럽 북부에 흔한 풀인데, 닭이 사리풀의 씨를 먹으면 앓다가 죽는 독초라는 사실이다. 하지만 이 사리풀의 잎이나 씨를 태울 때 나는 연기를 맡으면 인간이 일시적인 정신착란과 무감각 상태가 된다는 것이다.[22] 특히 2년생 사리풀에서 분리한 물질은 근육경련, 신경과민, 히스테리 등에 좋은 치료제로 사용된다. 원래 사리풀은 영국이 원산지지만 우리나라에서 자생하는 사리풀의 잎과 씨에 강한 독이 있어서 한방에서 마취제와 진정

제 혹은 진통제로 사용되었다.[23]

이처럼 향정신성 약초인 사리풀을
네안데르탈인의 샤먼이 마취 환각제
로 사용했을 가능성을 암시한다. 물
론 수렵채집 시대 인류의 약초 지식
에 대한 비밀은 이런 추정보다 현대
의 원시인을 관찰하면 더욱 명쾌하

자료 6-1-3 사리풀

게 알 수 있다. 북아메리카 캘리포니아 남부의 호피족은 350종의 식물
을 알고 있고, 60여 종의 식용식물과 28종의 마취제와 흥분제 약초를 이
용해 왔다.[24] 이 약초들은 질병 치료가 목적이겠지만 세계적으로 샤먼의
접신과 저승여행에도 사용되었다.

마취제와 흥분제 같은 환각식물은 후대에 발전된 종교에서도 널리 사
용된 사실이 힌두교의 「리그베다」, 페르시아 조로아스터교의 「아베스
타」에 기록되어 있다. 즉, 기원전 1500년경부터 유목생활을 하던 아리안
족이 이란과 인도를 침략하고 정착했는데, 이란에서는 하오마를, 인도에
서는 소마를 종교의식에 사용했다는 사실이 밝혀졌다. 사제들은 이 환각
식물을 대중들에게도 복용시켜 신비한 집단 체험을 시켰다는 점이 너무
충격적이다.[25]

그런데 프랑스 비교신화학자 뒤메질은 인도-유럽어족의 모든 지역에
서 불사의 음료를 만들거나 그 사용법에 관한 구전의 흔적이 있다는 사
실을 발견했다. 바로 그리스의 헤시오도스의 『신통기』에도 나타나는 '암
브로시스 음식의 전설군(傳說群)'이다. 뒤메질은 그리스 신화에서 최초의
여성인 판도라의 상자나 항아리는 독일의 '맥주 양조의 커다란 통'의 그
리스적인 변형이라고 지적했다.[26] 소위 판도라가 상자를 열자 온갖 불행

이 세상에 나왔다는 그 신화 속의 상
자를 말한다.

신기로운 사실은 1970년대에 하
오마의 정체가 밝혀진 것이다. 러시
아의 고고학자 사리아니다는 투르크
메니스탄의 조로아스터교 신전에서
마황의 꽃과 씨, 대마의 줄기, 쑥과

자료 6-1-4 삼(대마)

의 발효 첨가제, 양귀비의 꽃가루를 발견했다. 바로 이 식물들이 조로아
스터교, 즉 배화교의 성스러운 음료인 하오마의 성분으로 알려졌다. 더
구나 환각제를 흡입하는 대롱까지 발견되었는데, 이 음료를 신에게 바치
는 헌주로 사용하거나 제사에 참여한 사람들에게 두루 제공되었다는 것
이다.27

특히 하오마의 성분인 마황이 이라크 샤니다르 동굴의 네안다르탈인
의 무덤에서 사리풀 등 여러 식물과 함께 발견된 것은 대단히 중요한 일
이다. 사자가 사후세계로 떠나면서 샤머니즘적인 배웅을 받거나 집단 속
에 샤먼, 즉 고대에 심리치료사가 있었다는 가능성을 열어 주기 때문이
다. 그런데 하오마의 주성분인 마황, 대마, 양귀비는 향정신성 식물이다.
먼저 중앙아시아와 중국에서 마약성 진통제로 잘 알려진 마황은 교감신
경계를 자극하여 가벼운 행복감을 느끼게 하지만 다량으로 섭취하면 환
각을 겪거나 심장마비가 올 수도 있다. 또한 대마는 신경전달물질인 아
난다미드와 관련되어 희열감을 불러일으키며, 양귀비 씨에서 나온 아편
도 모르핀 같은 강력한 향정신성 알칼로이드 혼합물 40가지를 포함하고
있다. 이 알칼로이드 식물들이 신경계에 영향을 끼치는 술과 결합되면
환각성은 증폭되고 혼수상태에 빠지게 된다.28

현대의 인지심리학자들은 신경전달물질이 화학적 운반자 역할을 한다는 사실을 밝혀냈다. 이 신경전달물질들은 약물이나 정서, 능력, 지각과 서로 상호작용을 하는데, 아세틸콜린은 뇌를 흥분시키고, 과다한 도파민은 정신분열증을 일으키며, 세로토닌은 각성과 수면, 꿈, 기분에 관계가 있다고 미국의 인지심리학자 스턴버그는 밝히고 있다.[29]

따라서 대마초 같은 마취 환각식물은 신경전달물질에 작용하여 인간이 환각에 빠지거나 집단히스테리를 일으키는 것이다. 바로 이 점이 종교적으로 문제가 되는데, 기원전 5세기 그리스의 디오니소스 신비의식이나 오르페우스교에서 사용한 환각성 음료는 특수하게 제조한 포도주였다.[30] 물론 포도주에 환각식물을 첨가했다고 추정할 수 있다.

집단적 환각을 일으키는 사제

●

고대에 사제가 특별한 식물을 이용하여 집단적 환각상태에 빠지게 하는 것은 세계적이었다. 자크 브로스는 마술적 향정신성 식물이 시베리아의 광대버섯, 인도의 대마, 이집트와 유럽의 샐비어나무, 지중해 연안과 페르시아의 양귀비, 아메리카 인디언의 담배 등이라고 지적했다.[31]

광대버섯이 강력한 중독성을 지닌 것은 잘 알려져 있지만 그 밖에도 남아메리카 잉카 제국의 옥수수로 만든 치차 술, 멕시코의 페요테 선인장, 멕시코의 고대 아즈텍 제국의 프실로시브 버섯도 환각식물이었다. 인류학자 맥거번에 따르면, 고대 아즈텍인은 신의 육체라고 부른 프실로시브 버섯을 카카오 술과 함께 마시거나 동이 트기 전에 꿀과 함께 먹고 환각상태에 빠져 춤추고 노래하고 눈물을 흘렸다고 전한다.[32]

자료 6-1-5 광대버섯　　　　　　　　자료 6-1-6 페요테 선인장

　미국 인류학자 비텝스키는 이러한 향정신성 환각식물이 세계 대부분
지역에서 발견되지만 사용법이 고도로 발달된 곳은 신대륙, 특히 남아메
리카라고 보았다. 지금도 멕시코 우이촐족은 페요테 선인장을 샤먼과 부
족이 함께 복용하여 환시의 영역을 공유하고 있다. 물론 현대 원시부족
들도 환각성 식물을 이용하여 무의식 세계 속에 들어가 신을 체험하거나
질병을 치료하면서 공동체의 의식을 지켜 나가고 있다.[33] 엘리아데에 따
르면, 남아메리카의 샤먼 후보자는 며칠 동안 금식하면서 마취성 음료,
특히 샤먼의 입문식에서 중요한 역할을 하는 담배즙만 마시면서 수호신
을 기다린다는 것은 잘 알려져 있다.

　그러나 엘리아데는 이 환각 마취제, 특히 광대버섯에 의한 중독은 수
호신들과 접촉을 가능하게 하는 수단이 되는 것은 분명하지만 이런 방법
은 수동적이고 피상적이라고 지적했다. 중요한 것은 뛰어난 샤먼의 접신
능력, 즉 샤먼이 자기의 영혼을 육체로부터 떠나는 혹은 떠나게 할 수 있
는 신비스러운 기동성과 자유로움이라는 것이다.[34] 물론 정신적인 면에
서 그러하다. 다음 장에서 샤먼의 신비로운 저승여행과 하늘여행은 어떤
방식으로 이루어졌는지 살펴보기로 한다.

1 계수나무 껍질인 계피는 한방에서 두통, 해열, 진정, 진통, 홍분, 히스테리에 효과적이다. 서양풍조목(Alcaparra)은 지금도 이탈리아 국수인 파스타에 사용되는 향신료이다.

2 엘리아데; 앞의 책(종교형태론), 392~396쪽. 그리스 신화에서 크로노스는 우라노스와 가이아의 아들이고, 제우스, 헤라, 포세이돈의 아버지이다. 이집트 신화에서 이시스 여신은 오시리스 신의 아내이고 주술사이다.

3 조철수; 앞의 책(수메르 신화), 214~216쪽.

4 펠트; 앞의 책, 33쪽.

5 로넌; 앞의 책 1권, 75쪽.

6 크레이머; 앞의 책, 99~101쪽.

7 한덕룡; 장인(匠人)의 원(願), 한림원, 1991, 29~31쪽.

8 J. Brosse; La Magie Des Plantes(식물의 역사와 신화), 갈라파고스, 2005, 양영란 옮김, 185~186쪽.

9 프리처드; 앞의 책, 오펜하임 옮김, 507~508쪽.

10 G. Graichen; Heil Wisen Versunkener Kulturen(사라진 문명의 치료지식을 찾아서), 이가서, 2005, 박해영 옮김, 62쪽.

11 헤로도토스; 앞의 책 1권, 204~205쪽. 그레이헨; 앞의 책, 28쪽.

12 한국가톨릭대사전; 향(香, Incense). 초기 교회에서 향은 별로 쓰이지 않았지만 4세기 이후 전례와 장례식에서 사용되고, 13세기 교황 인노첸시오 3세는 구마의식에서 향을 사용했다. 현재 가톨릭, 특히 정교회는 향을 중시하고 대한성공회는 감사성찬례에서 사용한다.

13 리치; 앞의 책, 178쪽.

14 한글성경 번역자들은 맨드레이크를 자귀나무(공동번역성서, 1977), 합환채(한글개역판, 1998)로 번역했다.

15 후크; 앞의 책(중동 신화), 168쪽.

16 바알 신화(프리처드; 앞의 책, 긴즈버그 옮김, 252쪽). 아나트는 바알의 누이이다.

17 후크; 앞의 책(중동 신화), 174쪽.

18 브로스; 앞의 책(식물의 역사와 신화), 236~239쪽.

19 한덕룡; 앞의 책, 169~170쪽, 187쪽.

20 엘리아데; 앞의 책(샤마니즘), 116~117쪽.

21 헤로도토스; 앞의 책 상권, 134~135쪽.

22 조던; 앞의 책, 12~13쪽.

23 온라인다음백과사전; 사리풀.

24 레비스트로스; 앞의 책(야생의 사고), 55쪽.

25 노스; 앞의 책 상권, 161쪽, 하권 588~598쪽.

26 그리말; 그리스 신화앞의 책(세계의 신화) 1권, 114쪽].

27 맥거번; 앞의 책, 208~212쪽.

28 맥거번; 앞의 책, 216~218쪽.

29 스턴버그; 앞의 책, 30~33쪽.

30 맥거번; 앞의 책, 322~332쪽.

31 브로스; 앞의 책(식물의 역사와 신화), 179~255쪽.

32 맥거번; 앞의 책, 380~381쪽.

33 비텝스키; 앞의 책, 85쪽.

34 엘리아데; 앞의 책(샤마니즘), 96쪽, 212쪽, 223쪽.

샤먼의 하계여행과 하늘여행

샤먼은 치료사, 주술사, 영매자라고 알려져 있다. 샤먼의 임무는 불안정한 영혼, 즉 질병에 걸렸거나 악마나 주술사에게 사로잡혀 육체에서 떠난 영혼을 다시 되찾아오는 일이다.[1] 그러나 샤먼의 가장 중요한 임무는 영혼을 지하세계로 안내하거나 죽은 자의 영혼을 지하세계에서 불러오는 일이다. 저승길에 익숙하고 수호신의 보호를 받는 샤먼은 영혼이 육신을 떠날 수 있는 능력이 있다고 알려져 있었기 때문이다.[2]

샤먼의 초혼술과 저승여행

샤먼이 혼을 부르는 초혼술은 고대에 아주 흔했다. 히브리에서 엔돌의 영매가 죽은 사무엘의 영혼을 불러내는 기록이 「왕국건설 1」 28장

3~10절에 기록되어 있고, 중국 시인 굴원이 지은 『초사』에서도 '魂兮歸來', 즉 '혼아 돌아오라.'라는 시구가 전한다. 조선 시대에도 사람이 죽으면 지붕에서 사자의 옷을 흔들고 세 번 외치면서 그 옷을 시신에 덮었는데, 이를 '초혼(招魂)'이라고 하였다. 하지만 초혼은 영혼이 자기 육체를 이탈한다는 가정에서만 가능한 일이다.

고대인은 사람이 잠을 잘 때 영혼이 육체 밖으로 나가는 수가 있다고 생각했다. 만약 영혼이 육체를 떠나면 질병에 걸리거나 죽게 되는데, 고대인은 영혼이 육체 밖에서 독립된 생활을 한다고 믿었다.[3] 그 결과 고대인은 영혼이 악마에게 유괴되거나 저승에 끌려간다는 결론에 도달했다. 그런데 샤먼만이 저승에 갈 수 있었다. 샤먼은 혼령들에게 선택되어 망아상태에 빠지고 사람들의 영혼과 함께 천상으로 날아오르거나 위험한 틈새를 통해 지하세계로 들어갈 수 있기 때문이었다. 특히, 샤먼은 혼령들과 싸워서 그들에게 희생당한 사람들을 치료하는 특수한 인물로 여겨졌다.[4]

샤먼이 저승을 여행하는 비결

•

샤먼이 저승에 가는 방법은 문화마다 다양하고 독특하다. 시베리아 샤먼은 북을 사용하지만, 아메리카는 북이나 딸랑이, 한국은 청동방울을 흔들고, 동남아시아는 쌀이 담긴 키를 흔들며, 인도의 소라족은 물소의 뿔을 두드리면서 망아상태에 들어간다.[5] 반면에 세일론, 남아시아, 중국은 징이나 뿔고등 나팔을 사용한다.[6] 말하자면, 주로 단조롭고 반복적인 소리를 이용하여 자기최면에 빠져 저승에 가는 것이다.

샤먼이 조상의 혼령을 불러내는 방법도 다양하다. 인류학자 프레이저에 따르면, 중앙아프리카의 바간다족은 마취 환각제인 잎담배를 피우면서 혼령을 불러낸다. 인도네시아 셀레베스섬의 토라드자족의 샤먼은 지팡이로 신전의 바닥을 두드리고, 캐나다 동북부 에스키모는 샤먼이 지팡이로 세 번 두드리면 유령이 나타나고, 다시 세 번 치면 유령이 되돌아간다고 믿는다. 그리고 불려 나온 혼령은 샤먼이나 주술사라는 영매자의 입을 통하여 말하는 것이 세계적인 현상이다.[7]

북은 샤먼의 말이고 북채는 채찍이다

●

샤먼의 북은 상징적으로 사용되었다. 시베리아 샤먼은 우주나무인 자작나무의 가지와 순록, 엘크, 말의 가죽으로 만든 북을 치면서 망아상태에 빠져 예언을 하고, 신화적 동물의 세계로 들어가고, 저승세계로 갈 수 있다. 그래서 북은 보통 '샤먼의 말'이라고 불리었다.[8] 북을 치는 북채는 '샤먼의 채찍'이라고 불리는데, 무복과 함께 신성시되었다.

북은 선사 시대부터 종교적 목적에 사용되었다. 샤먼이 신령을 모시거나 악령을 쫓으려고 북을 쳤기 때문이다.[9] 그런데 종교의식에 북을 사용한 기록이 기원전 17세기경 바빌로니아에서 발견된 「아트라하시스 태초 이야기」에 나온다.

"초하룻날, 초이렛날, 보름날에 / 정결례를 하겠습니다. / 신 하나를 잡아 죽여 / (그 피에) 잠겨 신들은 정결해질 것입니다. / 닌투는 그의 살과 피에 점토를 섞을 것입니다. / 지금부터 영원히 북소리를 들읍시다. / 신의 살에서 혼이 생기게 합시다. / (한정된) 생명이 그의 징표임을 알립시다."[10]

이 북소리를 들으면서 지하세계로 하강하는 모습이 알타이 샤먼에 상세하게 나타나 있다.

알타이 샤먼은 일곱 개의 계단, 혹은 푸닥(pudak, 障碍)의 지하세계로 수직적 하강을 하거나 한 차례 수평이동을 한 뒤 줄곧 수직으로 이동한다. 이때 샤먼의 여러 조상신과 수호신들이 샤먼을 따라간다. 두 번째 푸닥에서 파도 소리와 바람 소리가 들리고, 지하세계의 아홉 개의 강 하구에 있는 일곱 번째 푸닥을 지나면 에를릭 칸의 궁전이 나타난다. 샤먼은 에를릭 칸에게 긴 기도를 바치고 다시 이승의 천막으로 돌아와 구경하는 사람들에게 여행의 결과를 들려준다.[11]

물론 알타이 샤먼은 무가를 부르고 북을 치면서, 혹은 술을 마시면서 굿에 참여한 사람들과 함께 집단적 최면상태에 빠진다.

명계의 모티브인 개와 문지기, 강과 다리

●

샤먼의 저승여행에서 중요한 상징은 저승을 지키는 개와 문지기이다. 이들이 바로 널리 알려진 명계신화의 모티브이다. 그리스의 오르페우스 이야기, 수메르의 엔릴 신이 저승신들을 창조하는 이야기, 인안나가 저승을 찾아가는 신화에서 개나 문지기, 강과 다리가 등장하여 저승을 지킨다.

특히, 북아메리카 서부와 동부의 원주민 신화에는 죽은 이의 영혼을 찾는, 이른바 「북아메리카의 오르페우스」 이야기가 널리 퍼져 있다. 이 신화에서 죽은 아내의 영혼을 따라가는 남편은 저승의 강을 지키는 기이한 새를 피해 마법의 밧줄로 다리를 건넌다. 이처럼 개와 문지기, 강과 다리는 샤먼이 시련을 극복하는 상징적인 장애물이다.[12]

병든 영혼을 치료하는 샤먼

●

수메르에서 저승을 여행하는 인안나 여신의 역할을 하는 여사제는 샤먼의 특성을 잘 보여 준다. 여사제는 저승으로 가는 상징적인 행동을 하며 노래를 부르는데, 이 샤먼이 부르는 무가가 바로 「인안나의 저승여행」이다. 엘리아데는 이런 구비문학이 후대에 서사시나 서정시로 정착되었다고 보았다.[13]

인류학자 비텝스키는 네오샤머니즘(Neo Shamanism)의 관점에서 샤먼의 저승여행을 현대적으로 날카롭게 해석하였다. 그리스의 장님시인 호메로스나 남녀의 양성을 갖춘 테레시아스처럼 통찰력을 지닌 샤먼이 영혼에 문제가 생긴 환자와 함께 상징적으로 저승을 여행하면서 치료하는 종교의식이 바로 샤먼의 저승여행이라는 것이다. 다시 말하면, 신경생리학자는 샤먼이 치는 북의 리듬을 뇌파와 관련시키고, 생화학자는 샤먼이 복용하는 마취 환각제를 아편성 화합물인 엔트로핀의 작용과 관련시키고, 정신분석학자는 샤머니즘을 정신적 치료기술이라고 보고 있다.[14]

따라서 신화학자 캠벨에 의하면, 샤먼은 정신과의사이고 저승세계는 신비한 무의식세계이다. 그리고 샤먼이 저승을 여행하면서 만나는 인물들, 즉 관문지기, 괴물, 저승신은 일종의 정신적 장애물의 은유이다. 말하자면, 무의식세계에 존재하는 어떤 불가사의한 존재의 상징적 표현인 것이다. 그러니까 환자의 병을 유발시킨 욕망과 좌절, 불안과 공포의 구체적 원인이나 그것들이 형상화된 모습이라고 할 수 있다.[15] 결국 샤먼은 인간을 병들게 하는 상징적인 괴물들과 싸워 물리치는 문화영웅과 비슷한 존재이다. 그런 관점으로 본다면 수메르의 「인안나 저승여행」은 이상이 생긴 영혼을 정화하거나 치료하는 종교의식으로 볼 수 있다.

샤먼의 하늘여행과 세계나무

●

샤먼은 저승에서 병자의 영혼을 찾아 이승으로 데려오기도 하지만 사자의 영혼을 하늘나라로 데려가기도 한다. 알타이의 야쿠트족은 악령에 더럽혀진 영혼을 정화하려고 천계로 상승한다고 여긴다.[16] 샤먼의 천계 상승은 후대의 종교에서 부활, 내지 천국과 관련이 있기 때문에 대단히 중요한 주제이다.

알타이족의 하늘여행은 밤에 자작나무를 세우면서 시작된다. 말을 제물로 바친 뒤에 샤먼은 북을 치고 수호신을 부르면서 자작나무에 새겨진 홈을 밟고 하늘을 오른다. 샤먼은 5천에서 전능한 최고신 야유트시에게 미래에 일어날 예언을 듣고, 6천에 올라 달에게 절하고, 7천에서 해에게 절한다. 하지만 비범한 샤먼은 9천을 지나 12천, 혹은 그 이상의 천계에 올라 바이 윌겐에게 아뢴다.

소란을 지어내는 뭇 인류를 창조하신 윌겐이시여. / 뭇 가축을 지어 주신

자료 6-2-1 한국의 솟대

월겐이시여. / 불행에서 저희를 건지소서. / 사악한 것과 맞서게 하소서.

바이 월겐이 제물을 흠향하면 샤먼은 날씨와 가을 추수의 예언을 듣는다. 바로 이때가 샤먼의 접신상태가 절정이고 샤먼은 기진하여 쓰러진다.[17]

천계상승은 요가수련에도 나타나 있다. 조선 시대 때 북창 정렴은 탯줄로 호흡하는 태아처럼 모태의 호흡법인 태식법(胎息法)을 얻으면 땅의 문이 닫히고 하늘의 문이 열려 신선이 되어 하늘에 오를 수 있다고 하였다. 그리고 원신(元神)을 배양하면 영혼과 육신이 분리될 수 있다고 보았다.[18]

오세아니아와 동남아시아 원시부족은 주로 세계나무를 타고 천상에 오른다.[19] 역시 알타이족의 샤먼도 세계의 중심인 땅의 배꼽 위에 가장 크고 높은 전나무가 치솟아 있는데, 그 가지 끝이 최고신 바이 월겐이 사는 곳에 닿아 있다고 여긴다. 여기서 세계나무는 이집트와 인도, 동아시아, 셈족, 특히 히브리의 에덴동산에 있는 바로 그 생명나무이다. 그런데 최초의 인간이 생명나무 옆에 있었다는 전설은 『구약성경』은 물론 인도의 「리그베다」, 메소포타미아, 이란에도 있다. 그 최초의 인간은 주로 식물의 어머니나 출산의 여신이다.[20] 말하자면, 샤먼은 세계나무나 생명나무를 통해 신이나 여신을 만났던 것이다.

하늘로 오르는 계단

●

알타이 샤먼은 계단이 파인 자작나무, 즉 세계나무나 우주나무의 홈을 밟으며 하늘에 오른다.[21] 이는 새나 말을 타고 하늘로 오르는 전통적이고 상징적인 천계상승 방법과 동일하다.

하지만 알타이의 샤먼이 하늘로 가는 방법은 지역이나 종족에 따라 매우 다양하고 상징적이고 시적이다. 한티족 샤먼은 하늘에서 내려온 나뭇가지를 기어 올라가 손으로 별들을 털어 내고, 네네츠족 샤먼은 연기로 만들어진 다리를 건너고, 추크치족 샤먼은 걸어서 오르거나 순록을 타고 오른다. 알타이족의 하늘여행의 방법이 다양하듯이 지역의 환경에 따라 샤먼은 물고기, 원숭이, 카누를 타기도 한다. 이는 샤먼들이 비상한 기동력을 가지고 있다는 점을 암시한다.[22]

특히 샤먼이 나무나 덩굴, 밧줄을 타고 하늘로 오르는 의식은 세계적으로 널리 퍼져 있다. 식물로 만든 사다리를 타고 하늘에 오르는 남아메리카의 샤먼도 시베리아처럼 영혼의 안내자 역할을 하는데, 바카이리족은 저승길이 너무 험해 혼자서는 갈 수 없어서 길을 잘 아는 샤먼이 필요하다고 믿었다. 또한 남아메리카의 마나키카족 샤먼은 죽은 사람을 하늘로 인도하지만 장례식이 끝낼 때쯤이면 험한 여행이 모두 끝난다. 샤먼은 눈 깜짝할 사이에 저승을 갈 수 있는 능력이 있기 때문이다.[23] 말하자면 알타이 샤먼이 자작나무의 홈을 오르듯이 샤먼에게 하늘은 지붕 꼭대기나 마찬가지로 아주 가까운 곳이다.

흥미로운 것은 알타이 샤먼의 자작나무 계단이 히브리의 야곱이 꿈에 본 하늘로 오르는 사다리와 구조적으로 닮았다는 점이다. 프레이저의 『문명과 야만』에 따르면, 천사들이 땅에서 하늘까지 닿은 사다리를 타고 오르락내리락하는 야곱의 환상은 세계의 다른 지역들에서도 흔히 나타난다. 이처럼 신이나 죽은 사람의 혼령이 사다리 비슷한 것들을 사용하면서 하늘과 교제하는 신앙은 서아프리카에서도 흔히 보이는데, 인간이 어떤 과오를 범하여 단절되었다는 것이다.[24]

이는 샤머니즘이 부족의 종교생활을 지배하는 북아메리카, 에스키모, 시베리아만이 아니라 샤머니즘이 종교적 생활의 일부분인 오스트레일리아, 오세아니아, 동남아시아에서도 공통적으로 나타난다. 이런 사실은 샤머니즘의 전파와 관련성이 있지만, 샤머니즘이 선사 시대부터 줄곧 이어져 내려왔다는 것을 증명한다는 점에서 대단히 주목할 만하다.[25]

초기 종교에 보이는 샤머니즘과 천계상승

●

종교사학자 엘리아데에 따르면, 샤먼의 흔적은 인도-아리안족에 속하는 대부분의 민족에게 남아 있다. 그 대표적 인물이 게르만 민족의 오딘이다. 오딘은 아흐레 동안 나무에 매달려 있는 입문의식, 변신하는 능력,

혼을 부르는 초혼술의 능력이 있고, 무녀를 소생시키려고 지하여행을 한다. 이런 초능력이 바로 샤먼의 특징이다.

또한 고대 그리스에서 열광에 빠지는 디오니소스교, 아내의 영혼을 되찾아오는 오르페우스, 주술적 지하여행을 하는 전령의 신 헤르메스, 플라톤의 저서에 나오는 접신체험과 천계여행을 경험한 에르가 그런 샤먼의 특성을 간직하고 있다. 그 밖에도 대마로 훈증욕을 하는 스키타이, 장례의례에서 다리를 건너는 코가서스인과 이란인, 자라투스트라의 접신체험, 중앙아시아의 대마초 복용이 그러한 샤먼의 증거이다.

특히, 엘리아데는 고대 인도의 바라문은 사다리를 타고 천계에 올랐고, 석가는 제7천을 가로질렀으며, 요가수련자는 명상을 통해 영적인 상승을 체험한다고 지적했다. 이러한 행동들은 모두 구조적으로 동일하다. 그리고 불교에서 파탄잘리의 공중을 비행하는 신족통(神足通), 사다리와 밧줄을 타고 오르는 티베트의 천계상승도 비슷한 모티브이고 세계 곳곳에서 발견된다.

따라서 엘리아데는 인간이 심리학적 훈련이나 엄격한 금욕주의, 연금술적 수련 등 다양한 기법을 통해 천계상승, 즉 비행 능력을 얻을 수 있다는 것이다. 물론 이 천계상승은 정신적이고 심리적인 체험이다. 특이한 것은 샤머니즘에 자주 나타나는 인도의 파탄잘리 요가에서 초자연적인 신통력을 주는 약초에 대한 기록인데, 이는 접신체험을 하려는 요가 수련자들이 마치 환각제를 사용한다는 것을 뜻한다. 그러나 엘리아데는 이는 고전적 불교의 요가에서 부수적인 역할밖에 하지 못한다고 보았다.[26]

사다리, 나무새, 무지개, 지구라트를 통한 천계상승

●

샤머니즘적 요소를 간직하고 있는 인도-아리안족에게 널리 알려진 야곱의 사다리 이야기보다 더 재미있는 모습은 알타이 돌간족에 나타난다. 돌간족이 땅에 한 줄로 나란히 세운 나무로 만든 기둥들은 샤먼이 하늘로 가는 여행을 상징한다. 하지만 이 나무기둥들은 차례차례 높아지기 때문에 나무 위에 조각한 새도 조금씩 높이 올라가는 천계상승이라는 것이다.[27]

그런데 환상적인 것은 오스트레일리아에서 무지개 뱀에 걸터앉아 뱀을 잡아당겨 하늘로 오르는 샤먼이 있다는 점이다. 하지만 많은 민족들이 무지개를 하늘과 땅을 잇는 다리, 인간 세상에서 신들의 세계로 통하는 다리라고 믿고 있다. 이를테면, 폴리네시아 마오리족이나 하와이의 영웅은 정기적으로 무지개나 연을 이용하여 죽은 자의 영혼을 데려다주거나 천상에 올라 신을 만난다고 전해진다. 이 무지개는 인도, 멜라네시아, 일본에서도 발견되며, 구약의 「창세기」 9장 13절 노아의 홍수신화의 결말에도 신이 증표로 무지개를 걸었다는 기록이 있다.

"내가 무지개를 구름 속에 두었으니 이것이 나와 세상 사이의 계약의 표가 될 것이다."

이처럼 무지개를 신의 길이면서 하늘과 땅을 잇는 다리로 보는 종교적인 신화는 고대 메소포타미아에도 존재했다. 즉, 무지개가 천계의 일곱 하늘과 동일시되어 바빌로니아에서 지구라트가 7층으로 세워졌다. 결국 샤먼의 홈이 파인 자작나무나 사다리는 수메르에서 지구라트라는 탑으로 발전되어 나타나게 된 것이다.

자료 6-2-2 16세기에 브뤼헐이 그린 바벨탑[1563년, 오스트리아 빈 미술사박물관(Kunsthistorisches Museum) 소장]

하늘과 땅을 잇는 지구라트

●

수메르인은 도시의 신전에 거대한 지구라트를 세우고 그 꼭대기의 작은 곳에서 제사장인 왕이 하늘의 신과 소통했다. 계단을 타고 오르는 이 7층의 지구라트는 산, 즉 세계산을 닮은 소위 『구약성경』의 바벨탑이 바로 바빌론의 지구라트이다. 그러나 월튼 교수는 성경의 표현과는 다르게 사람들이 높은 탑을 쌓아 하늘로 오르기 위한 것이 아니라 신들이 내려오기 위해 건축되었다고 지적했다.[28]

특히, 바빌로니아의 신전은 우주의 중심이고 하늘과 땅을 잇는 성스러운 장소였다. 그래서 도시국가 보르시파의 7층 지구라트는 '일곱 개의 현세적 천국'이라고 불렸고, 도시국가 우르의 지구라트는 '세상의 일곱 가지 색깔'이라고 불렸다. 이는 수성, 금성, 목성 등 7개의 행성을 상징한다. 원래 바빌론(Babylon)은 '신들의 문'이라는 뜻인데, 신들이 이 문을 통해 바빌론으로 들어온다고 여겼기 때문이다. 단적으로 바빌로니아인은 신전을 신들의 천국으로 보았던 것이다.[29]

이는 지구라트의 이름에 암시되어 있다. 바빌론 지구라트의 이름은 에테메난키(Etemenanki)로서 '하늘과 땅의 토대가 되는 신전'이라는 뜻이고, 라르사의 지구라트는 '하늘과 땅을 연결하는 신전'이고, 시파르의 지구라트는 '맑은 하늘로 가는 계단의 신전'이라는 뜻이다.[30] 특히 7층으로 건축된 보르시파의 지구라트는 서남아시아에서 하늘의 일곱 층을 뜻하는데, 지금도 알타이 타타르족은 하늘을 일곱 층으로 생각한다.[31] 결국 샤먼이 하늘의 7층으로 올라가는 자작나무의 홈이나 계단이 후대에 지구라트로 변형되었다고 볼 수 있다.

하늘을 오르는 여사제의 오르가즘

헤로도토스가 밝힌 것처럼 바빌론 신전에서 사제들은 종교의식에 엄청난 유향을 사용했다. 그런데 신성결혼을 거행한 우루크의 신전에서 그런 흔적이 발견되었다. 인류학자 맥거번은 신전의 술병이나 원통형 인장에 새겨진 술병을 볼 때, 수메르인은 맥주와 포도주, 대추야자 술이 혼합된 특수한 술이나 마취 환각적인 약초가 첨가된 술을 제조했다고 추정한 것이다.[32]

중요한 것은 환각성을 증폭시키는 술을 마신 여사제의 신체나 감정, 정신에서 시각과 판단장애가 생겨 시간의식과 공간의식이 사라진다는 점이다. 또한 여사제는 기분이 급격하게 변하면서 환각이나 망상 등 편집증과 정신분열증과 비슷한 상태에 빠진다는 점이다. 이런 황홀한 정신적 흥분상태는 19세기 후반 영국의 인류학자 타일러가 지적한 귀신들림이나 『신약성경』의 귀신들린 자들에 대한 기록, 그리고 영국이나 미국의 부흥회의 모습과 크게 다르지 않다. 즉, 광란의 몸짓, 경련, 입가의 거품, 초자연적인 힘의 재주, 광포한 날뜀, 신체의 열상, 이빨 갈기 등이다. 하지만 타일러는 의학적으로 볼 때는 간질, 히스테리, 섬망, 백치, 정신이상과 같은 특이한 질병에서 그러한 흥분상태가 나타난다고 하였다.[33]

광대버섯을 복용한 샤먼의 천계상승

●

아주 흥미로운 것은 시베리아에서 광대버섯을 복용한 샤먼의 경험담에서 그런 환각적 현상을 엿볼 수 있다는 점이다.

자료 6-2-3 신성결혼에서 왕과 성교하는 여사제로 추정되는 모습

샤먼은 한 시간이 지나면 얼굴이 환해지고 눈동자가 풀리며 몸을 떨기 시작하는데, 그 흥분이 빨라지면 마치 성교를 할 때와 비슷하고 그 행동은 술 취한 사람과 흡사하다. 특히, 사물이 한곳에 고정되어 있지 않고 수시로 형태와 방향을 바꾼다.[34]

오늘날 북아메리카 슈피리어호 근방에 사는 애서배스카족과 오지브와족은 샤머니즘 전통에 따라 지금도 이 광대버섯을 복용하고 있다.[35] 주목할 것은 광대버섯을 복용한 사람은 정신분열증 환자와 비슷하다는 점이다. 사막에서 길을 잃은 대상에게 신기루가 보이듯이 망상에 시달리는 정신분열증 환자는 유령들을 보거나 죽은 자들의 영혼과 대화를 하기도 한다. 또한 그들은 공간의식이 착란되어 하늘을 나르거나 바다를 걷는 등 동화적인 세계의 주인공이 되거나, 병적인 환청에 사로잡혀 하늘에서 어떤 기계적인 힘의 조종을 받는다는 편집적인 망상에 빠지기도 한다. 정신병리학에서 이런 환시와 환청, 과대망상이 정신분열증상이라는 것은 잘 알려져 있다.

결국 무의식 속에 숨어 있던 억눌린 욕망이나 불안, 공포가 여러 괴물로 둔갑하여 꿈으로 나타나듯이 환각식물에 마춰된 사람은 현실과 환상이 뒤엉킨 세계에 갇히는 것이다. 따라서 환각식물에 취한 사제의 눈에는 신전에 세운 신상이 신의 모습으로 살아나거나 하늘에서 신이 예언하는 듯한 착각에 빠지는 등 여러 종교적 환상을 경험했다고 추정할 수 있다.

더욱 흥미로운 사실은 환각제인 광대버섯을 복용하여 하늘을 여행하는 샤먼이 마약인 헤로인을 복용한 사람의 경험과 비슷하다는 점이다. 즉, 헤로인을 정맥에 투입한 뒤 몇 초 내에 나타나는 짧지만 강렬한 무아

지경의 상태 뒤에는 이완과 만족감을 느끼는 반수면 상태에 빠진다. 시베리아 샤먼의 체험담에 따르면, 바로 그 순간에 하늘로 올라가는 여행이 시작되는데, 때로 몸이 정말 떠오르는 마술적인 장면이 펼쳐진다는 것이다.[36]

고대의 종교에 나타난 환각현상

●

환각식물을 복용하여 나타나는 병리적 현상이 선사 시대의 암벽화에 그려져 있다는 사실은 아주 뜻밖이다. 남아프리카 드라켄즈버그 암벽에서 벌떼가 다섯 개의 원으로 이루어진 동심원 주위를 맴도는 그림인데, 이는 술의 복용, 환각식물의 흡입, 감각의 과잉이 빚어낸 환각체험으로 추정된다.[37]

이런 현상은 후대에 조로아스터교의 하오마, 힌두교의 소마, 오르페우스교의 특수한 포도주가 일으키는 종교적 열광과 비슷하다. 중요한 것은 그리스의 엘레우시스 신비종교나 디오니소스 신비종교는 죽음 이후에도 삶이 계속된다는 것을 깨닫게 하려고 특수한 포도주 같은 향정신성 물질을 복용하여 환각에 빠졌다는 점이다. 더 나아가 엘레우시스 신비종교를 정신적 종교인 오르페우스교로 발전시킨 피타고라스가 영혼불멸과 영혼의 윤회를 믿고 천계와 인간을 조화시킨 종교개혁자였다는 사실이다.[38] 결국 후대 종교인들도 향정신적 약초를 이용하여 환각상태에서 천계상승을 체험하거나 혹은 신을 만나고 계시를 들었다고 볼 수 있다.

뇌의 모형 구축과 재현

●

향정신성 약초가 정신에 일으키는 비밀은 현대인지심리학으로 밝혀 볼 수 있다. 예일대학교 심리학교수 스턴버그에 따르면, 뇌를 둘러싼 대뇌피질은 사고와 정신을 처리하는 최고기관이고, 대뇌피질의 중심부에 변연계, 편도체, 중격이 있다. 그런데 분노와 공격성을 담당하는 편도체를 자극하면 심장이 떨리고, 무시무시한 환각이 일어나며, 혹은 공포와 두려움을 경험하게 된다. 만일 동물의 편도체가 손상되거나 제거되면 주저하지 않고 위험한 물체에 접근하고, 사물을 인식하지 못하는 시각증상이 생기고, 과도한 성욕을 불러일으킨다.[39] 말하자면, 아편 같은 환각식물을 복용하면 신경전달물질이 편도체에 이상반응을 일으켜 환각이나 망상이 생기는 것이다.

그런데 영국 진화생물학자 도킨스는 뇌가 인간을 속여 환시와 환청을 일으킨다는 놀라운 이론을 제시했다. 즉, 인간의 뇌는 감각기관이 전달하는 외부세계의 인상을 모형으로 만들어 저장하고 재현시키는 능력이 탁월하다는 것이다. 심약한 아이들이 바람 소리를 유령의 목소리로 착각하고, 역시 귀신과 천사, 성모 마리아를 보거나 목소리를 들었다는 어른들의 경험은 뇌 속에 저장된 모형과 재현작용 때문이다. 하지만 그런 경험은 뇌의 정교한 시뮬레이션 프로그램이 장난치는 착각이고 속임수이다.

특히, 도킨스는 인간의 성장배경이 뇌 속의 모형에 깊은 영향을 끼쳐 정신질환자나 범죄자, 광신자를 만들어 낸다고 지적했다. 여자들을 죽이라는 예수의 목소리를 들었다는 살인마, 신이 이라크를 침공하라는 계시를 내렸다는 정치가가 그러하다. 더구나 악마새라고 불리는 맨섬 슴새의 기괴한 울음소리에 속아 사제가 된 인물도 있는데, 그는 자기 뇌 속에 저장된 모형에 잘 속아 넘어가는 종교적 인물이라고 볼 수 있다.[40]

더 큰 문제점은 환각성 약물을 복용한 샤먼이나 사제의 정신적 착각이 신도들에게 막대한 영향을 끼친다는 점이다. 이런 사제들의 개인적 환각이나 혹은 정치적 연극은 후대에 아주 중요한 문제를 불러일으켰다. 수메르에서는 신의 대리자인 왕과 여사제의 혼인식에서 태어난 인물이 왕까지 되었는데, 환각 마취제에 능통한 샤먼, 즉 여사제의 아들이 도시국가의 왕이 되었던 것이다. 이 주제를 다음 장에서 다루어 보기로 한다.

1 하르바; 앞의 책, 520~525쪽.

2 엘리아데; 앞의 책(샤마니즘), 175~176쪽.

3 하르바; 앞의 책, 259~261쪽.

4 비텝스키; 앞의 책, 6~8쪽.

5 비텝스키; 앞의 책, 70~82쪽.

6 엘리아데; 앞의 책(샤마니즘), 173쪽.

7 프레이저; 앞의 책(문명과 야만) 2권, 299~302쪽.

8 엘리아데 ; 앞의 책(샤마니즘), 164~174쪽.

9 하르바; 앞의 책, 507~515쪽.

10 조철수; 앞의 책(수메르 신화), 88쪽.

11 엘리아데; 앞의 책(샤마니즘), 192~193쪽.

12 엘리아데; 앞의 책(샤마니즘), 284~286쪽.

13 엘리아데; 앞의 책(샤마니즘), 432~433쪽.

14 비텝스키; 앞의 책, 146~ 153쪽.

15 켐벨; 앞의 책(천의 얼굴을 가진 영웅), 19~22쪽, 331쪽.

16 엘리아데; 앞의 책(샤마니즘), 221쪽.

17 엘리아데; 앞의 책(샤마니즘), 182~190쪽. 19세기까지 알타이족이 천상의 신이나 폭
    풍의 신에게 말을 바치는 희생제의는 터키나 타타르인, 인도-유럽인에서 볼 수 있
    었다.

18 정렴; 용호비결(정재승 편저; 민족비전 정신수련법, 정신세계사, 2003, 51~52쪽, 71쪽).

19 엘리아데; 앞의 책(샤마니즘), 257~263쪽.

20 하르바; 앞의 책, 80~86쪽.

21 J. Brosse; Mytyhologie des arbres(나무의 신화), 이학사, 1998, 주향은 옮김, 50쪽. 엘리
    아데; 앞의 책(샤머니즘), 182~189쪽.

22 비텝스키; 앞의 책, 46쪽.

23 엘리아데; 앞의 책(샤머니즘), 296~297쪽.

24 프레이저; 앞의 책(문명과 야만) 2권, 153~157쪽.

25 엘리아데; 앞의 책(샤머니즘), 302~304쪽.

26 엘리아데; 앞의 책(샤머니즘), 335~363쪽.

27 하르바; 앞의 책, 525~526쪽.

28 월튼; 앞의 책, 173쪽.

29 듀런트; 앞의 책 1-1권, 431쪽.

30 월튼; 앞의 책, 174쪽.

31 하르바; 앞의 책, 53~54쪽.

32 맥거번; 앞의 책, 180~184쪽.

33 타일러; 앞의 책 2권, 293~299쪽.

34 브로스; 앞의 책(식물의 역사와 신화), 179~184쪽.

35 맥거번; 앞의 책, 395쪽.

36 브로스; 앞의 책(식물의 역사와 신화), 180~181쪽.

37 맥거번; 앞의 책, 405~406쪽.

38 노스; 앞의 책 상권, 113~117쪽.

39 스턴버그; 앞의 책, 44~45쪽.

40 도킨스; 앞의 책, 139~146쪽.

저승에서 돌아온 왕

　인간은 이 세상인 이승에서 살다가 죽으면 저세상인 저승으로 간다고
믿는다. 저승은 소위 고등종교의 지옥과 천국이나 극락인데, 인류는 대
체로 지옥은 지하에 있고 천국은 지상에 있다고 보았다. 고대 이집트, 인
도의 브라만교, 불교, 이란의 조로아스터교, 이스라엘, 기독교, 이슬람
교, 그리스와 로마, 브라질과 멕시코, 페루 등이 그러했는데, 그 생각은
현대까지 이어지고 있다.[1] 특히 죽은 자가 지하세계에 간다는 생각은 원
시부족만이 아니라 문화민족에게도 아주 흔하다. 물론 죽은 자의 부패한
육체가 아니라 영혼이 지하세계로 떠난다고 여긴다.

지하세계를 왕래한 수메르의 왕

•

우루크에서 발견된 서사시 「네르갈과 에레쉬키갈」에는 지하세계의 법이 나타나 있다.

아누는 입을 열어 카카에게 말하였다. / "카카여, 나는 너를 돌아오지 않는 땅으로 보낼 것이다." / 에레쉬키갈에게… 너는 이렇게 말하라. / 너는 올라올 수 없다. / 너의 해 동안 너는 우리에게 올라올 수 없으리라. / 우리도 내려갈 수 없다. / 우리의 달 동안 우리도 네게 갈 수 없으리라. / 너의 전령이 와야 하리라…" (중략) 카카는 하늘의 긴 사다리를 타고 내려갔다.[2]

이 시에서 하늘의 신들은 정해진 기간에만 지하세계에 내려갈 수 있고, 마찬가지로 저승신 에레쉬키갈도 함부로 하늘에 올라갈 수 없다. 오직 하늘의 사자 카카만 긴 사다리를 타고 저승에 내려갈 수 있다.

그런데 수메르에서 지하세계를 왕래한 왕은 두무지, 우르-남무로 알려져 있다. 두무지는 반년마다 지하세계에서 돌아오고, 우르-남무는 뇌물을 주고 지하세계에서 잠시 귀환한다. 주목할 것은 이들이 모두 세습제인 여사제의 아들로 태어나 왕이 된 인물이라는 점이다. 이들은 신의 대리자인 왕과 여사제의 신성결혼에서 태어나 왕이 되었기 때문에 반신반인(半神半人)으로 불렸다. 그것은 어머니가 작은 신으로 불린 여사제였기 때문이다.

그밖에도 수메르에서 신성결혼으로 태어나 왕이 된 인물은 길가메시, 우르 3왕조의 왕 슐기, 라가시의 왕 구데아이다. 우르-남무 왕은 법전의 서문에 그의 어머니가 여사제 닌순이라고 하였다.

"안과 엔릴이 난나에게 우르의 왕권을 준 후에 그때에 그가 사랑하는 종, 닌순이 낳은 아들 우르-남무에게 정의와 진리에 따라 …"[3]

닌순은 엔릴 신의 상징인 들소나 황소의 여인이고 신성결혼에서 인안나 역할을 하는 여사제였다. 하지만 왕과 여사제의 신성결혼에서 태어나 왕이 된 인물도 있지만 이들은 대부분 신전에서 일하는 사제와 같은 직업을 가졌다.[4] 그런데 여사제의 아들이 왕이 되었다는 것은 그만큼 인안나 여신의 대역을 하는 여사제의 종교적 능력과 정치적 영향력이 강력했다는 것을 암시한다. 여사제는 신의 계시를 듣거나 꿈을 해몽하고, 왕과 동침하거나 두무지 왕의 영혼을 저승에서 불러올 수 있었기 때문이다.

수메르의 지하세계

●

고대 이집트에서 죽은 자의 영역인 두아트(Duat)는 지하에 있는데, 서쪽 지평선에서 들어간다. 두아트에는 여러 신들이 거주하지만 중요한 신은 자칼의 모습을 한 아누비스와 저승신 오시리스이다.[5]

고대 그리스인은 저승을 하데스(Hades), 히브리인은 저승을 쉐올(Sheol)이라고 하면서 역시 지하세계에 있다고 추정했다. 70인이 번역한 『구약성경』에서 쉐올은 하데스였는데, 죽은 자들이 죽은 조상에게로 가는 특별한 지역이었다. 「이사야서」 14장 9절에 '이삭이 숨을 거두고 죽은 조상 곁으로 갔다.'라는 기록이 그 증거이다.[6]

수메르인은 지하세계를 쿠르(Kur)라고 하였다. 원래 '산'이라는 뜻을 지닌 쿠르는 자그로스산맥 너머 동북쪽 육지와 바다 사이의 빈 곳에 있다고 여겨졌다. 수메르인은 사람이 죽으면 뱃사공의 인도로 사람을 잡아

먹는 강을 건너가 죄의 유무를 판결받고 지하세계에 산다고 여겨 저승을 몹시 두려워했다.[7]

또한 수메르인은 매장을 중요시했다. 그 이유는 구약학자 월튼에 따르면, 수메르인이 무덤을 지하세계로 들어가는 입구라고 보았기 때문인 듯하다.[8] 이 입구는 '땅과 하늘에 각각 두 개의 구멍이 있으며 이 구멍을 통해 영혼이 이동한다.'라고 플라톤이 『국가』에 기록한 그 구멍을 연상시킨다.[9] 이는 고대 아시아의 문화민족인 중국과 인도, 그리고 소아시아, 알타이족들이 땅의 중심인 배꼽을 통해 지하세계로 갈 수 있다고 생각한 점과 비슷하다. 물론 하늘에 3개 내지 7층, 혹은 33개의 층이 있듯이 저승도 비슷하게 수직의 층이 있다고 알려져 있다.[10] 아마도 불과 연기가 솟구치는 화산의 분화구나 깊고 어두운 석회동굴의 은유일 것이다. 또한 '지하세계의 입구'나 '하데스의 문'도 태양이 지는 곳을 저승의 입구라고 여긴 은유라고 볼 수 있다.

지하세계의 여왕, 저승사자, 지하세계의 법

●

수메르의 창조신화 「길가메시, 엔키두 그리고 지하세계」의 서문에 에레쉬키갈이 지하세계의 여왕이 된 사연이 다소 암시되어 있다.

하늘이 땅에서 멀어진 뒤에 / 땅이 하늘에서 갈라진 뒤에 / 인간의 이름이 정해진 뒤에 / 하늘의 신 안이 하늘을 가졌고 / 엔릴이 땅을 가졌고 / 저승의 에레쉬키갈에게 혼인 선물을 준 뒤에 / 떠난 뒤에 떠난 뒤에 / 아버지가 저승으로 떠난 뒤에 / 엔키가 저승으로 떠난 뒤에…[11]

수메르에서 지하세계의 창조에 대한 신화는 발견되지 않았지만 저승신의 창조에 대한 이야기는 「엔릴과 닌릴」에 나타나 있다. 앞에서 살펴본 이 신화는 도시에서 추방당한 엔릴 신이 닌릴과 함께 달의 신 난나, 강의 뱃사공, 성문의 문지기, 측량줄을 창조하여 지하세계까지 지배한다는 내용이다.

수메르의 지하세계는 「인안나의 저승여행」에 더 생생하게 묘사되어 있다. 이 신화에는 지하세계 여왕의 분노, 저승사자의 모습, 지하세계의 법이 드러나 있다. 지하세계의 여왕 에레쉬키갈은 일곱 대문이 있는 간지르 궁전에 거주하면서 허리에 칼을 찬 채 지팡이를 들고 음식을 먹지도 선물을 탐내지도 않는 저승사자를 시켜 사람들을 잡으러 보낸다. 물론 「네르갈과 에레쉬키갈」에 나타나 있듯이 그녀는 인안나 여신 못지않게 저승신인 네르갈과 6일 동안 줄곧 사랑을 나눌 정도로 강렬한 욕정을 지닌 여신이다.[12]

그런데 남편을 구하러 온 여동생 인안나 여신까지 발가벗기고 두들겨 시체로 만드는 에레쉬키갈은 알타이 타타르족의 애를리크와 비슷하다. 무릎까지 내려오는 긴 수염을 기른 이 노인은 결코 용서를 모른다. 질병을 보내고 죽은 자를 불러 모으는 지하세계의 신 애를리크의 검은 궁전은 아홉 갈래의 강이 합쳐지는 큰 강에 있다. 인간의 눈물이 흐르는 이 강에는 물의 괴물이 지키고 있으며, 검은 뱀으로 비유되는 음탕한 딸들이 샤먼을 유혹해서 가지고 온 제물을 빼앗는다.[13] 누구든지 죽음의 탐욕스러운 손에서 벗어날 수 없다는 뜻이다.

죽음을 피하려는 두무지

●

저승의 여왕도 무시무시한 존재지만 수메르에서 험상궂은 저승사자에게 잡혀가는 사람의 공포심과 애절함은 「두무지의 애가」에 처절하게 나타나 있다.

저승사자들은 큰 나무에 그 젊은이의 발을 묶었고 / 젊은이에게 올가미를 씌우고 그의 목에 멍에를 묶었다. / 그의 눈앞에서 도끼와 낫과 긴 창을 들어올렸다. / 큰 도끼의 날을 세우고 / 젊은이를 일으켜 세웠다가 주저앉혔다. / 호화로운 옷을 벗겨 버리고 지푸라기를 덮고 / 젊은이의 팔을 묶었다. 그의 옷을 삼십 세겔로 여겼다. / 그의 옷으로 그의 얼굴을 덮어씌웠다.[14]

무자비한 저승사자에게 잡혀서 저승에 가면 다시 돌아올 수 없는 것이 저승의 법이지만 두무지는 누이인 포도주의 여신 게쉬틴안나와 교대로 저승에서 반년마다 지상으로 돌아온다. 하지만 두무지도 저승을 두려워하면서 죽음을 피하려고 대단히 애를 썼다. 「두무지의 꿈」에는 두무지가 들판과 두꺼비, 개구리에게 하소연하다 끝내 저승사자에게 잡혀가는 슬픈 운명이 절절하게 드러나 있다.

두무지, 마음은 눈물로 가득 찼다. 그는 들판으로 나갔다. / 지팡이를 목 뒤에 매고 울부짖으며 걸었다. / 울부짖어라, 울부짖어라, 들판아 울부짖어라. / 들판아 울부짖어라, 연못아 소리 질러라, 두껍아 강가에서 목 놓아 울부짖어라. / 개구리야 강가에서 소리 질러라. / 내 어머니가 외칠 것이다.[15]

이 노래의 후반부에서 두무지는 세 번이나 몸을 변신하여 도망쳤지만 누이의 양 우리에서 끝내 저승사자에게 붙잡힌다. 두무지의 운명은 수메르인이 삶을 얼마나 사랑했는지를 통절하게 느끼게 해 주는데, 두무지의 죽음을 비통해하는 노래들이 여러 편 전하고 있다.[16] 이 애가는 유럽의 만가나 한국의 상여노래, 진도썻김굿을 연상시킨다. 특히 아라리고개를 넘어가는 한국의 민요 아리랑의 '아라리'가 수메르의 신당과 닮은 점은 참으로 기묘하다. 조철수에 따르면, 수메르의 '아라리(A-ra-li)'는 들판의 언덕에 세운 신당(神堂)의 이름이다. 저승으로 가는 길목에 서 있는 이 아라리에서 수메르인은 저승으로 간 사람들을 위해서 제사를 지냈다고 한다.[17]

이처럼 사람이 죽어 이별하는 아픔을 통절하게 느끼고 애절하게 시로 표현한 점에서 고대 수메르인도 동서고금의 인간과 다를 바 없는 생로병사에 괴로워하는 감정을 가진 인간이었다. 그리고 후대에 히브리인은 물론 지중해 연안의 여러 나라에서 두무지의 죽음을 애절하게 노래하면서 그의 귀환을 간절하게 바랐던 것은 인간이 죽음이라는 보편적인 숙명을 피할 수 없기 때문이었을 것이다.

죽은 자의 저승생활

●

수메르 신화에서 저승에서 잠시 귀환한 특이한 인물은 엔키두이다. 원래 엔키두는 길가메시의 성적인 방종을 막으려고 신이 창조한 인물이다. 하지만 힘겨루기를 하다가 길가메시의 친구가 된 엔키두는 하늘의 황소를 죽이고 인안나 여신의 분노를 사서 죽게 된다.

자료 6-3-1 기원전 2027년~기원전 1763년경 우르에서 출토된 엔키두
[ⓒOsama Shukir Muhammed Amin FRCP, 이라크박물관(The Iraq Museum)
소장]

절망에 빠진 길가메시가 엔키 신에게 애원하
자 태양신 우투가 저승에 바람구멍을 만들어 겨
우 엔키두의 혼만 지상으로 잠시 올라온다. 샤
먼이 지하세계를 돌아다니다가 땅의 연기가
나오는 구멍을 통해 귀환한다는 알타이 타타
르족의 그 구멍이다.[18]「길가메시와 엔키두
의 저승여행」이라는 시에서 삶의 덧없음에
빠진 길가메시는 저승에 간 사람들이 어떻게
생활하는지를 묻자 엔키두는 대답한다.

"만일 저승에서 일어난 일들을 당신께 말하면 / 당신은 앉아서 우십시오. 나
도 앉아서 울겠습니다. / 만져 보십시오. 당신의 마음이 기쁠 것입니다. /
'그러나 나는 오지 못합니다.'라고 / 그의 혼은 말할 것입니다. / 헌옷처럼
내 몸에 벌레가 끼었습니다. / 땅바닥의 갈라진 틈처럼 내 몸이 먼지로 싸
였습니다."

길가메시는 탄식하면서 먼지가 쌓인 바닥에 주저앉아 저승생활에 대
하여 더욱 꼬치꼬치 캐묻자 엔키두는 저승의 모습을 생생하게 묘사하면
서 가슴 저리도록 들려준다.

"자식이 하나인 사람을 보았느냐?" "보았습니다." / "무엇처럼 하고 있느

냐?" / "그는 담장에 박힌 나무못 앞에서 괴로운 소리를 지르고 있습니다." /

(중략) "자기 남편의 옷을 벗기지 못한 젊은 여자를 보았느냐?" "보았습니

다." / "무엇처럼 하고 있느냐?" / "당신이 갈대를 주었는데, 갈대 구멍에 눈

물을 흘리고 있습니다." / "찬미하라!"[19]

시적 감수성과 표현력이 뛰어난 이 시의 작자는 저승생활이 현실세계

와 별로 다르지 않다고 상상했다. 즉, 저승에서 행복한 자는 아이를 많이

낳은 사람, 충신, 작업감독, 전성기에 죽은 사람으로 저승에서 의식주가

풍족한 생활을 누린다. 반면에 비참한 자는 상속인이 없는 사람, 아이를

낳지 못한 여자, 성교를 못한 남녀, 들짐승에게 잡아먹힌 사람, 지붕에서

떨어진 사람, 폭풍우에 휩쓸려 죽은 사람, 부모를 거역하고 저주를 받은

자, 전사자, 익사자, 문둥이 등이다.

비정상적인 죽음의 의미

수메르에서 비정상이고 극도로 피하는 죽음은 원시 시대에서 이어져

온 관습으로 보인다. 레비브륄의 『원시인의 정신세계』에 따르면, 갑작스

럽고 자연스럽지 못한 죽음은 특별한 관리대상이 되어 시신을 빨리 치워

버리고, 명예로운 장례식도 치러 주지 않았다. 조상들의 두개골과 함께

보존되지도 않고, 그 사회집단에서 배제시켜 버린다. 그리고 주술사는

죽음의 원인을 찾아내서 희생제의를 치르거나 심지어 아프리카 콩고에

서는 가족에게 벌금을 물리기도 하여 자기들의 집단을 보호한다.[20]

주목할 것은 「길가메시와 엔키두의 저승여행」에서 후손이 없는 자와

불타 죽은 자는 혼이 저승에 가지 못하고 방황하거나 사라진다고 기록된 점이다. 다른 작품에서도 나타나지만 수메르인은 영혼의 존재를 인정한 것이 분명하다.

"어머니와 아버지에게 저주받은 사람을 보았느냐?" "보았습니다." / "무엇처럼 하고 있느냐?" "상속권을 빼앗겨 그의 혼은 정처 없이 돌아다니고 있습니다." / "불에 탄 사람을 보았느냐?" "보았습니다." / "무엇처럼 하고 있느냐?" / "그의 혼은 없으며 그의 연기는 하늘로 올라갔습니다."[21]

화장하기를 피한 메소포타미아에서 우르-남무 왕의 아들인 슐기 왕은 불에 타 죽었는데 그의 혼이 하늘의 별자리가 되었다는 전설도 수메르인이 영혼의 존재를 믿은 근거로 볼 수 있다.[22]

탐무즈 달에 지내는 추모의 제사
●

수메르인은 지하세계로부터 이승에 나타난 악령들이 방황하면서 살아 있는 사람들을 병들게 하고 죽인다고 생각하였다. 이들은 운명신, 병마를 몰고 오는 우둑귀신, 알라귀신, 악한 유령, 허깨비, 저승사자 등이었다. 또한 수메르인은 한이 맺힌 원혼들이 악한 귀신으로 변하여 밤마다 밤거리를 헤매면서 사람들을 병들게 한다고 믿었다. 그래서 전쟁에서 죽은 자나 조상들의 혼을 달래 주는 날을 정해 매달 탐무즈의 달, 즉 두무지의 달이 되면 신전이나 신당에서 제사상을 차리고 직업적인 곡꾼들이 마음껏 곡하게 하였다.[23]

종교학자 월튼에 따르면, 탐무즈의 달은 가족이 죽은 자를 초대하여 제물을 마련하고 추모의 제사를 드리는 키스푸(Kispu)를 말한다. 이 제사는 보통 그믐달이 사라지고 하늘에 달이 사흘 동안 안 보이는 삭망 때 치렀다. 죽은 자가 초승달처럼 다시 소생하기를 바라는 소망이 암시된 키스푸를 보면, 메소포타미아 사람들은 매장과 애도를 대단히 중시한 것을 알 수 있다. 하지만 매장의식을 보다 중시한 것은 이집트였지만 메소포타미아인은 사회적 공동체의 보존에 훨씬 관심을 쏟았다. 죽음은 가족으로부터 고립시키기 때문이었다. 그래서 죽은 자는 정성껏 보살핌을 받아 조상의 가계에 들어간다는 것이었다.[24]

저승에서 잠시 귀환한 우르-남무 왕

•

죽으면 이승으로 돌아올 수 없는 것이 저승의 법이지만 우르-남무 왕은 저승에서 잠시 귀환했던 인물이다. 「우르-남무의 이야기」에 따르면, 그는 저승의 재판관이 된 길가메시에게 저승의 법과 규율을 들었지만 일주일이 지나자 지상에 남겨 둔 처자식과 미완성인 성벽, 새 궁전을 회상하고 비참한 마음이 되었다. 그는 저승의 일곱 신들의 궁전을 찾아가 정성껏 제물을 바치면서 저승의 필경사(筆耕師)에게 특별히 부탁하여 잠시 귀환했던 것이다.[25]

이 전설로 미루어 보면, 수메르인은 우르-남무 같은 영웅은 잠시나마 지상으로 돌아올 수 있다는 희망을 가지고 있었다. 또한 엔키 신의 생명수와 생명초로 죽은 자를 살려 낼 수 있다는 신념을 지니고 살았다. 그리고 길가메시처럼 죽음을 극복하는 불로초를 구하는 모험적인 서사시도 남겼다. 하지만 「길가메시 서사시」의 작가는 시두리 여인의 입을 통해서 죽을 수밖에 없는 인간의 유한성을 차갑게 들려준다.

길가메시, 당신은 어디를 헤매십니까? / 당신이 추구하는 삶은 찾지 못할 것입니다. / 신이 인간을 만들었을 때, 인간에게 죽음을 정해 주었습니다.[26]

반신반인들도 이승에서 영원히 살지 못했다

●

수메르는 저승의 법이 엄격했지만 신들은 지하세계에 머무른 경우가 있었다. 바로 도시에서 추방당하여 저승에서 달의 신과 저승신들을 창조한 엔릴 신, 저승에 가서 남편을 구해 내는 사랑의 여신 인안나, 저승사자와 카카 같은 하늘의 사자들, 그리고 저승의 여왕 에레쉬키갈의 연인인 네르갈이다.

그런데 길가메시가 저승의 재판관이 된 이유는 수메르 신화에서 분명히 나타나지 않지만 그는 죽어서 저승의 심판관이 되었다는 전설이 전해지고 있다. 이집트의 오시리스 법정에서는 죽은 자의 심장의 무게를 저울추에 달고 42개 지방신들의 심사를 받는 등 상당히 복잡한 절차를 거쳐 죽은 자의 심판이 진행되었다.

메소포타미아에서 죽은 자의 재판은 세 단계를 거쳐서 진행되었다. 제1 심판장에서 50명의 아눈나키 신들이 사망자 명단을 보면서 죽어서 매장된 자인지, 규정을 통고받았는지를 조사했다. 제2 심판장에서 길가메시가 귀신들 사이의 사건을 판결했다. 제3 심판장에서 태양신 샤마시

가 괴롭히는 사자를 위한 산 자의 청구, 사자가 받은 제물의 혜택에 대한 보증을 다루었다.[27]

우리의 관심을 끄는 점은 저승의 재판관이 된 이집트의 오시리스 왕처럼 길가메시를 포함한 수메르의 반신반인의 영웅들도 결코 저승에서 돌아와 이 세상에서 영원히 살지는 못했다는 점이다. 오직 식물과 곡식의 신 두무지 왕이 반년마다 다시 살아나는데, 후세 사람들이 자연의 순환을 상징하는 두무지의 소생을 '부활'이라고 불렀던 것이다.

영혼의 실종과 부활, 그리고 윤회

●

수메르 두무지 왕이 저승과 이승을 왕래하는 신화는 세계적으로 널리 분포되어 있다. 이 신화들은 원시 시대부터 샤먼이 실종된 영혼을 되찾아오는 종교적 활동에서 비롯되었을 것으로 추정된다.

인류학자 프레이저에 따르면, 고대인이 영혼을 일시적으로 실종하는 경우는 주로 잠잘 때나 꿈꿀 때, 혹은 질병이나 광기 때문에 발생한다. 반면에 죽음은 영구적인 영혼의 실종이다. 이처럼 영혼의 위험에 대한 이야기는 세계 어디서나 발견된다. 원시인은 자연현상의 배후에서 작용하는 어떤 살아 있는 존재를 영혼이라고 보았기 때문이다.[28]

중요한 것은 원시 시대나 고대에 사제였던 샤먼의 종교적 활동, 즉 지하여행이나 천계상승은 고대인이 영혼을 실체로 보고 육체로부터 독립될 수 있는 존재로 보았기 때문에 가능했다는 점이다. 이러한 생각은 소위 인간은 영혼과 육체로 되어 있다는 이원론적인 사고방식이다.[29] 주목할 것은 모든 고등종교의 바탕에 영혼의 존재와 독립성이 깔려 있고, 이를 전제로 하여 부활이나 윤회, 그리고 내세라는 추정이 가능하다는 점이다.

영혼의 불멸설과 영혼의 소멸설

●

기원전 5세기경 플라톤의 『국가』에 영혼의 윤회가 기록되어 있다. 흥미로운 것은 플라톤이 전사한 지 12일 만에 되살아난, 소위 임사체험(臨死體驗)한 에르라는 인물의 입을 빌려 영혼의 전생과 윤회의 광경을 묘사한 기록이다. 플라톤은 죽음이 찾아와 육체와 마음이 분리될 때 자유로운 영혼은 천국을 향해서 날아가지만 육체적 욕망에 얽매인 영혼은 다른 육체로 환생하거나 아니면 동물로 태어나 영원히 윤회한다고 주장했다.[30]

그러나 임시로 죽음을 체험했다고 여겨지는 이 임사체험에 대하여 예일대학교 철학교수 케이건에 따르면, 문화가 달라도 임사체험이 아주 비슷한 점에 착안한 과학자들은 임시로 죽은 육체가 극도로 스트레스를 받을 때 엔도르핀이 과도하게 분비되어 희열을 느끼고, 혹은 시신경이 특별하게 반응하여 터널이나 눈부신 빛을 경험하게 된다고 설명했다.[31] 말하자면, 과학자들은 플라톤이 근거로 제시한 임사체험의 신빙성을 부정한 것이다.

플라톤의 스승 소크라테스는 죽음이란 유익한 일이라고 하였다. 왜냐하면, 죽음은 완전히 무로 돌아가는 것, 아니면 전설에 나오는 것처럼 영혼이 저 세상으로 주소를 옮겨 가는 것 중의 하나이기 때문이라고 하였다. 만약 무로 돌아간다고 해도 꿈도 없이 깊이 잠든 것이라 큰 소득이다. 아니라면 저승에서 진짜 재판관을 만날 수 있으니 보람 있는 일이며,

그래서 죽음은 기대할 만한 것이라고 하였다.[32]

이처럼 말한 소크라테스를 『소크라테스의 변명』에 기록한 플라톤은 영혼불멸을 다음과 같이 논리적으로 증명했다.

첫째, 만물처럼 죽음은 삶의 대립물이므로 죽은 자의 영혼이 지상으로 되돌아온다. 둘째, 노예가 저절로 기하학을 아는 것처럼 지식은 전에 배운 것을 상기하는 것이므로 영혼은 출생 이전에 존재해야 한다. 셋째, 이데아처럼 본질인 영혼은 죽은 뒤에도 영원히 존재한다.[33]

플라톤의 영혼불멸에 대한 논증은 유럽의 기독교에 대단히 중요한 영향을 끼쳤다. 영국의 철학자 러셀은 플라톤의 이데아와 영혼불멸 사상이 아우구스티누스와 아퀴나스에게 결정적인 영향을 끼쳐 중세 기독교의 신학체계가 확립되었다고 단정하였다.[34]

영혼이 불멸한다고 주장한 플라톤과 다르게 훨씬 자연과학적인 아리스토텔레스는 생물의 제1원리를 영혼이라고 보았다. 만일 영혼에만 고유한 어떤 기능이 있거나 영향을 받는다면 영혼은 신체로부터 분리될 수 있다고 하였다. 그러나 영혼에만 고유한 그 어떤 것이 없다면 영혼은 분리될 수 없다고 하였다. 왜냐하면 분노, 용기, 욕구, 감각 등 대부분의 경우에서 영혼은 신체가 없이는 영향을 주지도 영향을 받지도 않는 것으로 보았기 때문이다.[35] 단적으로 아리스토텔레스는 영혼은 육체로부터 분리되어 독립적으로 존재하거나 운동하거나 감각하거나 지각할 수 있는 것이 아니라고 보았다.[36]

다소 난해한 아리스토텔레스에 비해 플라톤의 영혼불멸설에 정면으로 반대한 철학자는 에피쿠로스이다. 그리스 자연철학의 영향을 받은 그는 영혼은 원자로 조합된 육체적인 것이라고 단정했다. 물질인 영혼은 사후에 해체되는데, 영혼은 육체 없이 존재할 수 없으므로 죽음은 개인의 완전한 종말이라고 하였다. 따라서 죽음은 자기에게 아무 의미가 없고 죽음을 두려워할 필요가 없는데, 종교는 공포를 불러일으켜 불행을 장려한다고 하였다. 특히, 에피쿠로스는 '영혼불멸설은 행복에 대한 치명적인 장애'라고 비판했다.[37]

주목할 것은 러셀은 플라톤의 철학적인 이데아로부터 신과 영혼, 그리고 영혼불멸, 즉 영생이라는 관념이 자리를 잡았고 중세 유럽의 신학적 바탕이 되었는데, 그러한 사상들은 플라톤의 『파이돈』에서 유래되었다고 본 점이다.[38] 그러나 플라톤이나 소크라테스의 영혼불멸과 윤회, 환생 같은 관념은 훨씬 이전부터 인도의 힌두교나 특히 이집트인의 종교적 신념이었다. 특히 피타고라스가 주장한 영혼불멸설의 영향을 받은 플라톤은 추방당하여 이집트를 방랑했다고 알려져 있었다.

이집트에서 처음 부활한 인물은 오시리스 왕이다. 동생 세트에게 살해되어 흩어진 오시리스의 시신을 찾아 그의 아내 이시스가 솔개로 변신하고 날개로 덮어서 되살아나게 하고 아들 호루스를 임신한 이야기가

자료 6-3-2 왼쪽부터 사자를 데려와 심장을 저울에 달고 재판관 오시리스에게 데려가는 파피루스 그림[기원전 1275년경, 영국 대영박물관(The British Museum) 소장]

「아멘모세의 비석」에 적혀 있다.[39] 이로부터 이집트의 부활신앙이 시작되어 죽은 자는 '오시리스 아무개'로 불리면서 미라 처리가 되었다. 그리고 사자의 영혼은 저승에서 엄격한 심사를 거쳐 저승신 오시리스가 다스리는 천국에 갈 수 있었다.[40]

주술사 이시스 여신이 변신한 솔개는 이집트에서 영혼을 상징한다. 미라는 육체에서 떠난 영혼인 바(Bar)를 기다리면서 육체의 부활을 기다렸던 것이다.[41] 그런데 이집트 벽화에 나타난 이 새는, 특히 사람의 얼굴을 한 새는 신석기 시대의 샤먼과 관련이 있다. 기원전 9600년경 전 터키 남동부 네왈리 초리의 종교적 건물에서 발견된 '사람의 머리를 한 새', '사람의 머리에 새가 앉아 있는 조각상'이 바로 그것이다. 즉 샤먼은 새를 통해 하늘과 소통하는 존재라는 것을 암시하는 것이다.[42]

다시 말하면, 사람의 머리를 한 새는 영혼을 상징하고, 사람의 머리에 앉아 있는 새는 훨씬 더 뚜렷하게 영혼을 가리킨다. 이로 보면, 수메르에서 두무지를 저승에서 불러오는 여사제는 바로 원시 시대 샤먼의 계승자라고 볼 수 있다. 알타이 신화에서 신이 보낸 독수리와 결혼한 여인이 바

자료 6-3-3 아니의 파피루스에 나타난 심장 달기의 좌측 상단에 사람의 얼굴을 한 새가 굽어보고 있다[영국 대영박물관(The British Museum) 소장]

로 최초의 샤먼이었던 것이다.

인류학자 프레이저에 따르면, 오시리스나 두무지는 봄이면 부활하는 수목과 곡식의 신으로 지상에 살아난다.[43] 특히 두무지의 지하세계 왕래는 샤먼이 엑스터시 상태에서 이승과 저승을 넘나드는 능력을 소유한 자라고 여겨졌기 때문에 가능했다. 그런데 이 샤먼의 여행은 영혼의 존재와 독립성을 전제로 하여 이루어진다. 그러나 유물론자들은 영혼이 실체가 없고 육체의 기능과 작용일 뿐이라고 보고 있다. 말하자면, 영혼은 스스로 존재하지 않고 독립할 수 없다는 뜻이다. 다음 장에서는 길가메시가 추구한 영원히 죽지 않는 곳, 어쩌면 천국이고 에덴동산일 수 있는 딜문으로 여행을 떠나 본다.

1 타일러; 앞의 책 2권 203~221쪽.

2 네르갈과 에레쉬키갈(프리처드; 앞의 책, 그레이슨 옮김, 179~181쪽).

3 우르-남무 법전[조철수; 앞의 책(수메르 신화), 539~540쪽].

4 조철수; 앞의 책(수메르 신화), 43쪽.

5 월튼; 앞의 책, 254쪽.

6 타일러; 앞의 책 2권, 233~234쪽.

7 크레이머; 앞의 책, 223쪽.

8 월튼; 앞의 책, 255쪽.

9 Platōn; Platōnis Opera I(플라톤전집 1권 『국가』), 상서각, 1973, 최문홍 옮김, 408쪽.

10 하르바; 앞의 책, 50~59쪽.

11 크레이머; 앞의 책, 123쪽. 조철수; 앞의 책(수메르 신화), 370~371쪽.

12 네르갈과 에레쉬키갈(프리처드; 앞의 책, 그레이슨 옮김, 188쪽).

13 하르바; 앞의 책, 351~353쪽.

14 조철수; 앞의 책(수메르 신화), 304쪽. 삼십 세겔은 몇백 원 정도로 하찮다는 뜻이다.

15 조철수; 앞의 책(수메르 신화), 309쪽.

16 조철수; 앞의 책(수메르 신화), 232~351쪽. 두무지의 운명, 강물에 빠져 저승으로 붙잡혀 간 두무지, 두들겨 맞은 수소는 살아 있지 않다, 들판을 헤매는 두무지 등.

17 조철수; 앞의 책(한국신화의 비밀), 66쪽.

18 하르바; 앞의 책, 27~28쪽.

19 조철수; 앞의 책(수메르 신화), 384~387쪽.

20 레비브륄; 앞의 책, 375~383쪽.

21 조철수; 앞의 책(수메르 신화), 387~388쪽.

22   조철수; 앞의 책(수메르 신화), 389쪽.

23   조철수; 앞의 책(수메르 신화), 484~503쪽, 302쪽.

24   월튼; 앞의 책, 453쪽, 444~446쪽.

25   크레이머; 앞의 책, 223~224쪽.

26   조철수; 앞의 책(수메르 신화), 121쪽.

27   월튼; 앞의 책, 463쪽.

28   프레이저; 앞의 책(황금의 가지) 상권, 242~257쪽.

29   S. Kagan; Death(죽음이란 무엇인가), 엘도라도, 2015, 박세연 옮김, 24~26쪽.

30   플라톤; 앞의 책 1권(국가 10장), 408~417쪽.

31   케이건; 앞의 책, 80~84쪽.

32   플라톤; 앞의 책 3권(소크라테스의 변명), 56쪽.

33   플라톤; 앞의 책 6권(파이돈), 37~99쪽. B. Russell; History of Western Philosophy(러셀 서양철학사), 을유문화사, 2011, 서상복 옮김, 207~212쪽.

34   러셀; 앞의 책, 200쪽.

35   Aristoteles; Περι ΨυxηΣ(영혼에 관하여), 궁리출판, 2012, 유원기 역주, 73~75쪽.

36   아리스토텔레스; 앞의 책, 23쪽.

37   K. Lacina; Tod(죽음), K. Liessmann(ed.), 이론과 실천, 2014, 김혜숙 옮김, 40~41쪽.

38   러셀; 앞의 책, 200~212쪽.

39   하트; 앞의 책, 64~65쪽.

40   V. Ions; Egyptian Mythology(이집트 신화), 범우사, 심재훈 옮김 305~323쪽.

41   M. L. Appleegate; The Egyptian Book of Life(벽화로 보는 이집트 신화), 도서출판 해바라기, 2002, 최용훈 옮김, 174~176쪽.

42   페이건; 앞의 책, 230~231쪽.

43   프레이저; 앞의 책(황금의 가지) 상권, 471~476쪽.

두 종류의 천국:
에덴과 무덤

수메르 신화에서 아주 흥미로운 곳은 딜문이다. 딜문은 엔키 신이 닌후르상 여신과 함께 창조활동을 한 신성한 세계이고, 홍수에서 살아남은 지우수드라가 영원을 누리는 낙원이며, 우루크의 왕 길가메시가 불로초를 구한 불가사의한 지역이다. 딜문은 노쇠와 질병, 고통과 욕망이 사라지고 더 이상 죽지 않는 극락이나 천국 같은 파라다이스이다. 딜문은 고대 중동의 주변 민족들, 특히 히브리 민족에 영향을 주어 『구약성경』 창세기의 에덴동산의 원형이라고 알려진 곳이기도 하다.

수메르의 딜문과 히브리의 에덴

「엔키와 닌후르상」에서 묘사된 수메르의 딜문은 『구약성경』에서 이사야가 묘사한 에덴동산과 아주 비슷하다.

딜문에는 까마귀가 까옥까옥 울지 않았으며 / 닭이 꼬끼오, 하고 울지 않았다. / 사자가 죽이지 않았으며 / 늑대가 양을 채어 가지 않았다. / 개가 새끼 염소를 비트는 것을 알지 못했으며 / 비둘기가 날개 밑에 머리를 묻지 않았다.

— 수메르의 딜문[1]

이리와 어린 양이 함께 살며, 표범이 어린 염소와 함께 눕고, 송아지와 사자 새끼가 함께 먹으며, 어린아이들이 그것들을 돌볼 것이다. (중략) 하나님의 거룩한 산 시온에는 해로운 것이나 악한 것이 아무것도 없을 것이다.

— 「이사야」 11장 6~9절의 에덴동산

크레이머는 『구약성경』의 에덴동산이 수메르의 딜문이라는 근거를 다음과 같이 제시하였다.

첫째, 「엔키와 닌후르상」 신화에서 태양신 우투가 지상에서 물을 끌어올려 딜문을 적시는 구절은 『구약성경』 「창세기」 2장 6절의 '안개만 땅에서 올라와 온 지면을 적셨더라.'를 연상시킨다.

둘째, 출산의 고통 없이 태어난 수메르 신화의 여신들은 아이 낳는 고통을 받으리라고 야훼 신이 저주를 내리는 배경을 밝혀 준다.

셋째, 엔키 신이 여덟 가지 식물을 먹고 병이 든 행위는 아담과 이브가 지식나무의 열매를 먹고 저주를 받은 장면과 흡사하다.

넷째, 엔키 신의 병든 갈비뼈를 치료하려고 창조된 여신의 이름은 고귀

하고 생명을 만드는 여성 닌-티이고, 야훼 신이 잠든 아담의 갈비뼈로 만든 여성은 이브이다.[2]

이처럼 에덴동산이 딜문이라고 본 크레이머는 딜문이 페르시아만 남서부에 있을 것이라고 추측했다.

딜문은 바레인섬에 있다

●

미국의 고고학자 데이비드 롤은 수메르 시대의 갈대배를 복원하여 딜문을 답사하고 특이하게 '에덴동산은 최초의 낙원이면서 저승세계라는 이중성을 지녔다.'라고 주장했다. 그렇다면 딜문은 어디일까? 딜문은 이란 남서부 바레인섬이라는 것이다. 데이비드 롤의 독특한 주장을 따라가 보기로 한다.

데이비드 롤보다 먼저 미국의 고고학자 콘월은 크레이머가 수메르의 문학작품만을 근거로 딜문을 전설적인 장소로 보았다고 비판했다. 즉, 딜문은 영혼이 저승에 들어갈 때 잠시 거치는 대기실에 불과하다는 문학적인 지명이 아니고 딜문이 실제로 바레인에 존재한다는 것이다. 바레인에서 30여 기의 공동묘지를 발굴한 경험이 있는 콘월은 바레인의 어원과 역사적 근거를 대면서 다음과 같이 주장했다.

첫째, 그리스 로마인은 바레인(Bahrain)을 틸로스(Tilos)라고 했는데, 틸로스는 고어인 틸문(Tilmun) 또는 딜문(Dilmun)에서 나왔다. 둘째, '딜문이 아래 바다 한가운데에 있다.'라는 아시리아의 왕 아슈르바니팔의 기록이 전해지고 있다. 셋째, 기원전 1000년대 후반에 딜문 사람들이 숭배한 엔샤그는 딜문에서 살았던 엔키 신의 아들이다.

무엇보다 콘월은 시속 8km의 북서풍을 탄 돛단배가 약 60시간을 항해하면 바레인에 도착하기 때문에 딜문은 수메르에서 480km 떨어진 바레인섬이라고 주장했다.[3] 그런데 바레인의 엄청난 공동묘지를 답사한 데이비드 롤은 길가메시가 바닷속에서 불로초를 구했던 그 '민물의 샘'을 재확인하면서 의미심장하게 스스로 반문하였다.

'딜문이 둘일 가능성도 있지 않을까? 하나는 크레이머가 주장한 전설적인 원시 시대의 딜문이고, 다른 하나는 페르시아만의 바레인에 있는 죽은 자들의 묘지가 아닐까?'

이는 잃어버린 낙원인 에덴동산이 후대에 천국으로 보상되고, 그 천국에서 죽은 자들의 영혼이 영생을 누린다고 믿는 기독교도들의 생각과 비슷하다는 것이다. 아주 참신한 착상이다. 원래의 딜문은 영생을 누리는 신들의 낙원이고, 두 번째 딜문은 죽은 자들이 영원히 쉬는 무덤이라고 볼 수 있기 때문이다. 단적으로 죽음이란 영원한 안식이므로 딜문은 상징적인 낙원인 셈이다.

길가메시가 불로초를 구한 바레인 섬

「엔키와 닌후르상」의 결말에는 다음과 같이 마간과 딜문이라는 지명이 나타나 있다.

"양털 꼬는 여신은 마간의 여사제가 될 것이다. … 아름답게 하는 여신은 딜문의 여사제가 될 것이다."

바레인은 페르시아만의 중부에 있는 섬이고, 마간(Magan)은 아라비아 반도 남동쪽에 자리 잡은 오만 왕국의 도시 이름이다.[4] 특히, 바레인은 기원전 2000년경 수메르와 인도의 인더스강을 연결하는 중계무역의 중심지였는데 수메르인이 오만과 교역한 역사적 흔적이 남아 있다. 고고학자 차일드에 따르면, 수메르인은 페르시아만 남쪽 오만에서 구리를 수입하고, 기원전 2500년 전부터 소아시아의 타우루스산에서 은과 납을 수입했으며, 이란 남서부의 산맥과 레바논에서 목재를 수입했다. 그리고 청금석은 아프가니스탄, 흑요석과 천하석 구슬은 인도의 신드와 펀자브 지방에서 수입된 것으로 추정된다.[5]

그런데 고고학자들은 기원전 1000년경 메소포타미아 도시국가들이 구리 원석의 수입을 오만에서 키프로스로 옮긴 뒤 갑자기 중계무역을 하던 바레인섬이 쇠퇴한 사실을 확인했다. 아울러 이란 고원 지대에 살던 아리안족이 바레인에 상품을 대 주던 인도의 인더스강 유역을 침략하여 상품 공급지를 붕괴시키면서 바레인의 경제가 더욱 쇠퇴해 버렸다. 그후 바레인의 항구와 마을은 순식간에 폐허가 되어 버린 사실도 확인하였다.[6]

그렇다면 바레인섬은 길가메시가 불로초를 구한 '민물이 솟아 나온다는 바다'와는 어떤 관련성이 있을까? 먼저 바빌로니아 시대의 「길가메시 서사시」에서 그 실마리를 찾을 수 있다.

길가메시는 수문을 열고 흐르는 물을 따라 가장 깊은 해협으로 들어갔다. 그리고 자기 발에 무거운 바위를 매달아 물속 깊이 들어갔다. 그는 해저에서 자라고 있는 식물을 보았다. 가시가 손을 찔렀으나 그는 그것을 꺾었다. 그리고 무거운 바위를 풀어 버리자 다시 바다 위로 나올 수 있었다. 그는 뱃사공 우르샤나비에게 말했다. "이리 와서 이것을 좀 보라. 진기한 식물이다. 이 식물은 사람들에게 지난날의 젊음을 되찾아 줄 것이다. 나는 이것을 강한 성 우루크에 가져갈 것이다."[7]

길가메시가 불로초를 꺾은 곳, 즉 '바닷속 민물의 샘'은 먼저 바레인의 어원을 확인해 보면 분명해진다. 바레인(bahrain)은 bahr(물이나 물이 고인 곳)와 ein(복수형어미)의 합성어로 호수나 연못을 가리키는 아랍어이다. 그런데 지금도 바레인의 북쪽 앞바다 속에서 소금기가 전혀 없는 단물이 실제로 솟아 나오고, 갈대밭이 무성한 바레인 해안에는 민물이 솟아나는 연못이 흩어져 있는 것이다.[8]

더구나 이 바레인섬의 놀라운 기적은 수천 년 전부터 알려져 있었다. 바로 『코란』 55장 19~22절의 '두 바다'라는 표현이다.

'두 개의 바다'를 풀어 놓아서 서로 뒤섞으면서 양자 사이에 넘을 수 없는 장벽을 두셨다. 너희들 두 사람은 주님만이 베풀 수 있는 은혜 중 어느 하나를 거짓이라 말하는가. 두 개의 바다에서는 진주와 산호가 나온다.[9]

위 글에서 '두 바다'는 짠물과 민물을 말한다. 또한 『코란』 18장 60~63절에는 히브리 예언자 모세가 젊은 동료에게 말한 '두 바다'에 대한 이야기도 기록되어 있다.

나는 두 개의 바다가 만나는 곳에 이를 때까지 가겠다. 몇 년이 걸리든 관계없다. 두 사람이 두 개의 바다가 만나는 곳에 이르렀을 때 가지고 온 물고기의 일을 잊고 있어서 물고기는 바닷속으로 도망치고 말았다. (중략) 그것을 잊게 하고 생각하지 못하게 한 것은 사탄이 틀림없습니다.[10]

이러한 기록들은 수메르 시대부터 전해진 신비한 이곳이 무함마드는 물론 그보다 훨씬 전에 히브리인에게도 알려져 모세가 길가메시처럼 바레인을 찾아 나섰다는 전설적인 장소임을 암시해 준다. 그런데 두 물이 만나는 곳에 있다는 불로초의 전설도 흥미롭지만 바레인의 괴이한 공동 묘지는 더욱 이상야릇한 곳이다.

수메르의 신성한 묘지

•

페르시아만으로 흘러 들어가는 티그리스-유프라테스강 유역은 향신료와 방향식물을 보급해 주는 진원지였다.[11] 수메르인은 중개무역지인 바레인을 통해 인도의 향신료나 예멘의 유향과 몰약을 교역했을 것이다. 그런데 페르시아만 중부에 있는 바레인은 남북 48km, 동서 16km의 크지 않은 섬이다. 이 바레인섬의 대추야자 숲 가장자리에 있는 아알리(A'ali) 마을을 정점으로 신기하게도 수십만 기의 무덤이 즐비하게 늘어서 있는 것이다. 큰 무덤은 높이가 12m가 넘고, 남쪽으로 갈수록 크기가 줄어들어 사막에는 높이가 1m도 안 되는 무덤과 돌무지가 흩어져 있다. 이 25만 개나 되는 무덤의 주인이 누구인지 아직 수수께끼이다.

유네스코에 따르면, 현재 바레인 딜문의 고분군(Dilmun Burial Mounds)은 2019년 세계유산에 등재되었다. 기원전 2050년~기원전 1750년경 건설된 이 고분군은 아알리 마을에 분포된 11,774여 개의 무덤, 13개의 왕릉,

자료 6-4 바레인의 고분

2개의 쌍왕릉으로 구성되어 있다.[12]

　하지만 고고학자들은 바레인이 수메르인의 신성한 묘지였다는 결론을 내렸다. 유복한 수메르의 귀족들이 신들에게 좀 더 가까이 가려고 바레인에 묻히기를 원했다는 것이다. 그것은 이곳이 숱한 고대 문헌에서 언급되었기 때문이다. 또한 대부분 흙으로 만든 봉분은 사용되지 않았고, 무덤의 17%는 텅 빈 것을 보면 미리 준비한 무덤이 분명하다. 더구나 현재 150만 명도 안 되는 바레인 왕국의 인구에 비해 무덤 숫자가 엄청나게 많기 때문이다.[13]

　단적으로 바레인은 전설적인 극락섬(Island of the blessed)의 전형적인 모습을 갖추고 있다. 또한 바닷속에 지금도 민물이 솟아나는 곳이 존재하는 것을 보면 우루크의 왕 길가메시가 불로초를 구한 수메르의 딜문으로 추정된다. 특히, 수메르 신화에서 딜문은 지하수의 신 엔키와 깊은 관련이 있는데, 엔키의 고향은 페르시아만의 삼각지 연못 근처의 언덕에 자

리 잡은 도시 에리두였기 때문이다.[14]

죽음이 없는 낙원

●

「엔키와 닌후르상」에 묘사된 딜문은 낙원이며 천국이고 더 이상 죽음이 없는 곳이다. 왜냐하면 인간이 이미 죽었기 때문에 더 이상 죽음이 있을 수 없지 않겠는가. 그래서 홍수에서 살아남은 지혜로운 수메르의 왕 지우수드라는 딜문에서 신들의 축복을 받으며 아내와 함께 영원히 살고 있다는 전설이 전해지고 있었다.

안과 엔릴은 지우수드라에게 찬사를 보냈다. / 그에게 신처럼 사는 생명을 주었고 / 신처럼 사는 영원한 목숨이 부여되었다. / … 산 너머 동쪽 머나먼 딜문 땅에 살게 하였다.[15]

그렇다면 극락섬인 딜문은 수메르인에게 어떤 의미가 있었을까? 다시 말하면 영생을 누리는 신들의 낙원인 딜문이 왜 죽은 자들의 영혼이 되찾은 낙원이 되었을까? 고고학자 롤은 기독교인들의 신앙으로 이를 설명했다. 앞에서 밝힌 것처럼 선사 시대의 잃어버린 에덴이 역사 시대에 들어와 천국으로 바뀌고, 죽은 자들의 영혼은 이 천국에서 영생을 누린다고 믿는 기독교인의 신앙과 비슷하다는 것이다.

부활의 문자적 해석과 비유적 해석

●

딜문에 대한 수메르인의 신앙은 물리적인 천국이 아니라 마음속에서 천국을 찾는 기독교인의 태도와 유사하다고 볼 수 있다. 이는 금방 재림한다던 예수가 300년이 지나도 나타나지 않자 로마가 기독교를 공인한 4세기 무렵에 이미 예수의 재림은 상징적이라고 단정한 초기 기독교 교부 철학자들의 생각과 비슷하다. 이를테면, 클레멘스와 그의 제자 오리게네스(185~254)는 그리스 철학으로 기독교의 교리를 합리적으로 설명하려고 노력했다. 그래서 르네상스 전까지만 해도 기독교 철학자라면 순수 이성을 사용한 오리게네스의 논증을 전부 받아들였다.[16]

그런데 초기 기독교인들은 예수의 재림이 매우 가까웠다고 믿었다. 그 증거가 4복음서에 기록되어 있다.[17] 특히 「마태복음」 24장 29절에 최후의 심판의 징조, 재림, 그 시기까지 다음과 같이 나타나 있다.

그 고난의 기간이 지나면 해가 어두워지고 달이 빛을 내지 않을 것이며 별들이 떨어지고 천체가 뒤흔들릴 것이다. 그때에 내가 온다는 징조가 하늘에 나타날 것이니 세상의 모든 민족이 통곡할 것이다. 그들은 내가 구름을 타고 능력과 큰 영광으로 오는 것을 보게 될 것이다. 내가 큰 나팔 소리와 함께 천사들을 보낼 것이며 그들은 하늘 이 끝에서 저 끝까지 사방에서 선택된 사람들을 모을 것이다. (중략) 이 세대가 지나가기 전에 이 모든 일이 반드시 일어날 것이다.

종교사학자 엘리아데에 따르면, 초기 유대교는 심판의 날에 하느님의 나라가 시작되리라고 강조했다. 그 후 기독교는 최후의 심판사상을 발전시켜 그리스도의 재림 때 최후의 심판이 있다고 주장했다. 그러나 로마가 예루살렘 성전을 파괴하고 유대인을 추방해 버리자 재림의 지체에 대하여 유대인의 의견이 세 가지로 나뉘어졌다.

첫째, 재림은 더욱 임박했다. 둘째, 재림은 보다 먼 미래로 연기되었다. 셋째, 재림은 이미 일어났다. 왜냐하면 예수의 부활이 그의 신성을 확실하게 증명했기 때문에 새로운 천년왕국의 나라가 시작되었다.

주로 세 번째 의견이 수용되었지만, 로마 제국으로부터 민족의 해방을 바랐던 대부분의 유대인은 이를 받아들이지 않았다.[18]

그 후, 로마 제국에서 기독교가 공인되고 400년이 지나도 '이 세기가 지나가기 전에 최후의 심판이 일어나고 재림한다.'고 공언한 예수의 말이 실현되지 않자 기독교인들은 재림을 비유로 여길 수밖에 없었을 것이다. 원래 기독교 초기에 문자주의자들은 최후의 심판이나 예수의 재림을 문자 그대로 믿었지만, 영지주의자(靈智主義者, Gnosticist: 비밀스러운 지식을 소유한 자)들은 비유라고 보았고 예수의 부활이나 천국, 기적도 정신적인 비유로 보았다. 그런 의미에서 대중에게는 비유로 말한 예수가 죽은 나자로를 살린 것도 신비종교의 입문식에서 상징적 죽음의 비유라는 것이다.[19]

부활은 제자들의 신비체험의 결과
●

독일의 신비주의학자 베어는 『유럽의 신비주의』에서 예수의 부활과 재림이 물리적인 사실이 아니라 다음과 같이 제자들이 명상한 결과라고 보았다.

베드로나 요한 같은 사도들을 앞세운 복음서의 실제 저자들이 전달하는 것은 최소한 두 세대 이상에 걸쳐 예수에 관한 신비체험을 내면화한 결과이다. 복음은 지나간 외면적 사건들을 반복적으로 다룬 결과물이 아니라 명상을 통해 공동체 안에서 다룬 결과물인 것이다.[20]

그러나 최후의 심판과 부활을 기대하면서 중세와 근대 초기에 유대교인은 죽은 자의 머리가 공동묘지의 출구를 향하도록 매장했다. 오늘날에도 기독교인들은 최후의 심판의 날에 시신이 동쪽의 신을 향해서 일어나도록 머리를 서쪽으로 눕혀서 매장한다. 반면에 이슬람교도는 시신을 메카와 키블라 신전을 향하도록 묻는다.[21]

이러한 매장의식은 단적으로 사자의 부활사상 때문이다. 하지만 부활하려고 실천적으로 미라를 만든 민족은 이집트였다. 이집트의 왕과 귀족은 물론 일반 백성들까지 스스로 미라가 된 것은 이시스 여신이 부활시킨 오시리스가 저승신이 되었다고 사제들이 강력하게 주장하고 선전했기 때문이다. 물론 그 바탕에는 영원히 살고 싶어 하는 인간의 헛된 욕망이 자리 잡고 있었다. 그러나 19세기부터 고고학자들이 발굴한 이집트 왕들의 미라는 말린 생선처럼 괴이하고 추한 모습에 불과할 뿐이었다.

석가가 도솔천에서 내려왔다는 정토사상이나 예수가 죽은 뒤에 신격화된 부활사상도 후대에 만들어진 것이다. 기원전 3세기 아소카 왕 때부터 석가는 인간을 불쌍히 여겨 도솔천에서 지상에 내려왔다고 신비화되기 시작했다.[22] 석가보다 2500년 전에 불로초를 뱀에게 빼앗기고 죽은 길가메시가 저승의 신이 되었다는 신화도 그의 사후에 미화된 것이다. 이러한 신비화는 철학자들의 추론, 사제들의 환상, 시인들의 상상, 그리고 이야기꾼들의 표현력이 만들어 낸 것이다. 무엇보다 신비적인 이야기는 정치적 사제들이 조작한 종교적 메커니즘이라고 할 수 있다.

생명나무의 인류학적 의미

●

인류학자 하르바에 따르면, 전설적인 낙원인 수메르의 딜문이나 히브리의 에덴동산은 아시아의 많은 고대민족에서도 볼 수 있다.[23] 그리고 최초의 사람이 생명의 나무 옆에서 태어났다는 전설은 『구약성경』만이 아니라 인도와 이란 신화에도 등장한다.

인도 「리그베다」에는 인류의 조상 야마(Yama)가 훌륭한 나무 곁에서 신과 함께 마시고 조상들을 대접한다. 또한 이란에서 인류의 조상이며 하얗게 빛나는 이마(Yima)는 하늘까지 닿는 산에서 사람과 동물이 죽지 않게 하기 위해 존재한다. 특히, 이란의 조로아스터교에서 신과 접촉할 수 있는 마취 환각제인 하오마는 생명의 샘가에 자라는 생명의 나무라고 알려져 있다. 그런데 소아시아나 이집트에서 낙원에 있는 생명의 나무는 바로 창조의 여신인 어머니였다. 그리고 그녀가 만든 사람과 모든 짐승이 낙원에서 살고 있다.[24]

말하자면 고대의 문화민족들은 자연, 즉 대지가 모든 것의 창조자란 것을 어머니라는 은유로 표현한 것이다. 수메르에서 그 생명의 어머니는 낙원인 딜문에서 창조활동을 한 닌후르상 여신이다. 엔키와 함께 닌후르상 여신은 산과 식물, 인간을 창조하고 치료의 여신도 창조한다. 신화학자 캠벨에 따르면, 청동기 시대부터 인간은 순수한 동산의 생명나무, 즉 신화적인 종려나무에서 깨달음의 열매와 불멸의 열매를 딸 수 있었다. 결코 신의 진노나 험악한 모습이나 죄라는 주제는 나타나지 않는다.[25]

그런데 크레이머가 지적한 것처럼 히브리인은 딜문을 모방하여 에덴을 만들고 닌후르상을 가부장적이고 남성인 여호와 신으로 바꾸었다. 그리고 엔키 신이 기이한 풀을 먹고 병든 것처럼 「창세기」 3장 22절에서 생명나무의 과일을 따 먹고 영원히 살게 해서는 안 된다고 아담과 이브를 에덴동산에서 추방한 것이다. 다음 장에서는 수메르 고대신화 속에 감추어진 죽음의식의 정체성을 최종적으로 정리해 보기로 한다.

1　　조철수; 앞의 책(수메르 신화), 210쪽.

2　　크레이머; 앞의 책, 207~209쪽.

3　　롤; 앞의 책, 383~385쪽.

4　　조철수; 앞의 책(수메르신화), 214쪽.

5　　차일드; 앞의 책, 213~214쪽.

6　　롤; 앞의 책, 356~357쪽.

7　　샌다즈; 앞의 책, 95~96쪽.

8　　롤; 앞의 책, 359~360쪽.

9　　Qur'an[코란(꾸란)]; 명문당, 2011, 김용선 역주, 555쪽.

10　코란; 앞의 책, 321~322쪽.

11　펠트; 앞의 책, 33쪽.

12　UNESCO; Dilmun Burial Mounds(http://whc.unesco.org/en/list/1542/gallery/).

13　롤; 앞의 책, 368~370쪽.

14　페이건; 앞의 책, 319~323쪽.

15　지우수드라의 홍수 이야기[조철수; 앞의 책(수메르 신화), 73쪽].

16　러셀; 앞의 책, 435~436쪽.

17　재림의 증거는 「마태복음」 24장, 25장, 「마가복음」 13장, 「누가복음」 21장 5~26절, 「요한복음」 14장 25~29절 등에 기록되어 있다.

18　엘리아데; 앞의 책(세계종교사상사) 2권, 489~493쪽.

19　T. Freke, P. Gandy; The Jesus Mysteries(예수는 신화다), 동아일보사, 2002, 승영조 옮김, 174~182쪽. 「요한복음」 11장 16절의 "우리도 예수님과 함께 죽으러 가자."라는 부분은 입문식에서 죽었다가 되살아나는 영적 재생의 비유이다.

20 G. Wehr; Europäische Mistic(유럽의 신비주의), 자작, 2001, 조원규 옮김, 35쪽.

21 피어슨; 앞의 책, 16~17쪽.

22 노스; 앞의 책 하권, 694~698쪽.

23 하르바; 앞의 책, 80~81쪽.

24 하르바; 앞의 책, 81~85쪽.

25 캠벨; 앞의 책(신의 가면) 3권, 23~24쪽.

인류의 죽음의식과 포틀래치

종교철학자 포이어바흐는 공포와 감사의 마음에서 종교가 발생했다고 보았다. 미개민족은 주로 무서운 악한 신을 숭배하였지만, 그리스인은 천둥·번개를 의인화하여 제우스 신을 만들었고, 유대인은 분노하는 여호와 신을 숭배하였다. 다른 점은 여러 민족들의 차이에 불과하다.[1] 말하자면, 민족적 특성이나 개성에 따라 신의 모습이 다른 것이다.

수메르인의 공포심이 잘 반영된 신은 주로 엔릴과 에레쉬키갈이다. 폭풍신 엔릴은 홍수를 일으켜 도시를 파괴하고, 저승의 여신 에레쉬키갈은 인간을 지하세계로 잡아간다. 반면에 감사의 마음이 잘 반영된 신은 주로 엔키와 인안나이다. 지하수의 신 엔키는 온갖 생명을 살리고, 사랑의 여신 인안나는 대지를 풍요롭게 한다.

꿈과 환상이 신을 만들다

•

구석기 시대 후기에 이미 굳어진 매장의 관습은 내세가 존재한다는 인류의 태도를 반영한다. 특히, 이라크의 샤니다르 동굴에서 발견된 5만 년 전 네안데르탈인은 웅크린 자세로 매장되었고 시신의 머리 부분에 꽃이 놓여 있었다. 죽음에 대한 자의식을 암시하는 이 장례의식에서 환각성 약초를 사용한 흔적이 보인다.

3만 년 전 돌로 덮은 무덤 속에서 발견된 크로마뇽인의 시신에 뿌려진 적색토는 무서운 사자의 출현을 막으려는 의도이고, 시신 곁에 놓인 부장품은 추모의 표시로 보인다. 인류가 영혼을 발견한 흔적은 기원전 12500년~10200년경 이스라엘의 아인 말라하의 무덤에서 발견된 사람의 뼈에 나타나 있다. 큰 돌로 눌러놓은 뼈는 사자의 두려운 영혼의 출현을 방지하려는 의도로 추정된다.[2]

인류학자 타일러는 꿈이나 환상을 통해서 인류가 영혼의 존재를 상상했다고 보았다. 생생한 꿈을 꾸면서, 그리고 지속적으로 나타나는 사자의 괴이한 모습을 되새기면서 인류는 자연현상의 배후에 어떤 초자연적인 힘이 존재한다고 상상했는데, 이로부터 종교가 발생했다는 것이다.[3] 이러한 자각은 주로 특별한 능력을 지닌 샤먼으로부터 비롯되었다.

신석기 시대에 영혼은 새로 표현되었다. 기원전 9600년경에 터키 남동부 네왈리 초리의 종교적 건물에서 발견된 '사람의 머리를 한 새', '사람의 머리에 새가 앉아 있는 상'이 바로 그 흔적이다.[4] 하늘을 나는 새처럼 샤먼은 신을 접촉하거나 불안정한 영혼을 저승에 데려가거나 불러오는 능력이 있다고 알려져 있었다. 수메르에서 두무지를 저승에서 불러오는 여사제가 바로 고대의 샤먼이다.

수메르에서 마련된 종교의 기본요소

●

종교의 기원을 공포와 감사로 본 포이어바흐는 종교의 핵심을 불멸성과 종속감이라고 단정했다.[5] 다시 말하면, 인간은 불멸하는 신의 노예가 되었다는 뜻이다. 대신 인간이 신처럼 불멸의 희망을 품게 되면서 '내세'가 탄생하게 되었는데, 내세는 특히 신석기 시대의 농경에서 비롯되었다고 추정된다.

농경과 목축으로 자연을 통제한 신석기 시대에 인류는 곡식의 재생에서 사자의 부활을 연상하였고 신처럼 불멸을 꿈꾸게 되었다. 그런데 종교의 핵심인 불멸성은 내세, 그리고 영혼과 밀접한 관련성이 있다. 왜냐하면 인간이 죽은 뒤 영혼이 환생하거나 내세, 즉 지하세계나 천국에 간다고 여기기 때문이다. 타일러의 지적처럼 원시적인 애니미즘의 필연적 산물인 내세는 죽은 뒤에도 영혼이 계속 존재한다는 믿음에서 추론된 것이다.[6]

수메르의 서사무가 「길가메시와 엔키두의 저승여행」에서 영혼이 나타나고, 「인안나의 저승여행」에서 지하세계와 부활이 등장하며, 「지우수드라의 홍수 이야기」에서 딜문이라는 천국이 묘사되어 있다. 이로 볼 때, 특히 유대교나 기독교의 바탕인 영혼, 부활, 지하세계, 천국의 개념이 수메르 시대에 이미 모두 마련되었다고 볼 수 있다. 또한 「사람이 태어난 이야기」에서 신들의 노역을 대신 맡기려고 인간을 창조한 사연이 나타나 있다. 이는 사제들이 인간을 신에게 종속시켜 노예를 만들었다는 뜻이지만 동시에 위계질서가 세워진 사제들의 권력이 강력하고 선전술이 능숙했다는 간접적 표현이기도 하다.

우루크의 신성결혼

●

선사 시대부터 발전되고 최초로 문자를 사용한 우루크는 수메르 문명을 대표하는 도시였고, 죽음의식의 비밀을 간직한 신성한 도시였다. 우루크는 왕과 여사제의 신성결혼에서 태어난 길가메시 왕이 불멸을 추구한 도시이고, 두무지 왕을 부활시키는 인안나를 수호신으로 섬긴 도시이기 때문이다. 여기서 우루크인의 죽음의식을 세 관점으로 살펴볼 수 있다.

첫째, 우루크의 신성결혼은 두무지의 역할을 하는 왕과 인안나 여신의 역할을 하는 여사제가 직접 성교하여 인안나 여신의 성욕을 만족시키면서 대지의 풍요를 기원하는 유사주술이다. 이 신성결혼은 고대에 노쇠한 왕의 살해와 인신제물 의례에서 비롯되었다. 중요한 것은 두무지 왕의 죽음과 재생이 이집트의 오시리스와 비슷하고, 그리스의 아도니스, 소아시아의 아티스, 그리고 히브리에서 예수의 죽음과 부활의식으로 계승된다는 점이다.[7]

둘째, 길가메시는 반신반인의 영웅이다. 그는 작은 신으로 알려진 여사제의 아들이고, 불멸을 추구한 모험을 시도했기 때문이다. 길가메시는 일상적 세계를 떠나 초자연적 세계에 입문하여 적대세력을 만나지만 승리하고 귀환하여 세상에 이익을 주는 존재였다.[8] 그러나 석가처럼 불멸에 도전한 길가메시가 깊게 깨달은 것은 인간의 한계성이었다.

셋째, 우루크의 수호신 인안나는 저승에서 남편 두무지를 부활시켜 세상을 소생시키는 「인안나의 저승여행」의 주인공이다. 이 신화는 주로 밤하늘에서 달 다음으로 밝고 아름답게 빛나는 금성을 의인화하여 만든 서사무가이다. 수메르 천문학적인 사제들은 금성의 '사라짐과 나타남'을 의인화하여 죽음과 부활의 신화로 만들었던 것이다.

금성의 여신 인안나의 욕정

　　●

　수메르의 사제들이 금성을 사랑의 여신으로 의인화한 이유는 무엇일까. 그것은 사랑의 정체가 기묘하게 나타나고 사라지는 금성처럼 신비롭고 불가사의하기 때문이다. 우루크의 사제들은 인안나 여신의 왕성한 성욕이 인간과 동식물의 번식을 촉진한다고 여겼다. 그녀의 강렬한 욕망은 인안나가 엔키 신으로부터 백여 가지의 권능을 물려받아 우루크를 성장시켰다는 신화에 암시되어 있다. 또한 그녀의 탐욕스런 지배욕은 지하세계를 찾아간「인안나의 저승여행」에 잘 나타나 있다.

자료 6-5-1 이슈타르의 문의 모형(독일 페르가몬 박물관)

원래 수메르에서 사랑의 여신 인안나는 전쟁신 마르스를 정부로 둔 그리스의 아프로디테 여신처럼 신들의 창부로 불렸다. 그녀가 하늘에서 내려올 때는 수십 명의 매춘부들이 뒤따라왔다고 한다. 인안나는 신전 창부들의 수호신이었던 것이다. 수메르의 한 자료에는 인안나 여신이 120명의 연인을 지치게 할 수 있는 강력한 여신으로 묘사되었다.[9]

그런데 헤로도토스에 따르면, 바빌론의 여자들은 평생에 한 번 이슈타르 여신, 즉 인안나의 신전 앞에서 이방인에게 몸을 파는 관습이 있었다.[10] 이러한 매춘은 사제들의 선전과 부추김보다는 자연민족의 포틀래치에서 비롯된 것으로 보인다.

포틀래치, 재화의 순환

•

서양인은 주로 시간을 직선적으로 본다. 내세와 부활은 직선적인 시간, 즉 '과거-현재-미래'라는 사고방식에 기초를 둔다. 그러나 시간을 순환적으로 이해한 북아메리카 원주민은 태양과 달, 행성과 별자리의 운행 같은 천체의 주기에 따라 축제를 열어 인간을 자연과 조화시키려고 했다. 인류학자 짐머맨의 지적처럼 그들은 '탄생-성장-성숙-죽음-재생'의 단계를 반복하는 것으로 시간을 이해한 것이다.[11]

틀링깃족, 하이다족을 비롯한 북아메리카 북서부 해안의 부족들은 물질문화의 수준이 높다. 그들은 여름에 수렵채취를 하고 겨울에 모여서 다양한 축제를 연다. 결혼식과 입문식, 장례식 같은 샤머니즘이 뒤섞이는 이 축제에서는 무한히 되풀이되는 '포틀래치', 즉 선물의 주고받기와 답례가 이루어진다. 프랑스 사회학자 마르셀 모스는 북아메리카 원주민

사회의 원동력인 포틀래치는 폴리네시아제도의 하우, 멜라네시아제도의 쿨라에서도 나타나 있다고 보았다.[12]

폴리네시아제도 뉴질랜드의 마오리족은 물건에 영적인 하우(hau)가 따라다니기 때문에 재앙과 죽음이 도사리고 있다고 믿는다. 따라서 물건이나 재화는 순환되어야 한다고 믿는다. 또한 멜라네시아제도 트리브리안드섬 주민들은 일상생활과 다양한 축제, 성적인 봉사, 죽음까지 쿨라의 주변을 따라 규칙적인 방향을 따라 움직인다고 믿는다. 이 주술적인 쿨라(kula)는 자연의 순환을 의미하는 원(Cercle)을 가리킨다.[13]

원래 '식사를 제공하거나 소비한다'는 뜻을 지닌 포틀래치(Potlach)를 처음 소개한 인류학자 베네딕트는 귀중한 모포나 구리거울을 파괴하여 자기의 우월성을 과시하는 원주민의 생활양식을 과대망상적이고 편집광적이라고 비판했다.[14] 그러나 인류학자 해리스는 포틀래치가 부유한 부족이 가난한 부족을 돕는 생산과 분배의 보편적 메커니즘이라고 보았다.[15]

희생제물과 신의 은총의 역학관계

●

마오리족의 하우처럼 물건이 영적인 힘을 지녔다는 사고방식은 원시적 애니미즘의 산물이다. 하지만 도난당한 물건이 주술적인 힘을 가졌다고 믿은 고대 로마인, 두 계약자가 담보물을 반으로 나누어 가진 독일인, 자선과 환대를 중시한 인도의 힌두교, 지금도 소의 축사에 십자가를 걸거나 소금을 뿌리는 프랑스의 관습도 포틀래치가 계승되거나 발전된 것이다. 주목할 것은 축제에서 샤먼이 망령의 가면을 쓰고 춤을 추면 초자연적인 존재가 사냥거리를 많이 보내 준다고 믿는 점이다. 이러한 사람과 신의 교환적인 관계는 후대에 엄청난 가축과 인간까지 바친 희생제물의 모든 원리를 명쾌하게 밝혀 준다.[16]

포틀래치는 고등종교에서 신은 인간이 바치는 제물보다 더 많이 보답한다는 관계로 계승되었고 가난한 자를 돕는 자선으로 발전했다. 50년마다 노예를 해방하고 토지를 주인에게 돌려주는 셈족의 50희년(禧年, jubilé)은 대표적인 자선의 사례이다. 수메르 왕조 후대에 시작된 이 제도는 기원전 17세기 중반 함무라비 왕조 10대 왕 암미사두카의 칙령에 구체적으로 기록되어 있다.[17] 진화생물학자 도킨스는 서열을 경쟁하는 우두머리 동물의 친족이타주의와 서로 돕고 사는 공생은 포틀래치 원리를 잘 설명해 준다고 하였으며, 진화생물학적 특성인 공생은 인류의 거래와 교역의 토대라고 강조했다.[18]

수메르의 포틀래치

●

포틀래치는 인류문명의 창시자인 수메르인의 재화의 순환의식에 잘 적용된다. 물론 그 바탕에는 야곱센이 지적한 대로 모든 존재가 유기적 관계에 의존한다는 사고방식이 자리 잡고 있다.[19]

먼저 수메르의 포틀래치는 주로 신전에서 양심적인 사제들의 지휘로 이루어진 것으로 보인다. 차일드가 지적한 것처럼, 도시의 중심이었던 신전은 거대한 농장이나 목장, 기업체와 비슷한 공장, 돈을 빌려주는 은행의 역할을 하면서 백성을 부리고 사회를 통제했다. 이는 사제가 신과의 소통이 능숙한 존재라고 알려졌기 때문에 가능했다.[20]

다음으로 수메르의 포틀래치는 왕과 여사제의 신성결혼식 같은 국가적 축제에서 나타난다. 왕과 여사제가 인안나 여신의 성욕을 충족시키면 그 보답으로 대지가 풍요로워지는 주고받기가 이루어진다고 여긴 것이다.

마지막으로 수메르의 포틀래치는 걸출한 통치자의 힘으로 성취되었다. 기원전 24세기경 라가시의 왕 우루카기나는 사회개혁령을 선포하여 권력자나 사제들의 횡포를 바로잡아 빚 때문에 종이 된 사람들에게 자유를 주었다.[21] 또한 기원전 22세기경 우르-남무 왕은 「우르-남무 법전」을 편찬하여 권력 남용을 막고 사회 비리를 처단하고 도량형기를 표준화하여 경제 질서를 바로세웠다.[22] 즉, 재화의 포틀래치가 이루어진 것이다.

우르의 순장과 포틀래치

●

수메르에서 포틀래치를 통하여 내세에 대한 강한 신념이 극적으로 표현된 유적은 우르의 왕실 무덤이다. 1922년 영국 고고학자 울리는 왕가의 묘지에서 1800여 기의 무덤을 발견하고 450여 기를 발굴하여 기원전 2600년경 수메르에서 시행된 순장제도의 비밀을 밝혀냈다. 왕의 무덤 앞에는 시녀와 신하로 보이는 74기의 해골, 금은제의 하프, 금제품의 숫양이 놓여 있었고 모든 해골은 보석 장신구로 치장하고 있었다. 그런데 이상하게 대부분 해골들의 팔이 자신의 입 쪽으로 구부려져 있었고, 곁에는 컵이 놓여 있었다.

울리는 장례식이 끝난 뒤 왕실묘지의 출입구가 돌과 벽돌, 그리고 회반죽으로 봉해졌고 악사들이 죽음의 무도회를 연주한 뒤 모두 아편이나

자료 6-5-2 우르의 지하묘지

자료 6-5-3 고고학자 울리가 상상한 우르의 장례식

독약을 마시고 죽음을 기다렸다고 추측했다.[23] 인류학자 맥거번은 이 독약은 아즈텍인이 제물로 바치는 포로에게 먹인 술에 마취 환각제가 첨가

된 것처럼 특수한 약초가 들어갔다고 추정했다.[24]

이처럼 반강제적인 동시에 자발적인, 그리고 공포와 희망이 뒤섞인 우르의 왕실 무덤은 수메르인의 내세의 존재에 대한 신앙과 함께 '신-왕-신하들'의 주고받기의 포틀래치가 잘 나타나 있다. 다시 말하면, 신하가 충성을 바치면 신의 대리인인 왕이 보답하듯이, 인간이 제물을 바치면 신도 보답한다는 수메르판 포틀래치였던 것이다.

그러나 고대에 세계적 관습이던 순장제도는 신하나 백성의 세력이 강해지면서 점차 사라졌다. 영국 선사고고학자 피어슨은 포로를 태양신에게 제물로 바친 고대 마야와 아즈텍, 잉카, 그리고 나치의 유대인 학살, 일본의 가미카제 자살특공대뿐만 아니라 인간의 죄 대신 자기를 희생한 그리스도 예수도 넓은 의미로 볼 때 인신희생으로 볼 수 있다고 지적했다.[25]

수메르의 순환적인 죽음의식

●

수메르인은 금성이 새벽에 50일 동안 실종되고 저녁에 8일 동안 실종되는 불안과 공포의 시기에 신성결혼식을 치러 인안나 여신의 욕망을 충족시켜 금성의 빛을 다시 소생시켰다. 수메르인은 달의 위상변화와 함께 금성의 주기적인 출몰에서 삶과 죽음의 순환성을 자각한 것이다.

수메르인은 달과 금성만이 아니라 여러 행성과 별자리도 불멸하는 신으로 숭배했다. 하늘신 안, 엔릴, 엔키가 서로 나누어 관리하는 별자리들은 밤하늘에 골고루 배치되었기 때문에 수메르에서 달력의 역할을 했다.[26] 무엇보다 수메르인이 천체를 관측한 이유는 행성이나 별의 징조를 관찰하여 전쟁이나 신전의 건축 같은 국가 대사를 결정하는 것이었다. 그보다 더 중요한 것은 신년축제날이나 신의 제삿날을 정확히 측정하고 시기에 맞는 농사 날짜를 알아내는 것이었다. 그 후, 수메르 천문학을 계승한 칼데아는 행성과 별자리가 인간의 성격과 운명을 결정한다는 천궁도를 만들었고 기원전 2세기경 알렉산드리아의 프톨레마이오스에게 전해지고 집대성되어 별점과 17세기까지 근대 천문학의 기초가 되었다.[27]

프톨레마이오스 이론을 따르는 현대의 별점도 인간이 태어난 시각과 달의 위치, 5대 행성들의 위치, 그리고 황도 12별자리의 위치를 측정하여 인간의 운명을 알아채는 일종의 점성술이다. 이 별점의 기원도 수메르 점성술에 있다. 따라서 수메르인은 생명이 없는 자연과 천체를 신으로 보고 신성결혼 같은 종교의식을 치르면서 신과 교류했기 때문에 수메르의 천문현상과 인간의 관계는 유기적 포틀래치라고도 볼 수 있다.

이는 연금술사들이 소우주와 대우주 사이에 어떤 공명이 있다고 여긴 것과 비슷하다. 연금술사들은 금을 태양, 은을 달, 철을 화성, 수은을 수성과 연관시켰는데, 달이 차는 시기에 작업하면 더 순수한 금속을 얻는다고 믿었다. 또한 연금술사들의 유기적인 공명은 중세 유럽의 마법치료사와 비슷한 점이 있다. 그들은 질병을 치료하는 식물의 힘이 별과 행성에서 나오는 초자연적인 것이라고 믿었다.[28] 의사들은 천궁도의 12별자리가 인체의 특정 부분을 관리하고 있다고 여겼는데, 양자리가 머리 꼭대기, 황소자리가 오른쪽 목을 관리한다는 식이었다.[29] 또한 점성술을 약초와 연관시켜 특정한 풀은 반드시 어떤 날짜와 시간에 채집해야 효과가 있다고 믿게 되었다. 그래서 일요일에는 개암나무와 올리브를 캐고 월요일에는 삼엽초와 작약을 캤다.[30]

이처럼 천체와 점성술, 연금술, 치료술은 살아 있는 유기체의 여러 기관들처럼 서로 밀접한 관련성이 있다고 여겨졌다. 수메르인의 신성결혼도 초자연적 존재와 통하는 상호교류로 볼 수 있다. 그러나 신의 호감을 사서 대지의 풍요를 바랐던 신성결혼은 천체와 수메르인의 주술적 교감에 불과하다. 프레이저의 표현을 빌리면 공감유사주술이다. 이런 사고방식은 주술과 과학, 종교가 뚜렷이 구분되지 않았던 시대의 산물이다. 그런 배경에서 탄생하여 메소포타미아에서 3500년간 지속된 신성결혼은 왕과 여사제가 성교하면서 자연의 소생을 기원한 주술에 불과하다.

그러므로 자연과 인간의 소생, 즉 부활은 수메르에서 시작되었다. 두무지 왕의 귀환이 부활의 기원인 것이다. 하지만 부활은 자연의 주기에 따라 삶을 꾸려 갔던 자연민족이 사용한 죽음의식, 즉 순환의 다른 이름이다. 그래서 부활은 수메르 천문학적 사제들이 고안한 죽음의 테크닉에 불과하다. 죽은 지 3일 만에 살아났다는 예수의 부활도 3일간 보이지 않는 달의 죽음인 삭망과 되살아난 초승달의 은유적 표현인 것이다.

우주의 시작과 종말

●

북아메리카 원주민은 행성이 만나는 주기를 계산하여 천지창조의 시기를 기원전 3100년 2월 17일에서 18일이라 보았고, 중앙아메리카의 마야인은 기원전 3113년 8월 11일이라고 보았다.[31] 반면에 유럽인은 성경에 나오는 인물들의 나이를 합하여 기원전 4000년경 여호와 신이 우주와 세상을 창조했다고 선언했다. 수메르인은 우주창조가 혼돈에서 질서를 세우는 신들의 활동이라고 보았다. 우주는 일종의 빅뱅으로 폭발하여 셋으로 나뉘었는데, 의인화된 원시의 바다인 남무 여신이 하늘 신 안과 땅의 신 키를 출산, 즉 창조했기 때문이다. 이는 현대 천문학자들의 우주창조론인 빅뱅을 연상시킨다.

자료 6-5-4 스티븐 호킹

현대의 자연과학은 시간과 공간에 대한 사고방식을 혁명적으로 전환시켰다. 천문학자들은 우주가 150억 년 전 빅뱅으로 시작되었다고 설명한다. 천문학자들은 과거에만 존재했던 초발광체인 퀘이사를 발견하여 우주가 150억 년 전에 '창조의 섬광, 팽창, 기온의 저하, 물질과 에너지의 분리'에서 시작되었다고 본다.[32] 그런데 영국의 물리학자 호킹은 '창조주는 누가 창조하였는가?'라고 반문하면서 시간의 출발점이 빅뱅(big bang)이고 우주가 수축하는 시간의 종말점인 빅 크런치(big crunch)가 있어야 한다고 주장한다.[33] 이는 아인슈타인의 상대성원리를 바탕으로 한 것이지만, 이도 역시 시간을 직선적으로 보고 태초와 종말을 상정한 것이라고 할 수 있다.

반면, 옥스퍼드대학교 수학교수인 펜로즈는 우주가 빅뱅과 빅 크런치의 영원한 순환이라고 해석한다. 노벨물리학상 수상자인 펜로즈는 영겁의 하나의 종말에 모든 물질은 블랙홀에 흡수되었다가 블랙홀이 증발하면서 빛 에너지로 발산되고 거리의 척도가 없어지면서 새로운 영겁의 작은 빅뱅 같은 시초가 형성된다고 설명한 것이다.[34] 우주가 계속되는 영겁으로 나누어진다는 펜로즈의 대안우주론은 자연민족의 순환적 우주론과 통한다.

자연민족의 순환적인 시간의식

●

중국인은 인간이 도를 지키면 오행의 끝없는 순환과 연결된 음과 양의 힘으로 우주는 제자리를 잡아 잘 돌아가게 된다고 생각했다.[35] 그래서 목성과 토성이 가장 근접하는 60년에 맞추어 60갑자를 정하고 인간의 일생을 적용시켰다.[36] 마야인은 365일의 올멕 역법, 260일의 점술적인 촐킨 역법, 584일의 금성의 주기를 통합하여 37,960일의 대순환주기(great cycle)를 정했다.[37] 이 세상을 질서와 혼돈의 영원한 투쟁이라고 여긴 마야인은 특별한 의식을 치러서 파멸을 막으려고 하였다. 소위 태양에게 인간의 심장을 바친 의식이다.

이런 순환적인 시간의식은 자연민족들의 포틀래치와 관련이 있다. 뉴기니 섬의 동쪽 트로브리안드 제도의 주술적 의미를 지닌 쿨라는 주민들의 모든 생활, 축제, 죽음까지 지배하는 순환의 원리이다.[38] 이 순환적인 시간의 관점에서 보면 그리스 철학자 에피쿠로스나 로마의 철학자 루크레티우스의 주장처럼 탄생 전과 마찬가지로 탄생 후에도 시간은 존재하지 않는다. 따라서 본질적으로 죽음이란 완전한 소멸이 아니라 자연적인 순환이라고 볼 수 있다. 중국의 장자가 나비 꿈을 꾸고 난 뒤에 본래 자기가 나비인데 사람 꿈을 꾸고 있지 않는 것인지 반문한 것처럼, 죽음은 육체의 모양을 바꾸는 변화에 불과하기 때문이다.[39] 문제는 순환된 뒤의 존재는 인격체인 내가 아니라는 데 있는 것이다.

지구는 은하계 변두리의 푸른 점

●

우리가 살고 있는 은하계는 130억 년 전에 출발했다. 지구는 백억 개의 별이 빛나는 은하계의 변두리에서 46억 년 전 태양계와 함께 세 번째로 만들어진 행성이다. 그런데 햇빛은 태양에서 출발한 지 8분 10초 뒤에 우리 눈에 도착하고, 가장 가까운 항성의 빛은 4년 뒤에 도착하고, 다른 은하의 빛은 200만 년 뒤에 도착한다. 경이롭게도 가장 먼 거리에서 오는 빛은 출발한 지 150억 년이 지난 것이다.[40]

과거의 사제들이 우주의 중심이라고 주장한 지구는 천문학이 발달하면서 금성이나 목성처럼 태양을 도는 작은 행성에 불과하다고 알게 되었다. 천문학자 칼 세이건의 표현을 빌리면, 지구는 은하계의 변두리에 있는 태양계의 창백한 푸른 점에 불과하다. 더구나 우주에는 1천억 개가량의 은하계가 있고 각 은하계에는 1천억 개 가량의 별이 있고, 또한 그 정도로 많은 행성이 있다.[41] 문제는 태양이 하늘을 지나가는 것처럼 느끼는 우리가 1초에 30만 km를 달리는 빛의 속도, 그리고 빛이 1년 동안에 날아가는 1광년(light-year)의 거리인 약 10조 km라는 엄청난 천문학적 거리를 상상하기가 거의 불가능하다는 점이다.

생명의 탄생과 진화

●

천문학적 거리를 상상하기 난해한 것처럼 단세포에서 인간으로 진화된 지질학적 시간을 실감하기는 대단히 어렵다. 하지만 지구에서 생명의 역사를 알려 주는 뚜렷한 증거는 화석이다. 고생물학자들은 방사성 물질의 반감기를 이용하여 화석의 연대를 측정하고 생명의 기원을 밝혀냈다. 화석은 퇴적암이나 화산암에 남아 있는 동식물의 잔해지만, 현미경으로 보면 놀랍게도 지질 시대를 살았던 생물의 미세한 혈관과 신경망까지도 알 수 있다.

아텐보르의 『생명의 신비』에 따르면, 태양계의 3번째 행성으로 46억 년 전에 출발한 지구에서 생명체는 바다에서 처음 출현했다. 생명체 탄생에 결정적인 계기는 디엔에이(DNA)였다. 아미노산을 합성할 수 있는 디엔에이는 자기를 복제할 수 있는 능력이 있는데, 36억 5천만 년 전부터 바다에서 단순한 박테리아가 살았던 사실이 밝혀졌다. 생물학자들은 30억 년 이상 된 화석을 발견한 것이다.[42]

박테리아가 바다에서 살던 25억 년 동안 광합성을 하는 남조류가 살기 시작한다. 그리고 10억 년 전부터 원생동물, 암수의 성을 가진 해파리, 신경이 있는 산호초, 바다 벌레라는 동물이 차례로 나타난다. 5억 년이 지나면 어류가 바다를 헤엄치고 육지에서 뿌리식물이 나타나면서 육상 동물인 노래기가 처음 등장한다. 1억 5천만 년이 지나면 어류가 육지에 오르면서 개구리 같은 양서류, 잠자리 같은 날개 달린 곤충이 번창한다.

파충류는 2억 9천만 년 전에 나타나 육지를 지배한다. 하지만 6천만 년이 더 지나야 젖먹이동물인 포유류가 출현하고, 1억 년 뒤에 새가 하늘을 나르고, 꽃피는 식물이 현란하게 지구를 뒤덮는다. 그런데 7천만 년 전에 갑자기 공룡이 사라지면서 포유류 시대가 되고 드디어 인류의 조상이 등장한다. 고생물학자들은 최초의 포유류가 쥐와 비슷하게 생긴 작은 동물이었다고 추정하는데, 1만 년 전 신석기 시대에 지구에는 약 1천만 명의 인류가 살았다고 한다.[43]

이처럼 생명이 바다에서 발생하여 다양하고 복잡하게 진화했다는 고

생물학자들의 설명은 초현실적 존재가 한순간에 모든 동식물을 창조했다는 사제들의 신화적인 창조론보다 주장의 근거가 훨씬 과학적이고 합리적이다.

시간과 공간의 확장

●

죽음의 공포와 거부에서 문화와 종교가 발생했다고 보는 인류학자들이 있다. 물론 영원히 살고 싶은 인간의 탐욕과 환상이 신과 내세를 만들어 내는 바탕이 되었다. 그런데 뜻밖에도 죽음의 수수께끼는 종교와 사제들의 권력, 그리고 그들의 비즈니스를 수천 년 동안 지속시킨 비결이 되었다.[44] 이 불가사의한 죽음은 시간적 공간적 확장의 문제에 속한다.

'하늘나라로 간다.'라는 말은 물리적으로 천국에 간다는 뜻이 아니고 죽음의 은유적 표현이고, '돌아가신다'는 말도 죽음의 은유적 표현이다. 마찬가지로 축지술(縮地術)은 물리적으로 땅을 주름 잡는다는 뜻이 아니고 순간적인 공간이동의 은유적 표현이다. 그런데 고대에 신은 죽지 않고 영원히 살면서 공간과 시간을 초월하는 존재라고 여겨졌다. 그런 능력은 신의 특권이었지만 샤먼도 환각식물의 힘으로 지하세계와 천국을 여행하였다. 이처럼 신과 천사, 저승사자, 사자의 영혼이 지하세계와 천국을 왕래한다는 생각은 공간과 시간을 초극하려던 고대인의 꿈과 상상력에서 비롯된 것이다.

시간의 초월에 대한 상상은 4차원 세계에 속한다. 립 밴 윙클이 기이한 사람들의 볼링놀이를 구경하다가 집에 돌아오니 20년이 지나 버렸다는 이야기는 미국의 소설가 어빙의 소설이다. 또 나무꾼이 신선들의 바둑판을 구경하다가 도낏자루가 썩어 버렸다는 이야기는 동아시아의 전설이다. 이 두 이야기는 서로 다른 차원의 시간에 대한 전설이다. 중국의 동박삭이 3년밖에 못 산다는 고개에서 수없이 넘겨져 삽천갑자를 살았다는 전설은 시간을 초월하는 4차원 공간에 대한 아주 흥미로운 전설이다. 그런데 현대의 기술혁명은 인간이 우주선을 타고 음속의 5배인 시속 6,120㎞ 이상의 초음속 미사일의 속도로 공간을 이동하여 시간을 단축할 수 있게 되었다. 그런 점에서 타임머신은 시간의 초월에 대한 경이로운 신화이고, 거대한 별이 탁구공만 한 물체로 바뀌는 블랙홀은 공간의 축소에 대한 불가사의한 신화이다.

시간은 주관적인 환영

●

아인슈타인은 빛보다 빠른 속도로 가면 인간은 늙지 않지만 그런 기계는 만들 수 없다는 가설을 발표했다. 속도와 거리의 관계를 설명한 아인슈타인의 특수상대성이론은 우주비행사가 지구에 사는 인간들보다 조금 더디게 늙어 가고, 그의 시계가 지구의 시계보다 느리게 간다는 사실로 다소 증명되었다.

지금도 인도나 극동의 도인들은 시간과 공간을 초극하여 신이 되려고 하거나 불로장생하기 위해 요가를 수련한다. 자기 분신을 만들어 공간을 초월하거나 빛을 타고 천계에 오른다는 도가의 수련은 신들의 활동과 비슷하다.[45] 오늘날 마약 복용자, 수도원의 수행자, 환생을 꿈꾸는 티베트 승려들, 저승을 왕래하는 샤먼도 유한한 시공의 한계를 극복하려는 시도로 볼 수 있다.

하지만 이러한 노력은 마음을 중시하는 유심론(唯心論)처럼 일종의 관념이다. 아편을 복용하면 시간이 느리게 가고, 술을 마시면 시간이 빨리 간다고 느껴지는 것처럼 주관적이다. 그것은 뇌의 생화학적인 반응을 인위적으로 조작하거나 조절하는 기술에 불과하다. 또한 시간을 초월한다는 노인이나 시대의 뒤나 앞에 존재한다는 현자도 인위적인 시간에서 벗어나 자연적인 시간을 회복한 것에 불과하다. 시간은 인간들이 창조한 수많은 신처럼 문화마다 그 모습이 다르고 사람마다 다르게 느끼기 때문이다. 단적으로 시간은 재미있으면 빨리 가고 지루하면 느리게 가는 환영이다.

죽음은 삶의 연장인가 인간의 종말인가

•

장자의 「소요유」에는 6개월을 나르고 쉬는 붕(鵬)을 비웃는 참새의 이야기가 나온다.[46] 이 붕새는 우주로 가는 미사일을 연상시키지만, 고대 인도의 힌두교와 불교에는 우주의 시간을 재는 칼파(kalpa), 즉 겁(劫)이라는 단위가 있었다.

우주는 성주괴공(成, 住, 壞, 空), 즉 '성장-지속-무너짐-사라짐'의 네 단계를 주기적으로 반복하는데, 겁은 각 단계에 해당되며 네 겁이 모여 대겁(大劫)이 된다. 불경에 따르면, 1유순, 즉 길이가 7km나 되는 거대한 바위를 백 년마다 한 번씩 비단 옷자락으로 닦아서 그 바위가 다 닳아 없어져도 겁은 끝나지 않는다.[47] 한마디로 이는 영원을 뜻하는 비유인데, 우주의 시간으로 보면 인간의 한평생은 눈 한 번 깜박이는 찰나에 불과하기 때문이다.

그런데 영국의 인류학자 니켈 발리는, 케임브리지대학교의 철학교수이고 유명한 천재 비트겐슈타인이 '죽음은 삶의 일부가 아니다.'라고 주장했지만 사람들은 그의 주장에 동의하지 않는다고 지적했다. 유물론적인 관점에서 본다면 비트겐슈타인의 주장은 옳다. 그러나 거의 모든 문화에서 죽음을 삶의 연장이라고 보고 그 반대의 경우는 공감을 얻기 어렵다.[48] 이는 죽음에 대한 공포와 삶에 대한 지나친 집착이 뿌리 깊게 인간의 마음속에 저장되어 있기 때문이다.

죽음은 불이 꺼지는 것

●

생물학적으로 살아 있는 것은 반드시 죽는다. 현대과학에서 인간의 죽음은 폐와 심장의 정지와 함께 뇌의 활동정지로 결정된다. 인간이 숨을 멈추면 뇌에 혈액의 공급이 중단되어 산소공급이 끊기고 뇌가 활동을 정지하고 육체는 부패하기 시작한다. 의사들은 뇌간의 기능에 기초하여 뇌사판정을 내린다. 즉 뇌간이 심각하게 손상되어 동공의 반사 같은 머리의 다양한 반사행동이 12시간 이상 나타나지 않거나 혹은 대뇌의 혈액순환이 더 이상 나타나지 않을 때 뇌사판정을 내려야 한다.[49]

이처럼 폐와 심장, 뇌가 정지하면 부패한 인간의 육체는 원소로 분해되어 자연으로 순환된다. 중요한 것은 죽는 순간에 소위 마음이 자리한 뇌가[50] 죽으면 영혼도 소멸되어 사라진다는 점이다. 유물론적 관점에서 영혼은 두뇌의 신경생리학적 작용이기 때문이다. 다시 말하면 근대과학의 성과에 의해 정신은 고도로 조직된 특수한 물질인 뇌수(腦髓)의 산물이라고 보기 때문에 유물론자는 비물질적인 영혼을 인정하지 않는다.[51]

원래 영혼은 물리적으로 존재하지 않는 관념이지만 수천 년 동안 관습적으로 사용된 말이다. 그런데도 실체가 없는 관념이기 때문에 증명할 수 없다는 점을 이용하여 수천 년 전부터 사제들은 영혼의 존재를 주장하면서 역시 존재하지 않는 내세를 미끼로 끈질기고 집요하게 사람들을 현혹하여 세뇌시켜 왔다. 그런 점에서 마르크스는 종교를 아편이라고 비판했다. 그러나 영혼의 문제는 사제나 신학자, 철학자가 아니라 생물학자와 생리학자, 뇌과학자와 인지심리학자가 그 비밀을 과학적으로 풀어야 한다.

사후에 저승신이 된 길가메시나 신이 된 예수처럼 석가도 대승불교에서 신이 되었다. 그리고 석가의 의도와는 달리 힌두교도처럼 영혼의 윤회를 믿는 불교도가 적지 않다. 하지만 「미란다경」에서 '등불에 불을 붙일 때 이 등불에서 저 등불로 불이 옮겨 가는 것이 아니고, 시를 배울 때 스승의 시가 제자에게 옮겨 가는 것이 아니다.'라는 나가세나 스님의 말처럼 석가는 영혼이 다른 육체로 옮겨 가지 않는다고 보았다.[52] 석가는 영혼이 윤회하는 것이 아니고 인간의 유전적인 특징이 윤회한다고 보았다. 그래서 죽음이란 불이 꺼지는 것과 같은 것이다.

1 포이어바흐; 앞의 책(종교의 본질에 대하여), 63~81쪽.

2 웬키; 앞의 책 1권, 347쪽.

3 타일러; 앞의 책 2권, 27~28쪽. 츠네오; 앞의 책(문화 인류학의 명저 50), 27쪽.

4 페이건; 앞의 책, 230~231쪽.

5 포이어바흐; 앞의 책(종교의 본질에 대하여), 82~90쪽.

6 타일러; 앞의 책 2권, 125~126쪽.

7 프레이저; 앞의 책(황금의 가지) 상권, 340~351쪽, 411~415쪽.

8 캠벨; 앞의 책(천의 얼굴을 가진 영웅), 44~45쪽.

9 맥킬; 앞의 책, 53쪽.

10 헤로도토스; 앞의 책 상권, 146쪽.

11 짐버맨; 앞의 책, 12쪽. 순환적 시간의식은 돌로 만든 '원형의 주술바퀴'에 나타나 있다.

12 M. Mauss; Essai sur le dom(증여론), 한길사, 2014, 이상률 옮김, 130~132쪽.

13 모스; 앞의 책, 65~72쪽, 98~106쪽.

14 R. Benedict; Pattern of Culture(문화의 패턴), 연암서가, 2011, 이종인 옮김, 297~323쪽.

15 해리스; 앞의 책(문화의 수수께끼), 114~117쪽.

16 모스; 앞의 책, 197~247쪽, 206쪽, 241쪽, 219쪽, 34쪽, 76~82쪽.

17 암미사두카의 칙령(프리처드; 앞의 책, 핀켈슈타인 옮김, 407~413쪽).

18 도킨스; 앞의 책, 327~329쪽.

19 야곱센; 앞의 책, 162~171쪽.

20 차일드; 앞의 책, 218~219쪽.

21 조철수; 앞의 책(수메르 신화), 533~534쪽.

22 우르-남무법전의 서문[조철수; 앞의 책(수메르 신화), 541~543쪽].

23 세람; 앞의 책(발굴하는 발굴의 역사), 258~265쪽. / 캠벨; 앞의 책(신의 가면) 1권, 463~464쪽.

24 맥거번; 앞의 책, 359쪽.

25 피어슨; 앞의 책, 36쪽.

26 H. Thurston; Early Astronomy(동서양의 고전 천문학), 연세대학교 출판부, 2010, 전관 수 옮김, 109~110쪽, 140~141쪽.

27 로넌; 앞의 책 1권, 87~88쪽, 229쪽.

28 킥헤퍼; 앞의 책, 243~244쪽, 137쪽.

29 쟝샤오위앤; 앞의 책, 150쪽.

30 쟝샤오위앤; 앞의 책, 234~235쪽.

31 애브니; 앞의 책(시간의 문화사), 73쪽.

32 애브니; 앞의 책(시간의 문화사), 230~232쪽.

33 S. Hawking, L. Mlodinow; A Briefer History of Time(짧고 쉽게 쓴 시간의 역사), 까치, 2013, 전대호 옮김, 201~202쪽.

34 김민형; 특이한 물리학자의 노벨상, 한겨레신문, 2020년 10월 22일.

35 마스페로; 앞의 책, 63~67쪽.

36 애브니; 앞의 책(시간의 문화사), 505~508쪽.

37 로넌; 앞의 책 1권, 103~105쪽.

38 모스; 앞의 책, 55~56쪽, 130~132쪽, 94~106쪽.

39 장자; 앞의 책, 제물론의 호접몽(胡蝶夢), 81쪽.

40 애브니; 앞의 책(시간의 문화사), 229쪽.

41 K. Sagan; Cosmos(코스모스), 학원사, 1997, 서광운 옮김, 31~35쪽.

42 아텐보로; 앞의 책, 20쪽.

43 아텐보로; 앞의 책, 315쪽.

44 J. Bowker; The meanigs of Death(세계종교로 보는 죽음의 의미), 청년사, 2005, 박규태, 유기쁨 옮김, 21쪽. 많은 이들이 종교의 권력과 기원이 바로 죽음의 비즈니스에서

비롯된 것이라고 말하는데, 죽음의 비즈니스는 현실적으로 중요한 산업이다.

45 현대 한국의 요가수련단체인 국선도, 단학, 석문호흡의 최고단계는 원신을 만들어 배양하는 양신수련이다.

46 장자; 앞의 책, 소요유, 21쪽.

47 온라인한국민족문화대사전; 겁.

48 N. Barley; Dancing on the Grave -Encounters with Death(죽음의 얼굴), 예문, 2001, 고양성 옮김, 8쪽.

49 스턴버그; 앞의 책, 46쪽. 케이건; 앞의 책, 21~22쪽.

50 스턴버그; 앞의 책, 29쪽. 마음이 뇌 속에 존재한다는 주장을 제안한 인물은 히포크라테스였다.

51 허욱; 유물론(세계철학대사전, 성균서관, 1977).

52 노스; 앞의 책 하권, 662~663쪽. 바우커; 앞의 책, 299~300쪽. 석가는 불변의 자아나 영혼은 존재하지 않지만 인과관계로 이어지는 어떤 연속성은 존재한다고 보았다.